ふるさと福島の歴史と文化

～広重筆「陸奥安達百目木驛八景圖」の誕生～

日下部　善己

歴史春秋社

1　一立斎廣重筆「陸奥安達百目木驛八景圖」　（仙台市博物館所蔵）

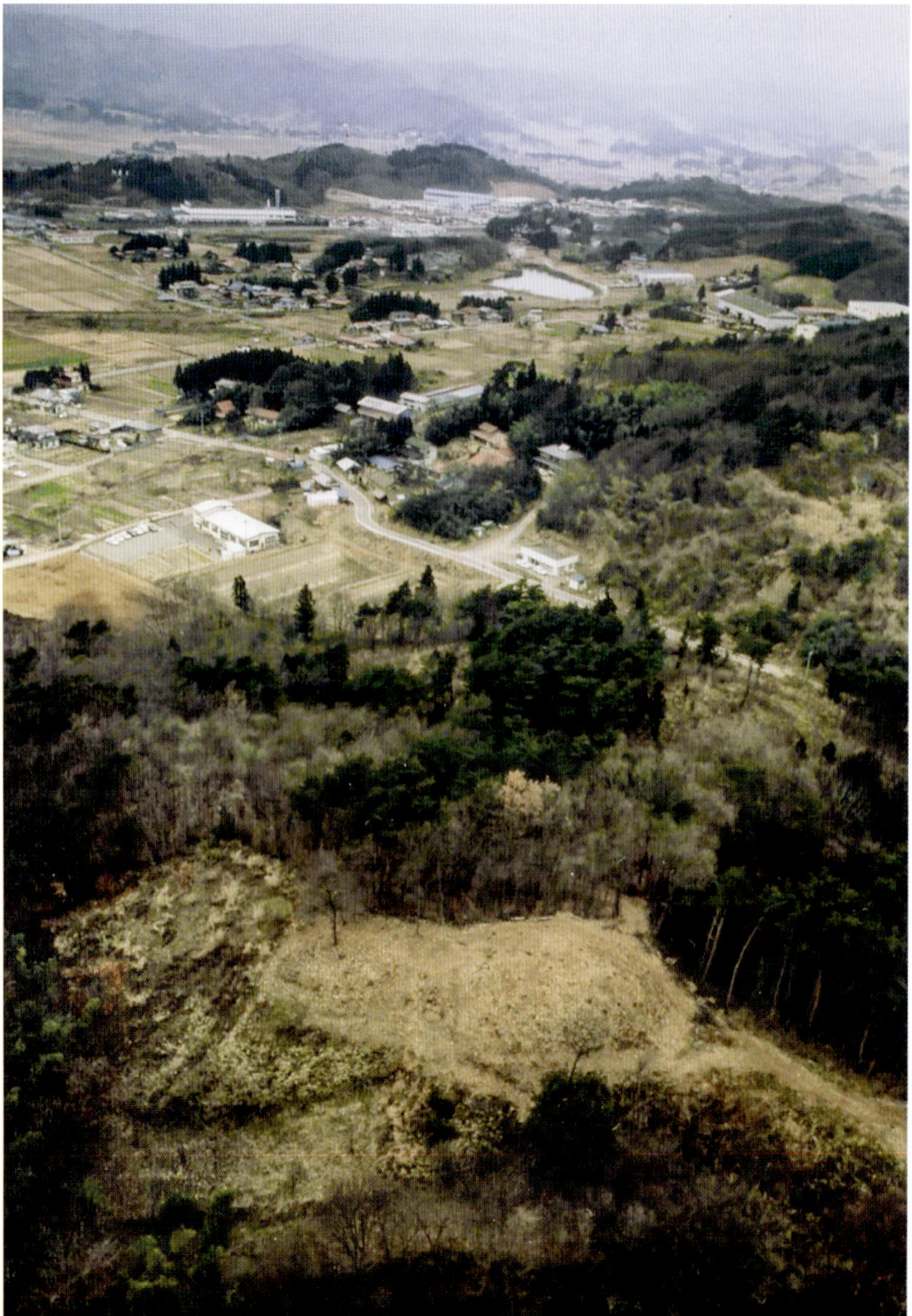

2　傾城壇《けいせいだん》古墳（手前の山頂の前方後円墳）　（写真・大玉村教育委員会）

3　伊達西部条里遺構　森山・藤田地区　　　　（写真・福島県文化財センター白河館）

4　阿津賀志山防塁の復元模型　（福島県立博物館所蔵）

5　百目木《どうめき》城跡

6　年中行事　だんごさし　　（平成29年・あだたらふるさとホール）

7　百目木張子の木型　（八田隆一氏所蔵）

（甲冑ダンくん）

（直垂ダンくん）

8　いしダンくん（石川弾正顕彰会）

ふるさと福島の歴史と文化

～広重筆「陸奥安達百目木驛八景圖」の誕生～

はじめに

福島県は、北海道、岩手県に次いで全国三番目の面積を有する県である。地形や気候的特色等から会津、中通り、浜通りの三地方に大別される。各々豊かな自然に恵まれ、四季折々の美しい姿が私たちを楽しませる。また、この広大な大地は、各地方の仕事と暮らしを支えるとともに、豊かな実りの源泉ともなる。さらに、「会津の三泣き」という言葉に代表されるように、この地に住んでみて初めてわかる人情味豊かな風土をも有している。

しかし、福島県は、土佐と言えば高知県を、信濃と言えば長野県を指すような、旧一国一県の形を取っていない。江戸期には、会津は会津藩、中通りは福島藩、二本松藩、守山藩、三春藩、白河藩、棚倉藩、浜通りは相馬藩、平藩、泉藩、湯長谷藩等の藩や多くの天領が置かれていた。各藩内の各地域にもそれぞれの風土と歴史がある。これらの三地方や各藩等の様々なあり方が、長い歴史を経る中で、本県の地域性と多様な価値観を創出した。

従って、古来、福島県の歴史というような単一地域史があるわけではなく、本県史は多くの地域の歴史の集合体である。しかし、東北地方（陸奥国）南部という視点に立つと、また違った歴史や文化が見えてくる。関東（坂東）や新潟（越後）や山形（出羽）と陸奥国との接点である当地方の姿である。まさに歴史と文化の交差点という言葉がぴったりである。

そのような東北地方南部地域の歴史的特色の抽出という視点も持ちながら、筆者は、これまで様々な地域の多様な歴史や文化の調査分析に微力ながら取り組んできた。

本書は、そのような本県の多様な地域や歴史の一断面をとらえることを通して、その特色を追求してきた各論考の集成である。内容に時代的地域的一貫性はないが、各時代、各地域の特徴を分析することから、福島県の地域や歴史の全体像が何らかの形で浮き彫りになるのではないかと考えている。

そこから、福島県の先人たちが、祖先から受け継ぎ、新たに拓き、耕し、守り、そして子孫に伝え続けてきたこの豊かな大地と地域社会の伝統である結いや絆、つまり「地域社会の歴史と誇り」を再考・再発見するとともに、福島県内各地の「地域の宝」（地域ブランド）と「地域の誇り」（地域プライド）を広く社会で共有する一機会としたい。

【図版解説】

1　一立斎廣重筆「陸奥安達百目木驛八景圖」

弘化二年頃、陸奥国安達郡百目木村を訪れた歌川（安藤）広重が、造酒屋渡邊半右衛門の依頼に応じて制作した浮世絵版画である。桜花爛漫の百目木虚空蔵堂境内で出会ったこの二人は、当地の美しい情景を組み込んで百目木八景とした。仙台市博物館所蔵である。

2　傾城壇《けいせいだん》古墳

全長四一ｍを測る古墳時代前期の前方後円墳で、中通り地方最古のものと考えられている。安達郡大玉村大山字愛宕の山頂付近、大玉村から本宮市にかけての広大な平地を一望する地点に位置する。福島県指定文化財（史跡）である。写真は大玉村教育委員会による。

3　伊達西部条里遺構　森山・藤田地区

伊達郡の阿武隈川西に位置する国見町・桑折町等一帯には、古代条里遺構が分布していた。かつては国見町森山地区付近の道路や畦畔、水路等はほぼ東西・南北方向に走り、それによって区画された多くの方形地割が地表に観察された。写真は福島県文化財センター白河館による。

4　阿津賀志山防塁の復元模型

奥州平泉の藤原泰衡と全国統一を目指す源頼朝による、文治五年の奥州合戦は、伊達郡阿津賀志山一帯が決戦場となった。奥州藤原軍は、阿津賀志山中腹から阿武隈川旧河畔までの約三㎞にわたって長大な防塁（二重堀）を構築して頼朝軍を迎撃した。福島県立博物館所蔵である。

5　百目木《どうめき》城跡

塩松東地域を領有した塩松石川氏の拠点城郭である。比高約七〇mの地点に、堀切等で区画された本郭や二ノ郭をはじめ、七つの郭がコの字状に配置されている山城である。天正一六年、伊達政宗の侵攻によって落城した。広重百目木八景のうち、「坪石の秋の月」の地である。

6　年中行事　だんごさし

あだたらふるさとホール（大玉村歴史民俗資料館）で行われる年中行事再現の一つ、小正月の「だんごさし」である。ミズキに米粉の団子を挿して縁起物の煎餅を飾り（餅花）、また団子のゆで汁に浸した枯れたヨモギに団子粉を振りかけて稲穂に見立てて、五穀豊穣、無病息災、厄払い等を祈る。

7　百目木張子の木型

明治時代頃まで、安達郡百目木村で制作・販売された張子の木型である。恵比寿・大黒や狐の面、だるま、天神、母子、子ども等が模られている。張子制作は、当地域の農閑期や夜間の仕事であったと考えられる。木型は今日まで大切に保存継承されてきた。八田隆一氏所蔵である。

8　いしダンくん（甲冑ダンくん・直垂ダンくん）

「石川弾正顕彰会」のイメージキャラクター「いしダンくん」である。「甲冑ダンくん」は、塩松石川氏家紋の鶴丸をつけた兜や陣羽織を身に着け、采配を手にする陣中の姿である。「直垂ダンくん」は、直垂を身に着けて胡坐をかいている平時の姿である。石本弘氏の制作である。

（表紙カバー）

○　百目木虚空蔵堂梵鐘

太平洋戦争末期の昭和十九年に、百目木虚空蔵尊の釣鐘は銅造大日如来坐像とともに国に金物供出された。七〇年後の平成二十六年、地区内外の多くの檀信徒・住民・縁者は、江月山長泉寺護持会・百目木虚空蔵梵鐘再響プロジェクトの計画に応えて寄進協力し、梵鐘再響の日を迎えた。

○　あだたらふるさとホール（大玉村歴史民俗資料館）

あだたらの里の考古・歴史・民俗資料等を調査収集・収蔵・展示活用する文化振興の中心施設として平成元年に開館した。弘化二年建築の旧後藤家住宅を含む常設展をはじめ、企画展、体験講座・講演会、年中行事再現・おはなし会、そして移動図書館やプチミュージアム公演等を開催実施している。

目次

第一章　地域社会の歴史と誇り

1　識る・活かす・伝える　ふるさとの歴史

現代を生きる人々は、家庭・学校・地域社会の中で生まれ、育ち、やがてその地から巣立っていく。何時でも、何処でも、環境としてのこの三者は重要な存在であるが、あるときは空気の如き存在であったり、無意識の中の存在であったりする。

その育った家庭・学校・地域、言い換えれば、自分のふるさと・郷土は、人格の形成に大きな影響を与える。それ故、ある時期がくると、自らの人としての源、ルーツを訪ね歩いたり、先祖の故地やふるさとの地を振り返ったりする人は数多い。また、その地の自然、歴史や文化をより深く知りたいと考えることもある。

若いうちはあまり関心を払わなかった人も、年を重ねるごとにその頻度は高まる一方となる。幼少期からの成長過程や日常生活の中で、心に刻まれたふるさとの記憶がそうさせるのかもしれない。

「山間の小さな町だが、昔、ここには、百目木城というお城があった。殿様は石川弾正光昌といい、家紋は鶴丸である。ここに攻め込んできた、あの伊達政宗と戦ったが敗れてしまった」

「川向かいの虚空蔵様にあった大きな釣鐘は、寄進されたかんざし等の金銀を混ぜて造ったので、大変よい音がして遠く隣村にまで鳴り響いていた。

しかし、太平洋戦争中、鉄砲等の弾にするために、表参道の大仏と一緒に国に供出された」

これは阿武隈高原西縁の小さな町の話である。各家庭の父親や近所の人々が折に触れては子どもたちに語って聞かせた話の一節である。子どもの頃、これを聞いた団塊の世代とその前後の世代、つまり戦後世代の人々は、自分のふるさととの長い歴史と先人の姿に思いをめぐらした。

それから約六〇年。今、筆者は多くの関係者の支援のもと、「識る・活かす・伝える　ふるさととの歴史と誇り」をスローガンにして、「ふるさと再発見」活動をライフワークとしている。

その一つは、昭和十九年の金物供出以来、実に七〇年ぶりとなる、二本松市百目木の江月山長泉寺護持会による梵鐘再建事業「百目木虚空蔵梵鐘再響プロジェクト」に加わったことである。山形県天童市の㈲渡邊梵鐘による、銅等の溶解・鋳型への注入を行う「火入式」や「取上式」という伝統的作法による「梵鐘誕生」の瞬間に立ち会うことができた。さらに、戦後の当地域住民の七〇年間の宿願であった「撞き初め」は、誠に感動的であった。

ここに至るまで、昭和二十年代以降、何度も何度も、梵鐘再建の話題を重ね、関係者による協議・検討を経てきた。世代間の引き継ぎ事項として、子孫にも伝えられてきた。この先人たち、あの日梵鐘を送り出した戦中世代の尊い努力があってこそ、今日の再響の日が迎えられた。

二つ目は、百目木地区等、塩松（東安達）中・東部地域発展の基礎を築いた塩松石川氏を讃える「石川弾正顕彰会」設立を、弾正公没後四二〇年を期に提案したことである。多くの賛同者を得ることができ、平成二十四年十一月三十日に発足した。

平成二十八年五月には、その「第四回塩松石川氏（石川弾正）顕彰祭」で、石川弾正光昌公後裔、現当主の石川昌長氏による「石川弾正公と私」と題する記念講演会を開催した。天正十六年（一五八八）の伊達政宗侵攻による百目木城落城以来、四二八年目の歴史的出来事であった。氏は、東日本大震災の原発事故によって、ふるさと南相馬市小高区を離れ、原町区で避難生活をされていたが、快く旧家臣団子孫や顕彰会員のために祖先の故地へ足を運んでくださった。

ふるさとの歴史は、地域を拓き、地域を支えてきた多くの先人たちによって創られ、伝えられてきたことを、これらの事象は明瞭に物語っている。

2　ふるさとの歴史を伝える人々

地域（社会）史を考えるとき、郷土史、地方史、地域史という三つの用語、そして地域名を冠した郷土史研究会、歴史研究会、歴史文化クラブ等の名称に気づく。

太平洋戦争後、それまでの「郷土史」は、歴史と伝説の区別がなく、お国自慢が多いし、科学的ではない等の批判を受けた。戦後の新しい日本の歴史を構築するという方向のもと、全国それぞれの地方の自主自立という考え方によって、新たに「地方史」という言葉が使用され始めた。

やがて、地方史は、中央の歴史に対する地方の歴史という意味合いが強いという考え方が多くなり、地域それぞれの特色ある歴史ということから「地域史」という用語が主流を占めるようになった。この流れに併せて、会の名称を変更した組織も一部にはあった。

このように、ふるさとの歴史を示す用語やその研究会名等も、時の流れに左右されることがあったのである。


ところで、筆者は、今日に至るまでの間、仕事等で一〇回ほどの転居を重ねることとなった。若い頃、知人から、仕事とはいえ、あちこちに住むことができるのはうらやましい、と言われることがあった。各地で、様々な人と出会ったり、文物から多くの知見を得たりすることができるからという意味であったと思う。当時、その言葉の深さ・重さを十分意識していなかったのは、まさに若気の至りとも言うべきかもしれない。

しかし、振り返れば、お蔭様で、歴史と風土にそれぞれの特色がある福島県会津・中通り・浜通り三地方等の歴史や文化を考える貴重な機会に恵まれた。それまで知らなかった他地域の歴史や伝統等に触れると同時に、その地に生まれ、育ち、また今暮らしている人々から、その地の歩みと風土・人情等を直接学び、感じることができた。

特に、三地方各市町村や県外の高名な、あるいは新進気鋭の歴史学者、考古学者、地理学者そして郷土史家、地方史研究者の方々から直接ご指導をいただくことができたのは、筆者生涯の宝物と言える。

我が国やふるさとの歴史、伝統文化を熱く語りながら、自分の学問や自分の地域（ふるさと）を大切にし、誇りとしている各先生方の姿が今でも目に浮かぶ。そこには、我が国やふるさとの歴史や文化をきちんと正しく後世に伝えていこうとする覚悟のような心情が感じられた。

そのような経験の積み重ねから、初めての土地に赴いたときには何時でも、「先ず探そう、尾根道、谷道、郷土史家」を心がけ、歴史地理的な道と学問の道を求めるよう努めてきた。

現在は、ふるさとが見直されている時期である。地域の自然、歴史と文化と、それらが生み出した個々の特色、即ち、地域の歴史的個性（地域の自然、文化財、仕事、暮らし、人等）が再び尊ばれ、見直されるようになってきた。それは、新たな形でのお国自慢や地域の誇り（地域プライド）の復権とも言える。

このような社会状況を支えたのは、一貫して、我が国の各郷土史・地方史・地域史の地道な調査研究を進めるとともに、その成果を地域社会全体に公開・提供してきている郷土史研究会、地方史研究会等の組織や活動である。そしてその中心となった郷土史家・地方史研究者・地域史研究者たちの直向きな努力である。それらの人々は、「知の巨人」、ときには「行動する知の巨人」として、地域文化の向上発展のために献身的に行動した。これが、今日の全国各地における「新たな地域文化の創造」活動・運動の基盤となり、その発展を準備したのである。

3 地域社会の特色を探る

前項で述べたように、各地の多くの先達のご指導をいただき、まとめた歴史・考古分野の研究の一部については、先に『縄文時代の基礎的構造－東北地方南部の歴史的個性－』として刊行した。これは、学生時代以来追求してきた縄文時代の実像と地域の宝、そして地域の絆とも言うべき文化財の保存と公開に関するものであった。

今回は、古代から現代までの論考を取り上げ、これを時代別におおよそ区分して各章節を構成している。いずれも県内各地域の歴史の特色を示すものと考えているが、それらの概要を以下に述べて本書の道しるべとしたい。なお、各章節は、基本的に執筆当時の文章のままであるが、必要なことについては改訂・補記した部分もある。

第一章（本章）「地域社会の歴史と誇り」では、先ず、ふるさとの歴史やそれを支えた人々について述べている。続いて各地域の代表的な歴史や文化、遺跡や文化財等、即ち地域の特色を取り上げた各論考の趣旨概要を記した。

第二章「前方後円墳と条里遺構　－古代地域社会の基盤形成－」では、古代の権力・権威の象徴とも言うべき前方後円墳と、生産基盤となる土地区画としての条里遺構を取り上げる。そこから地域の古代社会の一端を考えていく。

第一節の「中通り最古の前方後円墳」では、福島県安達郡大玉村に所在する傾城壇古墳という前方後円墳等を中心にした古墳時代を取り上げる。

『万葉集』に歌われたみちのくの安達太良山に源を発する命の水は、大玉三川（百日川、安達太良川、杉田川）となって、〃おおたま平野〃を流れ、この大地と人々を潤した。この地の多くの弥生時代集落を基盤にして古墳が登場した。それは村東部の山頂に位置し、中通り地方最古の傾城壇古墳という前方後円墳である。この他二子塚古墳（前方後円墳）や埴輪を出土する金山・久遠壇・谷地古墳群等も含め、この地が安達地区の古墳時代の中心地となる。まさに「あだちの王」の登場と言える。

第二節は、「条里遺構の考古学的調査」である。条里遺構の研究は、歴史学者や地理学者によって進められてきた。その研究は、法制度としての土地制度、分布・系統、地割りの復元、築造年代、自然環境、水利灌漑、道（畦畔）、尺度、集落、古墳、荘園等の諸分野に及んだ。

やがて、考古学調査が条里遺構研究に加わると、長野県更埴市（現千曲市）条里遺構等で地表条里と地下遺構である地下条里遺構にずれがあることが判明し、新たな検討課題を提供してきた。

これらの研究過程で、本県域では、福島、平、会津若松周辺等の条里遺構研究や伊達西部条里遺構発掘調査等によって、古代の当地域での土地区画等が明らかになってきた。

第三節は、「伊達西部の条里遺構」を考える。本県における条里遺構調査の具体的事例として、伊達郡西部（阿武隈川西の国見町、桑折町、梁川町西部等）を取り上げた。考古学のみではなく、地層、微地形、古文書、灌漑水利等の調査も含む総合調査であった。発掘調査では、現地表条里区画とはややずれのある地下水路等も検出され、新たな知見を提供した。また、中江堀等の基幹水路等や水系ごとの灌漑水利状況も明らかにされた。

坪割されたこの条里遺構は、当地域を代表する広大な耕地であり、当時の人々の暮らしと仕事を長く支えた、極めて重要な生産基盤であった。

第四節は、「天台別院と木幡山経塚群」という古代の信仰に係わる内容である。

奈良国立博物館の考古資料の中に、「木幡山経塚出土」とされる銅製経筒と石製外筒がある。このことを確認するために、福島県伊達郡飯野町と安達郡東和町に跨る木幡山山頂の「木幡山経塚群」の発掘調査が、東和町教育委員会によって開始された。その結果、六基の経塚が発見され、奈良国立博物館資料は3号経塚出土と想定された。また、木幡山には、天台別院とされる弘隆寺（現治陸寺）や式内社という隠津島神社等もあり、当地域を代表する神仏混淆の霊山である。

第三章「阿津賀志山合戦と鎌倉　－中世地域社会と中央－」では、中央政権（鎌倉）と地域政権（平泉）の歴史を考える。東北地方や福島県域は、これまで幾度か中央政権の権力掌握の総仕上げの場となり、中央政府が動員した全国規模の征服軍からの集中砲火、言われなき攻撃を浴びた。例えば、その一は、坂上田村麻呂の奥羽侵攻、アテルイの処断。その二は、源頼朝の奥羽侵攻、阿津賀志山合戦、平泉での吉書初め。その三は、会津黒川城に進軍した豊臣秀吉による奥羽仕置。そして、その四は、薩摩・長州藩等（新政府軍）の奥羽越侵攻。

ここでは、中央政権によってもたらされた奥羽両国の苦難と、それを乗り越え新たな中世奥羽の世界を創造した地域社会を考える。

第一節は、「奥州藤原氏と頼朝」である。平安時代後期、奥州の覇権争いは、源氏の台頭と在地の安倍、清原、藤原氏等によって引き起こされた。その戦いに最終的に勝利したのは奥州藤原氏であった。

やがて時は流れ、「文治五年奥州合戦」という、源氏宿願の奥羽の覇権確立のときが訪れた。奥州平泉の藤原泰衡に圧力をかけて、源義経を討たせ、ついには、全国動員をかけて奥州を攻め滅ぼすことになる。

ここでは、最大の決戦場、「阿津賀志山の戦い」に至る経緯と、その地での奥州藤原軍の迎撃、鎌倉軍との合戦の状況を振り返る。

第二節は、「阿津賀志山防塁の構造」を考える。奥州藤原軍は、陸奥国伊達郡の大木戸付近に、長大な口五丈堀を掘って迎撃の陣地とした。これが阿津賀志山防塁、地元では「二重堀《ふたえぼり》」と呼ぶ構造物である。この地に、東北自動車道建設が計画され、事前の発掘調査が行われた。さらには、福島県営圃場整備事業に先立ち、発掘調査が実施された。その結果、この遺構は厚樫山中腹から旧阿武隈川河道までのおよそ三㎞にわたる大防塁線であることが明らかになった。

ここでは、その長期の発掘調査や表面調査によって判明し、その一部は後日国指定史跡になった「阿津賀志山防塁」の位置と構造、遺構の多様性等について検討する。

第三節は、「安達太良山と相応寺」と題し古刹を考える。安達郡大玉村の安達太良山相応寺は、徳一開基と伝えられ、現在は安達太良山遍明院相応寺（新義真言宗）と言う。

相応寺は、安達太良山眉岳に創設され、その後、玉井村亀山に遷った。これを元相応寺と言う。永禄三年（一五六〇）に現在地に遷ったと言う。当寺には、室町時代後期の宝徳四年（一四五二）造像の木造薬師如来坐像をはじめとする薬師三尊像や十二神将像、また、享徳四年（一四五五）造像の木造徳溢大師坐像等の多くの仏像・文化財が所蔵されている。

相応寺の一八世実賀が会津の磐梯山恵日寺に遷って中興の祖と呼ばれる。恵日寺とは相互に寺縁起を交換保持する等強い関係があった。ここでは、二本松藩領（安達郡・安積郡・八丁目）第一の古刹という相応寺の姿を紹介する。


第四章は、「侍の城と百姓の城　―自立する戦国期地域社会―」と題する。戦国時代は、動乱の時代である。一方では、各城館を中核として独立した支配領域が構成され、いわば地域の自立の時代となる。群雄割拠による地方の時代、地域の時代とも言える。

夥しい数の城館が全国津々浦々に構築され、日本総地域自立の時代を迎える。当地における城館の歴史と縄張り構造、そしてそれを取り巻く地域社会の逞しい生き方を分析して、戦国期地域社会を見つめる。


第一節は「塩松石川氏の百目木城と田沢八館」である。戦国時代の城館は、武士だけのものではなかった。この時代、陸奥国塩松の百目木城を中心とする領域は、近世には「塩松領石川分」と、他と区分して呼ばれた。石川弾正光昌が最後の城主となるが、典型的な地侍、小国人領主である。

一方、田沢八館は、戦乱や野武士から家族と財産を守るために籠もった村の館、百姓の城である。ここでは、その二つの城館を対比しながら、村の城の姿とその地域的広がり等を考え、発掘調査遺構との関連を追及した。

第二節は、「東安達の拠点城郭」の四城の姿である。戦国期、安達郡の阿武隈川東の地域は、塩松と呼ばれた。そこには、多くの城館が構築され、隣接する勢力が抗争をくり返した。その中心城館の、四本松城、小浜城、百目木城、宮森城を取り上げ、その歴史と縄張りから特色を抽出しようとする。

これらは、室町・戦国時代から江戸時代初期に機能した地域の拠点城館であり、政治的中心地である。また、石橋氏、大内氏、石川氏等、他地域から移住した新たな武士団による地域開発・経営の中心施設とも言える。それは、この地域を開墾し、耕作した多くの人々の精神的拠り所でもあった。

第三節は「会津・仙道境目の城　玉井城の位置と構造」である。会津と仙道（中通り）を繋ぐルートはいくつかある。土湯峠道（国道一一五号線）、母成峠道（母成グリーンライン）、中山峠道（国道四九号線）、勢至堂峠道（国道二九四号線）等である。

会津と仙道の境目に位置する安達郡玉井村は、中通りから母成峠・猪苗代そして若松に至る会津道の出入口部分に当たり、歴史的に戦略上重要な地点であった。第一は伊達氏と蘆名氏の攻防時に、第二は戊辰戦争の会津と薩摩・長州藩等の攻防時に、この地は両軍の最前線となった激戦地である。

ここには、玉井城という、本宮城と並ぶ安達郡南部の拠点城郭があった。現在は地下に埋もれているが、その復元を試みた研究の報告である。これは、地域の三人の郷土史家の先行研究等が基礎となっている。

第四節は、「城館跡出土の石臼類　－福島県内城館跡発掘調査の成果より－」である。太平洋戦争後の高度経済成長期、洗濯機、電気釜、冷蔵庫が、家庭の三種の神器と言われた。一方昭和の中頃までは、製粉具としての石臼は、自給自足を支える家庭生活の必需品であった。

発掘調査によって、戦国期城館跡から多くの石臼が発見された。それもかなり消耗しているものが多い。これは城館内で火薬製造のために使用されたものと言う。全国各地の城館跡出土の石臼類を参考としながら、本県内各地域の城館跡発掘調査から発見された石臼類の特色をまとめた論考である。

第五章「広重　みちのく紀行　－文化を創る近世地域社会－」は、生産性、創造性が磨かれた地域社会を考える。近世地域社会の流通経済の進展に伴って蓄積された商業資本を背景にした町人や、新田開発の進展や換金作物の増加によって高まった農業生産力を持つ農民は、新たな文化振興の担い手となった。

第一節は、「歌川（安藤）広重と渡邊半右衛門－一立斎廣重筆「陸奥安達百目木驛八景圖」－」と題する。江戸後期になると、陸奥国二本松城下だけでなく、山間の在郷町、小浜・針道・百目木という〝塩松三都〟でも流通経済が発展する。やがて富商が登場するが、多くの場合、大地主でもある。これらが、文化人・知識人を生み出す原動力となる。三春－相馬中村街道の宿駅である百目木宿にも、銘酒百瀬川の造酒屋、渡邊半右衛門という人物が現れる。この半右衛門が、当代随一と謳われた江戸の浮世絵師歌川広重を自宅に招待して、浮世絵「陸奥安達百目木驛八景圖」の制作を依頼した。現在その版木は、二本松市有形文化財に指定されて、まさに地域の宝となっている。

第二節は、「二本松・塩松の戦国期城館のその後」を考える。

江戸期になると、戦国期に大変重用された城館は、近世城郭に模様替えした一部を除いては、一転無用の長物となった。夥しい数の戦国期城館は、山林、田畑、宅地と化して忘れ去られることもあった。しかし、地域の記憶・口伝として確実に受け継がれ、近世後期になると地誌類等に記されて復活する。

ここでは、無用とされた戦国期城館が、その後の近世地域社会の中でどのように認識されたのか、復活したのかを考えていく。

第三節は、「芸術文化人の活躍」を取り上げる。近世は各地で芸術文化が振興した。ここでは、地域に貢献した書家と画家の事績を紹介し、当時のふるさとと文化の一端に触れる。

第六章「歴史と伝統の再響プログラム　－近・現代地域社会の多様性－」は、歴史事象と地域社会の係わりやその調査・研究・公開・活用・伝承等そして多様な近現代地域社会を考える。

明治時代以降、近代化の波の中で、人々は権利と義務が明確化され、様々な事象に遭遇し続ける。太平洋戦争後の日本社会の復興を目指して、人々は家族のために一生懸命に働き続けた。生活の豊かさこそが幸せへの道と考えて努力を惜しまず、やがて豊かな社会そして多様な価値観を生み出した。

第一節は、「川（水辺）へ行く道　－町屋地割の分析から－」を考える。明治十〜二十年代に作成された福島県内の「地籍図・丈量帳」の分析を通して、地域の人々は、川へ行くための自家専用の道を確保していたことを追跡した。それは、近世以来、洗濯水、台所用水、農業用水、ときには飲料水等を得るための水辺への道である。その具体例を提示しながら、村の掟とも言うべき社会規範の存在を考えたものである。

第二節は、「明治の大凶作と海外出稼ぎ・移住」を取り上げた。福島県をはじめ東北地方では、明治三十五年（一九〇二）と三十八年（一九〇五）に、江戸時代の天明・天保以来と言われる大凶作があった。福島県、特に安達、岩瀬、南会津、石川、田村、相馬の各地方では、多くの人々が飢餓に陥る危機に瀕していた。まさに地域社会は崩壊寸前であった。

そのとき、それを克服する方策の一つとして、鉱山や北海道出稼ぎ、そして海外出稼ぎ・移住が、行政の奨励のもと盛んに行われた。この出稼ぎ者やその仕送りによって、地域社会は再び活力を取り戻していくことになる。ここでは本県の大凶作の状況と大玉村の海外出稼ぎ・移住を例に検証する。

第三節は、「梵鐘の戦時供出と七〇年後の再響」である。太平洋戦争末期、全国各地の寺社仏閣等から梵鐘や金仏等が供出された。国民からは、刀剣類、鍋釜類等あらゆる金属製品が供出された。太平洋戦争後七二年を経過した今では語る人も少なくなったが、当時、銃砲等の弾にするという国策に従って全国津々浦々で行われた金物供出である。

太平洋戦争後の復興が進む時期から現在まで、全国各地の寺社やその地域社会等では、梵鐘の捜索や新しい梵鐘の鋳造が行われ続けた。その一例として七〇年ぶりに再建した百目木虚空蔵堂梵鐘を紹介しながら、今ようやく一区切りがついた地域の人々の〝心の戦後復興〟とその歩みを考える。

第四節では、「年中行事の再現・伝承活動」を紹介する。めぐりくる季節の変化と仕事の節目等に、正月、だんごさし、節分、ひなまつり、端午の節句、七夕、……等、古来から受け継がれてきた家庭・家族と地域の年中行事があった。先人たちは、地域一体で自然への感謝とともに、五穀豊穣、無病息災、悪霊退散、家族の幸福と地域の安泰等を願った。

豊かさと便利さが求められた戦後の高度経済成長期を境に、これらの年中行事は家庭・家族から、地域から姿を消し始め、今は、消滅に近い状態の行事も多い。そんな中、地域の歴史文化団体やボランティア団体の協力を得て、年中行事の再現・伝承活動を継続している「あだたらふるさとホール」（大玉村歴史民俗資料館）の活動を紹介し、地域社会のあり方と家族や地域の絆を再考する。

以上のように、地域社会の自然や文化等、様々な姿を通して、以下の各章節のテーマに従って、具体的に地域社会の歴史の特色・個性について述べていくこととする。

第二章　前方後円墳と条里遺構

―古代地域社会の基盤形成―

第一節　中通り最古の前方後円墳

1　あだたらの里の成り立ち

みちのく安達の安達太良山の豊富な水は、大玉三川（百日川、安達太良川、杉田川）等となってこの地を流れ、広大な大玉地域の平地（仮に〝おおたま平野〟と呼ぶ）を形成した。この水は命の水であり、おおたまの大地と人々を潤した。

福島県安達郡大玉村（あだたらの里）に人間が住み始めたのは、採集された石器の様相から、縄文時代より前の旧石器時代と考えられている。この時期は気候が冷涼な氷河期であり、日本列島はユーラシア大陸と陸続きであった。マンモス・ナウマンゾウやオオツノジカ等が生息し、地表には針葉樹林が広がっていた。大山の大皿久保遺跡や馬場平A遺跡からはこの時代の石器が地表面から採集されており、人の存在が想定されている(1)。

今から一万二〇〇〇年ほど前、氷河期が終了し地球が温暖化すると、ユーラシア大陸との陸橋が海底に没し、今日目にするような四方を海に囲まれた日本列島が形成される。縄文時代の始まりである。狩猟用具の弓矢や煮炊き具の縄文土器の使用がその特色である。この時代には、大玉村では安達太良山麓や河川沿いの台地等に三〇ヶ所ほどの遺跡が存在している。人々は、山菜や堅果類（ドングリ・トチ・

クルミ・クリ等）、動物や川魚等、森や川の恵みの採集・狩猟等を生業とし、多くの集落が営まれていた。

縄文時代中期の後半期には、「複式炉《ふくしきろ》」と呼ばれる竪穴住居内の大型炉が盛行した。この時期は、堅果類が主食となり、複式炉は、それらのアク抜き（しぶ抜き）のための灰の量産を目的にした施設と考えられている。

安達太良山麓丘陵部に位置する台田遺跡[2]や山崎後遺跡は、複式炉を有する代表的な大規模縄文集落である。この複式炉や石皿・凹石等の調理用具の発見から、これらの遺跡の人々は、堅果類採集や灰の量産そして堅果類等のアク抜き作業を日常的に行い、比較的安定して食料を確保できるこの地に定着した。

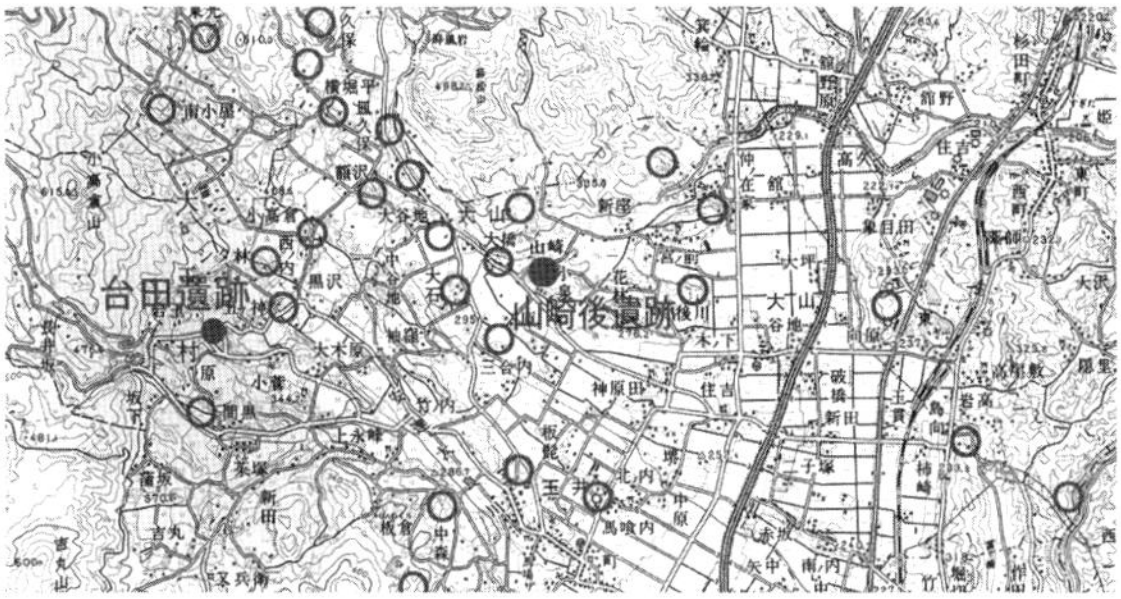

第１図　縄文時代の遺跡（押山［雄］2012）

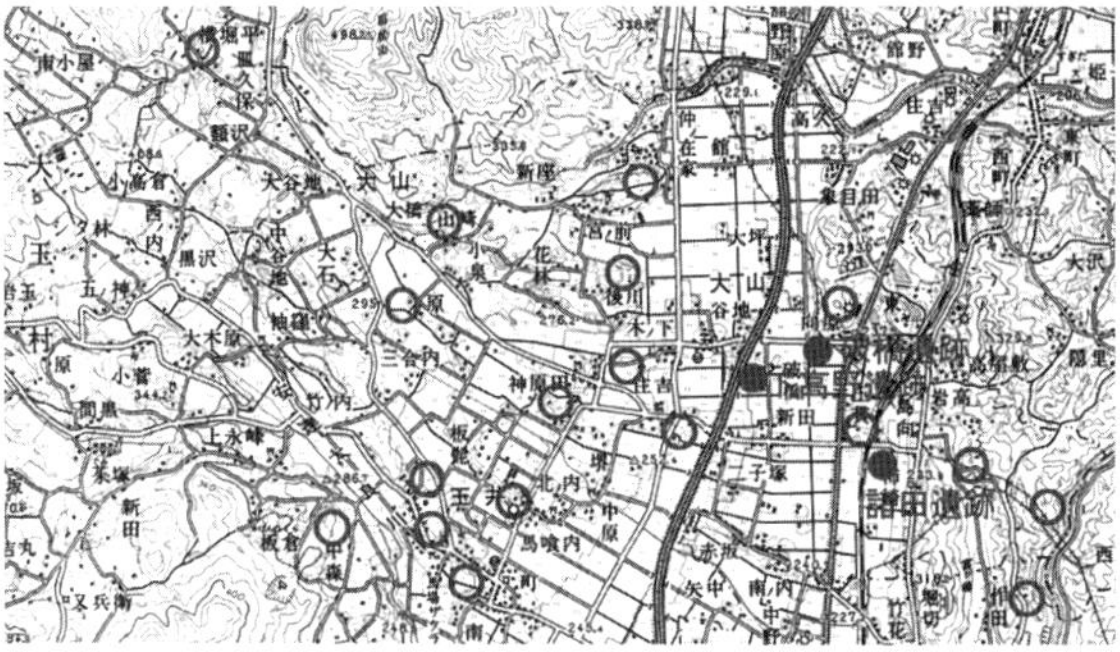
第２図　弥生時代の遺跡（同上）

今日、当地域の人々が普遍的に有している山菜や堅果類の弁別・採集・食用化の技術・習慣は、これらの遺跡の人々が、自然との対話や多様な働きかけを行った結果、発見・獲得したものである[3]。

アジア大陸から稲作が伝来・定着すると、日本列島の多くは、稲作農耕社会へと大転換した。これとともに金属器（青銅器・鉄器）、大陸系石器そして機織り機等も新たにもたらされ、今日の社会の基盤が形成された。米という長期保存と再生産が可能な食料の確保が安定的な定住生活を促し、次の生産活動・発展を支えることになる。生産経済段階へと移行・定着していくこの時代を弥生時代と呼び、今から二三〇〇年ほど前から高塚式の古墳が形成される一七〇〇年ほど前までの、約六〇〇年間を指している。

稲作が開始された大玉村の弥生時代遺跡は二〇ヶ所ほどある。他地域に比べると極めて分布密度が高く、当時の当地域における高度な生産力の反映と考えられ、後の古墳時代への発展を予見させる。これは、当地があだちの弥生時代の中心地域として大変繁栄したことを示している。

稲作農業が開始すると、縄文時代には、比較的山麓や丘陵で生活していたのとは対照的に、人々は、水田耕作をするために平地へと進出し、低湿地の水田に隣接した微高地や高台に仕事と生活の根拠地を移し、多くの集落を営む。

大玉村の諸田遺跡（仲島遺跡や柿崎遺跡とも呼ぶ）からは、弥生土器や土坑群等が発見されている。破橋（間尺）遺跡からは、弥生時代の住居跡が発見され、当時の稲作の存在を証明する「籾」の痕跡のある土器底部や籾入れと考えられる壺形土器等が出土している。

下高野遺跡は、弥生時代中期の共同墓地跡で、土坑墓やそこに供献された底部に穿孔のある壺形土器等が発見されている。下高野遺跡や諸田遺跡からは稲作を証明する多数の炭化米が発見されている。また、両遺跡出土土器は、東北南部の弥生時代の時期等を示す基準の一つであり、「下高野式土器」・「諸田式土器」と呼ばれる。(4)

実りの秋。稲穂が頭を垂れ黄金色に輝く田んぼ、堰々に注ぐ清き水、緑のいぐねと集落、そしてこの大地をあまねく潤す恵みの源、安達太良山と大玉三川。自然の恵みと人間集団の生産と暮らしが創り出した、今日の美しい文化的な景観〝あだたらの里〟の源流は、この弥生時代にある。

2　大王の時代と〝あだちの王〟

稲作農業を中心とした弥生社会が手にした、米という保存管理と再生産が可能な食料の安定的確保は、やがて巨大な富の蓄積を促し、三世紀半ばを過ぎると権力を握った支配者が出現する。この頃、濠を掘り土を盛り上げた大きな高塚式の前方後円墳が造営される。大王の時代とも呼ばれる古墳時代の開始であり、奈良県桜井市の箸墓古墳が代表である。古墳の種類には、前方後円墳の他、前方後方墳・円墳・方墳等がある。

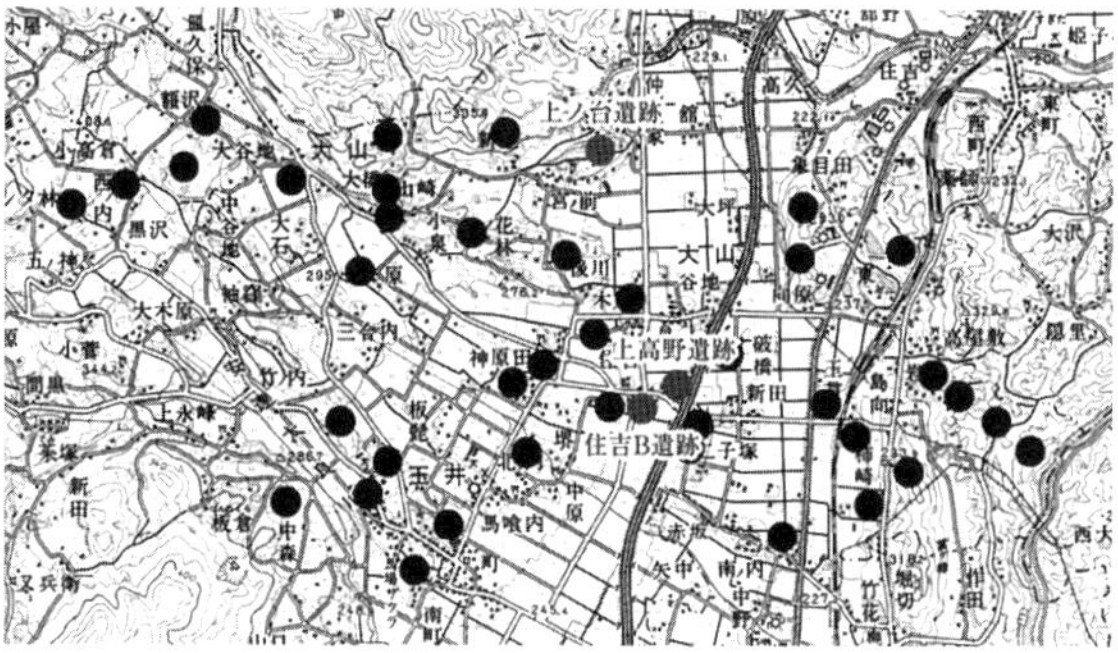

第３図　古墳時代の遺跡（戸田2012）

当地の古墳時代は、およそ三世紀末頃～七世紀頃までを指す。前中後の三期に大別し、前期は四世紀末まで、中期は五世紀、後期は六世紀～七世紀頃と考えられている。

〝おおたま平野〟でも、中通り最古とされる傾城壇《けいせいだん》古墳や二子塚古墳という前方後円墳が造営され、その被葬者は、あだち地域の首長〝あだちの王〟として名誉ある地位を占めたと考えられる。この他にも埴輪を持つ谷地古墳群・金山古墳・久遠壇古墳、産土古墳等もあり、この地の歴史的重要性を示している。[5]

当地域の古墳時代に属する遺跡は大変多く、古墳や集落等四二ヶ所ある。弥生時代には平地に集中した集落は、この時代には平地はもちろん山麓方向にもさらに拡散し、遺跡数が増大（人口増）する。稲作を中心とした生産活動の大きな発展が読み取れる。[6]

3　あだちの王　傾城壇古墳と二子塚古墳

(1) 中通り最古の傾城壇古墳

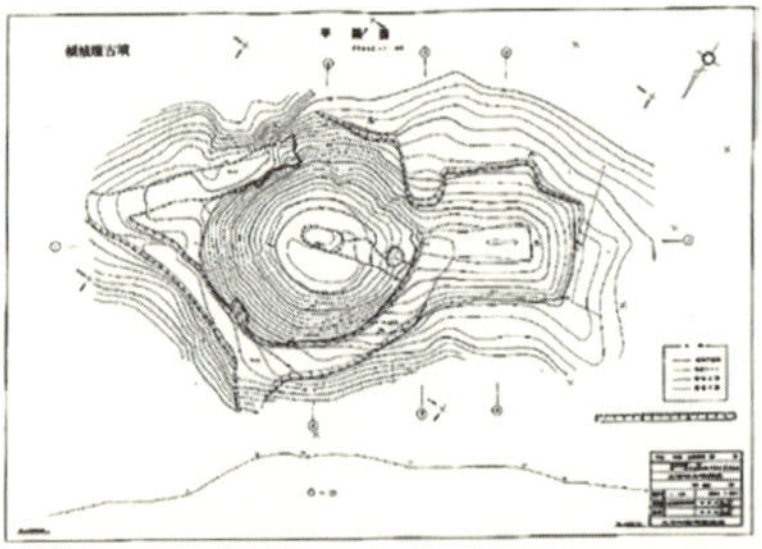

第４図　傾城壇古墳実測図（大玉村教育委員会調査）

第５図　傾城壇古墳（同）

傾城壇古墳は、大玉村大山字愛宕、村の北東の海抜約二九三mの丘陵頂部に位置する前方後円墳である。この古墳からは、安達太良連峰、大玉三川や〝おおたま平野〟の全域を一望することができる。平成九年には福島県指定文化財（史跡）に指定された。

大玉村教育委員会の測量調査[7]によって、全長四一m、後円部直径二四m、前方部長一六・五m、同先端幅一三m、くびれ部幅一二mで、大変均整のとれた古墳であることが判明した。高橋丑太郎が表面採集した土師器（器台、壺等）から、古墳時代前期の四世紀に築造された古墳と考えられていたが、近年は三世紀代まで遡るとも想定されている[8]。

この古墳は、弥生・古墳時代遺跡や古墳集中地域である〝おおたま平野〟に分布する古墳のうち、二子塚古墳とともにその中核的位置を占めている。

現在、中通り地方では最古、東北地方でも最古級の前方後円墳の一つと考えられている。被葬者は、あだち地域はもちろんのこと、さらに広範な地域を支配した、ふくしま中通り地域の王者の一人とも想定されている。

(2) 大規模な二子塚古墳

第６図　二子塚古墳（西から）

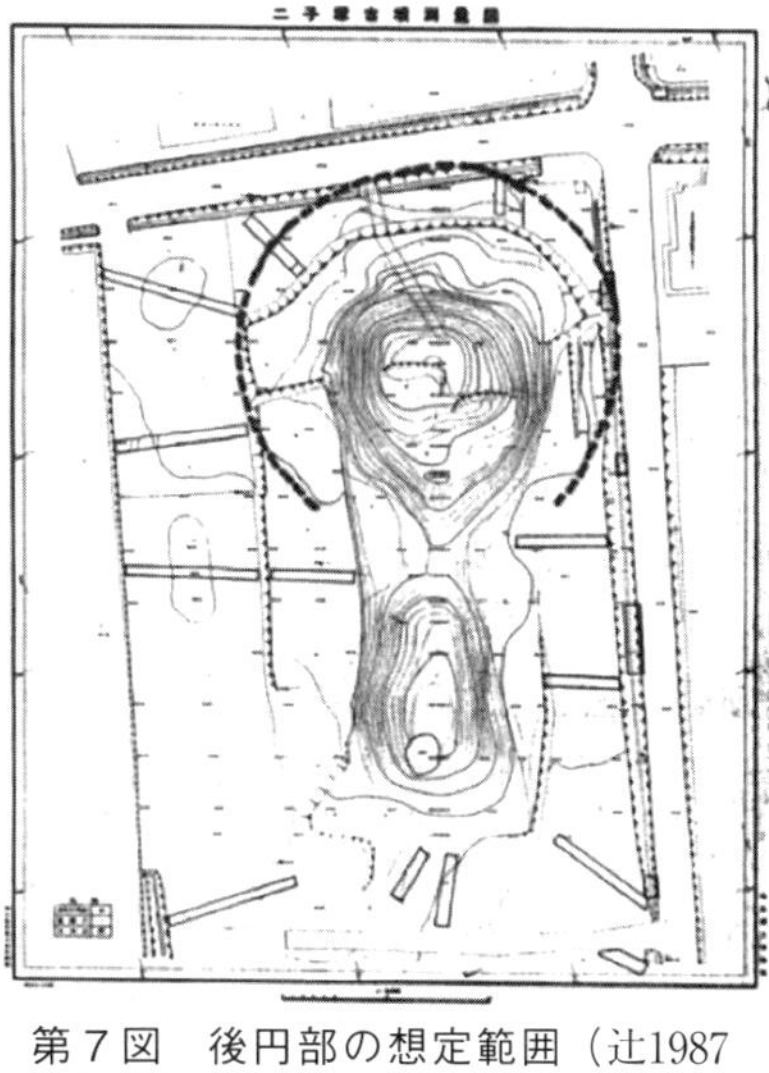
第７図　後円部の想定範囲（辻1987に加筆）

二子塚古墳は、大玉村大山字小次郎内、東北自動車道の東側に所在する前方後円墳である。海抜約二四〇m、〃おおたま平野〃の中央部に位置する。福島県立博物館の測量調査(9)によって、全長五二・六m、後円部直径二一・六mであることが判明した。平成元年に福島県指定文化財（史跡）に指定された。

墳丘の一部には葺石が見られ、高橋丑太郎が表面採集したという勾玉もある。古墳時代後期（六世紀）の古墳と想定されていたが、近年は、時期的にさらに古く遡り、前期古墳の可能性も指摘されている。形状は、後世の耕作や墓地の造営等で大きく改変されているが、基壇を有する古墳とも考えられている(10)。また、大玉村教育委員会の試掘確認調査（第７図）によって後円部周溝の一部が確認されており、仮に、それを基準にして想定復元すると、後円部径はおよそ三六・八mとなる。さらに大規模な古墳であった可能性が高い。

古来より、この古墳の所在する二子塚地区では、「ここに鍬を入れると疫病や大雨になる」と言い伝えられる。また、「双子の死を悲しんだ母親が、南方の大地から前かけで土を運び、双子の墓を築いた」

という話も語られている。

なお、この古墳からは、東方の山頂部に所在する、福島県中通り最古の前方後円墳とされる傾城壇古墳が望める。

4　谷地古墳の埴輪　―埴輪を持つ古墳―

大玉村内及び隣接地の古墳には埴輪を持つものがある。[11] 五世紀〜六世紀にかけての、庚申壇古墳（本宮市竹花）・谷地古墳群・金山古墳・天王壇古墳[12]（本宮市南ノ内）・久遠壇古墳・産土古墳等が知られている。村内古墳からは、家形・人物・馬形の形象埴輪や朝顔形埴輪・円筒埴輪が発見されている。埴輪は、素焼きの焼き物で、古墳の墳丘や造出し等に立て並べられたもので、葬送の形式等も表現している。[13] 村内の金山古墳からは円筒埴輪や家形埴輪の一部破片が、久遠壇古墳[14]からは、人物埴輪や馬形埴輪の破片が発見されている。

谷地古墳群は、村立大山小学校校庭付近に所在し、かつては、高橋丑太郎が円筒埴輪を採集しており、古墳の存在が知られていた。昭和六十三年度や平成十五年度の発掘調査（担当者：戸田伸夫）においては、谷地1号墳の周溝が検出されている。[15] この古墳は、直径二五ｍほどの円墳と想定され、円筒埴輪や朝顔形埴輪が発見され、古墳時代中期（五世紀）の古墳と考えられている。

谷地古墳群周辺には久遠壇古墳が存在していたので、他にも多くの古墳があった可能性がある。

5　上ノ台遺跡や住吉B遺跡に住んだ人々　―古墳時代の始めや後半頃の暮らし―

上ノ台遺跡は、大玉村大山字上ノ台に所在する古墳時代を中心とする遺跡である。大玉村役場から北北東へ約二・五㎞、海抜約二七〇m、〃おおたま平野〃が前面に広がる高台上にある。平成三年七～九月、大玉村教育委員会が発掘調査（担当者：小林雄一）を実施した。その結果、竪穴住居一〇棟（縄文時代三、古墳時代七）等が確認された[16]。

第3号住居は、地床炉と貯蔵穴を有する古墳時代前期の方形の竪穴住居である。一辺は四・四～五・〇m、壁高は二〇～六〇㎝を測る。住居の中央北寄りには三角形を呈した燃焼部が見られ、地床炉（囲炉裏）である。この時期には、カマドは使用していない。ほぼ正方形に配置された四本柱が主柱である。四方に周溝がめぐり、部屋の間仕切りと思われる部分もある。

生活用具としては、食料を煮る・貯める・盛る等のための土師器の甕、壺、高坏、坏や、糸を撚るための紡錘車が発見されている。この住居は、傾城壇古墳が造営された古墳時代前期頃に営まれていた。

第８図　住吉B遺跡第４号住居跡
（押山［美］・木本・戸田1997）

住吉B遺跡[17]は、広大な〃おおたま平野〃中央部の微高地にあり、全方位が展望できる古墳時代～平安時代の集落である。大玉村役場から北北東約二㎞、海抜約二五〇m[18]にある。付近にはほぼ同時期に機能したと思われる稲荷免・住吉・三合目の各遺跡や上高野遺跡がある。

竪穴住居二〇棟（古墳時代、飛鳥～平安時代等）や掘立柱建物三棟等が発見された。古墳時代の住居は、五世紀後葉三棟、五世紀末葉四棟、六世紀前葉一棟等が確認されている。

第4号住居は、古墳時代中期五世紀末葉で平面が長方形状を呈し、長辺五・二m、短辺三・七m、壁高三〇㎝を測る。床面には柱状の炭化材が多数あり、火災に遭った住居である。カマドが敷設され、貯蔵穴を有する。

生活用具は、食料の煮炊きや保存、盛り付け等に使用した土師器の甕、甑、坩（小壺）、坏がある。祭祀に用いる石製模造品（剣形）の未製品もある。

この遺跡の五世紀後葉の住居に住んでいた人々は、谷地1号墳や金山古墳の、そして五世紀末葉〜六世紀前葉の住居の人々は、久遠壇古墳の造営に従事した可能性が指摘されている。

6　あとがき　―時代が示すあだちの顔あれこれ―

このように大玉村は、傾城壇古墳をはじめとして、中通り北・中部の古墳集中地域の一つであり、集落も数多く営まれていた。古墳時代開始から後期頃までの長期間にわたり、当地があだちの政治の中心地域であったことを示している。

また、数々の考古学的業績を残した福島県考古学会理事の高橋丑太郎は、古墳時代研究においても、傾城壇・二子塚両前方後円墳の調査を行い、その測[19]量図を作成発表（昭和三十六年）する等、本県の古墳調査研究の先駆けの一人となった。

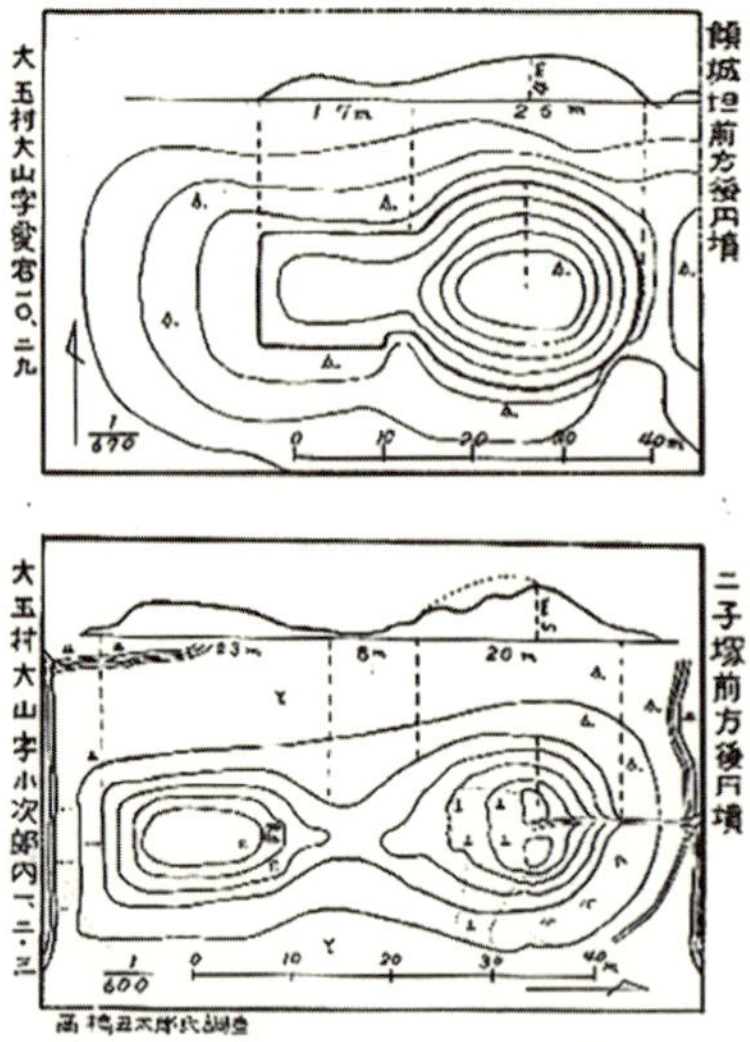

第９図　傾城壇古墳・二子塚古墳実測図（高橋丑太郎実測）

結びに、おおたま地域が、あだち地区の時代の顔となった時期や事象を掲げてまとめとしたい。

(1)「安達太良山麓」の複式炉集落群

縄文時代中期には、堅果類のアク抜き用木灰を量産するために、竪穴住居内に複式炉という大型炉を設置した。自然の恵み豊かな安達太良山麓は、複式炉集落が集中する中心地域である。それらの遺跡群の中には台田遺跡や山崎後遺跡があった。

(2)〝おおたま平野〟の稲作農業集落群

米作りが始まった弥生時代には、水が豊かで肥沃な低地に人々は進出した。広大な〝おおたま平野〟は、県内有数の弥生時代集落の密集地帯であり、下高野遺跡や諸田遺跡等がその代表である。

(3)〝あだちの王〟を登場させた〝おおたま平野〟

〝おおたま平野〟は、稲作農業の進展とともに富の蓄積を促し、やがてここに支配者が出現した。傾城壇古墳・二子塚古墳という二つの前方後円墳を有するおおたま地域は、当時のあだちの政治的中心である。しかし、その豪族居館は現在のところ未発見である。

(4)古代の安達郡家の「郡山台遺跡」

延喜六年（九〇六）、安積郡を分割し新たに安達郡が成立した。その安達郡家（安達郡役所）が、傾城壇古墳の北北東二㎞ほどに位置する郡山台遺跡[20]（二本松市杉田）である。おおたま（大山）から杉田地域方面に政治の中心が遷ったことになるが、その理由は判然としない。なお、この郡山台遺跡では、八世紀以降からすでに役所のような機能を果たしていたと考えられている。

(5)戦国期の「塩松」と「二本松」の両立

安達郡は、室町時代から江戸時代初期には阿武隈川を境界として東を安達東根や塩松、西を安達西根や二本松と呼ばれた。その頃の政治的中心は、東が小浜、西が二本松である。

(6)江戸期の「二本松」藩

寛永二十年（一六四三）、丹羽光重が白河から二本松に国替えとなった。以後二二五年間、丹羽家支配が続き、二本松城が政治の中心となる。なお、「本宮宿」は経済流通都市として繁栄した。

(7) 近代の「安達郡役所」

明治十二年(一八七九)一月、区制を廃止し、安達郡役所を二本松に置き、郡一円をその管轄とした。

(8) 平成の大合併と「二本松市」・「本宮市」・「大玉村」

安達地区では、一市三町(安達・岩代・東和)が合併し二本松市が、一町一村(白沢)が合併し本宮市が成立した。大玉村は合併をせず、独自の道[21]を歩むこととなる。

(9) 古代以来の「安達郡」の名跡を継ぐ「大玉村」

平安時代の延喜六年以来、約一一〇〇年間にわたり使用され続けてきた「安達郡」の名跡は、大玉村のみが受け継いだ。当地の〝あだちの王〟登場以来、およそ一七〇〇年の時を経て、〝おおたま平野〟は、再び「安達」を冠する唯一の地という名誉ある地位と役割を担った。

(二〇一六年九月十九日)

小稿は、あだたらふるさとホール第六七回企画展「あだちの王　この地に登場!　~傾城壇古墳・二子塚古墳の出現と〝おおたま平野〟の人々~」展示解説リーフレットを基礎としている。また、大玉村の古墳時代に関する柳沼賢治、押山雄三両氏の研究業績も参考とした。明記し感謝したい。

(注)

(1) 三村達道『大玉村水利事業史』大玉村教育委員会　一九九九

(2) 押山美奈子・戸田伸夫『台田遺跡発掘調査報告書』(大玉村文化財調査報告書第9集)大玉村教育委員会　一九九九

(3) 日下部善己『縄文時代の基礎的構造 - 東北地方南部の歴史的個性』二〇一〇

（4）高橋丑太郎・菅野信朝「古代」『大玉村史』上巻　大玉村　一九七六
（5）押山雄三・戸田伸夫「原始・古代」『図説大玉の歴史』大玉村　二〇一二
（6）戸田伸夫・日下部善己「あだちの王　この地に登場！　～傾城壇古墳・二子塚古墳の出現と〝おおたま平野〟の人々～」（第67回企画展解説リーフレット）あだたらふるさとホール（大玉村歴史民俗資料館）二〇一六
（7）大玉村教育委員会「傾城壇古墳測量図」
（8）a大安場史跡公園『福島県中通りの前期古墳を考える』（財）郡山市文化・学び振興公社　二〇一一
b菊地芳朗（研究代表者）・青山博樹・金田拓也・佐久間正明・柳沼賢治・大栗行貴・高橋満・横須賀倫達・草野潤平・荒木隆『阿武隈川流域における古墳時代首長層の動向把握のための基礎的研究』福島大学行政政策学類　二〇一五
（9）a辻秀人『古墳測量調査報告』福島県立博物館　一九八七
b辻秀人『図説福島の古墳』福島県立博物館　一九九二
（10）a大安場史跡公園管理センター『大安場古墳の世界』（公財）郡山市文化・学び振興公社　二〇一五
b押山雄三「大安場古墳が造られた時代」『大安場史跡公園平成二十七年度第1回歴史講座資料』大安場史跡公園　二〇一五
（11）梅宮茂「福島県の埴輪研究史覚書」『東国のはにわ』福島県立博物館　一九八八
（12）a大河内光夫・山崎義夫編『天王壇古墳』本宮町教育委員会　一九八四
b山崎義夫「古墳時代」『本宮町史』第4巻　本宮町　一九九九
c山崎義夫・鈴木啓・鈴木雅文「古代」『本宮町史』第1巻　本宮町　二〇〇二
（13）今津節生『東国のはにわ』福島県立博物館　一九八八
（14）小滝利意『福島県安達郡破橋（間尺）遺跡・久遠壇古墳発掘調査概報』大玉村教育委員会　一九七五

(15) a戸田伸夫『下館跡発掘調査概報』大玉村教育委員会　二〇〇四　＊下館遺跡は、谷地古墳群と同一地点にある。
b戸田伸夫・阿部知己『下館跡発掘調査報告書』（大玉村文化財調査報告書第11集）大玉村教育委員会　二〇〇四
(16) 小林雄一・押山美奈子『上ノ台遺跡発掘調査報告』（大玉村文化財調査報告書第4集）大玉村教育委員会　一九九二
(17) 押山美奈子・木本元治・戸田伸夫『住吉B遺跡発掘調査報告書』（大玉村文化財調査報告書第7集）大玉村教育委員会　一九九七
(18) 押山美奈子・松本茂・日下部善己編『三合目遺跡発掘調査報告書』（大玉村文化財調査報告書第5集）大玉村教育委員会　一九九六
(19) 高橋丑太郎「傾城坦前方後円墳・二子塚前方後円墳（測量図）」『本宮地方史』（曾我伝吉編）本宮町公民館　一九六一
(20) 鈴木啓「古代」『二本松市史』第1巻　二本松市　一九九九
(21) 大玉村『小さくても輝く　大いなる田舎　大玉村』二〇一一

第二節　条里遺構の考古学的調査

1　はじめに

福島県における条里遺構(1)の調査・研究は幾人かの先学によって推進され、その概要は『福島県史』第6巻及び第1巻の中で述べられている。また、近年は伊達郡国見町を中心とした地域的な研究も進められ、『国見町史』に優れた研究成果が収められている。これらはいずれも歴史地理学あるいは文献史学的分析を中心とし、いわば地表の条里遺構をその主たる対象としている。

一方、全国各地で条里遺構の発掘調査が実施され、該種遺構の考古学的分析が試みられ、その調査報告もなされている。しかし、近年実施されることが増加してきたとはいえ、条里遺構の考古学的調査は他遺跡のそれに比較して決して多いとは言えないのが現状であって、東北地方ではわずかに山形県東根市・山辺町と福島県国見町・桑折町付近の例が知られているのみである。

そこで筆者等は資料の提示と整備を目的として本稿を起こし、今後の資料にしたいと考えた次第である。その意味で現段階の研究メモでしかないが、先学諸賢のご指導を賜われば幸いである。

2　条里遺構の研究

(1) 条里遺構の分布

日本における条里遺構の研究は近世以来、特に明治時代以降西洋文化導入とともに活発に推進され始めたが、その先駆は文献史学（古代史研究等）であった。その後、地理学による地表条里遺構の研究が中心となって進められてきたのであるが、もちろん文献史学も政治、経済、社会等の各分野にわたって検討を進めてきた。一方、両者の連携をとりつつ歴史地理学的分析も行われ、数多くの論文が発表されている。この間、条里制起源論[2]をはじめとして幾つかの論争もくり返され、研究はより深化していった[3]。

このような研究過程の中で提出された課題は、土地制度、分布・系統、築成年代（起源と解体）、坪割の復元、軸の方位、地割の形態、自然環境、水利灌漑、道路（畦畔）、尺度、集落・古墳・荘園等との関係等、多種多様な問題があり、広い範囲に及んでいる。また、全国各地で研究者の地域的研究も進められ、条里遺構の存在が次第に明らかにされていった。

その成果として日本全国の条里遺構の分布が明確となり、その分布図が深谷正秋により発表され、今日の研究の基礎となり、さらに、渡辺久雄等の分布図[4]が提示され、より広範な条里遺構分布が明らかにされた。しかしこの図においては福島県内は空白地帯となっていた。いずれにしても一時期の施行とは思われないが、北は秋田県（出羽国）から南は鹿児島県（大隅国）まで、また佐渡や穏岐等の離島の国々にも及び全国津々浦々に分布している。その広がりは驚異的であり、時の支配体制の強い意志が感じられる。地形的には、海岸平野、河川流域そして盆地等に集中し、開発のあり方をも併せて示している。

なお、近年の地域的研究としては、熊本県[5]、福井県[6]そして長野県上田市等[7]がある。

(2) 条里遺構の発掘調査

既述のような研究の過程の中で森本六爾[8]による考古学側からの発言もあったし、東北地方では伊東信雄[9]や柏倉亮吉[10]の研究も発表された。やがて発掘調査による考古学的研究も条里遺構分析の一端を担うようになってきたが、研究史的には極めて最近の出来事と言えよう。ただ発掘調査では他の時期（弥生時代等）の遺構を検出し、十分な成果を上げ得ない面があるのも事実であるが、一方では新知見を加えて旧条里遺構（地下条里遺構）の解明に寄与するところも大きい。

その条里遺構の発掘調査を目的として実施したもので、管見に触れたものは第1表の通りである。発掘届によれば第2表のような例もあるが詳細は寡聞にして知らない。これらの調査によって地下遺構の存在が若干ながら明らかになってきている。吉田、安満、更埴をはじめとしてほとんどの遺跡で旧畦畔跡が、そして吉田、安満、東根等では旧水路跡が、安満、東根、池島町等では杭列が発見されている。しかし、一般に条里の造成年代が十分には把握されていないのは残念であるが、安満遺跡A区[16]畦畔跡はその出土須恵器から六世紀前半の可能性が示され、「湿田（弥生－古代）」→「乾田（条里以降）」→「湿田（中世）」という変遷が把握されている。また、石和町の条里遺構[24]造成年代は六～七世紀頃、池島町の条里遺構[18]は七世紀頃、そして東根[34]のそれは八世紀末～九世紀にかけて造成され、一一世紀には完成したと想定されている。

ところで大八木条里遺跡[27]では長方形の水田跡（平安時代）、また高崎市新保[27]・熊野堂[38]の両遺跡等でも水田跡（弥生・古墳時代）が発見され、条里区画との係わりが指摘されているが、この分野は今後の研究に待つところが多い。

一方、地下条里と地表条里の区画に多少の差が、更埴、石和町、東根、池島町等の各条里遺構の調査

第１表　条里遺構の発掘調査Ⅰ

番号	遺跡名	所在地	調査の概要（○遺構、●遺物）	備考	文献
1	本吉条里遺構	福岡県山門郡瀬高町本吉 同　山川町河原内	○畦畔及び溝数ヶ所　○U字溝　●土師器、須恵器●縄文土器、弥生土器		⑾
2	若宮条里遺構	福岡県鞍手郡若宮町	○条里関連遺構なし		⑿
3	古国府石橋遺跡	大分県大分市古国府町字石橋	○溝遺構A(古墳後期)、溝遺構B（中世）、柱穴群、井戸他　●須恵器、土師器、木器、陶器他	国府推定地であったが関連遺構は未発見	⒀
4	湯田楠木町遺跡第Ⅰ地区	山口県山口市楠木町	○小川跡１、畑地畝状遺構17条、溝１、住居址推定遺構１他　●土師器、須恵器、青磁片他		⒁
5	同　第Ⅱ地区	山口県山口市楠木町	○小川跡１、条里に伴う堰状遺構（古代初期）１、溝１、畑地の畝遺構１　●土師器、須恵器、陶器、木材、植物果実遺体７他	畝状遺構は条里地割の坪割に一致	⒂
6	安満遺跡	大阪府高槻市八丁畷町１85～188	○旧畦畔（６世紀前半か）、丸木杭河道、溝数条　●土師器、須恵器、木材他		⒃
7	勝部遺跡	大阪府豊中市勝部		地表条里とに差あり	(17a)
8	池島町の条里遺構	大阪府東大阪市池島町	○旧畦畔、旧水路、杭列他　●土師器、須恵器他	一部にずれがある	⒅
9	高安遺跡	奈良県平群郡斑鳩町	○溝、井戸　●土師器、須恵器	９世紀以降に成立	⒆
10	目座Ⅱ遺跡	和歌山県田辺市下万呂字目座	○ピット64　●土師器、須恵器、木製杭他	範囲確認調査散布地	⒇
11	吉田	滋賀県草津市吉田	○水路、旧畦畔	109m条里（一部に110m）	(21)
12	志那中遺跡	滋賀県草津市志那中	○ピット（大・小）、溝状遺構　●土師器、須恵器他		(22)
13	片岡遺跡	滋賀県草津市片岡	○溝、畦畔（平安時代中期の後半）　●土師器、須恵器、瓦、土錘、木器他	現条里と一致	(23)
14	更埴市の条里遺構	長野県更埴市	○旧畦畔（原初条里、10世紀前後）他	現畦畔と不一致	(17b)
15	甲斐条里（石和町）	山梨県東八代郡御坂町・石和町	○畦畔１～３号（６世紀末～７世紀）　●土師器、陶器、木片、クルミ他	真北の区画	(24)
16	甲斐条里（一宮町）	山梨県東八代郡一宮町坪井・東原	○関連住居跡33棟（真間期、国分期等）　●土師器等		(25)
17	甲斐条里（末木地区条里）	山梨県東八代郡一宮町末木	○関連住居跡28棟（縄文中期１、真間期、国分期、不明等）、ピット他　●土師器、須恵器、陶器他	旧畦畔等は検出されず	(26)

18	大八木条里遺跡	群馬県高崎市	○水田跡他		(27)
19	日高遺跡 （第２次）	群馬県高崎市日高町	○条里水田跡、土坑、溝等（平安時代）、弥生時代遺構 ●土器、石器、木製品他		(28)
20	南河原条里遺跡	埼玉県北埼玉郡南河原村大字南河原	○溝状遺構　●須恵器		(29)
21	久城前遺跡	埼玉県本庄市今井字久城前	○大溝２、その枝溝の小溝５、他の溝１、井戸２、(7世紀代の水路) ●土師器、須恵器		(30)
22	女堀条里遺跡	埼玉県本庄市今井四方田	○畦畔、水路、住居跡 ●土師器、砥石	現条里とほぼ一致	(31)
23	館山市江田の条里遺構	千葉県館山市江田	○溝、畦畔　●土師器、須恵器、木器、弥生土器	現条里との差あり	(32)
24	伊達西部条里遺構	福島県伊達郡国見町・桑折町他	○溝状遺構、旧水田跡、旧畦畔（平安時代か） ●土師器、須恵器他	別稿参照	(33)
25	東根市の条里遺構	山形県東根市	○旧畦畔、旧水路、杭列 ●土師器、須恵器、陶器他		(34)
26	山ノ辺条里遺構	山形県東村山郡山辺町大塚	○溝、畦畔		(45) (46)
27	山川条里	福岡県久留米市山川町		条里関連遺構検出されず	(47)

の中で指摘されており、これまでの地表中心の条里遺構研究に一石を投じている。

以上のように条里遺構の研究は、何らかの形での考古学的検討を抜きにしては十分とは言えなくなってきているのが、その現段階と言えるようである。

(3)　東北地方の条里遺跡

畿内等に比較して東国の条里遺構は数的にも量的にも希薄な分布を示している。東北地方（陸奥国、出羽国）の条里遺構の所在地は、わずかに第3表に示す通りであり、中央の歴史に対しては辺境ということになりそうである。本県の分布については前述の通り『条里制の研究』（一九六八）の分布図の段階では空白であったが、『福島県史』第6巻（一九六四）の中では紹介されていたこともまたすでに述べた。その他『会津若松史』第1巻（一九六七）の中でも若干であるが論及されている。

第２表　条里遺構（関連）の発掘調査Ⅱ

番号	種別	所在地	文献	番号	種別	所在地	文献
1	条里制遺構	群馬県富岡市中高瀬967他	(37)	10	土器出土地 条里址	兵庫県伊丹市岩屋 兵庫県尼崎市田能	(36)
2	条里・集落跡	埼玉県児玉郡美里村北十条字五郎町576他	(37)	11	条里	兵庫県豊岡市九反ケ坪	(35)
3	条里遺跡	埼玉県児玉郡美里村北十条字深町620他	(37)	12	条里跡	山口県下関市大字有富	(35)
4	条里遺跡	新潟県佐渡郡真野町己子田721他	(37)	13	条里跡	福岡県久留米市善道寺町与田	(36)
5	条里跡	新潟県佐渡郡真野町吉岡322－1他	(37)	14	条里	福岡県久留米市上津町	(35)
6	窯跡・条里他	京都府亀岡市 京都府船井郡八木町他	(36)	15	条里跡	福岡県福岡市西区西簡	(36)
7	条里制	奈良県大和郡山市稗田	(38)	16	条里跡	福岡県京都郡豊津町	(35)
8	条里・集落跡	大阪府和泉市和気町・今福町・寺門町	(36)	17	条里	熊本県熊本市白藤町字下田	(35)
9	方形周溝墓 条里制遺跡	大阪府豊中市北条町4－1847－1他	(37)	18	条里	熊本県熊本市国分本町	(35)

これらの成果は、佐藤堅治郎(40)、鈴木貞夫(41)そして大塚一二(42)等によってもたらされたもので、今後の研究の基礎となる業績と言えよう。特に、考古学的分析としての佐藤堅治郎の研究発表(43)が福島県考古学会でなされたことは、県内条里遺構に対する考古学的研究の一段階として重要な画期と言えよう。

また、地理学上の研究として鈴木貞夫の業績も特筆されるべきものである。

一方、近年は菊池利雄(44)により精力的に研究活動が続けられ、『国見町史』等にその成果が発表されている。それは水利灌漑を基礎とした条里遺構の地域的研究として卓越した内容を持ち、これまでの研究に欠けがちな地域史の視点を備えている。

以上のような研究者の努力によって、県内の条里遺構の姿も次第に明らかにされてきた。しかし、写真や字限図等でその存在のすべてであるいは一部が披露されているの

第３表　東北地方(陸奥国・出羽国）の条里遺構

通番	番号	条里名（地域名）	所在地	備考
1	1	仙台市東郊条里	宮城県仙台市門田東・蒲ノ町・南小泉他	この他、名取市、黒川郡大郷町、志田郡鹿島台町、古川市、玉造郡岩出山町付近にもその存在が予想されている。(伊東：1957)
2	2	船渡道鴻ノ町遺跡	宮城県伊具郡丸森町日照田	
3	3	舞野条里	宮城県黒川郡大和町落合・舞野	
4	1	伊達西部条里	福島県伊達郡国見町石母田他 福島県伊達郡桑折町北半田他	牛沢川、西沢川、瀧川、普蔵川、佐久間川等の流域。発掘調査実施
5	2	福島市宮代付近	福島県福島市宮代他 福島県伊達郡伊達町内	摺上川流域
6	3	日和田付近	福島県郡山市日和田町八丁目他	西田町三町目に続くと予想される。他に郡山市には「方八丁」という地名がある。
7	4	中野地区内	福島県会津若松市門田町	
8	5	長瀬付近	福島県河沼郡湯川村長瀬	
9	6	尾野本付近	福島県耶麻郡西会津町尾野本	
10	7	平付近	福島県いわき市平、四倉町他	仁井田川、夏井川、藤原川、鮫川等の流域
11	8	大熊町内	福島県双葉郡大熊町熊川	発掘調査予定という。
12	1	横手条里	秋田県横手市	
13	2	秋田市北郊	秋田県秋田市	
14	1	長苗代条里	山形県山形市五日町長苗代	
15	2	大曽根条里	山形県山形市下半田内塚	
16	3	山辺南条里	山形県東村山郡山辺町大塚	発掘調査
17	4	山辺北条里	山形県東村山郡山辺町大寺	
18	5	柳沢条里	山形県東村山郡中山町金沢柳沢	
19	6	本郷条里	山形県東根市本郷白金	発掘調査
20	7	干刈条里	山形県天童市山元干刈	
21	8	鍬ノ町条里	山形県天童市貫津鍬ノ町	
22	9	市条村付近	山形県飽海郡市条村	

各県の遺跡地名表及び注（２）等による（未完）

は、伊達西部、福島市宮代付近、会津若松市門田町、いわき市平付近のみで、その他の例には十分な資料が提示されてはいないのが残念である。

かくして条里遺構の考古学的調査が伊達西部地区を中心として行われており、大熊町内でも実施予定と耳にしている。

３　おわりに

条里遺構の地理学的・文献史学的研究は長い歴史を持ち、多くの成果を今日の世代にもたらした。それはやはり先学の尊い努力の結果であり、今さらながら驚嘆を覚える。しかし、それにもかかわらず未踏の土地も多いし、起源論等数多くの課題をかかえていることも事実である。ましてや考古学的分析においては、その緒に就いたばかりで問題は山積している。

　これまで、条里遺構に関して先学の業績を紹介する形で考古学的現状を述べてきたが、ここではそれらをまとめながら今後の課題を整理したい。

　考古学的に問題視されるものの中に、条里遺構の造成年代と地下遺構の存否と形態等があろう。前者については幾つかの遺跡でその年代が与えられているが、広範な遺構のすべてをカバーし得るものとは考えられないし、現実的にもその通りである。このことは発掘面積の多少にもよるが、それ以上にその後の開発（条里施工以降～今日まで）との係わりも大きいようである。また、後者についても地表条里との差が指摘されているが、その内容は必ずしも必要十分とは言い難いようである。もちろん、これらの諸現象と一体となって、古墳・集落との係わり（支配と被支配）が問題となってくるが、これは当時の生産手段と生産関係に直接的に係わるものであり、より慎重な研究が望まれるし、その意味で歴史・地理学的分析が併行して行われるべきであろう。その例として更埴市、草津市、館山市の条里遺構調査等があり、若干小規模ながら伊達郡西部のそれも含まれよう。

　一方、本県内の条里遺構の検討過程をみると、一部を除いてその内容（起源、地割、水利等）が必ずしも明瞭とは言えず、今後に残された課題が多い。

　以上、条里遺構の考古学的成果について述べてきたが、これは筆者等自身の現段階なのかもしれない。しかし、条里遺構に対する考古学的アプローチの一つとして何らかの形で意味があれば幸いである。

　なお、小論を草するに当たり文献の紹介をはじめとして数多くの方々のご指導とご教示を得た。以下その芳名を記し感謝の意を表したい。西村嘉助、佐藤堅治郎、菅原文也、菊池利雄、堀越正行、木庭元晴、寺島文隆、高倉敏明の各氏。

（一九七九年三月三十一日）

（付記）

小論は、鈴木實夫氏（「伊達西部条里遺構の発掘調査概要」担当）との共同執筆であるが、ここでは筆者の執筆担当箇所についてのみ掲載した。

（注）

（1）「条里遺構」という名称に対して「条里制遺構」という呼び名もあるが、ここでは土地割としての条里遺構という考えから前者をとった。しかし筆者間では十分に検討を加えてはいないことを付記しておく。

（2）落合重信『条里制』吉川弘文館　一九六七

（3）a弥永貞三「条里制の諸問題」『日本の考古学』Ⅶ　河出書房　一九六七
　b足利健亮「日本－古代」『歴史地理学』一九六七

（4）渡辺久雄『条里制の研究－歴史地理学的考察』創元社　一九六八

（5）日野尚志他「熊本県の条里」『熊本県文化財調査報告』第25集　一九七七

（6）斎藤優「糞置庄と越前の条里」『北陸自動車道関係遺跡調査報告』第8集　一九七六

（7）高野豊文『条里遺構分布調査概要－国分・常田地区、常磐城・秋和地区、千曲川南西地区』一九七四

（8）a森本六爾『日本原始農業』一九三三
　b森本六爾『日本農耕文化の起源』一九四一

（9）伊東信雄「古代史」『宮城縣史』第1巻　一九五七

（10）柏倉亮吉「東北地方の条里制－山形県の場合－」『古代文化』第7巻第4号　古代学協会　一九六一

(11) 福岡県教育委員会「本吉条里遺跡」『九州縦貫自動車道関係埋蔵文化財調査概報（総輯編）』一九七七
(12) 鷹久嗣郎「若宮条里遺構の調査」『山陽新幹線関係埋蔵文化財調査報告』第1集　一九七六
(13) 羽根田光洋「古国府石橋遺跡」『日本号古学年報』29　日本考古学協会　一九七八
(14) 内田　悟「湯田楠木町遺跡」『日本考古学年報』27　一九七六
(15) 内田　悟「湯田楠木町遺跡」『日本考古学年報』28　一九七七
(16) 小野山節・都出比呂志『高槻市安満遺跡の条里遺構』一九七三
(17) 坂詰秀一「歴史時代－生産遺跡」『考古学セミナー』一九七六　の中で集成・検討されている。以下aの文献は本書による。
a豊中市教育委員会『勝部遺跡』一九七二
b寶月圭吾他『地下に発見された更埴市条里遺構の研究』長野県教育委員会　一九六八
(18) a芋本隆裕『池島町の条里遺構－48年度・49年度発掘調査概要』一九七四？
b荻田昭次他『池島町の条里遺構－調査概報』一九七三
(19) 泉森皎・藤井利章「斑鳩町高安遺跡発掘調査報告」『奈良県遺跡調査概報・一九七七年度』一九七八
(20) 永光寛「目座Ⅱ遺跡」『日本考古学年報』29　一九七八
(21) 足利健亮他『草津市吉田の条里景観遺存地区の歴史地理学的調査報告』一九七四
(22) 藤岡謙二郎・足利健亮他「草津市志那中遺跡－条里景観遺存地区の歴史地理学的調査報告－」『ほ場整備関係遺跡発掘調査報告書』Ⅲ－Ⅱ　一九七六
(23) 丸山竜平他「草津市片岡遺跡」『ほ場整備関係遺跡発掘調査報告書』Ⅲ－Ⅱ　一九七六
(24) 山本寿々雄他『勝沼バイパス道路建設に伴う－甲斐国埋没条里遺構等の調査』一九七三
(25) 山本寿々雄他『勝沼バイパス道路建設に伴う－古代甲斐国の考古学的調査（東八代郡一宮町坪井～東原にお

ける埋没条里遺構半析形と聚落址）・埋没条里研究Ⅱ』一九七四
(26) 山本寿々雄他『勝沼バイパス道路建設に伴う－古代甲斐国の考古学調査・続編・（東八代郡一宮町末木地区条里・住居址群）』一九七五
(27) 森田秀策「群馬県下における水田址の調査」『月刊文化財』第181号　一九七八
(28) 平野進一「日高遺跡（筋2次）」『日本考古学年報』29　一九七八
(29) 笹森健一他『あたご山古墳・南河原条里遺跡』一九七七
(30) 横川好富「久城前遺跡」『埼玉県遺跡発掘調査報告書』第15集　一九七八
(31) 柿沼幹夫「女堀条里遺跡」『日本考古学年報』28　一九七七
(32) 玉口時雄編『千葉県館山市条里遺構調査報告書』一九七五
(33) a福島県教育委員会『伊達西部条里遺構発掘調査概報Ⅰ』一九七七
b福島県教育委員会『伊達西部条里遺構発掘調査概報Ⅱ』一九七八
c福島県教育委員会『伊達西部条里遺構発掘調査概報Ⅲ』一九七九
(34) 本間敬義・保角里志「条里遺跡」『東根市西北平坦部の遺跡群－古墳から条里へ』一九七三
(35) 日本考古学協会『日本考古学年報』27　一九七六
(36) 日本考古学協会『日本考古学年報』28　一九七七
(37) 日本考古学協会『日本考古学年報』29　一九七八
(38) 細野雅男「高崎市熊野堂遺跡の水田址」『月刊文化財』第181号　一九七八
(39) 高橋富雄「大化改新と開けゆく会津」『会津若松史』第1巻　一九六七
(40) a佐藤堅治郎「福島県の条里制」『福島県史』第6巻　一九六四
b佐藤堅治郎「陸奥国の成立と郡郷」『福島県史』第1巻　一九六九

c佐藤堅治郎「条里制と須恵器工人群」『福島市史』第1巻　一九七〇
(41)a鈴木貞夫「いわき市における条里制遺構の分布」『地方市研究発表大会（要旨）』一九六八
b鈴木貞夫「いわき市の条里制遺構復元について」『いわき地方史研究』12号　一九七〇
c鈴木貞夫「いわき市の条里制遺構の分布」『福島地理論集』第18号　一九七五
(42)大塚一二「今新田の条里制遺構」『いわき地方史研究』8号　一九七〇
(43)佐藤堅治郎「福島県における条里制の諸問題」『第14回福島県考古学大会資料』一九七二
(44)菊池利雄「条里とむら」『国見町史』第1巻　一九七七　及び氏の講演会資料
(45)佐藤庄一「山辺条里遺構」『日本考古学年報』29　一九七八
(46)水野正好「足と足跡の語るもの－その印象と造形の考古学」『月刊文化財』54年1月号　一九七九
(47)大石昇・小田雅文他「東部土地区画整理事業関係埋蔵文化財調査概報」『久留米市文化財調査報告書』第19集　一九七八

（補記）

福島県域を含む陸奥国の条里遺構の概要・分布等については、鈴木貞夫や神英雄の優れた論文が発表されているので参照されたい。
○鈴木貞夫『福島の歴史地理研究　条里・城館・炭砿・農業』いわき地域学会　一九九二
○神英雄「辺境条里の分布と形態について－陸奥国の事例を中心として－」『条里制研究』第4号　条里制研究会　一九八八

第三節　伊達西部の条里遺構

1　はじめに

福島県における条里遺構の調査・研究の成果は、『福島県史』(1)『会津若松史』(2)等によって紹介されている。県内の研究の中心的存在は鈴木貞夫(3)で、県内条里遺構を字限図等によって復元的に研究し大きな成果をあげている。

一方、大塚一二(4)、佐藤堅治郎(5)、安田初雄(6)も、それぞれの立場で研究を進めているが、歴史考古学の分野からの発言としては、東北地方の諸問題を提示した伊東信雄(7)、柏倉亮吉(8)の論文があり、また、山形県の保角里志(9)、佐藤庄一(10)の優れた報告もある。

本県では、第一四回福島県考古学大会（一九七二年）での佐藤堅治郎(11)の発表が一つの画期と言える。近年は、伊達郡国見町史編纂や伊達西部地区福島県営圃場整備事業に関する調査に端を発し、菊池利雄や木庭元晴の研究が展開され、菊池(12)は水利灌漑と新田開発を基礎として字限図を検討する歴史地理学的研究を、木庭(13)は微地形や条里区画の分析を通した地理学的研究を推進している。一方、当地区の条里遺構発掘調査を基礎に、昭和五十四年段階までの条里遺構に対する考古学的成果の総括を鈴木實夫と筆者(14)が行った。

ところで、圃場整備事業等による広域開発は歴史的景観を一変させてしまう。これに係わる条里遺構の考古学的調査の実施が近年の傾向である。本県内では、伊達西部条里遺構[15]、大熊町熊川六丁目条里遺構[16]、西会津町尾野本条里遺構[17]が調査され、考古学的成果も若干ながら蓄積されつつある。また、会津若松市門田条里遺構でも基礎的データの収集がなされている。

2　伊達郡西部の条里遺構

(1) 位置と環境

伊達郡西部の条里遺構は、阿武隈川左岸の福島県伊達郡国見町、桑折町、伊達町そして梁川町西部に分布するが、ここでは伊達西部地区福島県営圃場整備事業に係わった国見町、桑折町、伊達町そして梁川町の条里遺構（以下、これを伊達西部条里遺構と呼ぶ）を検討の対象とする。

伊達西部条里遺構は、国見町を中心とし、主に藤田面と呼ばれる洪積台地上に分布しており[18]、ここには、縄文時代・弥生時代をはじめ古墳時代から奈良・平安時代の遺跡が数多く見られる（第1図）。国見町には古墳時代中期に属する主軸七〇mの前方後円墳・八幡塚古墳を有する塚野目古墳群[19]、祭祀遺跡の矢ノ目遺跡[20]や反畑遺跡[21]そして五世紀後半の須恵器を出土した下入ノ内遺跡[22]、また、古墳時代後期に位置付けられている森山古墳群[23]（七世紀後半）や大木戸古墳群[24]、八世紀前半の大木戸窯跡[25]等がある。その他、平安時代（九世紀代）の古瓦を出土する徳江廃寺跡[26]も古代官衙に係わる著名な遺跡であり、菊池によれば、付近には「こおり分」「徳定坊」「塔ノ場」「こおりノ内」という地名（延宝二年「伊達郡徳江村検地帳」）が存在し、それを裏付けている。桑折町には、上郡・下郡という地名も残り、広大な平地（生産力）を背景にした当地方が歴史的（政治・産業・文化等）に極めて重要な地域であったことが推測さ

第１表　伊達西部条里遺構周辺の主な遺跡(27)

図 no	遺　跡　名	時　代	所　在　地	備　考
1	石母田古墳群	古墳	国見町石母田字弁天沢他	
2	割田遺跡	縄文～平安	桝田	
3	正玄堂跡	平安	上台	
4	大清水遺跡	弥生	大清水	
5	山崎小舘古墳	古墳	山崎字小舘	
6	森山古墳群	古墳	森山字上野薬師	後期
7	太田川遺跡	古墳	太田川	中期
8	西新田遺跡	古墳	西新田	
9	仏供田遺跡	弥生	徳江字仏供田	後期住居跡
10	沢田古墳群	古墳	沢田	
11	徳江廃寺跡	平安	沼田・団扇	
12	反畑遺跡	古墳	反畑	中期祭祀跡
13	三本木遺跡	古墳	塚野目字三本木	
14	南寺田遺跡	古墳	南寺田	後期
15	塚野目古墳群	古墳	前畑他	中～後期
16	矢ノ目遺跡	古墳	矢ノ目	中期祭祀跡
17	厚樫山東麓古墳	古墳	大木戸字経岡他	
18	竹ノ花遺跡	奈良・平安	竹ノ花	
19	涌水横穴群	古墳	涌水	後期
20	大木戸窯跡群	奈良・平安	中野窪他	
21	大木戸古墳群	古墳	遠光原他	後期
22	岩渕遺跡	縄文・平安	高城字岩渕	
23	山居製鉄跡	平安	山居	
24	青木遺跡	縄文・弥生	西大枝字青木	後期
25	王壇古墳	古墳	王壇	
26	竹ノ内遺跡	縄文・弥生	竹ノ内	
27	下入ノ内遺跡	古墳	下入ノ内	中期
28	石田遺跡	奈良・平安	石田	
29	志久遺跡	弥生	光明寺字志久	
30	山田遺跡	縄文・弥生	山田	
31	堰下古墳	古墳	泉田字堰下	中期
32	堰下遺跡	弥生	堰下	
33	日暮遺跡	平安？	桑折町下郡字日暮	
34	壇ノ越遺跡	平安？	壇ノ越	
35	舘ノ内遺跡	縄文・平安？	館ノ内	
36	堂ノ前遺跡	古墳	堂ノ前	
37	蝦夷塚遺跡	弥生	蝦夷塚	
38	尾高松Ｂ遺跡	古墳～平安	梁川町東大枝字尾高松	
39	尾高松Ａ遺跡	奈良・平安	尾高松	
40	里遺跡	奈良～中世	里	

41	荒田遺跡	奈良〜中世	荒田	
42	北町遺跡	古墳・奈良	北町	
43	五斗蒔遺跡	奈良〜中世	五斗蒔	
44	神明前遺跡	縄文・弥生	神明前	
45	舘腰遺跡	古墳〜平安	舘腰	
46	大舘遺跡	平安・中世	字大舘	
47	伝樋遺跡	奈良・平安	伝樋	

1　ここでは弥生時代から平安時代までの遺跡を収録した。
2　番号は第１図に対応する。

れる。

　このような古墳や土師器・須恵器を出土する古代の集落等は、山麓や丘陵部あるいは台地の先端、河川沿いの微高地等に位置している。これらは現在の集落と一部重複するが、いずれにしても生産基盤である耕作（水田）地帯を避け、それらを取り囲むように立地していることを読み取ることができる。塚野目・徳江地区等を例にすると、条里区画（耕作地）は広い平地に位置するが、古墳や集落は大小の河川沿い、つまり普蔵川、矢ノ目川沿岸を中核として、中江堀沿い等にあり、耕作地の中心地域には営まれないことがわかる（第２図）。このような傾向は、当地方の条里遺構関係集落（あるいは古代律令社会の集落）の性格を考えるとき大変示唆的である。

⑵　概　要

　本遺構は、菊池、木庭によって地区別に説明されているので、ここではそれらに従うが、木庭は菊池の藤田、徳江、塚野目を地形的に一括して藤田とし、同じく西大枝東部を高城に含めている。各地区を列記すると次の通りである。

　国見町では、石母田、山崎、森山、藤田、徳江、塚野目、大木戸、高城、西大枝の九地区、桑折町では、北半田・六丁目、谷地、伊達崎の三地区、梁川町では東大枝地区で、地形、水利そして行政区等で一つのまとまりを持っている。

　しかし、これらの地区名は調査年度によって名付けたため、行政区（大字界）

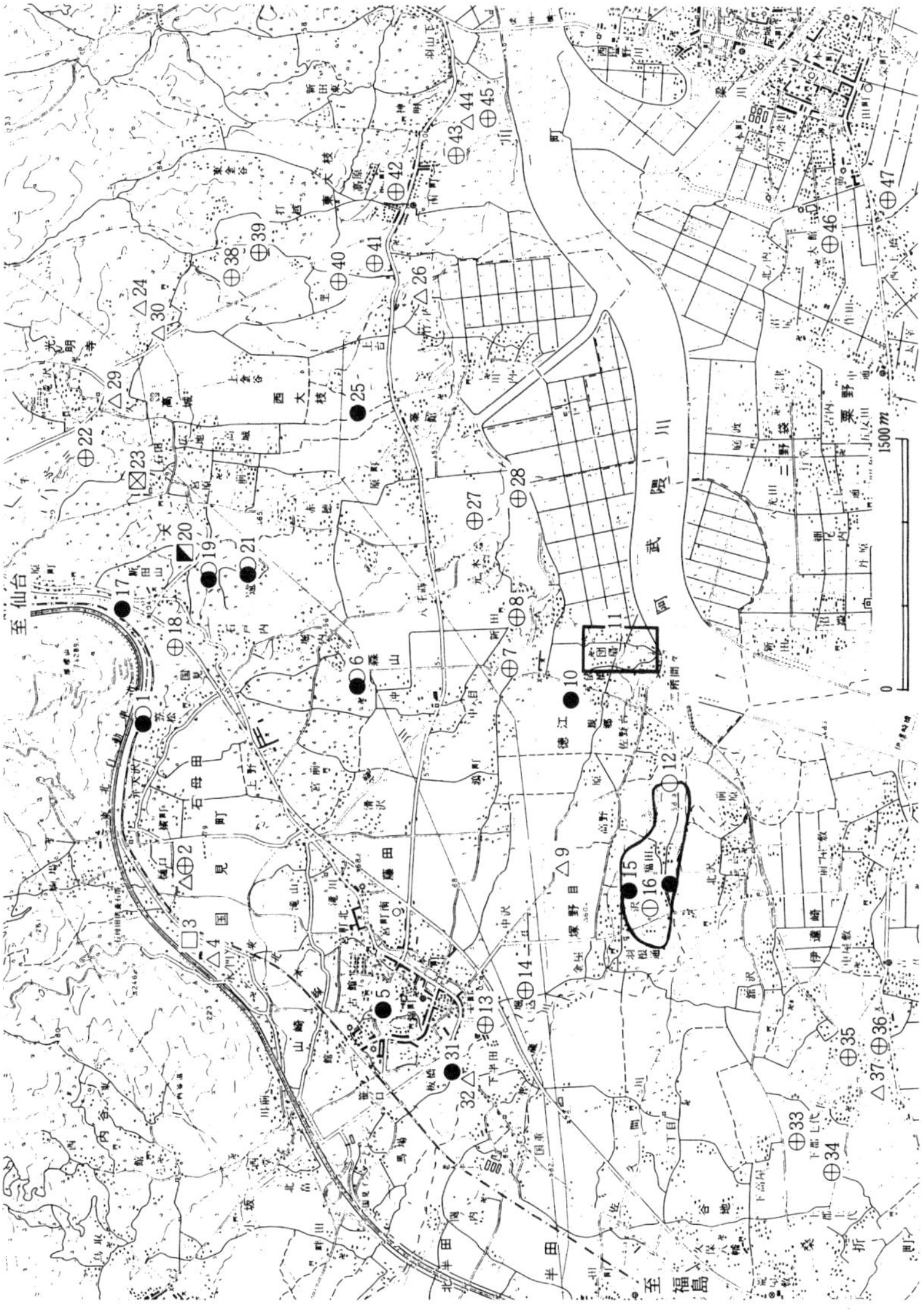

第1図　周辺の遺跡　△…弥生時代遺跡　●…古墳（群）　⊕…古代集落跡　⦶…祭祀遺跡　□…寺院跡　☒…製鉄跡　◪…窯跡

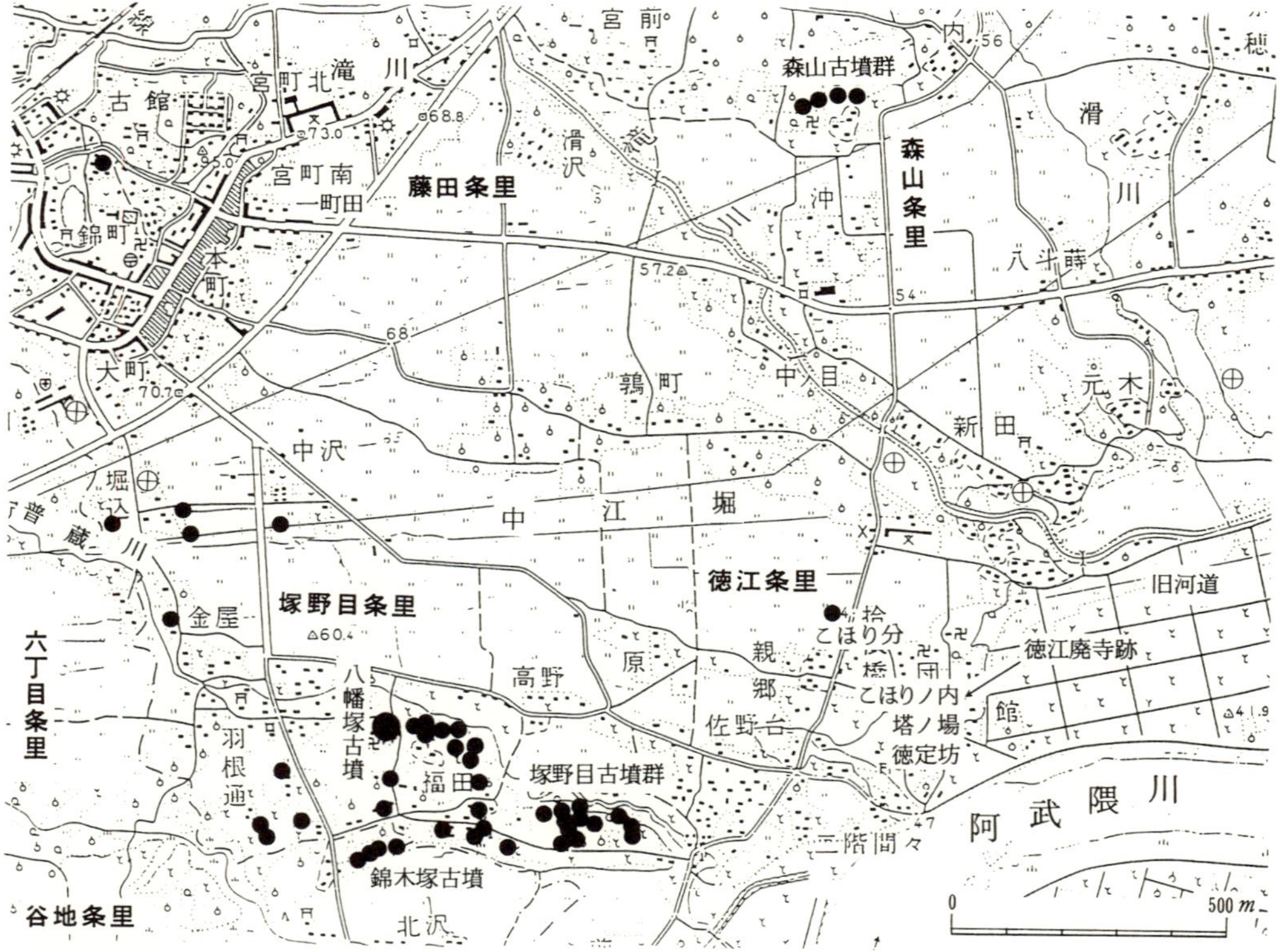

第２図　塚野目古墳及び徳江廃寺跡と条里遺構　●…古墳　⊕…古代集落（塚野目古墳群の位置復元は菊池1983、徳江廃寺跡付近の地名の位置復元は菊池1980によって作成）

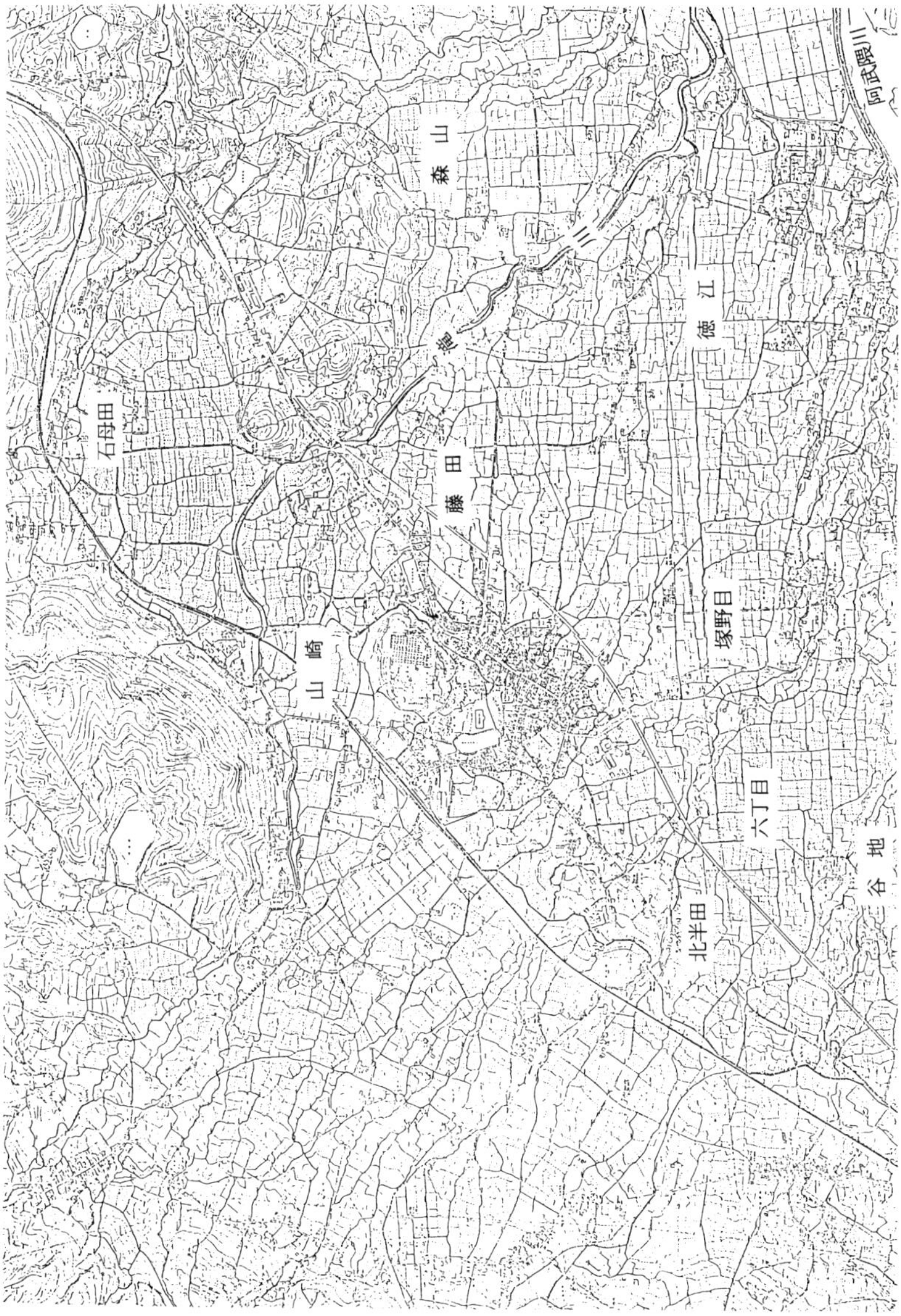

第3図　伊達西部条里遺構（部分）（日下部・寺島・石本1980に加筆）

とは必ずしも一致しない部分がある（第3図）。

3　伊達西部条里遺構の発掘調査

(1)　調査内容

本遺構の発掘調査は、昭和五十年度〜昭和五十五年度まで行われたが、それに関する調査の内容は、第2表の通りである。2〜5までは主に委託調査であり、発掘調査は、条里区画想定線上にトレンチ（二m×一〇m、二m×二〇m、一m×二〇m等）を設定し、遺構があれば拡張するという方法を採ったために、調査とその結果には当初より一定の制約がある。

(2)　各地区の条里遺構と発掘調査結果

以下、各地区の概要と発掘調査の成果について述べていくことにするが、地表条里遺構については、木庭・菊池の研究成果に負うところが多大である（第4・5図）。

①石母田地区

ＪＲ東日本東北本線、滝川そして国道四号線に囲まれた、標高七〇〜八〇ｍの水田地帯であり、山地（奥羽山

第2表　伊達西部条里遺構の調査内容

NO	調査事項	内容・資料　＼年度	50	51	52	53	54	55
1	条里区画調査	1:1000 地形図 1:2560 空中写真　地籍図　丈量帳　現況写真　地形実測	＊	＊	＊	＊	＊	＊
2	灌漑水調査	現況灌漑施設　写真　国見町史　委託成果品	＊	＊	＊	＊	＊	＊
3	伝承地名古文書古地図調査	委託成果品　地籍図　丈量帳　国見町史　郷土の研究	−	−	−	＊	＊	−
4	微地形調査	委託成果品　現況調査　写真	＊	＊	＊	＊	＊	−
5	土壌・花粉分析調査	ボーリング調査　花粉分析委託成果品	＊	−	−	−	＊	−
6	発掘調査	条里区画・坪内区画線上にトレンチを設定	＊	＊	＊	＊	＊	＊
7	報告書刊行（資料整理・検討）	発掘調査成果　委託成果　地形図等	−	概Ⅰ	概Ⅱ	概Ⅲ	本Ⅳ	本Ⅴ

脈）と丘陵（国見丘陵列）に挟まれた扇状地形で藤田面と呼ばれる洪積台地上に位置する。中道等、南北に走る道路や東西の畦畔によって方形地割が観察され、西沢川、蛭沢川、大清水湧水等によって灌漑されているが、字桝田・番匠田付近の水掛かりは西から東へ、北から南へと連続している。

発掘調査は二八本のトレンチを設定したが、4・16・21の各トレンチ（以下、トレンチ名称・番号を示す場合は「T」と略す）で南北方向の溝（水路）を、5Tで段差・旧畦畔（坪界？）を検出した。16Tでは幅三・一m、深さ〇・四mの、21Tでは深さ一mのいずれも南流する溝が、現水路の東あるいは下に発見され、水路の若干の変更が明らかになった。

この他、本地区西側の水掛かりや区画の調査も行われ、水利慣行の一部や坪内地割が、視覚的に明らかにされ、西側の割田地区からは太形蛤刃石斧や土師器・須恵器が採集された（第6図）。

②山崎地区

滝川と丘陵に囲まれた東西に長い地域で、標高七六～九〇mの水田地帯である。中央を東北本線が通り付近に一町田という地名がある。伊達西部条里遺構のうち、その姿を、圃場整備以後、今日まで残しているのはこの地域のみである。条里の方位が三つ観察され、うち一つは東に傾斜していることは他に比較して特異である。滝川、山崎清水によって灌漑されている。

③森山地区

滝川、滑川そして丘陵に囲まれた標高四二～五五mの水田地帯で、以前は方形地割がはっきり観察できた。滝川、滑川、湧水川によって灌漑されている。ここは二年にわたって調査が行われ、昭和五十四年度には一〇本の、五十五年度には三五本のトレンチを設定した。

五十四年度の2Tで南北に走る幅〇・九～一・二m、深さ〇・四mの溝を検出した。その底部からは八世紀末頃の土師器・須恵器が出土し、その当時使われた溝であることがわかる。この溝は、条里想定区画線上に当たるものであるが、藤田面より一段下がった沖積面に位置し、条里区画に関する溝かどうかは検討の余地がある。

五十五年度調査では八本のトレンチで溝を検出した。18Tでは幅二・八八m、深さ〇・七八mの南北に走る溝、20BTでは現水路に接して深さ〇・六八mの南流する溝を検出し、当地区の南北区画が一層明らかになったが、遺物はない。その他条里区画に合わない溝が発見された地点もあるが、その時期は

4. 藤田面を開析する河谷，この中には藤田面より下位の段丘群が発達する。藤田面末端の段丘崖もこの記号で示してある。
5. 主に藤田面上に河道，農業用水路，及び用水池。
6. 国見丘陵列以外の藤田面上の小断層崖。
7. 2,500 分の 1 の地図から求めた地形断面の位置。
8. 1,000 分の 1 の地図から求めた地形断面の位置。
9. 藤田面と沖積段丘の間に位置する明瞭な中位段面。
10. 沖積段丘最上位面と思われるもの。
11. 沖積段丘の自然堤防状地域。
12. 沖積段丘の後背湿地性地域。
13. 坪内地割図の位置。

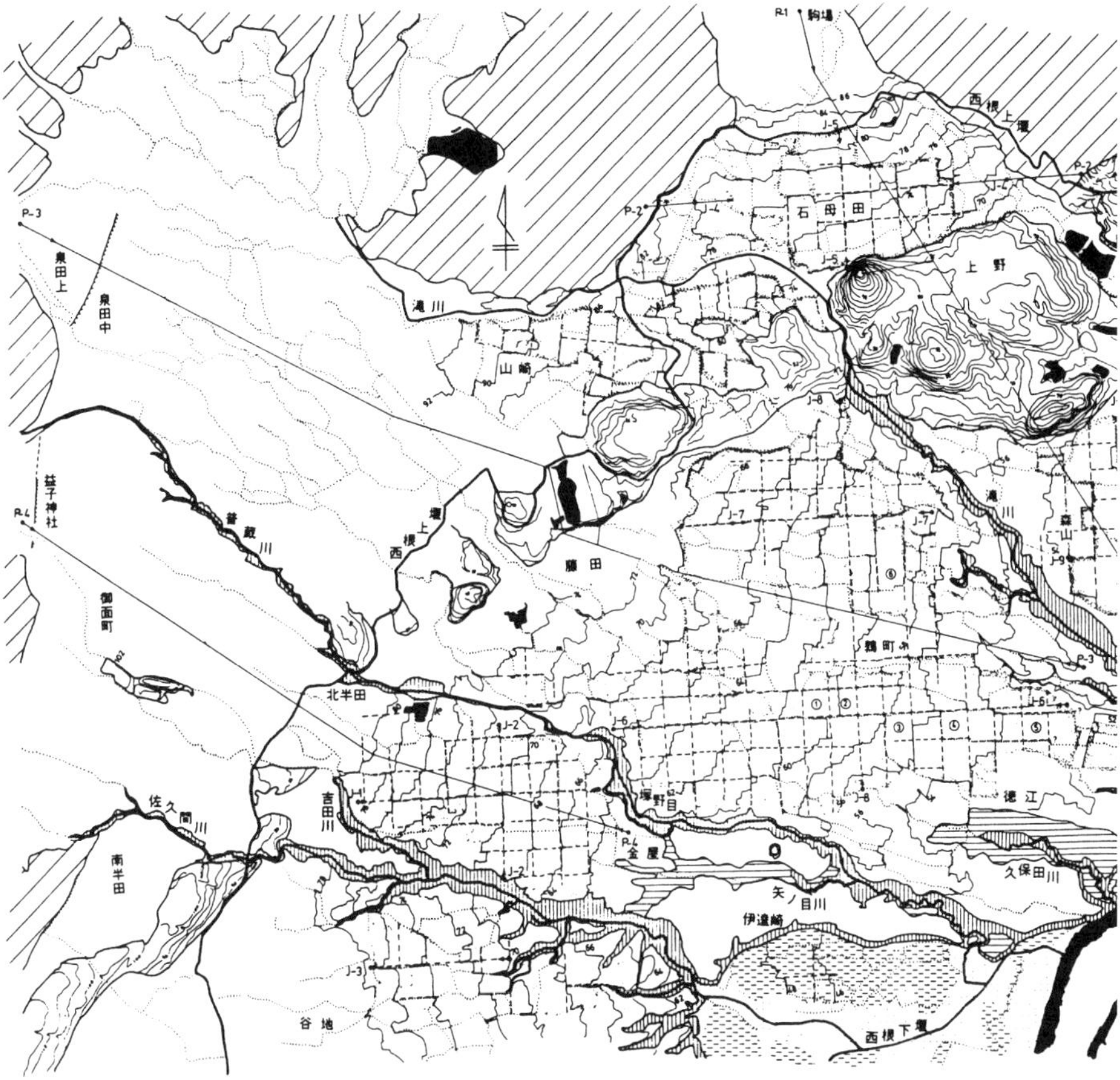

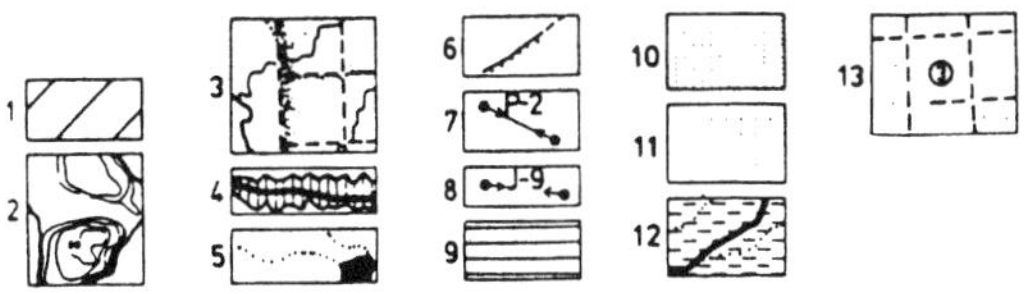

1. 山地及び丘陵。
2. 国見丘陵等高線間隔は大木戸より西方２ｍ東方は10ｍ。
3. 藤田面上の条里遺構分布地域と坪境界。坪境界が示してあっても条里遺構と判断される地割がない場合は空白にしてある。条里遺構地域のうち大木戸より西は２ｍ間隔，東は５ｍ間隔の等高線を示した。

第４図　伊達西部条里遺構の分布（木庭1980ａから）

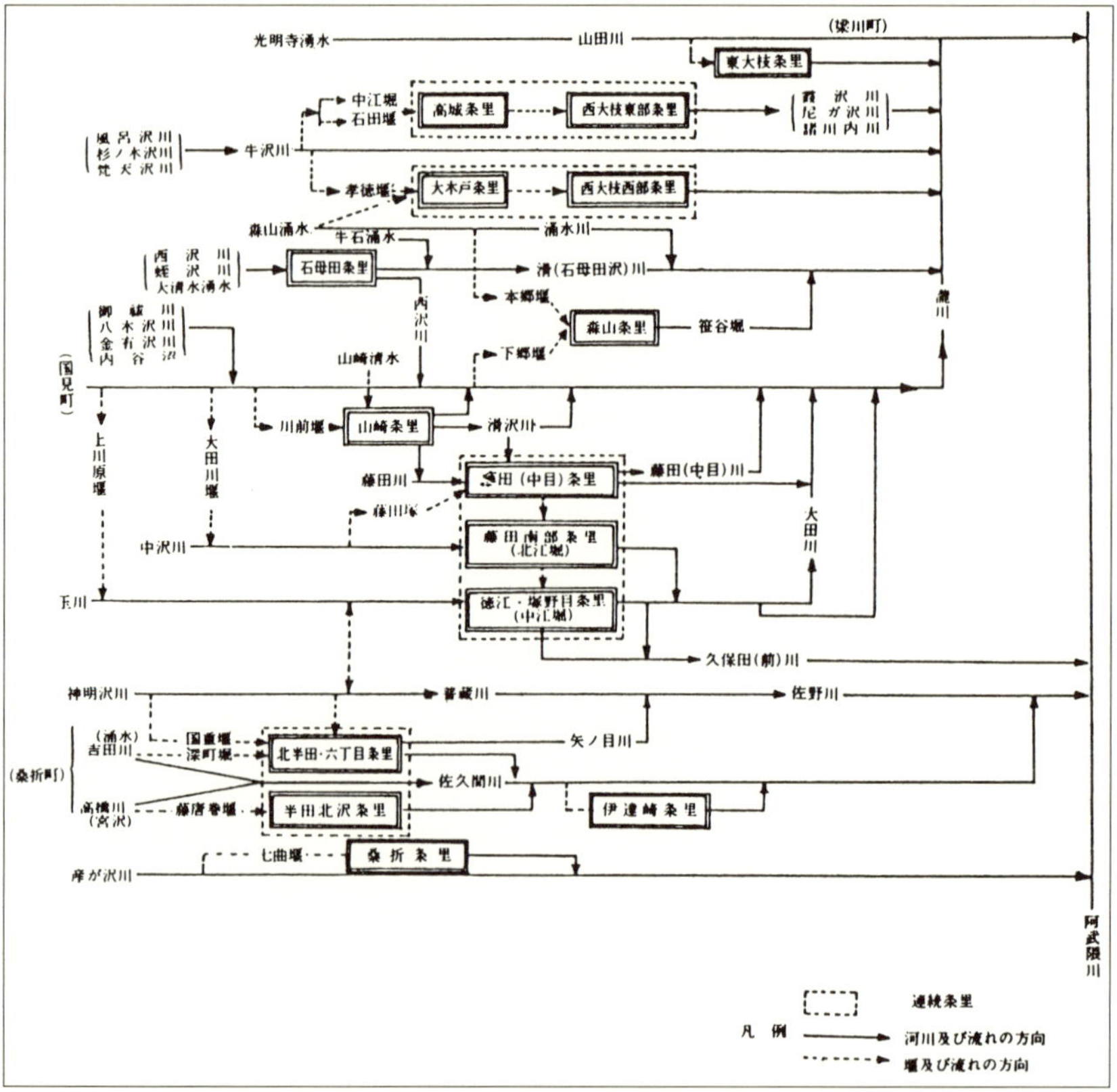

第５図　伊達西部条里遺構の水利灌漑図（菊池1980から）

不明である（第7図）。

④藤田地区

滝川、国見町の中心集落（藤田）に囲まれた、国見町役場東方の標高六〇～七〇mの水田地帯である。これから普蔵川までは一連の台地であり、その意味からも塚野目・徳江を含めて考えることが妥当である。役場付近に一町田の地名が残っているが北半部の区画（水路・畦畔）はやや乱れている。坪内は、四×八、四×（八～一〇）、六×（八～一〇）等の地割が認められる。滝川、藤田川、中沢川（北江堀）によって灌漑されている。

発掘調査では、二六本のトレンチを設定し、溝一〇条、溝状遺構一ヶ所（1号遺構）が確認

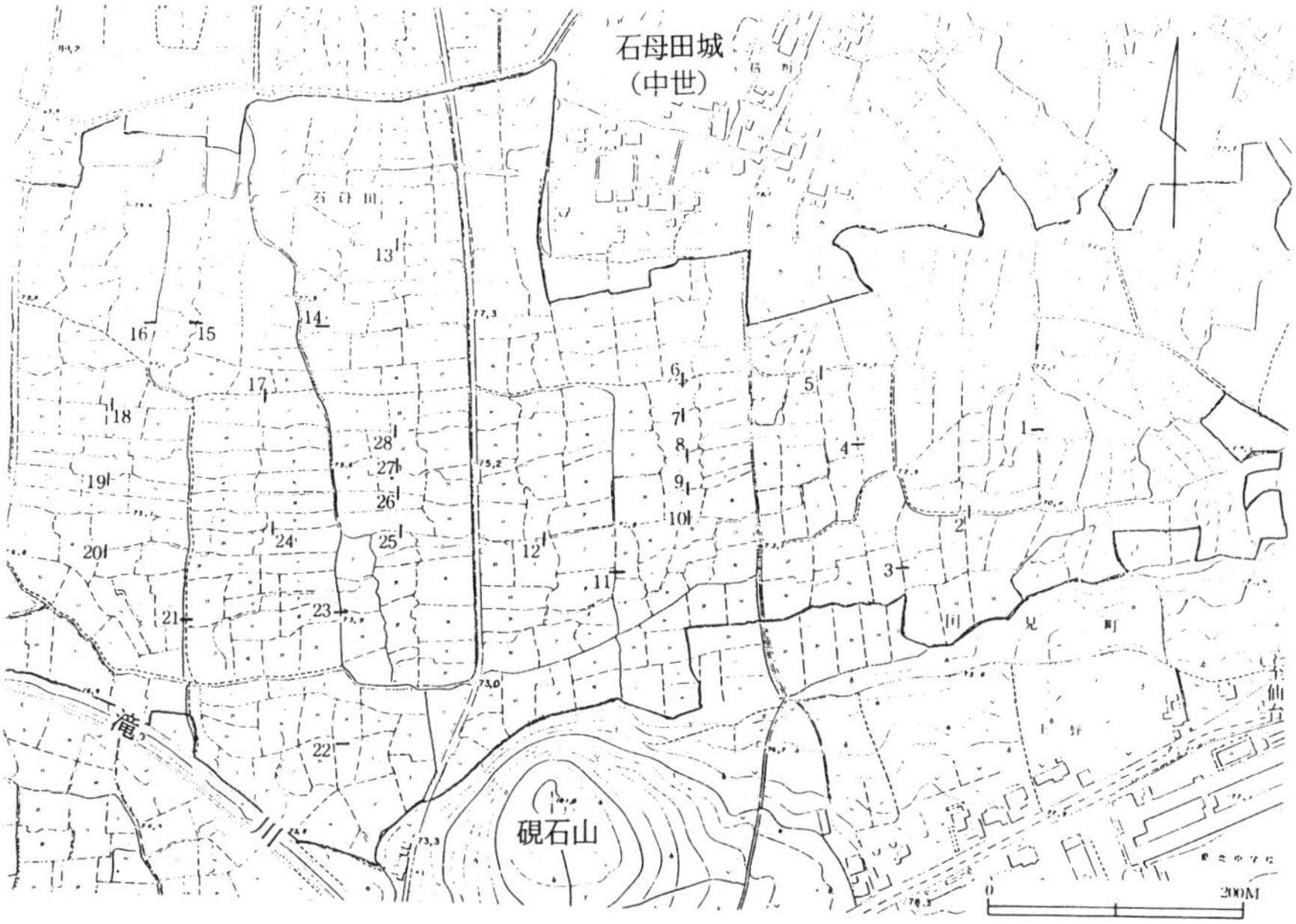

1. 石母田地区条里遺構及びトレンチ配置図

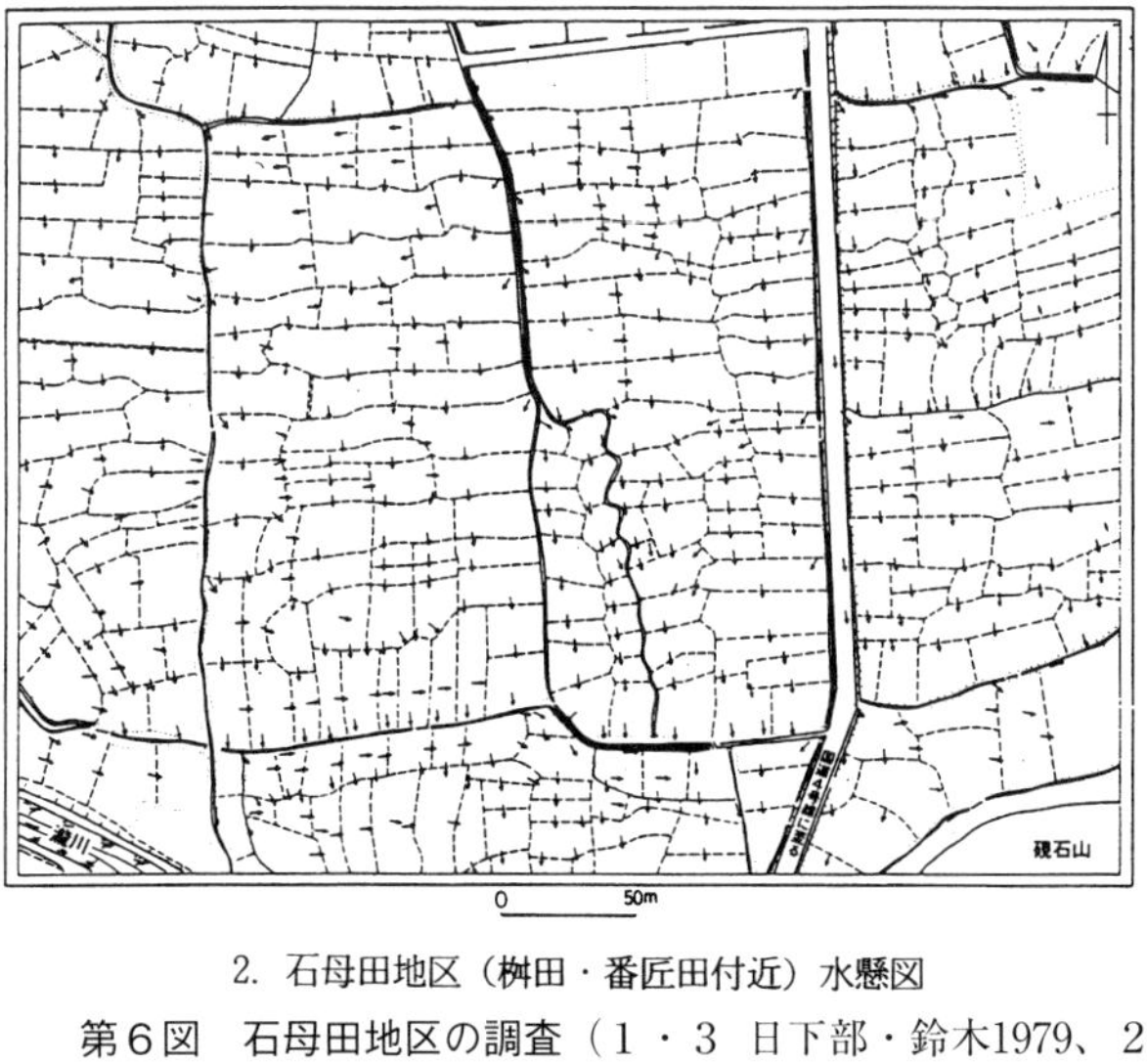

2. 石母田地区（桝田・番匠田付近）水懸図

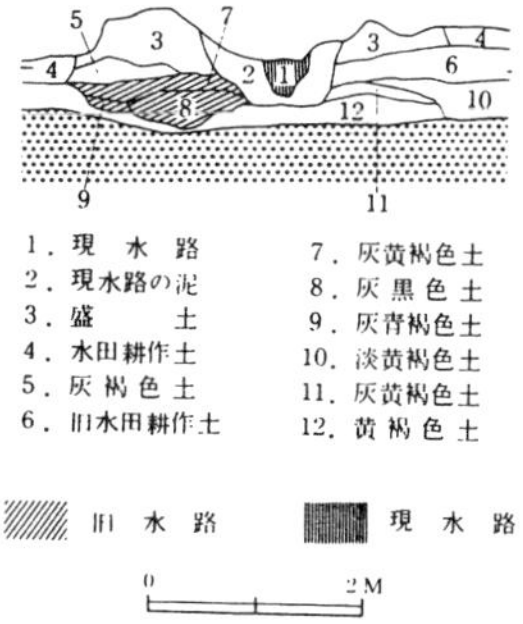

3. 石母田地区
21トレンチ断面図

第６図　石母田地区の調査（１・３　日下部・鈴木1979、２　菊池1980から）

第7図ａ　森山地区の調査　森山地区条里遺構及びトレンチ配置図（日下部・寺島1981から）

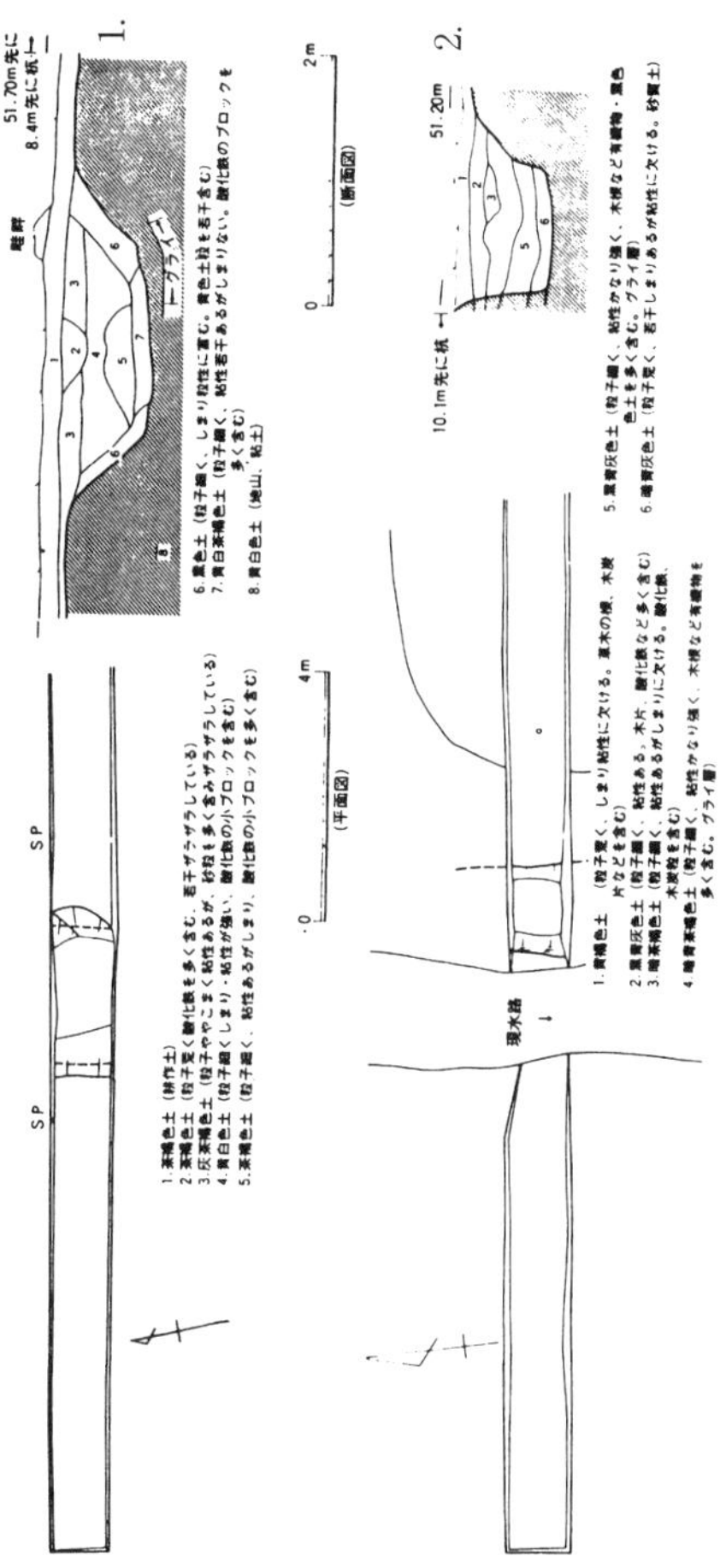

第7図b　森山地区の調査　1．18トレンチ、2．20トレンチ　B区（同前）

された。現水路が区画想定線上を通過していないところに設定した17・25Tでは東西に走る溝が発見され旧水路による条里区画の存在が明らかになり、条里想定線が正しかったことが証明された。また、18Tでは25Tより分水された可能性のある溝が発見された。25T1号溝（幅一・二m、深さ〇・四m、土師器片出土）に切られた1号遺構からは、一〇世紀頃の土師器や須恵器が出土しており、1号溝はそれ以降の時期である（第8図）。

⑤塚野目地区

藤田の南東、普蔵川の北に展開する、標高六〇～六八mの水田地帯で、この東は徳江地区になっている。滝川、中沢川、玉川（中江堀）によって灌漑されている。

発掘調査は五六haを対象にし、七二本のトレンチを設定し溝六条（13・14・24・36・46・58T内）、弥生時代後期の竪穴住居跡一棟（仏供田地内）[28]を検出した。46Tの溝は南北方向で、それ以外は東西方

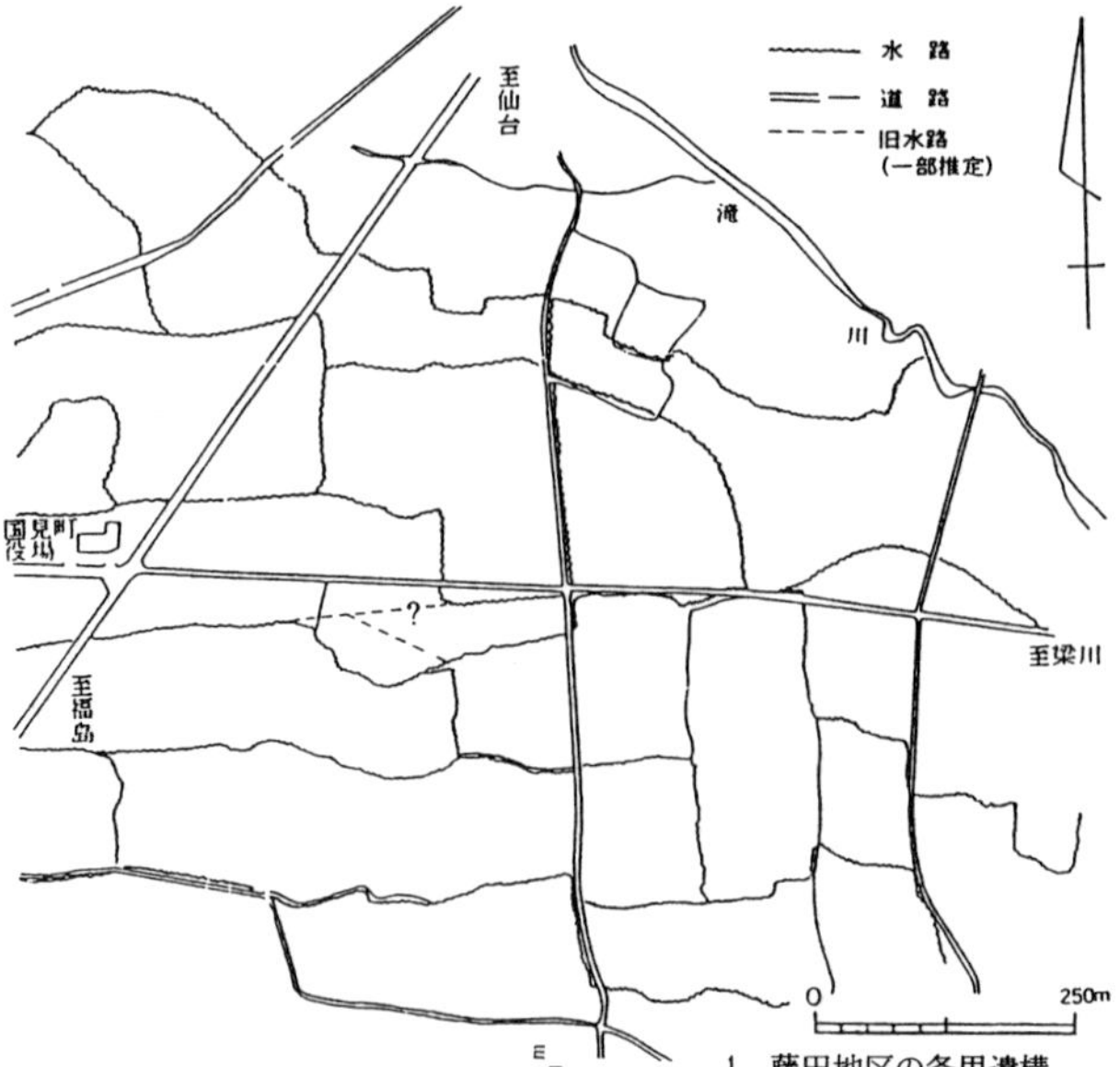

1. 藤田地区の条里遺構

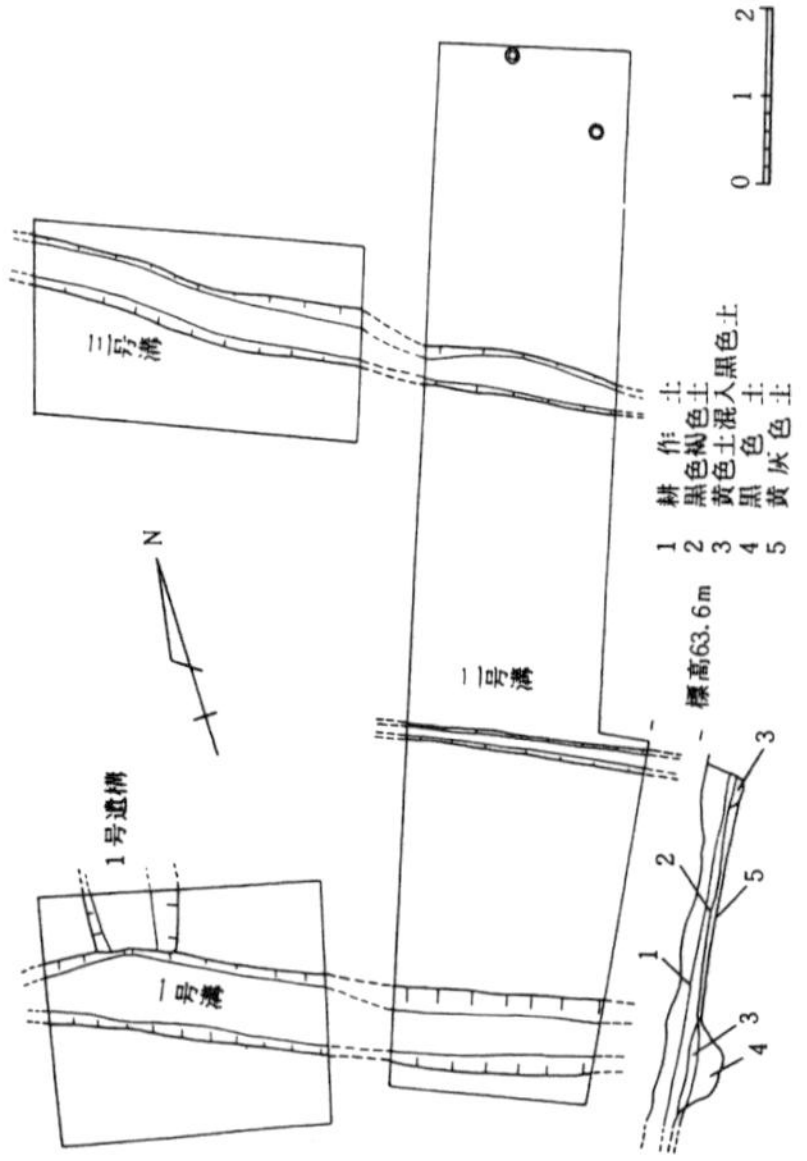

2. 藤田地区25トレンチ検出遺構図

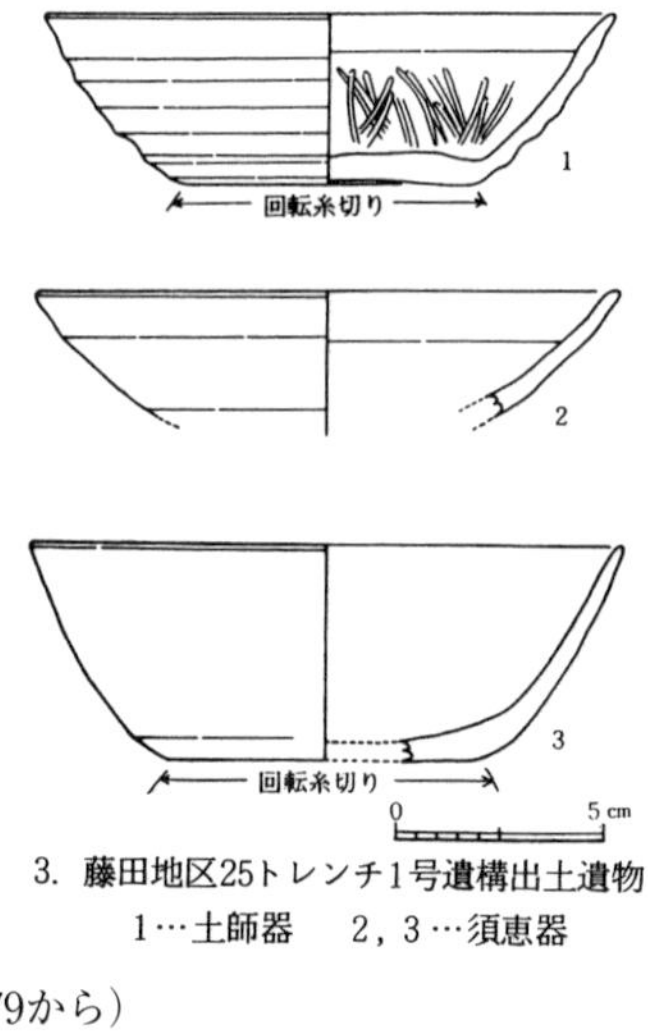

3. 藤田地区25トレンチ1号遺構出土遺物
1…土師器　2，3…須恵器

第８図　藤田地区の調査（日下部・鈴木1978・1979から）

向の溝である。13Tでは幅一・一m、深さ〇・二五m、14Tでは一・二m、〇・四m、24Tでは一・八m、〇・四m、36Tでは一・二m、〇・三m、46Tでは一・六m、〇・三m、58Tでは二・三m、〇・六mの溝が検出された。

これらの溝と条里区画の基幹水路の北江堀・中江堀との距離は以下の通りであり、条里の区画がほぼ一〇九mであることが明らかとなった（第9・11図）。

中江堀と北江堀の間――一〇八・〇m、北江堀と58T内溝の間－一一〇・〇m

中江堀と24T内溝の間－一一〇・五m、中江堀と14T内溝の間－一〇九・〇m

⑥徳江地区

塚野目地区の東側で、普蔵川の北に広がる水田地帯で、標高五〇～六〇mである。玉川（中江堀）によって灌漑されている。ここは塚野目地区と同様に条里区画がよく残っており、航空写真や地形図でよく読み取れた。坪内は四×四、四×八等に区画されている。

発掘調査では二六本のトレンチを設定し、溝六条、江戸時代の墓五基を検出した。

18Tでは現水路の東側に溝を発見した。中江堀に設定した21Tでは現水路より一回り大きな溝を検出し、今一・六mほどの中江堀はかつて二・五m以上の幅を持つ大水路であったことが明らかとなった。

しかし、遺物がなくその時期は不明である（第10・11図）。

⑦大木戸地区

滑川、牛沢川そして丘陵に囲まれた地域で、その北側部分に当たる。標高五四m内外の水田・畑作地帯である。水田は牛沢川、森山湧水によって潤っている。菊池はここに積極的に条里区画を認めようとするが、木庭は現地表面に観察できないとして消極的である。

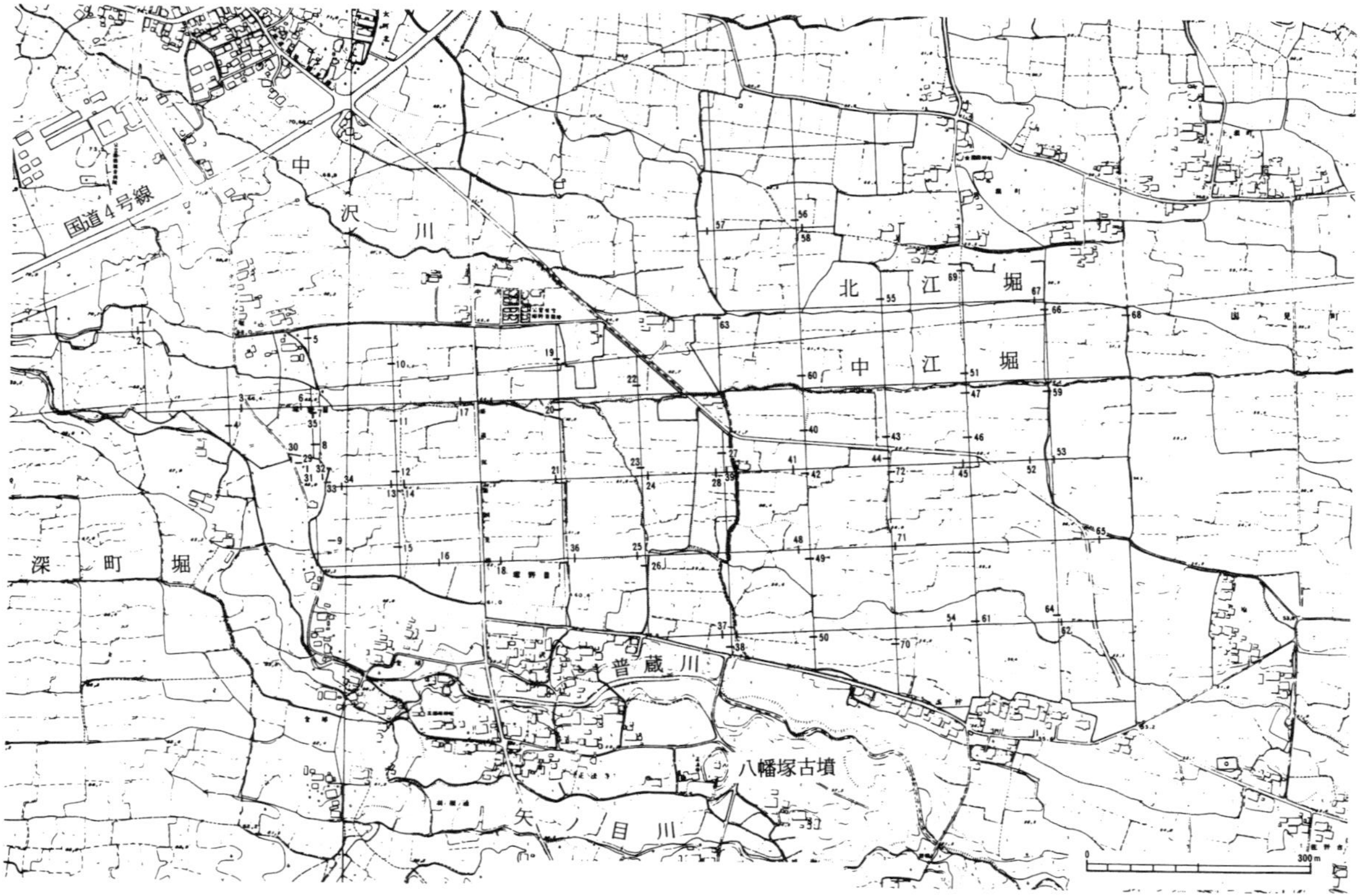

第９図　塚野目地区条里遺構及びトレンチ配置図（菅原、高倉1977から）

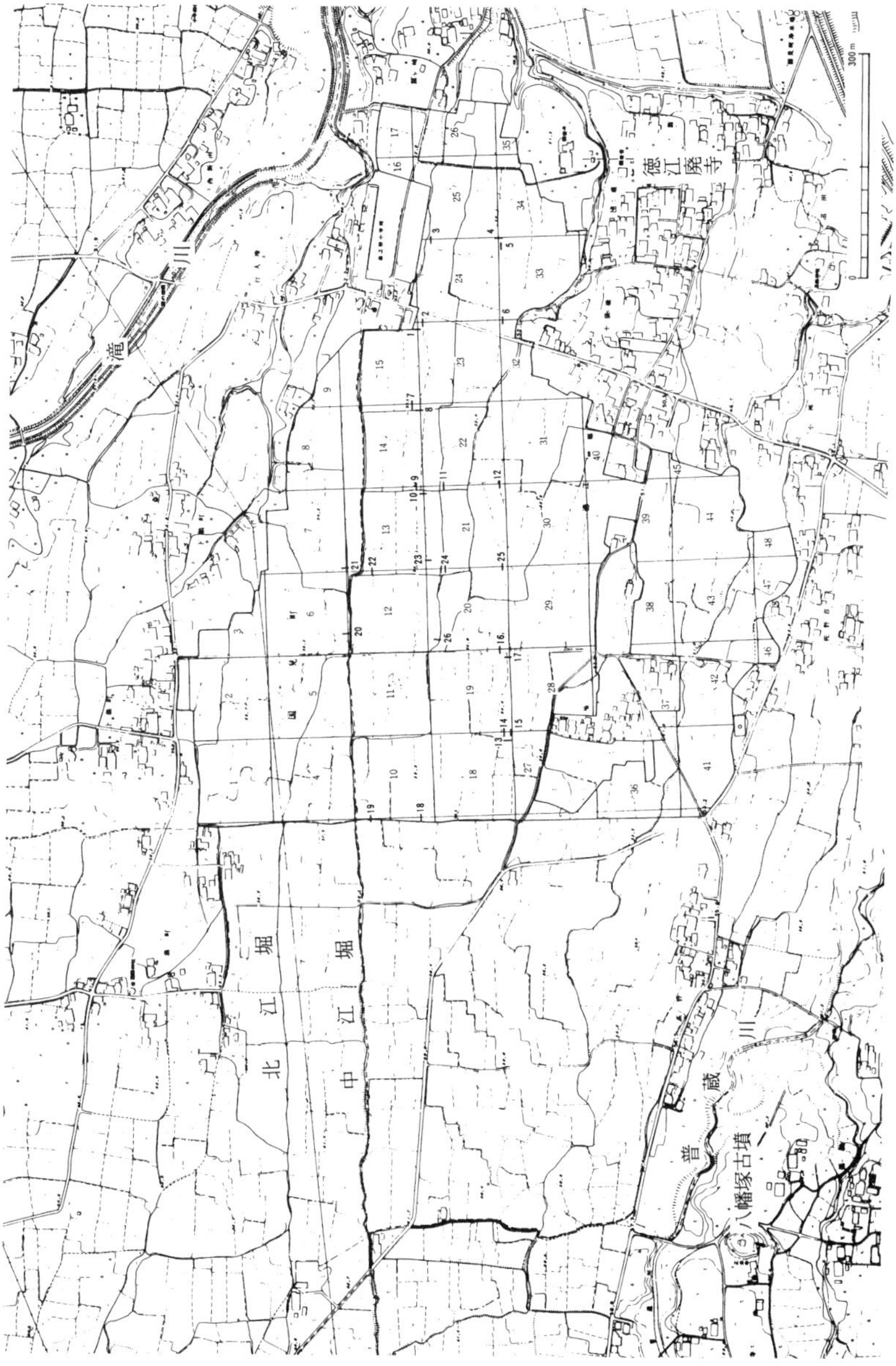

第10図　徳江地区条里遺構及びトレンチ配置図（菅原・志賀他1977から）

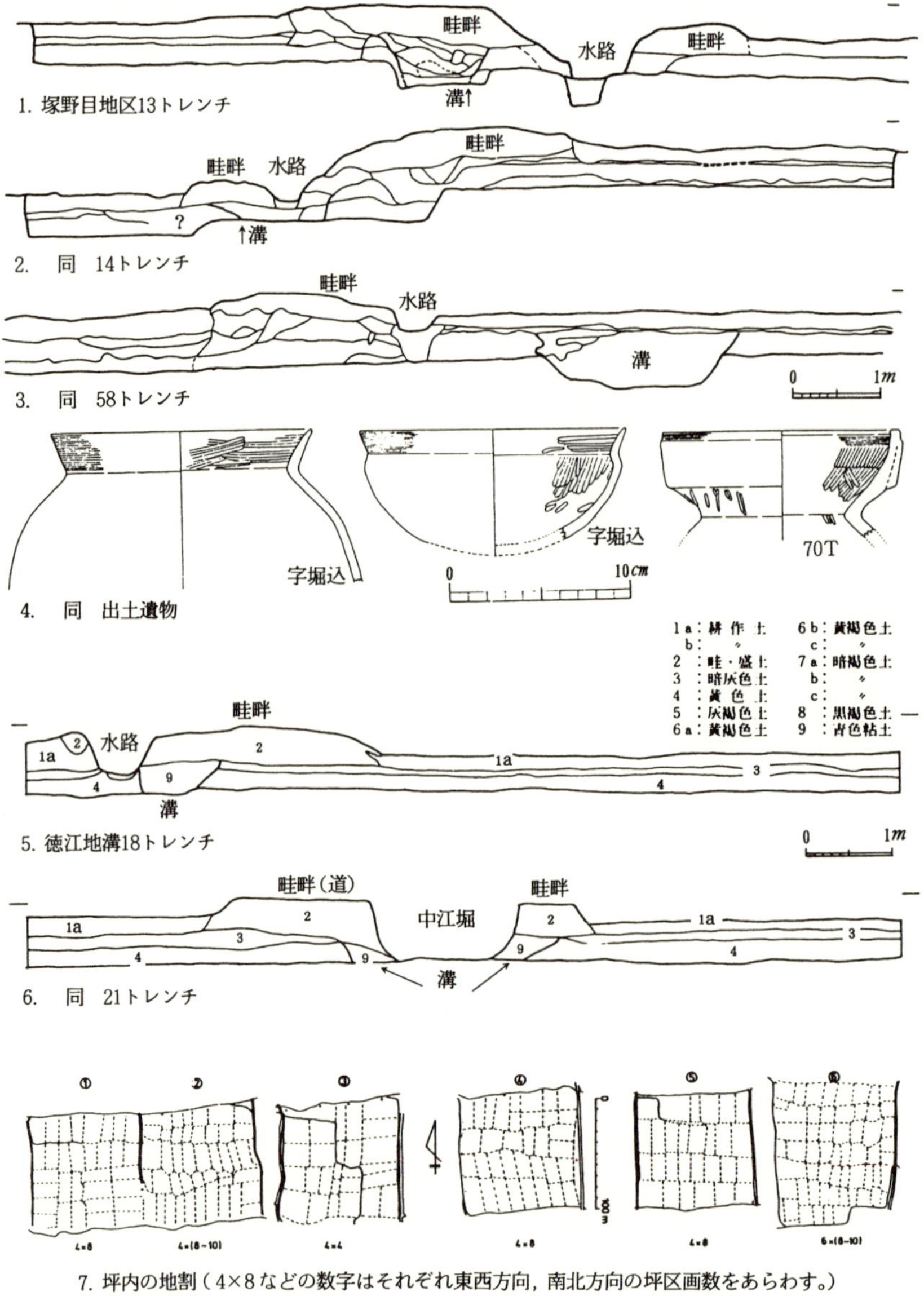

第11図　塚野目・徳江地区の調査（１～６ 菅原・高倉・志賀他1977　７ 木庭1980 aから）

発掘調査では五本のトレンチを設定したが、52Tで貧弱な小溝を検出しただけであった。

⑧高城地区

牛沢川、諸川内川に挟まれた標高五五～七〇mの水田地帯で、条里区画が正方形ではなく平行四辺形（おおよそひし形を呈す）に近い。地形（傾斜）の関係で溝（畦畔）を東西方向に構築できず、やや南に傾いたためとみられている。牛沢川（高城の中江堀等）によって灌漑されている。坪内は（八～一〇）×六、（八～一〇）×五等に区画されている。

ここに三九本のトレンチを設定したが、現況とは違う正方形地割等も予想していくつかのトレンチを置いた。結論的には現況地割を覆す証拠は得られなかった。

当地区で特筆すべきことは、今、L字状に屈曲する水路はかつては東西方向に直進していたのではないかという仮定のもとに設定した42Tである。ここでは幅一・二～二・〇m、深さ〇・四mの溝を検出し、この仮説を実証した。その他、16・18・20・36・39Tでも南北方向の溝を検出している（第12・13図）。

⑨西大枝地区

大木戸の南の西部と高城の南の東部に菊池は分けている。木庭は高城と西大枝東部は一括して高城としている。標高は五〇m内外の水田地帯で、主に牛沢川によって潤っている。

六本のトレンチで現水路との違いを探ったが大きな差異はなかった。

⑩北半田・六丁目

佐久間川、普蔵川に挟まれた地域で西を国道四号線が走っている。ここでは便宜上四号線より西を北半田、東を六丁目と呼ぶ。標高六二～八〇mほどで条里区画がよく残っていた地域である。普蔵川、吉田川（深町堀）によって灌漑されている。

第12図　高城地区条里遺構及びトレンチ配置図（日下部・寺島・石本1980から）

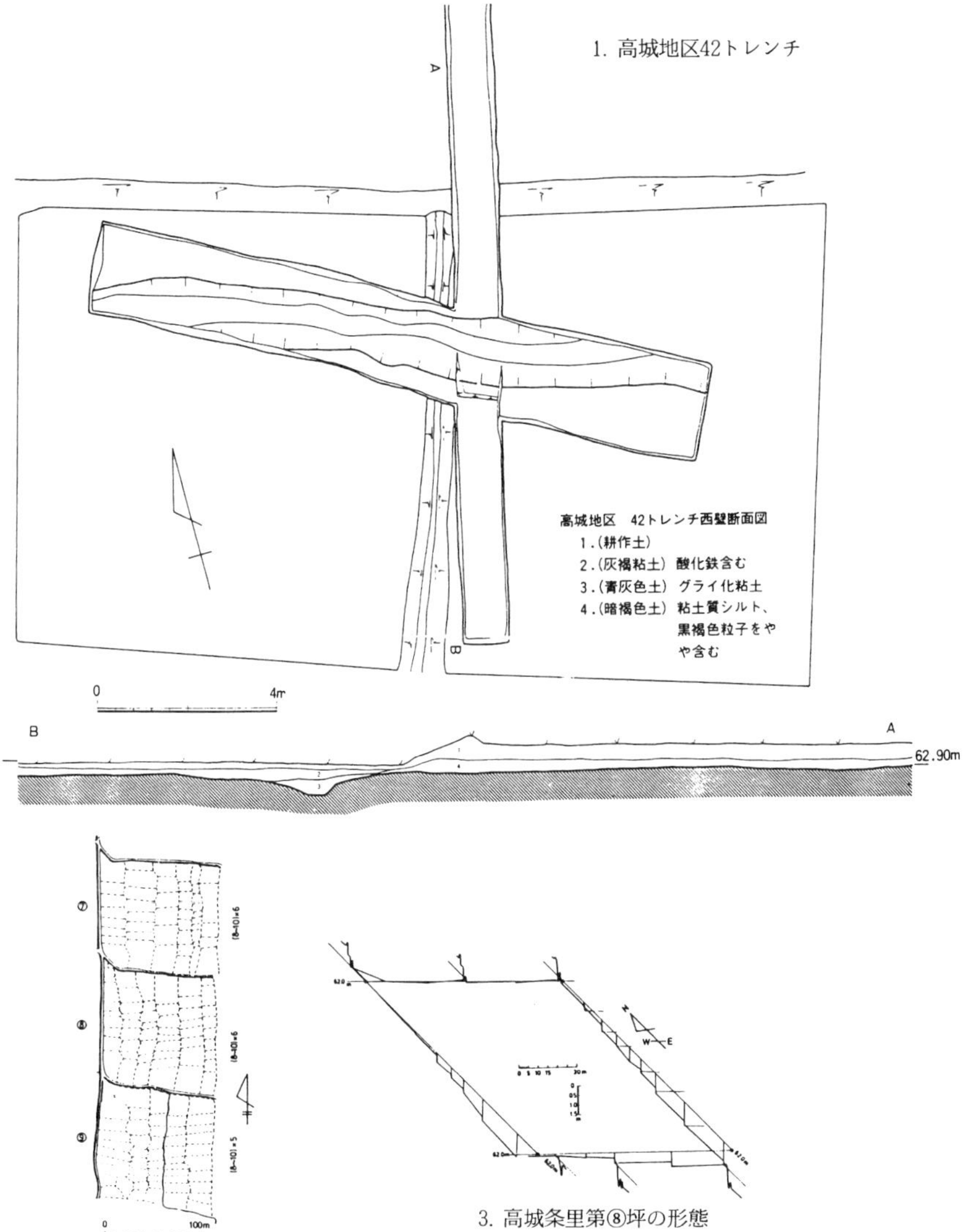

1. 高城地区42トレンチ

2. 高城条里の坪境界及び坪内の地割

3. 高城条里第⑧坪の形態
（海抜62.0mを基準面としている）

第13図　高城地区の調査（1　日下部・寺島・石本1980　2・3　木庭1980 a から）

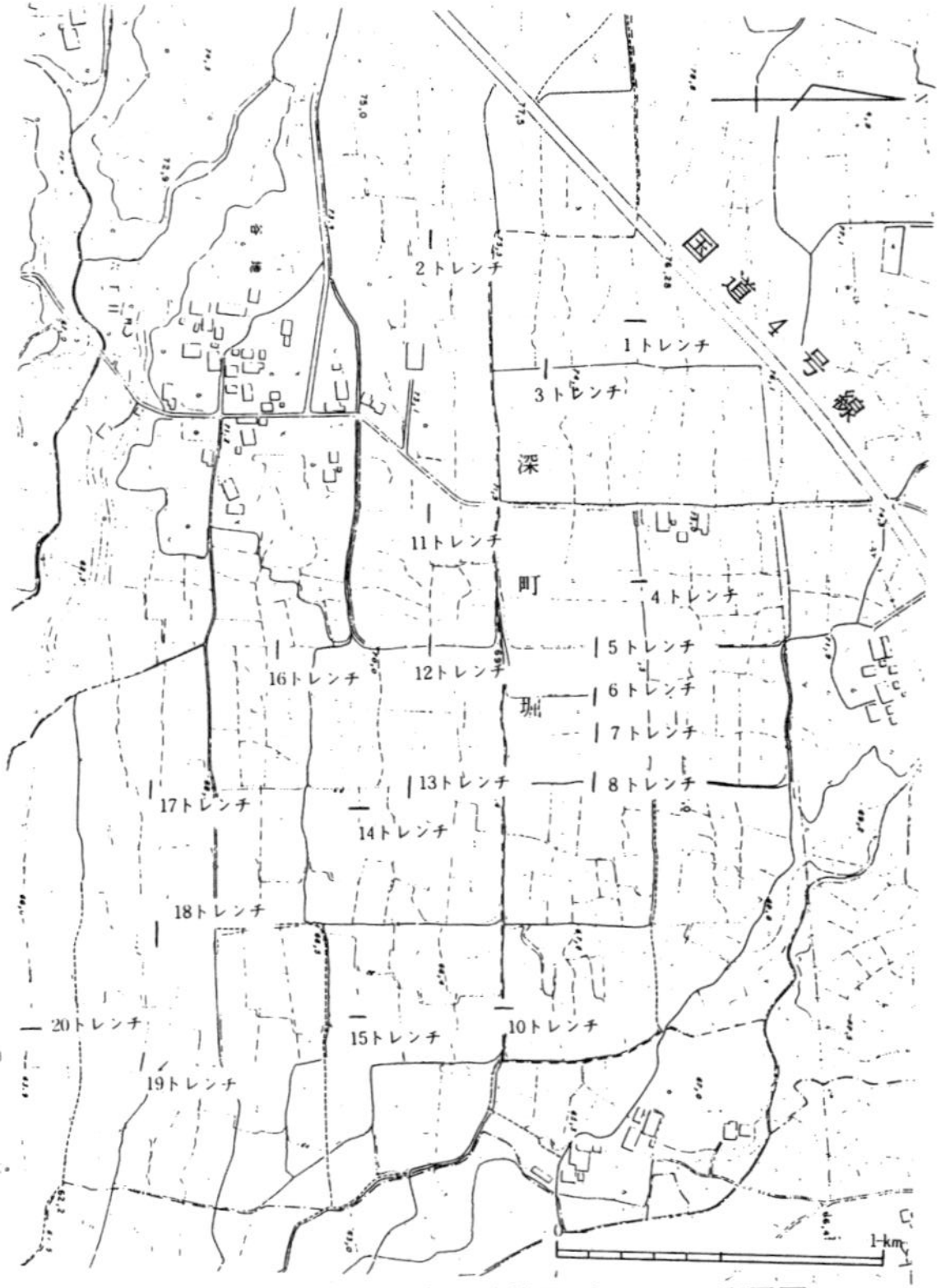

1. 六丁目地区条里遺構及びトレンチ配置図

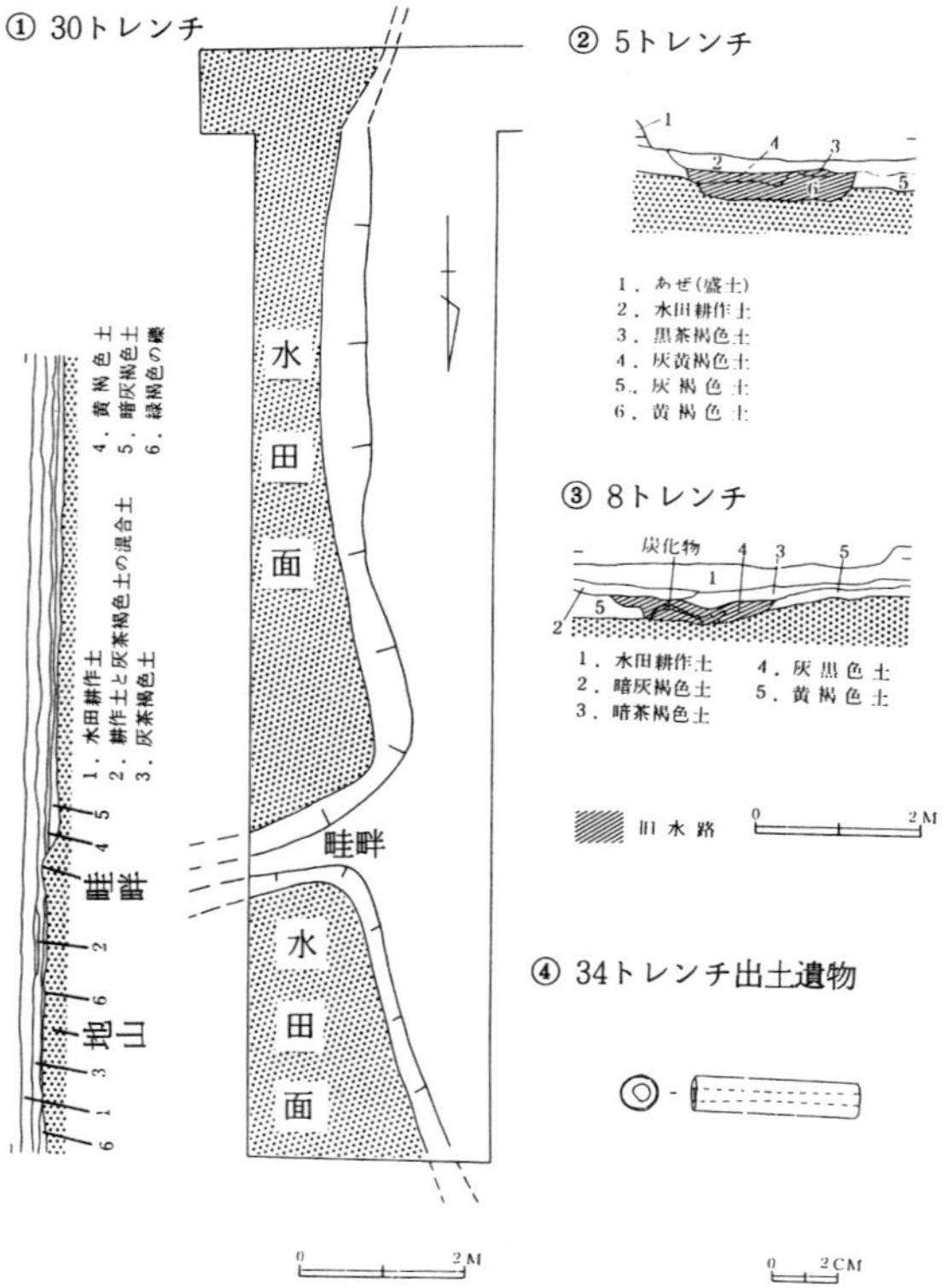

2. 谷地地区遺構・遺物実測図

第14図　六丁目地区・谷地地区の調査（日下部・鈴木1978から）

北半田（桑折Ａ）では南北方向の溝二条（13・15Ｔ内）、六丁目（桑折Ｂ）では一八ヶ所のトレンチで、南北方向の溝二条（３・11Ｔ内）、東西方向の溝二条（15・16Ｔ内）が検出され、表面では必ずしも明確ではない地点の条里区画がはっきり現れた。北半田13Ｔからは土師器片が出土している。条里区画は現在までほぼ同じ形態で受け継がれてきたことがわかる（第14図）。

⑪谷地地区

この地区（桑折Ｃ）は佐久間川の南に広がる平地で、東は沖積低地（伊達崎地区）である。標高七二ｍ前後の水田地帯である。宮沢川（佐久間川）によって灌漑されている。北側は比較的条里区画が残っているが、南に行くに従って区画が乱れている。三四本のトレンチで、三条の溝（５・６・８Ｔ）と旧畦畔・水田跡（30Ｔ）を検出したが、これらはいずれも条里区画線上に構築されている。

30Ｔの旧畦畔・水田跡からは内黒土師器片（平安時代あるいはそれ以前）が出土しており、その時期以降に使用された水田と思われる。土師器片の検討が不十分な現在は、この遺構を平安時代としておきたい。今後十分な検討が必要である（第14図）。

⑫伊達崎地区

阿武隈川西岸の沖積低地で、標高四七ｍ前後である。当地域で沖積低地に営まれた条里遺構はこれだけである。佐久間川によって灌漑されている。

⑬東大枝地区

諸川内川、西側の山地、山田川に挟まれた地域で標高五〇～五五ｍ前後の水田地帯である。光明寺湧水・山田川によって潤っている。

4　大地に刻まれた歴史

伊達西部条里遺構は、福島県北部、阿武隈川西岸の国見、桑折、梁川、伊達四町に跨り、藤田面と呼ばれる洪積台地上（一部は沖積地）を中心に営まれた古代の土地区画である。坪数三二三坪以上を数え、一区画の長さは約一〇九ｍである。坪内は、長地、半折のような分割ではなく、四×八、四×（八～一〇）、六×（八～一〇）、四×四、（八～一〇）×六、（八～一〇）×五等に細分されている。これについては、女子に与えられた口分田（男子の三分の二）に関係があるという意見もあるし、辺境の条里には強い規制が働かなかったという考えもある。

一方、条里の方位は強く北を意識し、それに従おうとする強い意志が示されていることがわかる。発掘調査では、多くの条里関係溝が検出されたが、特に藤田地区25Ｔ内1号溝、1号遺構は一〇世紀頃、谷地地区30Ｔの旧水田は平安時代あるいはそれ以前の遺構と思われ、本条里遺構に年代を与えるものである。しかし、森山地区54－2Ｔ内溝からは八世紀末の土師器等が出土している。ここは滑川沿岸の沖積面であり、他とはその検出地点が地形的に少し異なるが注目すべき所見ではある。

以上から、伊達西部条里遺構は平安時代（一〇世紀）には確実に存在し、溝が道になるという、区画線の一～二ｍ前後の変更もあったが、究極的には当時の条里区画が今日まで受け継がれてきたことが証明された。だが、先に述べた森山地区の所見、八世紀前半の大木戸窯跡や九世紀代の徳江廃寺の存在等を考慮に入れると、八世紀代（奈良時代）に条里が構築された可能性も否定はできない。今後出土資料の再吟味等を踏まえて再検討すべき問題である。

さて、これまで伊達西部条里遺構に関して述べてきたが、最後に木庭元晴の言葉を引用してまとめとしたい。「伊達の条里遺構において平坦なところではほぼ正方位を、傾斜が比較的急なところではその最大傾斜方向を考慮しながらも、正方位をとろうとする激しい意志とでもいうべきものが読みとれる。この南北方位に対する執着は、現代人の地理学的観念からのものではもちろんなく、自然（神）、そして国や人の運命と結びついたものであったろう。

この正方位指向の上にあってもなお、斜面の走向、つまり水利に適した方向が決定されたところに古代人の叡智が感じられる」

条里遺構こそ、まさに「大地に刻まれた歴史」そのものである。

5　おわりに

一九八七年三月二十日の第三回条里制研究会（於・奈良女子大学）での発表内容を中心に、若干の追加も含めて論を進めてきた。発表時とはニュアンスの異なった部分があることをまずお詫びしたいが、筆者自身としては、研究会に参加された諸先生方との討論を基礎として再考する時間を与えていただいた結果だと思い、皆さんに感謝をしている。

さて、福島県伊達郡西部の条里遺構の調査結果は以上の通りであるが、この報告を行うに当たっては多くの先学、友人のご指導、ご配慮をいただいた。

奈良国立文化財研究所埋蔵文化財センターの岩本次郎先生には、今回の発表について仲介の労をおとり下さり、また文献の提供もしていただいた。福島県立博物館学芸課長の鈴木啓先生には、資料の面で多大なご配慮をいただいたし、同館の同僚諸氏からも何かと援助を受けた。

また、伊達西部条里遺構の発掘調査をともに遂行した宮城県気仙沼市教育委員会社会教育課の鈴木實夫氏には考古学的分野で、関西大学文学部の木庭元晴氏には地理学・地形学的分野で、国見町文化財保

第３表　地表条里遺構と主な地下遺構

条里 地区	地割 方位 a	遺構面積 a		b	主な地下遺構				水利灌漑 b
		坪	k㎡	坪	T	種類	幅（m）	深（m）	
石母田	N3.5° W	32	0.38	26	21	溝	1.7	0.5	西沢川 蛭沢川 大清水湧水
山　崎	N6° E N5° W N1° W	11 9 1	0.13 0.10 0.015	27					滝川
森　山	N1.5° W	30	0.36	43	54- 2 55-18 -20B	溝 溝 溝	1.2 2.88 –	0.4 0.78 0.68	湧水川 滝川 滑川
藤　田 塚野目	N1 ～ 3° W	131	1.6	47	25 13 14 24 36 58	1号溝 溝 溝 溝 溝 溝	1.2 1.1 1.2 1.8 1.2 2.3	0.4 0.25 0.4 0.4 0.3 0.6	藤田川 中沢川 玉川 滝川
徳　江				82	18 21	溝 溝	0.96 2.5	– –	
大木戸				6					牛沢川 湧水川
高　城 （西大枝 東部）	N	35	0.42	36	39 42	溝 溝	0.98 1.5 ～ 2.0	0.3 0.4	牛沢川
西大枝 西部	N3° W	10	0.12	19					牛沢川 湧水川
北半田 六丁目	N1° W	37	0.43	47	3 11 16	溝 溝 溝	2.0 1.2 1.3	0.6 0.2 0.2	吉田川 普蔵川
谷　地	N1° W	17	0.12	37	5 8 30	溝 溝 畦畔 水田	2.05 2.0 0.81	0.35 0.25 –	佐久間川
伊達崎	N1.5 ～ 3° W	6	0.07	2					佐久間川
東大枝	N5° W	6	0.07	2					山田川
		323		374					

a は木庭元晴、b は菊池利雄による。

護審議委員の菊池利雄氏には歴史地理学的分野で多くのご教示とご援助をいただいた。この三氏はそれぞれの分野で筆者の不足を補って下さり、三氏なくしては本発表はなかったといっても過言ではない。

その他、発掘調査時には前福島県教育庁文化課の菅原文也先生・木本元治氏をはじめ、福島県文化センター遺跡調査課長目黒吉明先生並びに寺島文隆、石本弘両氏のご配慮・ご協力もいただいた。

以上の方々に心より感謝申し上げ、つたない報告を終えることにする。

（一九八七年九月九日）

（注）

（1）福島県『福島県史』第6巻　一九六四

（2）会津若松史刊行会『会津若松史』第1巻　一九六七

（3）a鈴木貞夫「いわき市における条里制遺構の分布」『地方史研究発表大会（要旨）』一九六八

b鈴木貞夫「いわき市の条里制遺構復元について」『いわき地方史研究』第12号　一九七〇

c鈴木貞夫「いわき市の条里制遺構の分布」『福島地理論集』第18号　一九七五

（4）大塚一二「今新田の条里制遺構」『いわき地方史研究』第8号　一九七〇

（5）a佐藤堅治郎「福島県の条里制」『福島県史』第6巻　一九六四

b佐藤堅治郎「陸奥国の成立と郡郷」『福島県史』第1巻　一九六九

c佐藤堅治郎「条里制と須恵器工人群」『福島市史』第1巻　一九七〇

（6）安田初雄「信夫条里遺構復元図」『福島県農業史』1　一九八七

（7）伊東信雄「古代史」『宮城県史』第1巻　一九五七

（8）柏倉亮吉「東北地方の条里制－山形県の場合－」『古代文化』第7巻第4号　一九六一

（9）本間敬義・保角里志「条里遺跡」『東根市西北平坦部の遺跡群－古墳から条里へ－』一九七三

（10）川崎利夫・佐藤庄一「山形県山辺町南部条里遺構」『日本考古学年報』30　一九七九

（11）佐藤堅治郎「福島県における条里制の諸問題」『第14回福島県考古学大会資料』一九七二

(12) a菊池利雄「条里とむら」『国見町史』第1巻　一九七七
b菊池利雄「伊達西部条里遺構発掘調査に関する地名・古地図等調査－灌漑水よりみた伊達郡西根の条里と開発－」『伊達西部地区遺跡発掘調査報告（Ⅳ）』一九八〇
c菊池利雄「古代の農業－耕地と農業」『福島県農業史』1　一九八七

(13) a木庭元晴「伊達西部条里遺構と地形」『伊達西部地区遺跡発掘調査報告（Ⅳ）』一九八〇
b木庭元晴「自然環境－伊達平野の位置及び地形発達史－」『伊達西部地区遺跡発掘調査報告（Ⅳ）』一九八〇

(14) 鈴木實夫・日下部善己「条里遺構に関する若干の覚書－その考古学的成果－」一九七九

(15) a菅原文也・高倉敏明・志賀豊徳・鈴木實夫・橋本博幸「伊達西部条里遺構発掘調査概報Ⅰ」『福島県文化財調査報告書』第59集　福島県教育委員会　一九七七
b日下部善己・鈴木實夫・橋本博幸「伊達西部条里遺構発掘調査概報Ⅱ」『福島県文化財調査報告書』第64集　福島県教育委員会　一九七八
c日下部善己・鈴木實夫「伊達西部条里遺構発掘調査概報Ⅲ」『福島県文化財調査報告書』第70集　福島県教育委員会　一九七九
d日下部善己・寺島文隆・石本弘「伊達西部地区遺跡発掘調査報告（Ⅳ）－伊達西部条里遺構－」『福島県文化財調査報告書』第82集　福島県教育委員会　一九八〇
e日下部善己・寺島文隆「伊達西部条里遺構Ⅴ」『福島県文化財調査報告書』第93集　福島県教育委員会　一九八一

(16) 菅原文也・高橋信一「熊川六丁目条里遺構発掘調査報告」『大熊町文化財調査報告書』第1集　一九八〇

(17) 長尾修・山崎四郎他『尾野本条里遺構発掘調査概報』西会津町教育委員会　一九八一

(18) 中村嘉男「国見町の地形」『国見町史』第1巻　一九七七

(19) a目黒吉明・梅宮茂他「原始・古代」『国見町史』第1巻　一九七七
b斎藤正弘「弥生期から古墳期への過程における埋葬形態の変遷とその意義」『福島大学考古学研究会研究紀要』第5冊　一九七七
(20) a橋本博幸「矢ノ目地区」『伊達西部条里遺構発掘調査概報Ⅱ』一九七八
b日下部善己・高橋信一他「矢ノ目遺跡出土遺物－祭祀遺物」『伊達西部地区遺跡発掘調査報告（Ⅳ）』一九八〇
c日下部善己他「矢ノ目遺跡出土の石製模造品（補）」『伊達西部条里遺構Ⅴ』一九八一
(21) 目黒吉明・柴田俊彰他「反畑遺跡発掘調査報告」『国見町文化財調査報告書』第1集　一九七二
(22) a佐藤博重・高橋信一他「下入ノ内遺跡」『伊達西部地区遺跡発掘調査報告（Ⅳ）』一九八〇
b日下部善己「下入ノ内遺跡出土の須恵器片（補）」『伊達西部条里遺構Ⅴ』一九八一
(23) 目黒吉明・柴田俊彰他「森山古墳群」『国見町文化財調査報告書』第3集　一九七四
(24) 目黒吉明・柴田俊彰他「大木戸古墳群」『国見町文化財調査報告書』第3集　一九七四
(25) 工藤雅樹他「大木戸窯址群第1次調査報告」『国見町文化財調査報告書』第3集　一九七四
(26) a目黒吉明・梅宮茂他「原始・古代」『国見町史』第1巻　一九七七
b木本元治他「徳江廃寺跡発掘調査」『国見町文化財調査報告書』第5集　一九八六
(27) a菊池利雄「国見の考古展」（国見町郷土史研究会）『郷土の研究』第14号　一九八三
b福島県教育委員会「福島県埋蔵文化財分布図・一覧表」『福島県文化財調査報告』第143集　一九八四
c目黒吉明・柴田俊彰他「堰下古墳」『国見町文化財調査報告書』第1集　一九七七
(28) 鈴木實夫「第1号住居址（仏供田地区）」『伊達西部条里遺構発掘調査概報Ⅰ』一九七七

（付記）

1　特に注記しない限り、発掘調査の記述及び挿図は「伊達西部条里遺構発掘調査報告（概報）」Ⅰ～Ⅴによる。

2　先に記した他伊達西部条里遺構発掘調査については次のような報告がある。

1）菅原文也「伊達西部条里遺構」『日本考古学年報』29　一九七八
2）日下部善己「伊達西部条里遺構（六丁目・藤田・北半田地区）」『日本考古学年報』30　一九七九
3）日下部善己「伊達西部条里遺構（谷地・石母田地区）」『日本考古学年報』31　一九八〇
4）目黒吉明・志賀豊徳「伊達西部条里遺構」『福島県考古学年報』5　一九七六
5）菅原文也「伊達西部条里遺構」『福島県考古学年報』6　一九七七
6）鈴木實夫「伊達西部条里遺構」『福島県考古学年報』7　一九七八
7）鈴木實夫「伊達西部条里遺構」『福島県考古学年報』8　一九七九
8）日下部善己「伊達西部条里遺構（第5次）」『福島県考古学年報』9　一九八〇
9）日下部善己「伊達西部条里遺構（第6次）」『福島県考古学年報』10　一九八一

第四節　天台別院と木幡山経塚群

奈良国立博物館が保管している考古資料の中に「木幡山経塚出土」という、銅製経筒及び石製外筒がある。(1) 器高は経筒二五・二cm、外筒四〇・六cmで、他に経巻残塊八巻もあり、これが昭和四十八年に同館で開催された「経塚遺宝展」に出品された。

昭和五十三年七月十五日、福島県安達郡東和町教育委員会は、木幡山頂（東和町、川俣町）の経塚群の発掘調査（担当者：梅宮茂）を開始した。(2)

調査によって、経塚群、旧蔵王堂、立石祭祀遺構そして石製外筒破片、土師器、灰釉陶器、鑑鏡、貨銭、刀子等が発見された。

経塚は六基でほぼ直線状に配置されており、一～三、五号が円錐形、四、六号が四角錐形のものである。教典を埋納する石槨は、一号と三号が地下式、二号経塚をはじめ他はすべて地上式のものであり、時間的には地下式が古い形態であると考えられている。

一号経塚Ａの内部構造は、地下式の石槨で、地山下四五cmほどに土壙を掘り底石を置き、側壁に平石を立て、直方体の箱形石槨を組み立て、木炭を裏詰めにして納経し、蓋石をかぶせた。その上に破砕した大小の角石を積み上げ、少し盛り土をし経塚とした。その高さは底石から約一・五ｍになる。また一号経塚Ｂからは石製外筒の下半分が発見された。

三号経塚の石槨は、地山を約一五cm掘って土壙を造り、底石を置きその上に側壁の石を立てる。東西に長い箱型（約四〇×七〇cm、高さ約五〇cm）のもので、側石の外側には木炭が二〇cm以上の幅で土壙との隙間に充填されている。当経塚の石槨の中では大変丁寧に造作されていること等から、奈良国立博物館保管の経筒等は、この三号経塚出土の可能性が極めて高いと考えられている。

さて、一般的に経塚は一二世紀頃、法華経等の仏教の教典等を末法の世（仏教が衰える時代）まで保存するために、それを経筒に入れ埋納した施設であり、この木幡山経塚群もその例に倣ったもので、平安時代（一二世紀）の当地域を代表する優れた遺構と言える。

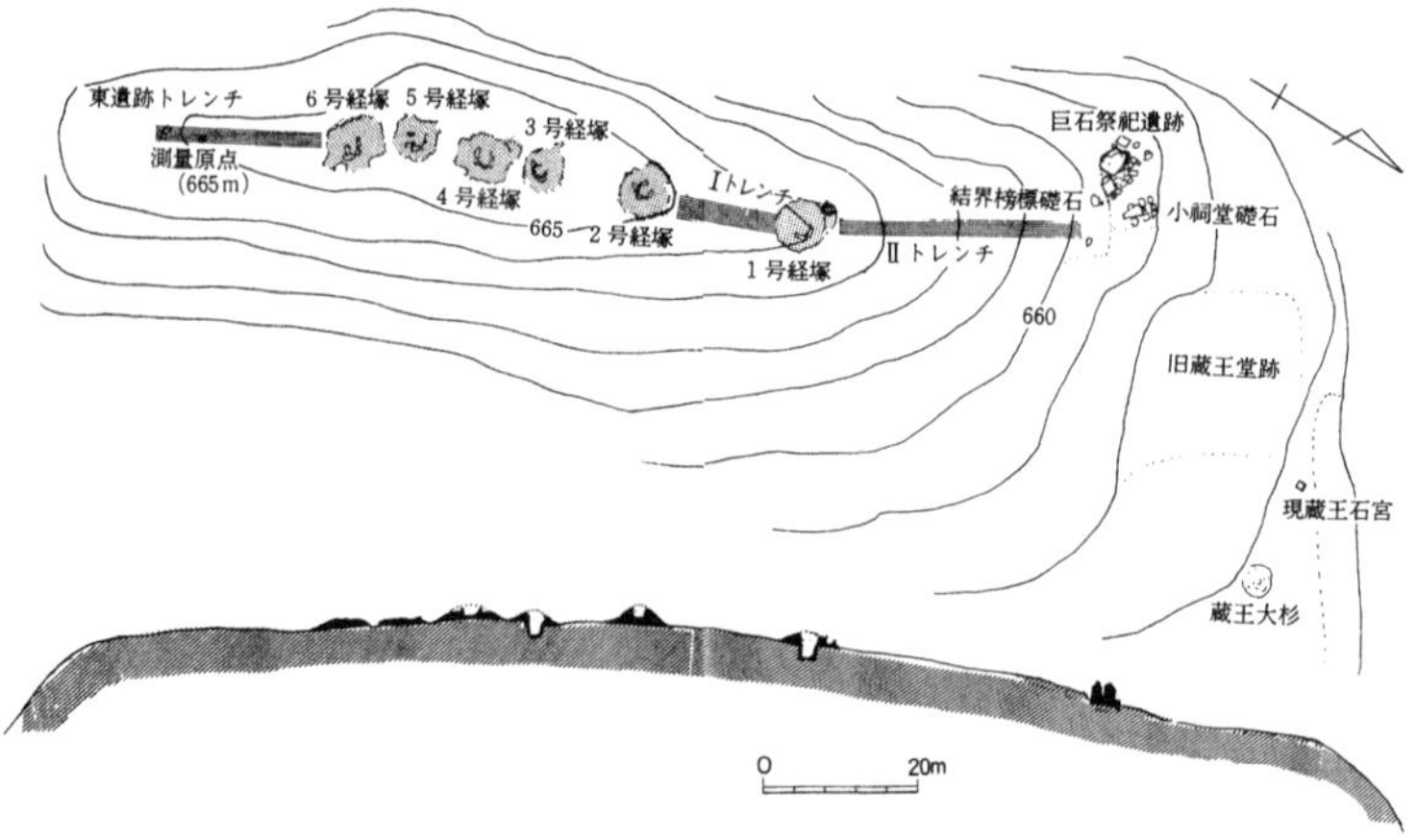

木幡山経塚群（梅宮他1979から）

なお、『日本三代実録』[3]の元慶五年（八八一）十一月九日の条に、「陸奥国安積郡弘隆寺を以て天台別院と為す」という記述がある。安達郡が、安積郡から分離して成立するのは延喜六年（九〇六）なので、天台別院となったのは安達郡が安積郡に含まれていた時代である。この安積郡弘隆寺が後の治陸寺であると伝えられている。

木幡山は、神仏習合の霊山として古来多くの信者が訪れた聖地である。山頂には蔵王堂、立石祭祀遺跡、経塚群、少し下ると延喜式内社という隠津島神社、山麓には安積郡弘隆寺の後身という治陸寺等があり、これらの諸社寺等が相互に密接な関係を持って機能していた一大信仰の山なのである。

なお、昭和五十四年三月二十三日、木幡山経塚群は福島県の史跡に指定された。

（二〇〇一年十二月二十一日）

（注）

（1）稲垣晋也「木幡山蔵王経塚の特色」『木幡山蔵王経塚』東和町教育委員会　一九七九

（2）梅宮茂・佐藤利夫・高木政光・高橋圭次・菅野家弘他『木幡山蔵王経塚』（東和町文化財調査報告書第1集）東和町教育委員会　一九七九

（3）里板勝美・国史大系編修会『日本三代実録』後篇　吉川弘文館　一九七四

第三章　阿津賀志山合戦と鎌倉

―中世地域社会と中央―

第一節　奥州藤原氏と頼朝

1　はじめに

陸奥国等の在地勢力と奥州経営の確立を目指す中央政権との戦いの歴史は、多くの兵乱を媒介としながら、伝説・史実等が絡み合って今日に語り伝えられている。

特に、平安時代後期（一一世紀後半）には、陸奥国「奥六郡」を支配していた安倍頼時一族に対し、安倍氏追討の命を受け奥州に赴いた源頼義及び出羽の清原氏が応じた前九年の役（一〇五一～六二）、さらには、安倍氏滅亡後の奥羽の支配者、清原一族内紛を契機に、源義家・清原（後の藤原）清衡等が勝利した後三年の役（一〇八三～八七）と、源氏親子による奥羽への積極的侵攻がある。これら源氏の奥州での覇権確立志向こそが阿津賀志山防塁《あつかしやまぼうるい》構築への伏線である。

後三年の役で勝利を収めた源義家は、やがて奥州を去り奥州掌握という野望を果たすことはできなかった。むしろ、前九年の役で源頼義に敗れた父藤原経清を失い、母が再嫁した清原氏で成長し、後三年の役で勝利した清原清衡が奥州を掌握し、奥州藤原氏初代として、その後の繁栄の基礎を固めることになった。

なお、源氏宿願の陸奥国等の掌握のためには、義家から数えて四世代後〈義家－〈義親〉－為義－義朝－頼朝）、一二世紀末の源頼朝の奥州侵攻を待たなくてはならなかった。一方、それは奥州における藤原氏四代の盛衰の歴史でもあった。

2　文治五年奥州合戦と二重堀

(1)　本論の目的

源平の戦いの壇ノ浦や天下分け目の関ヶ原は日本史上の一大決戦場であり、多くの人々の興味と関心の対象となりながら、日本人の心に深く刻みつけられている。一方、これに対して国民に十分周知されてはいない日本史上の重要遺跡も少なくない。本論で扱う文治五年（一一八九）奥州合戦[1]に係わる「阿津賀志山防塁」もその一つと言ってよいだろう。中央の遺跡に対する地方の遺跡、勝者の歴史に対する敗者の歴史といったことが、その知られざる理由と言えるかもしれない。「阿津賀志山防塁」が多数の人々に知られ、その内容を正しく理解されることこそが必要なのであり、本論では、この遺跡の実像を現地調査（発掘調査や踏査）結果を通して可能な限り再現することを目的としたい。

(2)　研究小史

この阿津賀志山防塁は、文治五年の源頼朝の奥羽侵入に対して奥州藤原氏が福島県伊達郡の阿津賀志山（厚樫山）一帯に構築した一大防塁線を指している。『吾妻鏡』の文治五年八月七日の条[2]によれば、

「二品着㆓御干陸奥国伊達郡阿津賀志山邊国見驛㆒。……中略……泰衡日來聞㆓二品発向給㆒之由㆒。於㆓阿津賀志山㆒。築㆓城壁㆒固㆓要害㆒。国見宿与㆓彼山㆒之中間。俄構㆓口五丈堀㆒。堰㆓入逢隈河流㆒柵。以㆓異母兄西木戸太郎国衡㆒為㆓大将軍㆒。差㆓副金剛別當秀綱。其子下須房太郎秀方已下二万騎軍兵㆒。凡山内

写真１　厚樫山遠望

三十里之間。健士充満。……後略……」（傍線筆者）のように藤原方の防禦線の様子が記述されている。即ち、「阿津賀志山に於て、城壁を築き要害を固め……俄に口五丈堀を構え……」の中の「口五丈堀」を指している。これを地元では、「二重堀《ふたえぼり》（隍）」と呼び、古くから住民の間ではよく知られていた施設である。ただ、これ以外にも阿津賀志山の戦いに関する施設は存在するわけであるが、研究の現状から言えば不明の部分が多く、この「口五丈堀」を中心に記述することをあらかじめお断りしておきたい。

さて、この阿津賀志山防塁については、三浦周行、堀江繁太郎、黒板昌夫、梅宮茂、小林清治、北村文治、阿部義平等によって踏査され、一部報告もなされている。中でも三浦は『吾妻鏡』の記述を実地に求め（明治三十七年十二月）、その著作[3]の中で詳細に検討を加えている。一方、堀江はその踏査（昭和八年十二月九日等）の結果を絵図（福島県立図書館蔵[4]）として残していることは特筆に値するものであろう。

この二人が踏査した時点で、二重堀はその形状をほぼ完全な形で残していたものと思われるが、その後の社会状況の中で、その大部分は水田・畑地そして山林と化し、旧状を留めるものはほんの一部分になってしまったのである。特に戦中・戦後の開発はこの傾向に拍車をかけ、今日に至っている。

昭和四十六年、東北縦貫自動車道建設に伴って、二重堀に初めて考古学のメスが入ることになった。福島県教育委員会による調査（担当者：田中正能）によって「口五丈」という数字が妥当性を持っていることが判明し、また当遺跡が広く考古学界にも知られるところとなった。[5]

一方、昭和五十四年福島県営圃場整備事業に係わる発掘調査が県教育委員会（担当者：日下部善己）によって実施され、平地部における二重堀の実態が明瞭となり、五丈を上回る部分や一条堀が検出され、また全体の位置が明確となった[6]（第1図）。その後、地元関係者の努力と協力によって、「阿津賀志山防塁」として国史跡（昭和五十六年三月十四日）に指定されたのである。

(3) 名称について

阿津賀志山防塁に関係する呼称には様々なものがあり、その幾つかを次に列記しておきたい。

1　口五丈堀（『吾妻鏡』）
2　二重堀（「宝暦十一年御巡見使案内控」、吉田東伍『大日本地名辞書』）
3　二重隍（中川英右編『信達二郡村誌』、『伊達郡誌』）
4　史蹟阿津賀志山古戦場二重堀（昭和九年設置の標木の題字[7]）
5　史跡阿津加志山二重空堀（昭和四十五年、国見町史跡指定標石の題字）
6　厚樫山遺跡（昭和四十六年発掘調査遺跡名）
7　阿津賀志山二重堀（昭和五十四年発掘調査現地見学資料）
8　奥州藤原氏阿津賀志山防塁－二重堀跡－（昭和五十四年発掘調査報告書）
9　阿津賀志山防塁（国史跡名）

これらの名称にはそれぞれの意味と使用法の違いがあり、すべてを統一的に扱うことはできない。本論では阿津賀志山の合戦における奥州藤原（平泉）方のすべての防禦施設という意味で「阿津賀志山遺跡」という名称を用い、その中心施設である口五丈堀については「阿津賀志山防塁」、あるいは地元で長く使用されてきた「二重堀」という名称を使用したい。また、二重堀以外の施設については、その他の防禦施設として扱うことにする。

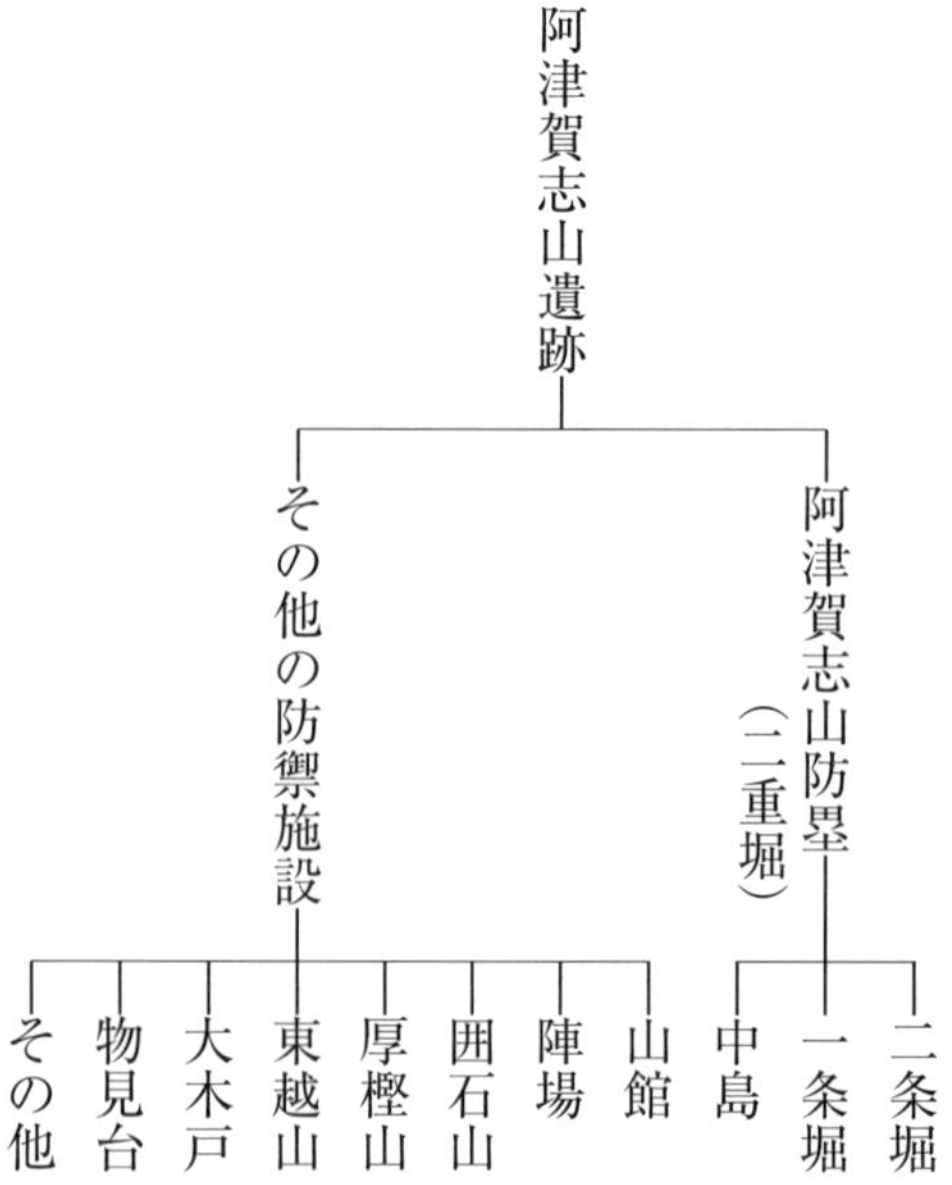

これらは単独に存在するものではなく、有機的関連をもって機能していたことは言うまでもない。しかし、これらの施設すべてが当時のものかどうかは十分証明されていないので、一応の仮説として述べていくことをあらかじめお断りしておきたい。

さて、遺跡の全体的な構成は第2・3図に示す通りで、南西方面より侵入する鎌倉軍に対し、厚樫山（国見山）中腹から阿武隈川までの平地を二重堀によって分断し、北西の山中には囲石山、陣場山館等の城塁を構築している。また後方には大木戸があり、その背後には東越山館やのろし台（物見台）等の城塞が林立している。

一方、鎌倉軍は、藤田の源宗山（あるいは硯石山）に陣を構えたと考えられている。

3　防塁の位置と歴史的環境

阿津賀志山遺跡は、福島県の北端、宮城県境の伊達郡国見町に所在し大木戸、石母田、藤田、森山、西大枝、東大枝（梁川町）の各地区に及んでいる。帯状の土塁・空堀（二重堀）や山城風の施設が存在している。この二重堀は大木戸、石母田、森山、西大枝の四地区に跨り、厚樫山（海抜二八九・四m）の中腹（海抜一七〇m付近）から滝川付近の旧阿武隈川河道（海抜四一・七m）までのほぼ南北方向に連続する施設である。一方、厚樫山の北西には山館、これに対面する陣場そして囲石山が存在するし、東方には東越山館、北東には物見台（のろし台）があり、信達平野を見下ろす。これらはいずれも尾根や山頂に位置していることが特徴であるが、これに比して、菊池利雄が説くように多くの中世城館が台地上や山麓にあることと対照的である。

ところで本遺跡周辺には多数の遺跡が存在している（第1図）。特に県北最大の前方後円墳の八幡塚古墳や五世紀の須恵器や土師器を出土した下入ノ内遺跡、南小泉式期の祭祀遺跡である矢ノ目遺跡、そして県北最大の条里遺構の存在は、当地が古くから開発されていたことを物語るものであろう。この他、帰化僧一山一寧書の碑や、石母田城等の中世城館も多数存在している。これらの城館は、奥州合戦後の伊達氏支配の家臣団の居館として使用されていた。

さて、この防塁が存在する付近一帯は、現在、主として水田と果樹園として利用されており、果樹の

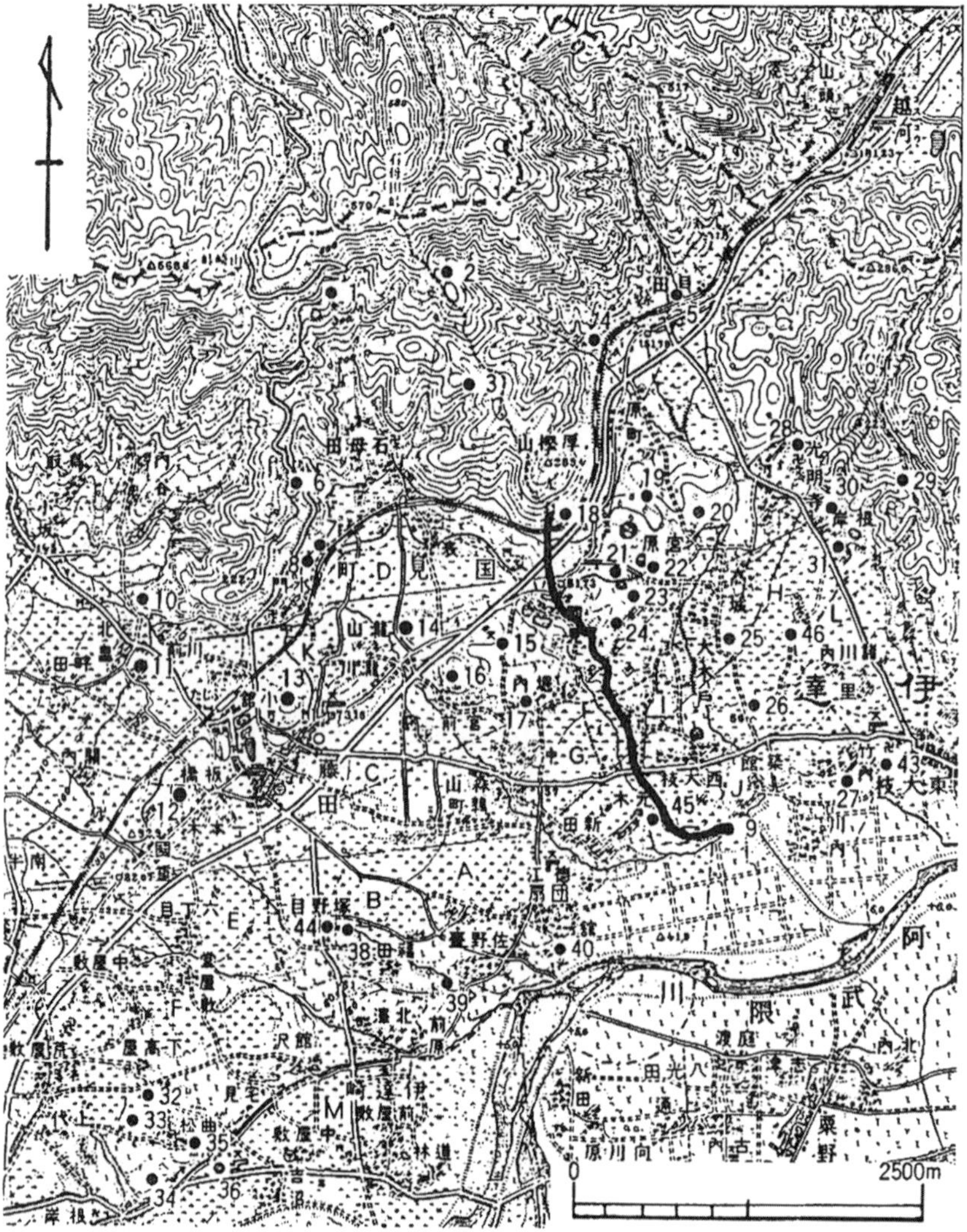

第１図　阿津賀志山防塁（二重堀）の位置（▬▬印、番号·記号はその他の遺跡）（日下部他1980から）

開花期や稲の収穫期における厚樫山頂よりの景観は格別で、信達平野を一望するまさに〝国見山〟なのである。

4　奥州合戦について

(1)　源頼朝と奥州合戦

阿津賀志山合戦を含めて、文治五年（一一八九）奥州合戦の全体像については『吾妻鏡』に詳しい（唯一史料とも言える）が、これによって戦いの内容について概観しておくことにする。

鎌倉（頼朝）の執拗な要求によって奥州平泉（泰衡）が、源義経を衣川館に襲い憤死させたのは文治五年閏四月三十日であり、その首級がはるばる鎌倉へ送り届けられたのが同年六月十三日のことであった。同時に泰衡が、義経に与した弟忠衡を攻め滅したのが六月二十六日であったが、この一連の行動によって泰衡は身の安泰を心から信じ切ったのかもしれない。しかし、このような平泉の内紛の間に、鎌倉方では着々と奥羽侵攻の準備を進めていたのであった。

このことは、頼朝が鎌倉を進行する五ヶ月も以前から実行に移されていたことが、島津家文書等により実証的に研究がなされている。それは、単に関東武士団のみの動員ではなく、遠く九州地方にまで及ぶ広範な全国動員体制であった。即ち、武家の頭領たる頼朝の力を実際に確かめ、全国の在地領主の忠誠の度合を測り、その再編をねらったものと言えるのであろう(8)。

一方、これに動員されたのは武士のみではなく、京都の東寺や広島の厳島神社、出雲大社、伊勢神宮、鶴岡八幡宮等主な神社仏閣に対して泰衡降伏、追討の祈願をさせたことも知られており(9)、正に史上空前の動員体制をとったのであり、頼朝の並々ならぬ決心のほどが窺われよう。

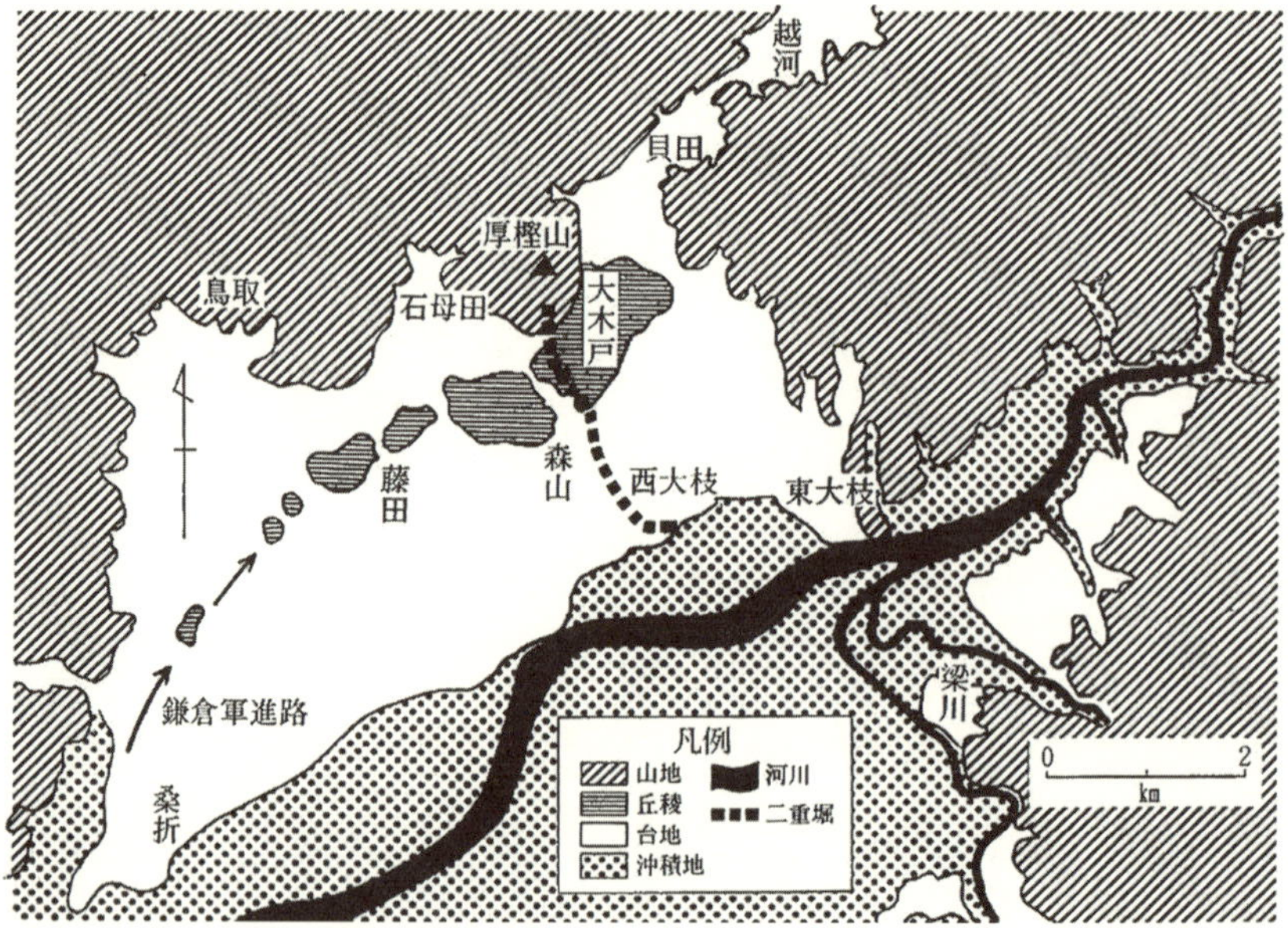

第２図　地形的特色と防塁

一方で戦闘準備を進めながら、他方では平泉に甘言を呈していた頼朝は、平泉追討の院宣を求め、その可能性が少ないと判断すると奥州出兵を決断した。鎌倉軍二八万四〇〇〇騎（郎従等を含めて）を三方面軍に分け、大手軍は源頼朝・先陣畠山重忠等、海道軍は総大将千葉介常胤・八田知家等、北陸道軍は比企能員・宇佐美実政等で、七月十九日頼朝は鎌倉を進発した。これは、頼朝にとって、人生で最初で最後の大遠征である。その後大きな障害もなく北進を続け、北の関門白河の関を越えたのは七月二十九日であったが、当時の関は大分荒れ果てていたようで、次の和歌にその面影を偲ぶことができる。

秋風に草木の露を払わせて
　君が越れば関守もなし　　梶原景季

この大手軍が八月七日伊達郡の国見駅に到着し、ここに一大決戦の幕が切って落とされたのである。

この鎌倉軍に対して、平泉方は頼朝の進発を聞き、阿津賀志山に城塞を築き国見宿と阿津賀志山の中間に俄に口五丈堀（幅一五ｍの堀）を構え、阿武隈川の流れを堰入れて防禦線とした。平泉方の守備兵は約二万騎で、泰衡の異母兄西木戸太郎国衡を総大将とし、金剛別当秀綱やその子下須房太郎秀方等がこれに従った。凡そ山内三〇里の間に軍兵が充満したと言われる。また石那坂（福島市平田）にも陣を構え、大鳥城（飯坂町）主信夫庄司佐藤基治、河辺太郎高綱、伊賀良目七郎高重等が守った。なお、佐藤基治は義経に従った継信・忠信兄弟の父である。

一方、刈田郡（宮城県）に城郭を構え、名取川と広瀬川に大縄を張って柵とし、泰衡自身は国分原の鞭館（仙台市榴岡）に陣を敷き、さらに栗原、三迫等には若九郎大夫・金平六以下の郎等を大将軍として、数千の兵を配置した。北陸道軍に対しては田河太郎行文・秋田三郎致文をして出羽国を守備させるという万全の陣立てであった。しかし実際には瞬時にして敗れ去ってしまうのであるが、それは以下に述べていくことにする。

(2) 決戦・阿津賀志山

西木戸太郎国衡を総大将とする平泉軍二万騎が守備する阿津賀志山の陣に、頼朝軍が対峙したのは文治五年八月七日であった。

決戦の火ぶたは八月八日石那坂に切って落とされたのである。坂の下に堀を構え、阿武隈川の水を引き入れて柵となし、石弓を張るといった陣立てで鎌倉軍と対した佐藤基治等は、常陸入道念西の子常陸冠者為宗・同次郎為重等の攻撃を受け、激しい戦闘がくり返されたが結局平泉方が敗れ、基治等の首が阿津賀志山の経ヶ岡にさらされた[10]。[11]

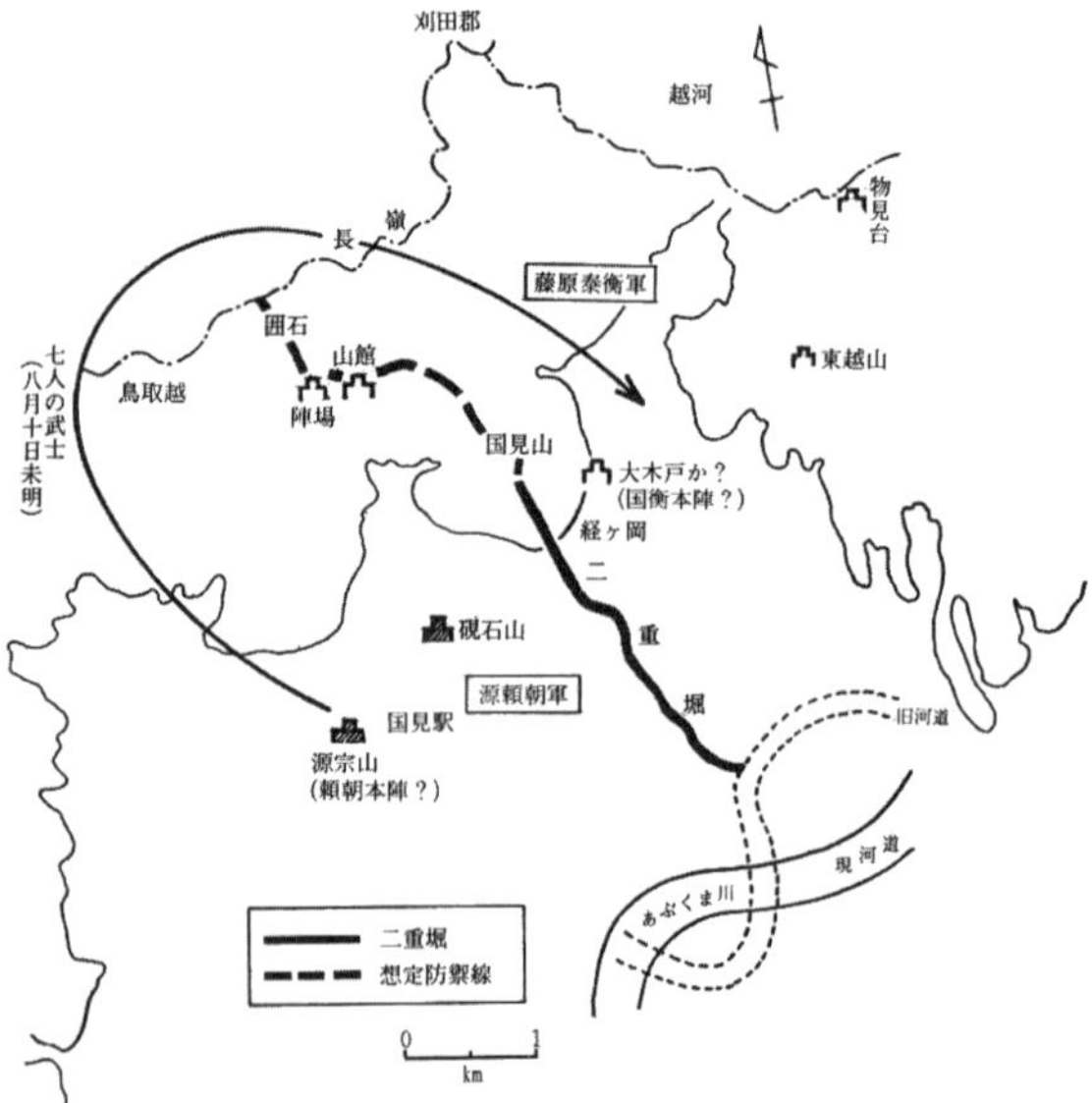

第３図　文治５年阿津賀志山合戦要図（菊池利雄原図）

一方、二重堀一帯では畠山重忠・小山朝光等が戦闘を開始し、大軍に押された平泉方の旗色は極めて悪かったようである。翌八月九日、三浦義村・葛西清重・工藤行光等は夜襲をかけて木戸口に達し、平泉方の将を幾人か討ち取った[12]。

八月十日、阿津賀志山の戦い最後の日である。畠山重忠・小山朝政・小山朝光・和田義盛等の大軍は、木戸口へ攻め近づき激烈な戦いを展開し、その鬨の声が山谷に響きわたり郷村を動かした。一方、前夜来密かに小山朝光・宇都宮朝綱の郎従わずか七人が、鳥取越を敢行し大木戸の上、国衡の陣の背後の山に達し、鬨の声をあげ矢を飛ばした。これによって平泉方の城中は大騒動となり、搦手から攻められたと感じ、国衡以下は戦意を失い逃走してしまった。まさに「富士川の水鳥」の前例にも似て大混乱の様子が想像できる。

この阿津賀志山での敗戦を知った泰衡は度を失って平泉方向へ逃亡し、国衡は出羽国への敗走の途中で討ち取られた。ここに、一七万騎[13]と言われる平泉軍は総崩れとなり、むなしい姿をさらけ出したのである。

八月十一日、頼朝は船迫宿（宮城県柴田町）に逗留し、十二日多賀国府に到着した。ここに宇佐美実政率いる海道軍が合流し、十四日当地を発し二十二日に平泉に入城した。泰衡は館に火を放って逐電し、平泉は無人と化し、ただ秋風が吹き抜けるだけであったと言う。その後、九月二日に頼朝は岩井郡厨河へ赴き、四日には志波郡陣岡に着いたが、やがて北陸道を北上して来た比企能員等の軍と合流し、鎌倉進発以来三軍がここに再集結した。

九月九日、京より平泉泰衡追討の院宣がもたらされたが、その日付は七月十九日即ち頼朝の鎌倉進発の日であった。平泉掌握という既成事実に対しての追認という意味があり、朝廷に対する頼朝の意図は十分に達せられたと言えよう。

九月二十日、平泉にて吉書始が行われ、関東武士団に対して奥州各地があてがわれた。

十月二十四日、頼朝は鎌倉へ戻り、奥羽掌握即ち、全国制覇という大事業がほぼ完全な形で達成された。この後、関東武士団の奥羽支配が開始され、中世世界が展開していくのである。

ところで、『吾妻鏡』の記述によれば、鎌倉方二八万四〇〇〇騎、奥州平泉方一七万騎（内阿津賀志山の守備二万騎）と言われているが、入間田宣夫の研究によれば、阿津賀志山の合戦に参加した実際の数は両軍合わせて三万騎ぐらいにみるのが妥当と言う。(14) しかし、三万騎といえども当時としては空前の戦闘員数であり、文字通り天下分け目の〝阿津賀志山〟と言えようか。

5　おわりに

阿津賀志山防塁の構造は、地点によって差異がある。その具体的構成については第二節で述べるが、一条堀や二条堀等のような防塁の構造の差が何によって生じたのかを解明することは大変重要である。防塁設計・監理者の意図的・戦略的な構成か、あるいは平泉の命令によりこの築造を担当（恐らく地区割をして）した南奥州（信夫、刈田郡等を中軸として）の武士団の工事分担による差か、さらには鎌倉軍の進軍速度による時間的制約であろうか。

これまでの発掘調査等の知見及び状況分析結果からすれば、阿津賀志山防塁の設計者は、多くの先例を学び、この地域の地形的・歴史的・軍事的環境を熟知し、さらには鎌倉軍を迎える南奥州の軍事的緊張関係を冷静に分析して設計図を描き、省力すべきはして、来るべき頼朝との決戦に備えるべく、長さ三㎞にも及ぶ壮大な軍事施設の工事を完成させたものであろうと思われる。よって、これらの構成の差は、設計者の優れた技量が表現されたものと考えたい。

小林清治博士は、第2T拡張区での発掘調査所見をもとにして、阿津賀志山防塁構築の作業には二五万人、その他の関連施設の築造と合わせて四〇万人が必要であったと想定した。つまり、一日五〇〇〇人とすれば約八〇日間（仮に五月半ば～八月初めまでとして）かかって完成したことになると想定されている[8]。

この防塁の構築法の系譜については、これに先立つ安倍氏や清原氏をはじめとする奥羽の各城柵、そして多賀城等のいわば官立の各城柵の遺構・遺物の詳細な検討が必須であろう。加えて、筆者は陸奥、越後、出羽の三国の境界に近い、会津の「陣ヶ峰城」（福島県会津坂下町）にも注目している。この城は、永延二年（九八八）に越後の城四郎重則の築城と伝えられ、会津八館の一つとされる。古川利意福島県中世城館跡調査員の案内によって現地調査を行ったが、その形式は単郭の方形館で、二重の空堀と土塁が特徴である。

これはほんの一例であるが、今後さらに奥羽と越後の多くの城柵・城館を吟味し、阿津賀志山防塁の構築法の系譜に迫りうるか否かを検討する必要がある。それはとりもなおさず、防塁設計・監理者、施工者等の特定に連なる作業になるはずである。

なお、阿津加志山防塁の具体的内容については次節で扱うこととするが、この時点において今後に残された課題についていくつか述べておこう。

一　『吾妻鏡』にいう地名と現地地名との関係の追求。
二　「俄」という防塁構築の時期決定。
三　防塁築造の作業量（人数等）のより正確な推定。
四　防塁構築時を示す遺物の発見。
五　付属施設と考えられる遺跡の考古学的調査。
六　阿津賀志山遺跡に関する総合的研究。
七　国民への周知作業。

写真２　発掘調査の様子（第２Ｔ拡張区）

また、「二重堀」という名称は、二重の空堀が存在するために名付けられたものであるが、基本的には、二重の土塁（外土塁と内土塁）を構築することが主目的であったと思われる。ただ、地点別に見ると、中央土塁の存在が確実なものもあり、築造上の差が見られることも事実である。これらの点の吟味も今後に残された課題と言える。

以上のような課題を一つ一つ解決していくことにより、より充実した内容を持った「阿津賀志山論」が展開されることを期待したい。

ところで、この阿津賀志山防塁（二重堀）は、国見町・国見町教育委員会の努力と地元関係者の理解と協力によって、保存そして国史跡となったものである。今後はその活用が図られることになっているが、これら関係者の献身的努力に心より敬意を表したいと思う。

さて最後になったが、筆者の二重堀研究に関してこれまで多くの方々よりご指導とご助言、そして資料・文献の提供等をいただいた。記して謝意を表したい。

小林清治・梅宮茂・菊池利雄・竹川重男・菅原文也・春日一憲・寺島文隆・渡部正俊・北村文治・入間田宣夫・阿部義平・福島県教育庁文化課・福島県立図書館・国見町教育委員会・国見町郷土史研究会（敬称略・順不同）。

（一九八六年十二月五日）

（注）

（1）「文治五年奥州合戦」という用語は入間田宣夫論文よりの引用である。これはいわゆる「奥州征伐」を指しているが、前者のような名称こそが最も正鵠を得たものと筆者も考え、使用させていただいた。入間田宣夫「鎌倉幕府と奥羽両国」『中世奥羽の世界』東京大学出版会　一九七八

（2）黒板勝美・国史大系編修会『吾妻鏡』第一～四　吉川弘文館　一九七六

（3）三浦周行「阿津賀志山」『日本史の研究』第一輯下　岩波書店　一九二二

（4）堀江繁太郎「野尸の墓・二重堀・徳江」福島県立図書館蔵　一九三三

（5）田中正能「厚樫山遺跡」『福島県文化財調査報告書』第47集　福島県教育委員会　一九七五

（6）日下部善己・寺島文隆・石本弘『伊達西部地区遺跡発掘調査報告』福島県教育委員会　一九八〇

（7）大木戸小学校「大木戸村郷土史」大木戸小学校蔵（菊池利雄編「阿津賀志山二重堀関係資料集」）福島県教育庁文化課伊達西部地区遺跡調査班　一九八〇

（8）a入間田宣夫「鎌倉幕府と奥羽両国」『中世奥羽の世界』東京大学出版会　一九七八

b小林清治「奥州合戦と二重堀」『郷土の研究』第10号　国見町郷土史研究会　一九七九
（9）a入間田宣夫「文治五年奥州合戦と阿津賀志山二重堀」『郷土の研究』第14号　国見町郷土史研究会　一九八三
b入間田宣夫「白旗迎撃に築かれた背水の陣」『風翔ける鎌倉武士』集英社　一九八二
（10）ここに言う阿武隈川の水を引き入れて柵としたことについては、現在の地形上は終点部を除けば困難な点が多い。
（11）『吾妻鏡』の後の条に、佐藤基治が許されたことが記述されており、矛盾がある。
（12）畠山重忠は鎌倉から鋤や鍬を手にしたいわば工兵隊のような一隊（八〇人）を用意し、八月七日には、堀を埋める作業をさせている。二重堀構築のことはすでに鎌倉では周知の事実であったかもしれない。
（13）『吾妻鏡』の文治五年九月七日条に、泰衡を「十七万騎之貫主」と述べている。
（14）入間田宣夫の研究によれば、平泉に突入しようとしたときの頼朝の書状に「かまえて勢二万騎をまかりそろうべし…」（薩藩旧記）という記述があり、この二万騎が中央軍と海道軍の合計であろうとしている。よって阿津賀志山の戦いの両軍総員は三万騎ぐらいであったと言う。（8）aの文献による。

（参考文献）

吉田東伍『大日本地名辞書』7（奥羽）冨山房　一九七〇
梅宮茂・菊地利雄他『国見町史』第1巻　国見町　一九七七
高橋富雄『平泉－奥州藤原四代－』教育社　一九七八

第二節　阿津賀志山防塁の構造

1　はじめに

奥州藤原氏が、源頼朝の奥羽侵攻に対する防禦線として構築し、西木戸太郎国衡（藤原泰衡の異母兄）等二万騎を配備した「阿津賀志山防塁」（二重堀）は、『吾妻鏡』文治五年八月七日条に言う「俄構口五丈堀」の「口五丈堀」（幅一五ｍの堀）である。この地での戦闘の様子は、「阿津賀志山の戦い」として著名であり、文献的にも『吾妻鏡』を別格として、近世の地誌等に登場し当地の史跡として、様々な伝説とともに言い伝えられている（Ｐ96第１図参考）。

源頼朝と藤原泰衡の一大決戦場であるにもかかわらず、その後の奥羽地方の多くの人々はこのことに余り関心を示さずに過ごしてきた。それは、敗者の歴史というハンディキャップと歴史における中央政治中心主義の中で風化していったものと思われる。

しかし、一方では、明治以降、城郭遺構として注目する歴史研究者が現れ、その歴史的価値は往時に違わず意識されてきたのも事実である。三浦周行や堀江繁太郎等は先駆的な業績を残している。

さて、この阿津賀志山防塁が、地元で再認識され始めたのは、『福島県史』や『国見町史』の編纂を契機としている。遺構としての性格付け等、考古学的には、東北縦貫自動車道建設による「厚樫山遺跡

（二重堀）」の発掘調査（調査主体・福島県教育委員会）があげられる。

さらに、一部研究者や歴史に関心を寄せる人々のみではなく、伊達郡西部の大多数の住民に対し決定的に印象付けたのは、国見・桑折・梁川・伊達の四町に跨る、福島県営圃場整備事業（伊達西部地区）の計画、施行時の「二重堀現状保存問題」であった。

昭和四十九年度の伊達西部地区県営圃場整備事業に関する文化財保存協議で整備事業地区から除外されていたはずの「防塁（二重堀）」が、突如、昭和五十三年九月、受益農家の希望で次年度事業地区に組み入れる方向で協議したいとの打診が、事業主である福島県県北農地事務所から文化保護を担当する福島県及び国見町の教育委員会にあった。寝耳に水の教育委員会は、大変遺憾な事態と受け止めた。その後、地権者との直接交渉や福島県文化財保護審議会委員を交えての協議、福島県教育庁文化課による地下遺構確認のための試掘調査が実施された。さらに文化庁の史跡担当官の現地指導や協議等を通じて、昭和五十四年十月二十六日、関係者が文化庁で協議し、遺構が地上に残存している現状部分の保存の合意（国指定に向けての作業を開始）がなされた。

2　調査経過

先述の通り、防塁の発掘調査は大別すると二度実施されている。以下その経過について述べることにする。

⑴　東北縦貫自動車道建設に伴う発掘調査

最初の調査は、東北縦貫自動車道建設に伴う福島県教育委員会による事前調査（担当者：田中正能）で、

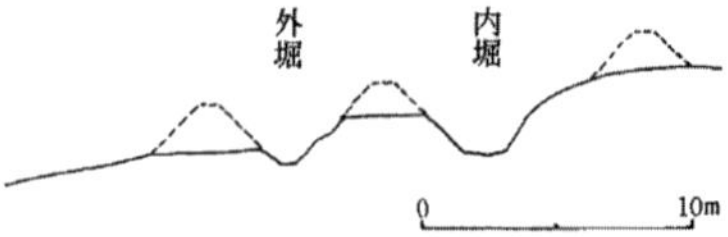

第１図　大木戸地区の二条堀（大木戸ＡＴ　破線は土塁想定線（田中正能1975から）

昭和四十六年四月十九日～二十三日に行われた。この調査によって防塁は、二重の空堀と三重の土塁によって構成され、その全体幅が約一六m程度であることが明らかにされ、『吾妻鏡』にいう「口五丈堀」と符合することがわかった（第1図）。

この調査は、それまであまり注目されてはいなかったこの種の遺跡（古代末～中世）に対し、考古学的分析を加えた点で特筆されるべき発掘調査である。当時この調査を決断した関係者の先見性は注目に値する。なぜなら、この調査成果が次の調査の基礎となり、防塁の保存問題に大きく寄与したからである。

(2) 福島県営圃場整備事業（伊達西部地区）に伴う発掘調査

昭和五十四年の福島県営圃場整備事業（伊達西部地区）に伴う福島県教育委員会の発掘調査（担当者：日下部善己）である。この発掘調査は四次にわたって進められた。

①第1次調査（四月十九日～五月四日）

表面上に遺構の存在を十分確認できなかった、滑川河岸段丘上の、大木戸字耕野内、段ノ越に四本のトレンチ（1～4T）と、土塁状の遺構のある森山字中島に一本のトレンチ（5T）を設定し、各地点で地下遺構の確認と、三kmにも及ぶと想定された防塁の連続性の確証を得るための試掘調査を行った。

その結果、大木戸地区では、段丘上に一条の大きな薬研型の空堀、中島では二重の空堀（薬研型）が明確に検出され、防塁の連続性と新たな知見としての「一条堀」の存在が明確となった。これに伴うであろう土塁の存在は十分見極められなかったが、空堀は、確実に地下に存在していることが判明した。

②第2次調査（七月十四日～九月六日）

調査地区としては前回と同様であったが、圃場整備事業に係わる地区に組み込まれたため、その事前調査として実施した。大木戸地区では、七本のトレンチ等を設定したが、7・8・9・10及び2拡張Tでは先の調査と同様の一条堀が検出され、第1次調査の結果を補完するとともに、その壮大さを改めて再認識させた。しかし、谷部に設定した6・11Tにおいては堀型が十分検出されず、遺構としての内容検討を十分にできなかった。恐らく暗渠や木柵等があったのではないかと想定するのみであった。

中島地区では、七本のトレンチを設定し、二重の空堀と土塁の存在を再確認（13・14T）した。一方、15・16Tにおいては、この中島の台地の西縁をめぐる空堀と土塁の存在が明らかになり、新たな問題点として浮かび上がった。さらには、17T（字堤下）では二重ではない「一条堀」を検出した。

さらに、2T拡張区では、その幅を五mほどに拡大して一条堀の発掘を行った。その結果、大型重機や一輪車、スコップ等を使用して延べ一〇五人を必要とした。

③第3次調査（九月十四日～十月十六日）

防塁が南北から東西方向に向きを変える、最終地点に近い西大枝字石田、欠下に20～26Tを設定した。20～23Tでは、防塁の内土塁の存在を想定して調査したが、検出できなかった。これも比高差のなせるところかもしれない。また、24、25Tでは二条堀や土塁が確認されたが、その規模が他に比して大きいのが特色である。また内土塁（26T）は、版築であることが判明した。

④第4次調査（十月二十二日～十一月二十日）

現状保存地区（西大枝字下二重堀等）の北に位置する地区（西大枝字上二重堀、下入ノ内）で、27～32Tを設定した。重機も導入しての発掘調査となった。ここは、耕地にするために土塁を崩し、堀が埋め戻された地点で、水田や畑地が細長く南北に二重に連続しており、明らかに二重堀の面影を留める。

いずれの調査地点でも二重の堀と土塁あるいは土塁の基盤が検出された。ただし、29Tでは明瞭な外堀が確認されなかった。その疑問の解決のために、すぐ北に31Tを設定して調査したところ、明確に外土塁、外堀が確認され、新たな疑問となった。

なお、この調査中、30Tから古墳時代の住居跡が発見されたので下入ノ内遺跡と命名した。ここからは、古墳時代（五世紀中葉末）の須恵器や朱彩された多くの土師器（南小泉式期）や石製模造品が出土した。一二世紀末の防塁構築時にはほとんど破壊されることなく、二〇世紀の発掘調査時点まで地下に保存されていたのは驚くべきことである。

3　防塁の構成と発掘調査

防塁は、厚樫山中腹と阿武隈川との中間の平地を東西に分断する形で構築されている。南西より北進する鎌倉軍は必ずこの地点を通過しなければならないのであり、それ以外では、河川を北上するか西に連なる奥羽山脈の山中を行軍することになり、かなりの無理を強いられることになる。故に平泉方のこの布陣は的を得たものと言わなければならないし、その背後の山脈と相まって二重の防禦線とも言えるのである（P98第2図）。

この防塁は、国見町の大木戸、石母田、森山、西大枝の四区に跨る帯状の土塁と空堀によって構成され、海抜約二八九mの厚樫山中腹（海抜一七〇m付近）から滝川（阿武隈川旧河道）河岸（海抜四一・七m）に至る間、幅一五～二七m、長さ約三㎞にわたって連続している。

(1)　平面的分布

具体的には、大木戸字阿津加志山一番地を起点として、山麓を南下し、東北縦貫自動車道、JR東北

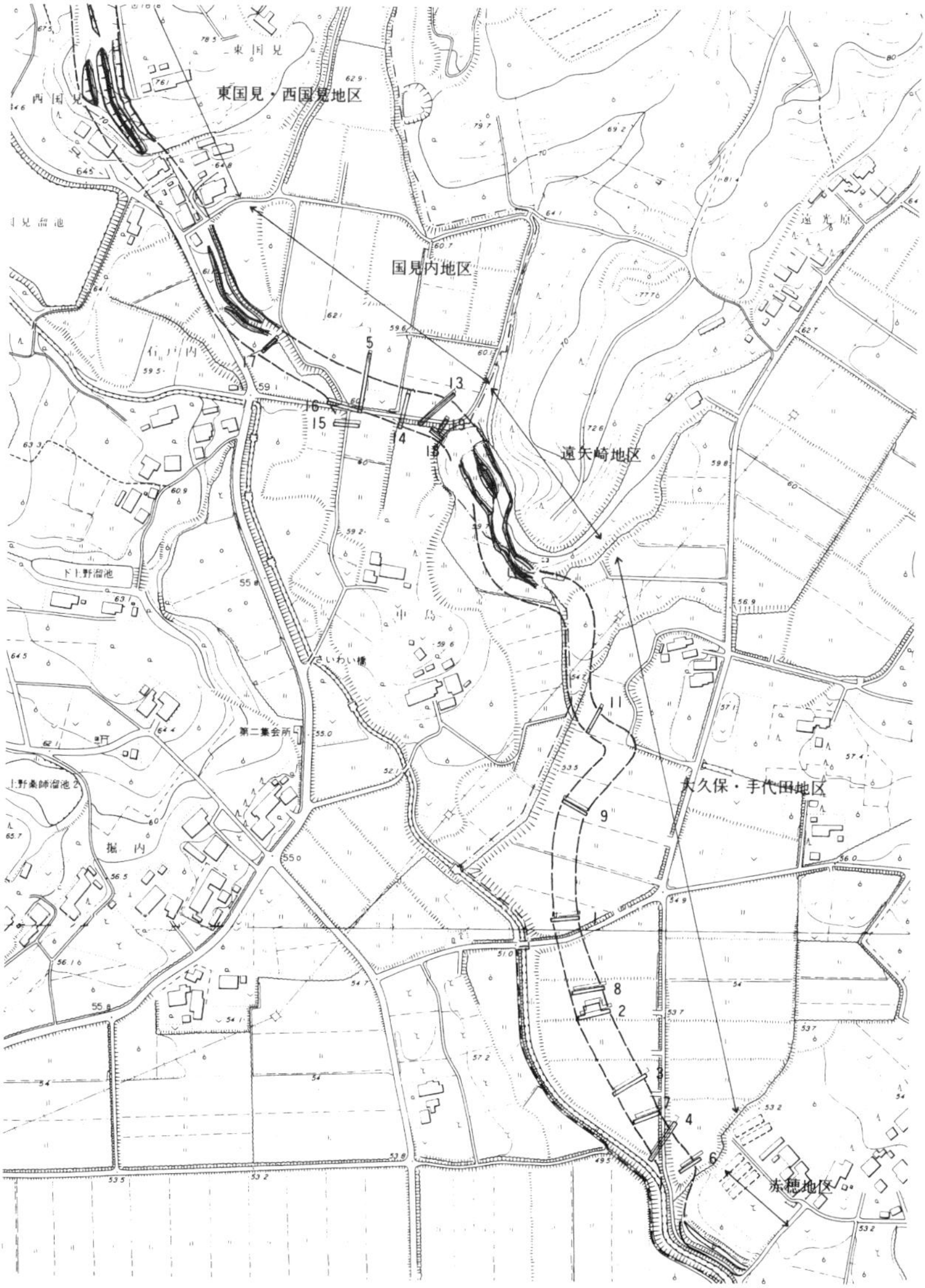

第２図　阿津賀志山防塁範囲（赤穂地区～東国見・西国見地区）（木本1994から）

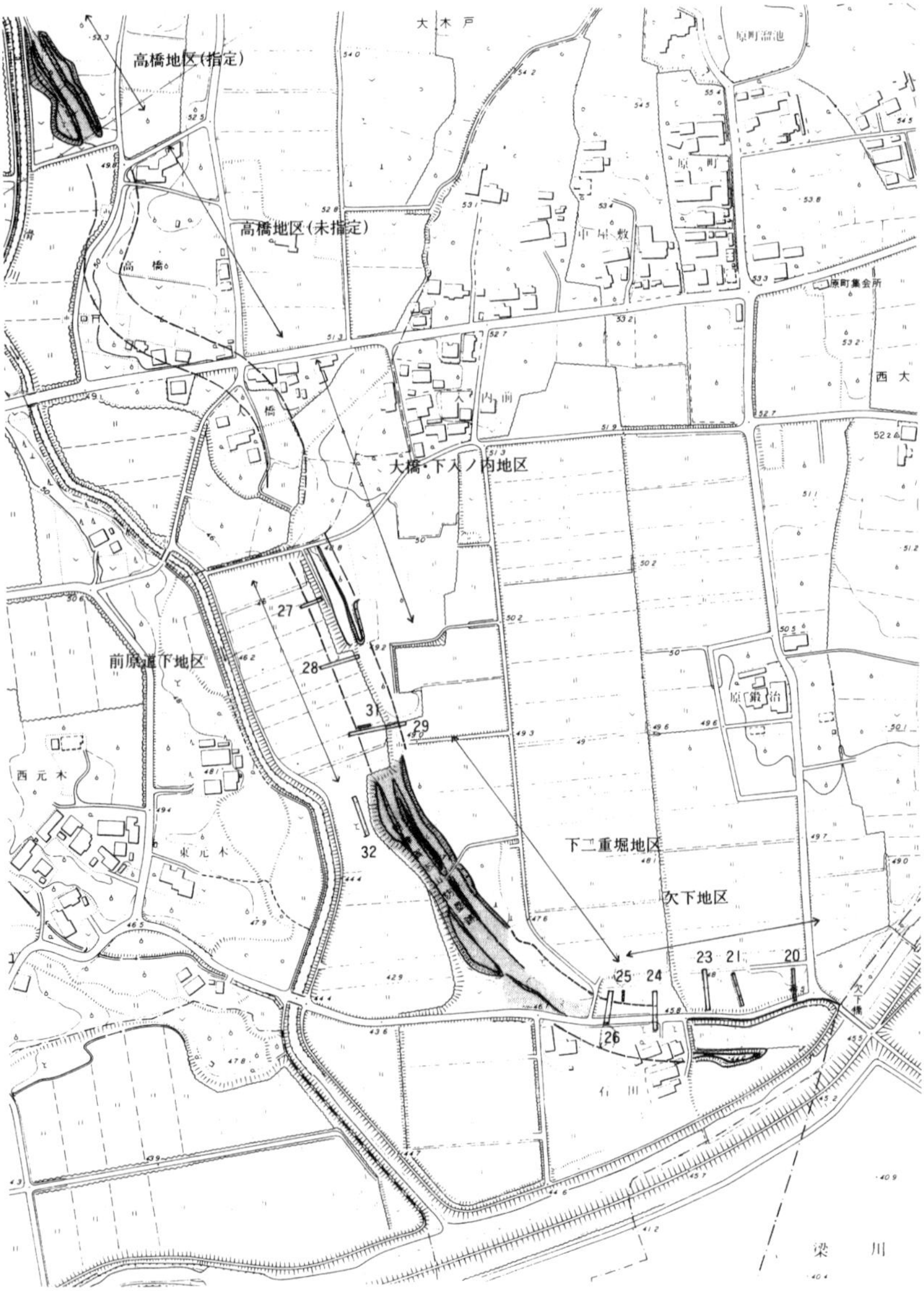

第３図　阿津賀志山防塁範囲（欠下地区～高橋地区）（アミは史跡指定地）（同前）

本線、国道四号線（石母田字国見山下）、そして旧国道四号線（森山字東国見）と交差している。この付近では、明確な二重堀跡が認められ、現存している部分の中でも、最も旧状に近い形を保っている。この東国見より森山字堤下付近を通り中島へ至るが、ここではほぼ東西に配置されており、現在も土塁が残存し畑地化されている。ここには出丸的遺構の存在が予想される。

次に狭い谷（涌水川）を経て遠矢崎の裾をめぐり、大木戸字千代田の谷を越える。この遠矢崎付近にも防塁が現存している。次に、大木戸字耕野内、段ノ越に至るわけであるが、この部分からは滑川の河岸段丘上（比高差約二～三ｍ）に形成された一条堀となる。西前面にある滑川を外堀と想定すれば、一条の堀でも二条の堀としての機能を持つことができたと考えられる（第２図）。

段ノ越の小谷を経て赤穂を過ぎると、再び段丘上に二重堀が形成されている。また、高橋と大橋の小字界で、県道五十沢・国見線と交差し、西大枝字入ノ内前、下入ノ内、上二重堀、下二重堀へと連続して南下していくが、この下二重堀付近では旧状をよく留めている。ここで方向を東に変え、石田、欠下、そして滝川（旧阿武隈川河道）に至り終点となる（第３図）。

これらのうち、どの地点に発掘調査区（Ｔ）を設定したかは、第２・３図に示されている。

⑵　立体的分布

次に縦断面的な特色について述べていく。

厚樫山から阿武隈川岸の沖積低地までほぼ連続的に分布しているが、特に厚樫山中腹部では大変急峻であり難工事が想像される。この山麓から国見丘陵列を通り洪積台地（平地）へと移っていく。これを海抜によって見ていくと、第１表、第４図のように高度差一二〇ｍ以上にも及ぶ大防禦遺構であること

第１表　阿津賀志山防塁の地点別海抜

整理№	地　　点	字　　名	およその海抜	備　　考
1	始　　点	大木戸字阿津加志山	170m（注）	二条堀
2	Ｂトレンチ	〃	144m	〃　東北自動車道
3	Ａトレンチ	〃	131m	〃
4	国鉄東北本線	石母田国見山中	119m	〃
5	国道４号線	〃　国見山下	88m	〃
6	旧国道４号線	森山東国見・西国見	76m	〃（保存良好）
7	14トレンチ	〃　中島	60m	〃
8	９トレンチ	大木戸　耕野内	54m	一条堀
9	２拡張トレンチ	〃　段ノ越	53m	〃
10	県道	〃　高橋・大橋	50m	二条堀
11	28トレンチ	西大枝下入ノ内・上二重堀	48m	〃
12	25トレンチ	〃　原鍛治西・石田	44m	〃
13	終　　点	〃　欠下	41.7m	〃

（注）１　始点の高度については正確な測量結果ではないので、今後変更されることがある。
　　　２　始点、終点の用語は、一応の区別のためのものであり、どちらが始点かという根拠はない。

がわかる。なお、調査区（Ｔ）の位置は矢印で示している。

４　発掘調査の結果

この発掘調査で明らかになった防塁の構成について以下に述べていくが、遺物については防塁構築時のものは検出されなかった。

堀の形態はその多くが薬研堀であり、堀底部近くには自然堆積の様子が見てとれるが、それ以上の部分では、ほとんど人為的な堆積状況（各層は水平に堆積している）を示し、耕地化するために堀を埋め戻したことがわかる。一度に現在のような平地にしたのではなく、何年あるいは何十年という時間を置いた何回かの作業によったことが明白である。上層には何度かの水田耕作面が認められ、これを裏付けている。

なお、下半部の土層は青みを帯び、埋められてからは常に水分が存在し、自然に暗渠の役目をしていたことがわかる。このことは次に述べる一条堀でも

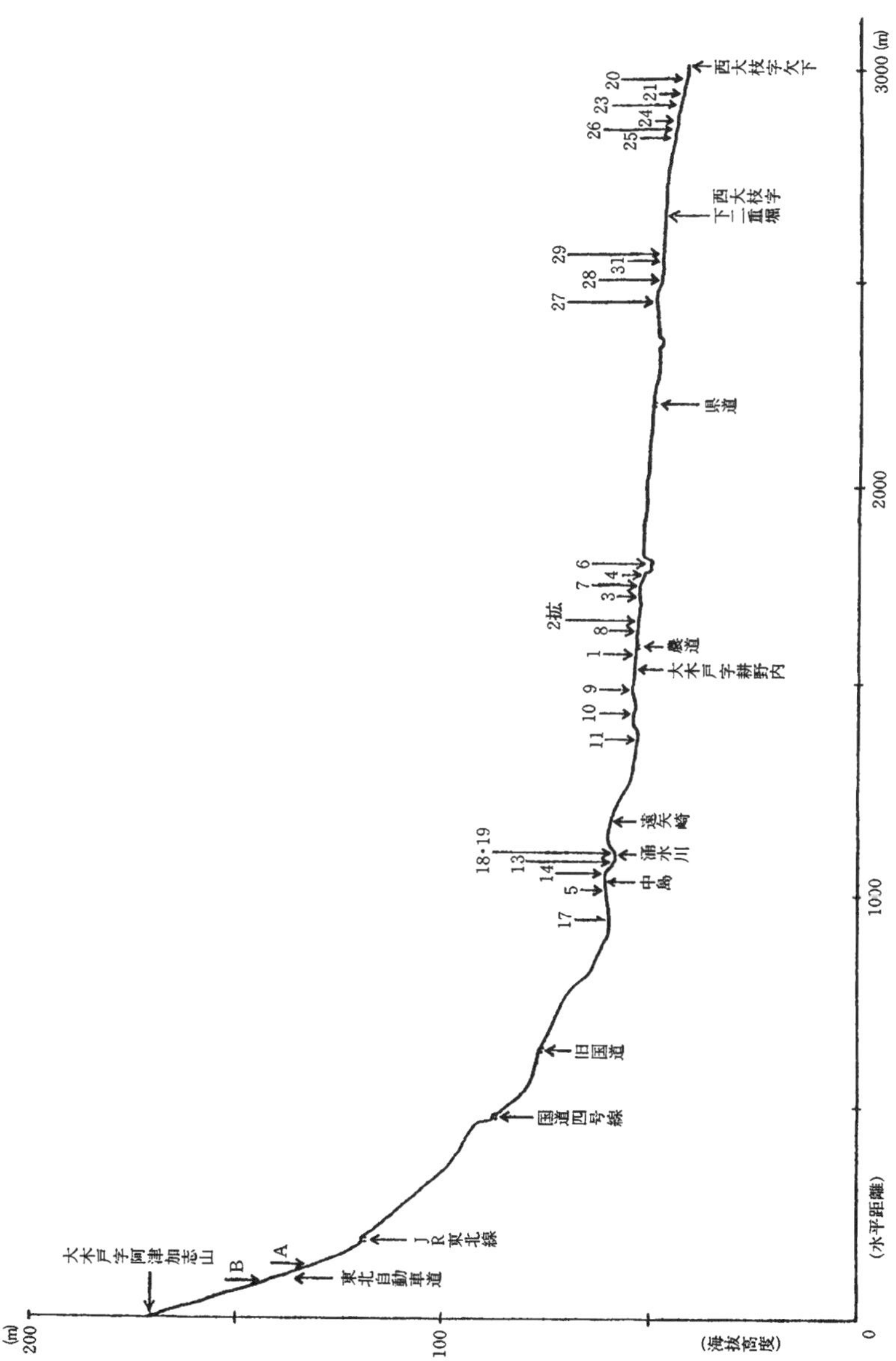

第４図　阿津賀志山防塁縦断面図（番号記号は発掘調査トレンチ名）（日下部他『伊達西部地区遺跡発掘調査報告書』1980等から作成）

同様である。

(1) 二条の堀

二条堀の発掘調査によって明らかにされたのは次の点である。

（単位：m）

内堀（D）			内土塁（E）			堀幅	残存部全長
上幅	下幅	深さ	基底幅	上幅	高さ	B＋C＋D	A＋B＋C＋D＋E
7.91	2.60	－	－	－	－	15.91	15.91
6.92	－	－	5.00	－	－	14.92	24.86
7.50	2.10	1.40	5.70	4.50	1.30〈0.80〉	20.30	26.00
9.00	1.30	1.50	4.60	3.70	1.20	22.40	27.00
7.00	2.60	1.45	－	－	－	20.20	20.20
－	－	－	－	－	－	－	－
7.40	1.10	1.86	－	－	－	18.19	22.44
6.84	1.24	3.60	－	－	－	－	－
－	－	－	5.40	－	1.50〈0.38〉	－	－
11.20	1.80	2.30	－	－	－	－	－
13.00	（1.80）	2.30	－	－	－	－	－

この遺構の場合、平泉方から見て、外側から「外土塁」「外堀」「中央土塁」「内堀」「内土塁」と呼ぶ。

堀は上下でその傾きが異なり、下半部より上半部の傾斜が緩い。28Tの内堀を例にとると、その法面の傾斜角度は、外側（鎌倉側）が上段三二度、下段三六度、内側（平泉側）が同じく上段四三度、下段二八度となり、他の例と同様に堀はいずれも内側即ち平泉方が急傾斜になっているという事実が明らかになった（第2表）。

①大木戸地区

（厚樫山中腹部－A、BT－）

この地点の発掘調査地区には、昭和四十六年のA、B二つがあるが、いず

第２表　二条堀の規模

土塁・空堀／トレンチ／地区		外土塁（A）			外堀（B）			中央土塁（C）		
		基底幅	上端	高さ	上幅	下幅	深さ	基底幅	上幅	高さ
大木戸	B	－	－	－	5.00	－	2.00	3.00	－	1.70
〃	A	4.94	－	－	3.0	0.5～0.6	－	5.00	－	1.30
森山	5	－	－	－	6.80	1.00	1.50	6.00	－	－
〃	14	－	－	－	10.30	1.50	2.20	3.10	－	－
〃	13	－	－	－	7.60	3.40	1.60	5.60	－	－
西大枝	27	5.20	－	－	4.40	1.00	1.40	－	－	－
〃	28	4.25	－	－	5.30	0.90	1.94	5.44	－	－
〃	29	*	*	*	*	*	*	*（4.65）	*	*
〃	26	－	－	－	－	－	－	－	－	－
〃	25	8.20	6.60	1.90	－	－	－	3.00	－	－
〃	24	－	－	－	－	－	－	－	－	－

*…検出できなかったもの。（　）…想定値、〈　〉…盛土の高さ、一部想定値も含む。

れも薬研型の二条堀と三重土塁を持ち、内土塁が高く外土塁が低いという階段状の構成を持っている。これらは、基本的には防塁遺構全線に共通している。しかし、この地区は幾つかの点で他の部分と異なることがある。まず、急傾斜地に構築されているために堀幅が必ずしも広くはなく、土塁基底部には、石積みで、いわば基礎工事が行われている。また、この地点での二条堀幅は約一六ｍほどで、「口五丈（一五ｍ）堀」に近い数字を示し、『吾妻鏡』の記述は、この付近の地点を指しているのではないかと思われるほどである（第1図）。

また、昭和初期にこの付近（石母田村と大木戸村の境界）をスケッチした堀江繁太郎の絵図（福島県立図書館蔵）もこの発掘調査の結果を裏付けている。

②森山（中島）地区（国見丘陵列－5、13、14T－）

厚樫山麓から平地部へ移行する付近で、かなり幅の広い二条堀が形成されている。5、14Tや遠矢崎の現存部分から見ても、その大きさが理解できる。

特に14Tでは、堀幅二七m、深さ二・二mもあり、平地に近い部分では堀幅を広くとる構築法が採用されたものと思われる（第5図）。

③西大枝地区Ⅰ（河岸段丘上〈洪積台地〉－27～32T－）

滑川の段丘上に位置しており、いずれも比高差の大きな地域に構築されている。防御上は不利になり易い平地部が故の工夫とも見受けられる。現状保存地区（西大枝字下二重堀等）の北に位置する地区（西

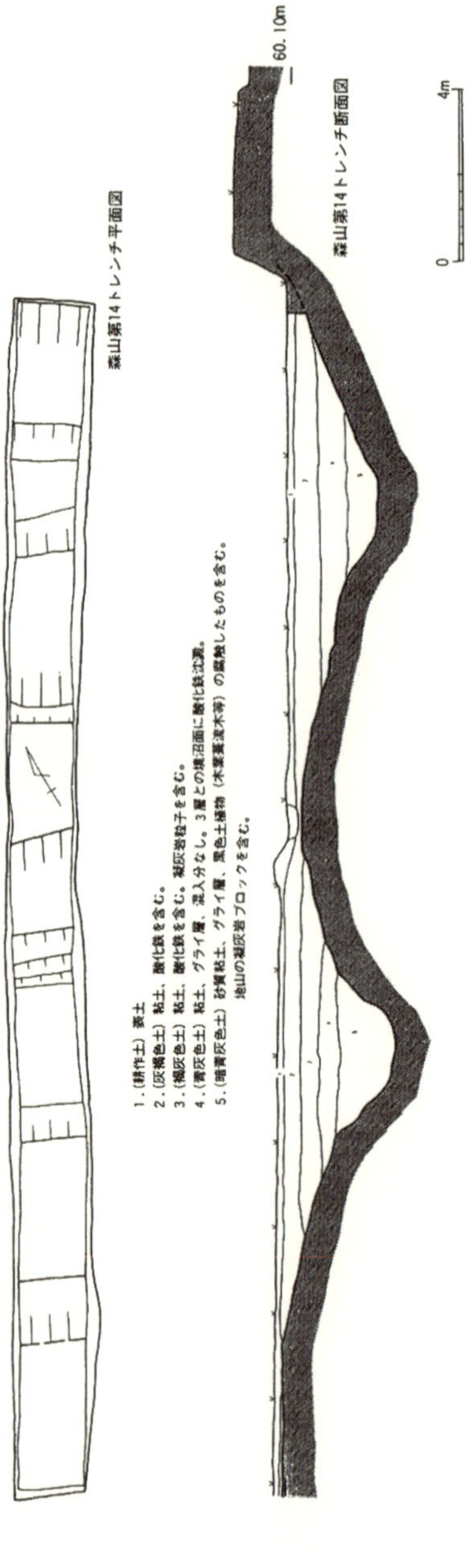

第5図　森山地区の二条堀（森山14T）（日下部・石本・寺島1980から、以下同じ）

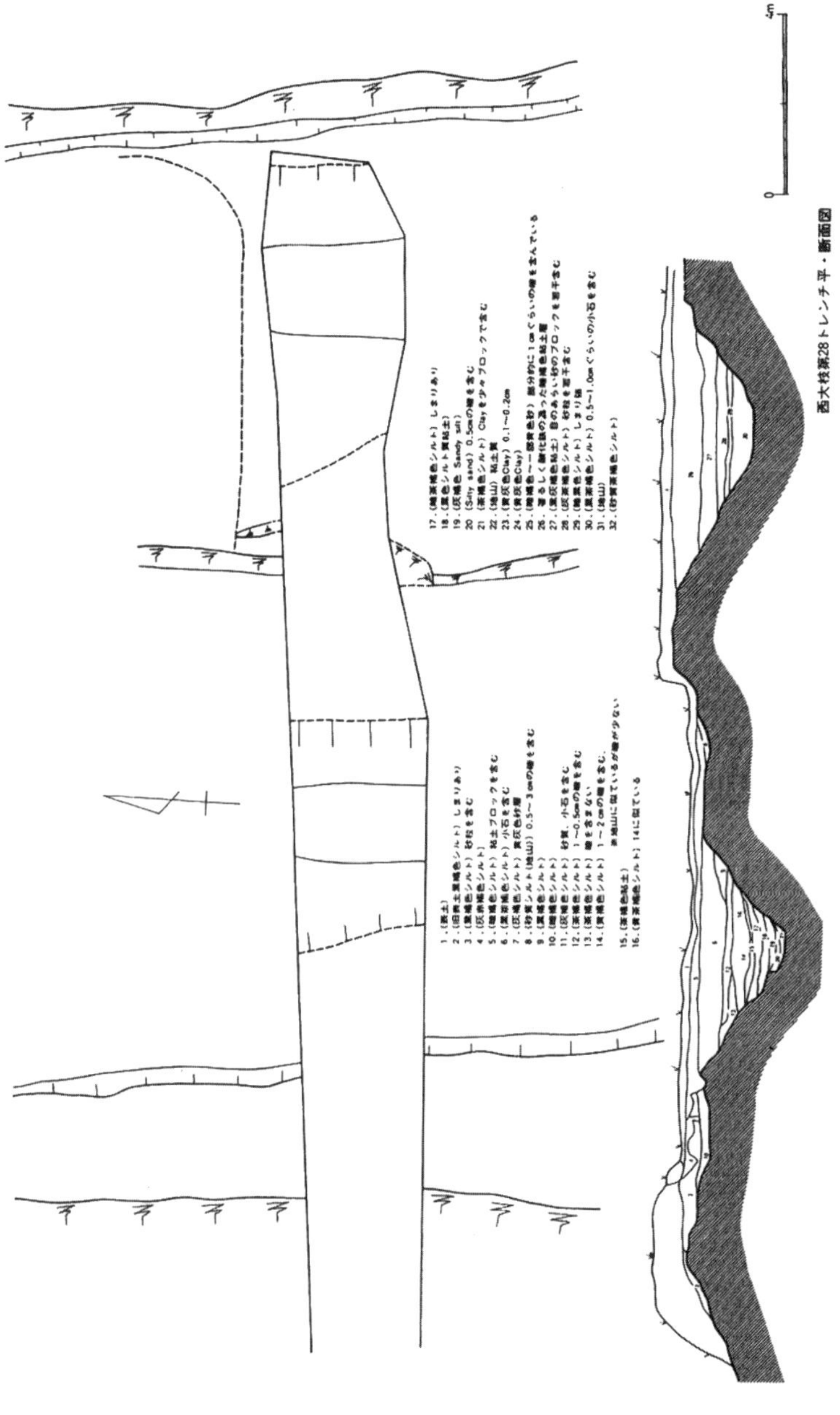

第６図　西大枝地区の二条堀（西大枝28T）

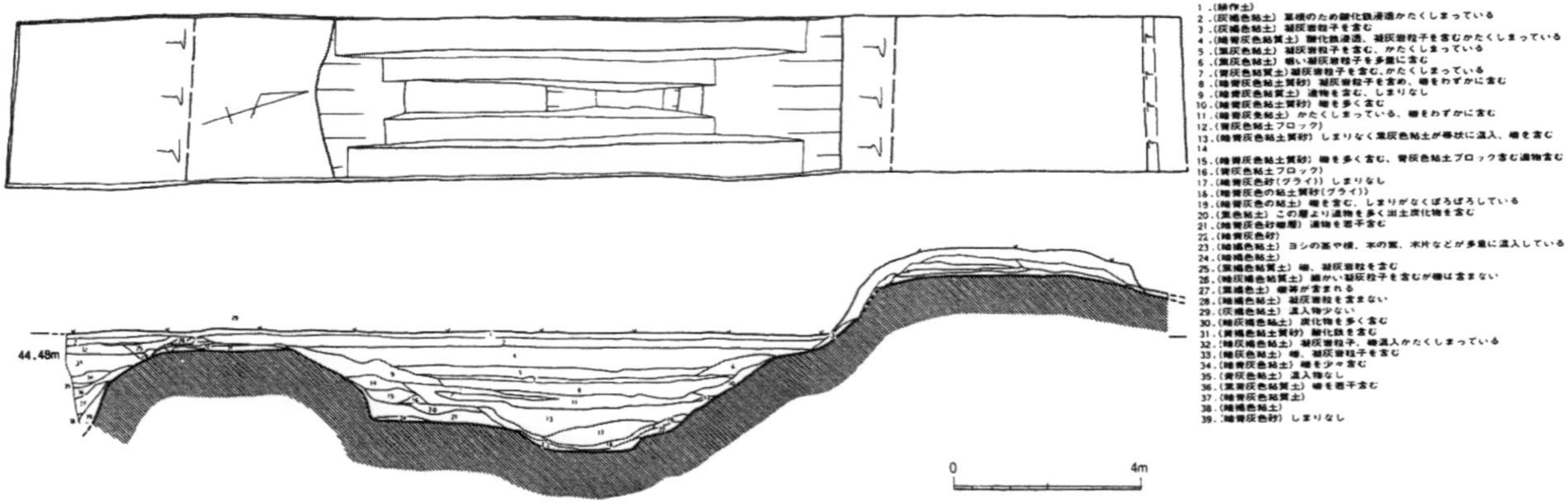

第８図　西大枝地区Ⅱの二条堀（西大枝25T）

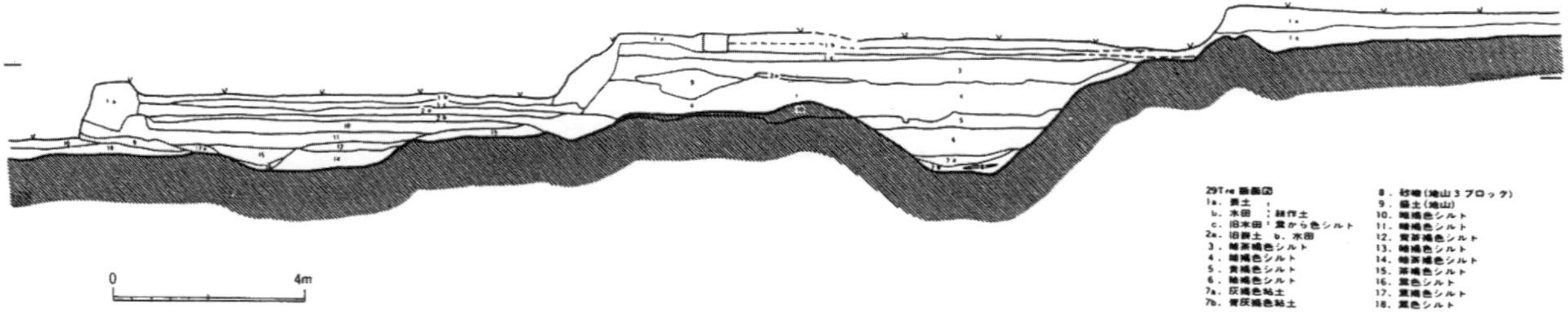

第７図　西大枝地区の堀（西大枝29T）

大枝字上二重堀、下入ノ内）で、先述の通り、水田や畑地が細長く南北に二重に連続しており、明らかに二重堀の面影を留める地点である。いずれの調査地点でも二条の堀と土塁あるいは土塁の基盤が検出され、28Ｔでは残存部長二二・四四ｍを計る（第6図）。ただし、29Ｔでは明瞭な外堀が確認されなかった（第7図）。その疑問の解決のために、すぐ北に31Ｔを設定して調査したところ、明確に外土塁、外堀が確認され、29Ｔ付近には、土橋あるいは虎口的な施設の存在が想定された。

④西大枝地区Ⅱ（段丘下〈沖積地〉－20、21、23～26Ｔ－）

　滑川や旧阿武隈川の沖積地・氾濫原に位置している。最終地点での内堀幅が大変大きく、一一・二ｍ（25Ｔ）や一三ｍ（24Ｔ）という調査結果がある（外堀は一部のみ調査）。その深さはいずれも二・三ｍを数え、本地点が、鎌倉方陣地とあまり高度差がない最終地点であるためにこのような大規模な施設になったものかと思われる（第8図）。

　この付近では氾濫原に遺構が構築されているため、拳大の石で構成された礫層が堀の壁面になっており、今回の発掘調査の困難さ（湧き水、雨水）が、往時の防塁築造工事（土留め等）

写真１　西大枝字石田地区の二重堀（堀江繁太郎原図）

写真２　西大枝字下二重堀地区の防塁

の困難さを示すものと思われた。いずれにしても、この地点でも薬研堀の形態をとり、傾斜等も先の例と同様であった。

先に述べた堀江はこの地点でもスケッチ（写真1）しており、その様子は、発掘調査結果そして現状保存地区と同様である（写真2）。

なお、『吾妻鏡』にいう「堰入逢隈河流柵」は、この付近を指しているものと考えられる。

⑵ 一条の堀

一条の堀は、大木戸地区（耕野内、段ノ越）と森山地区（堤下）で確認されている。これらはいずれも地形的には、二条堀として十分機能すると思われる地点である（第3表）。一条堀では、外側から「外土塁」「堀」「内土塁」と呼ぶ。

堀の傾斜角度は、二条堀と同様内側で急峻である。

①大木戸地区（滑川段丘上－1、2、2拡張区、3、4、6～11T－）

この地区では、滑川左岸の段丘上に位置し、地形的には同一条件の部分が連続している。ここに存在している一条堀は、滑川とその氾濫原が一つの堀の役目を果たし、実質的には二条堀と同様の効果を持ったものと考えられる。しかし、一条堀といえども、かなりの幅を有し、最大で幅一三・五m、深さ二・八m（2T拡張区）を測り、かなり大規模な施設であった

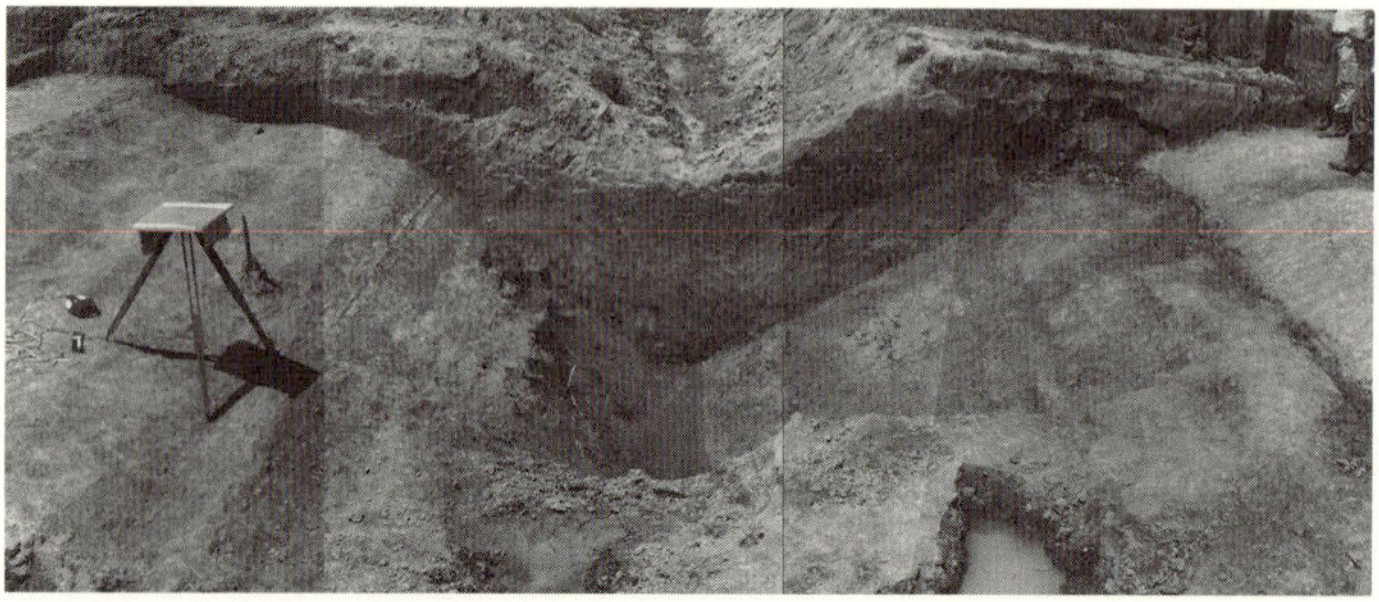

写真3　大木戸２Ｔ拡張区の一条堀

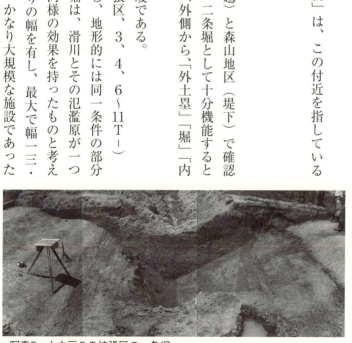

（第9、10図）。

ところで、このような「作業上の省略」（これは労働量の省力化とは必ずしも一致しない。現在のところ、詳細な労働量の分析がなされていないため、一条堀と二条堀のどちらが多くの労力を用いたかは明らかではない。さらに地点による差も考慮しなければならない）の要因が、鎌倉軍の北進の速度に対する時間的制約か、あるいは、一条堀でも十分に二条堀として機能できるという設計者の深慮遠謀があったためか、または他の理由によるのかは現

第３表　一条堀の規模　（単位：m）

地　区	トレンチ	堀の上幅	深　さ	基底部幅	備　　考
大木戸	1	10.5	2.2	1.8	比高 2.0
	2 拡張	13.5	2.8	約 0.4	
	3	9.3	1.4	1.2	
	4	8.0	1.0	1.7	
	7	6.8	1.35	1.3	
	8	7.5	1.8	2.0	
	9	7.7	1.52	1.7	
森　山	15	6.1	0.8	1.9	土塁幅 3.3 高さ 1.2
	16	11.5	1.5	3.54	
	17	8.4	1.35	2.2	比高 3.63

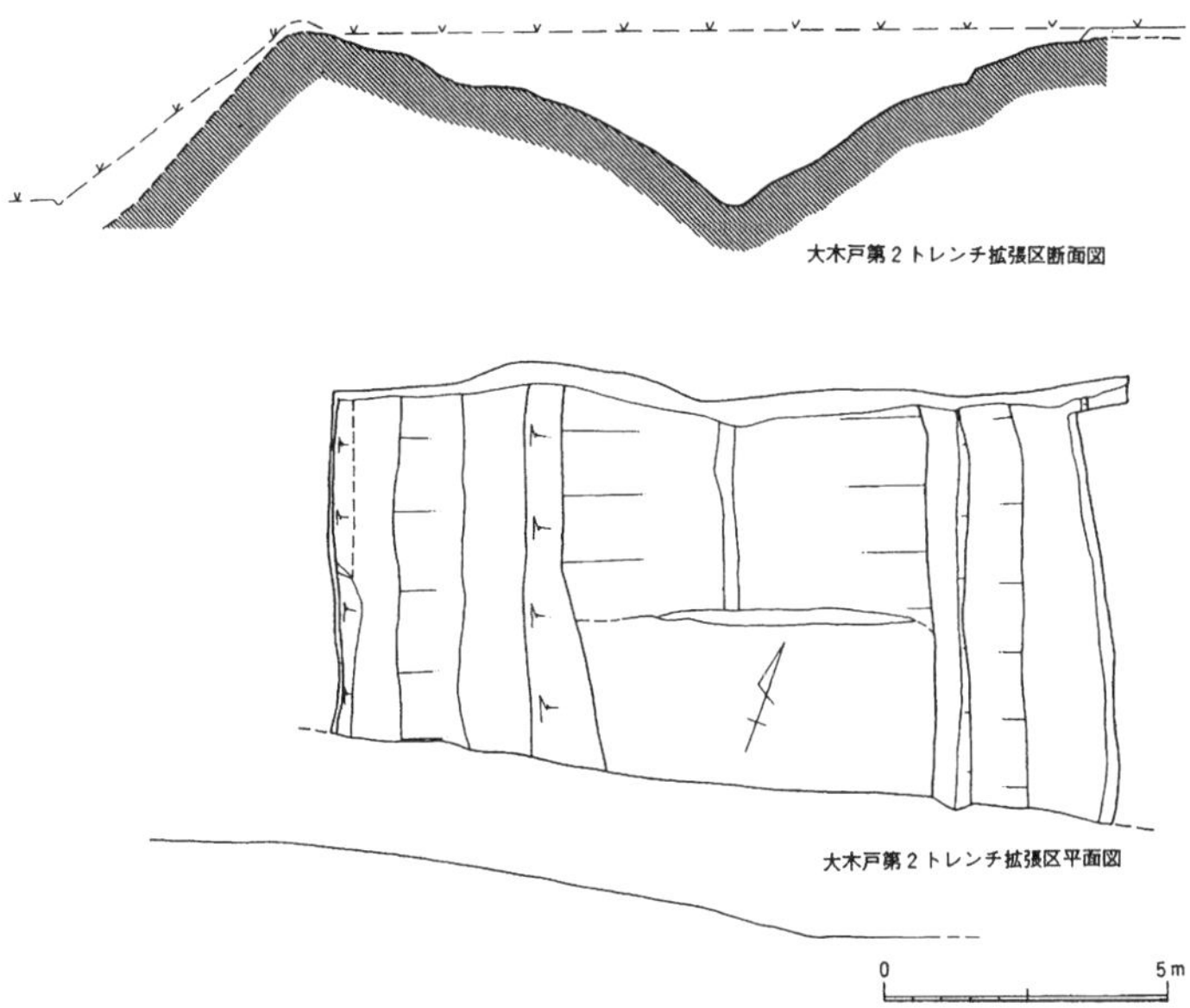

第９図　大木戸地区の一条堀（大木戸２Ｔ拡張区）

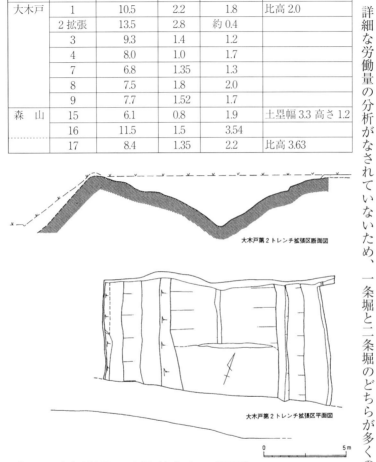

在のところ確定できない。

②森山地区（台地下－17T－）

堰下の台地の下の段に堀が確認された。これも、比高差があるためのものと思われるが、この17Tのみの所見なので即断は避けたい（第11図）。

(3) 中島・その他（15、16T）

森山字中島付近に南方向に突き出した舌状の台地があるが、この西縁に二本のトレンチを設定した。

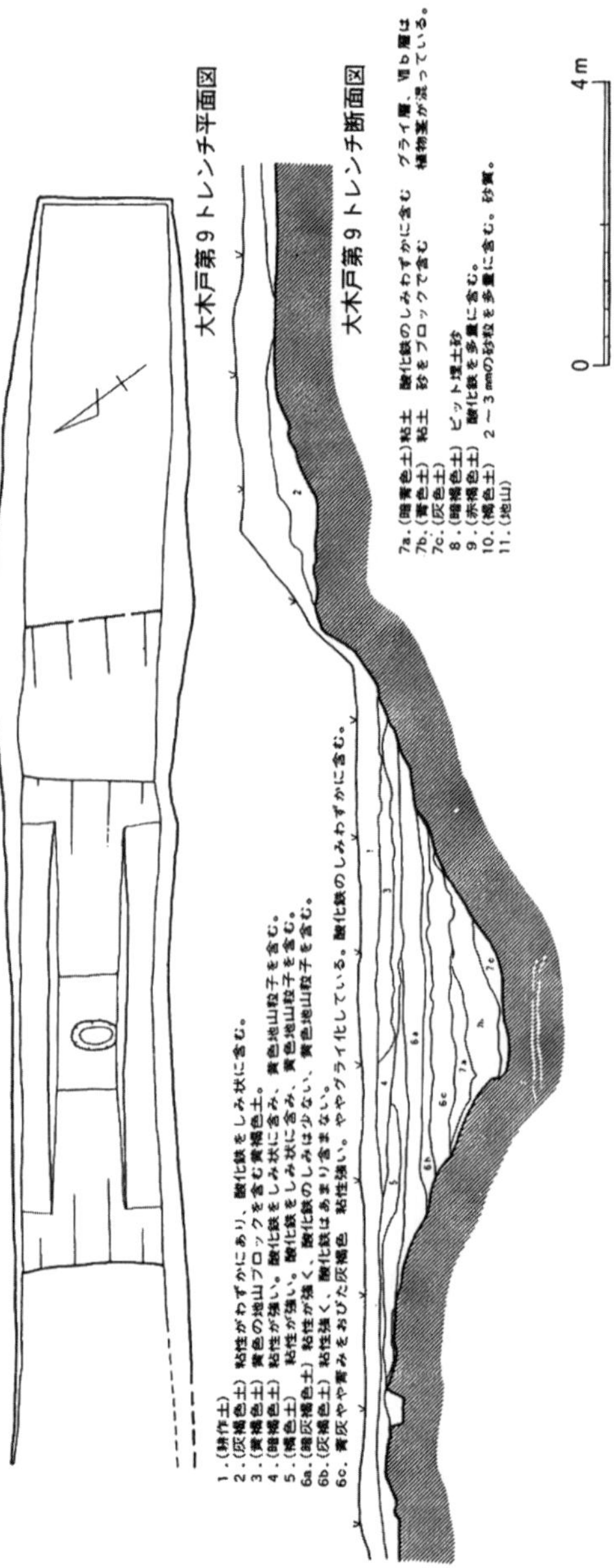

第10図　大木戸地区の一条堀（大木戸９Ｔ）

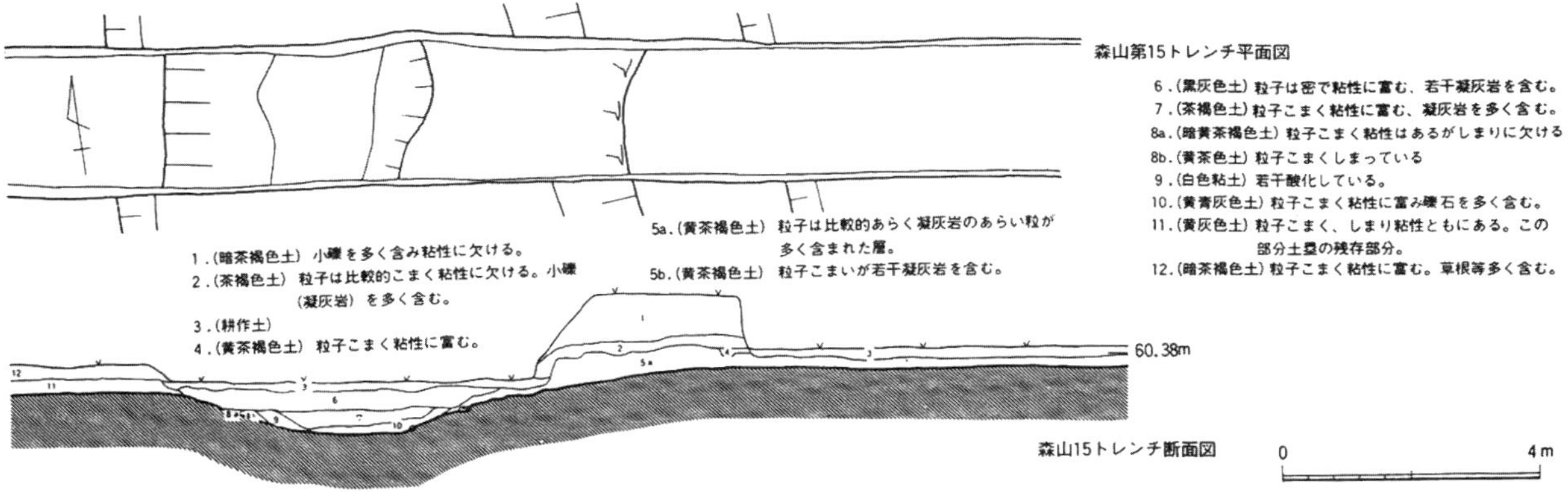

第12図　森山中島の一条堀（森山15T）

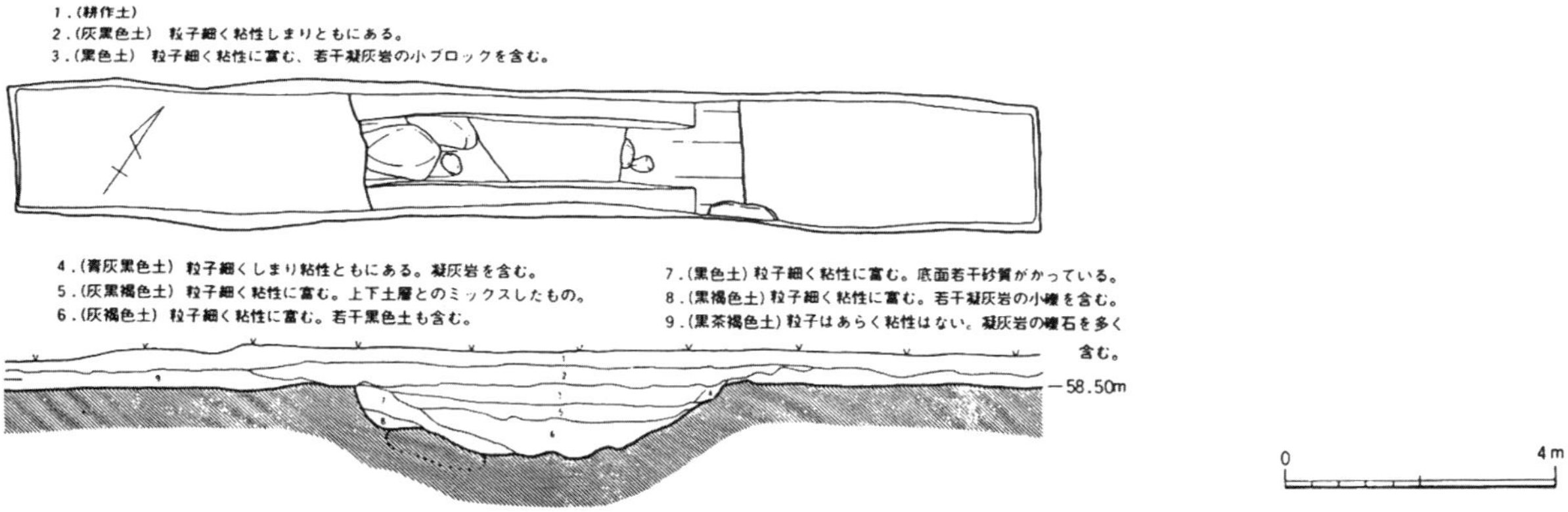

第11図　森山地区の一条堀（森山17T）

そこで、新たに堀と土塁を確認した。これは、この台地の周縁を取り巻くような堀の存在を想起させる。つまり、出丸的な施設を持つ特別のエリアであった可能性が認められた（第12図）。ただ、二地点のみの調査なので詳細は今後の調査に待つ他はない。

なお、先にも述べたように、29Tでは内堀一条のみ検出され、外堀の存在が明瞭でなかった。このことは、ここに土橋（あるいは虎口的施設）の存在が想定される。

5　防塁の調査成果と問題点

この調査によって、防塁（二重堀）の全体的な位置や構成について明らかになった。

①二条の空堀と三条の土塁を持ついわゆる二重堀の他に、一条堀の存在が明らかになった。

②二条堀にも構造上の差異があることが判明した。

③空堀はいずれも薬研堀で、堀の内側（平泉方）の傾斜角が急峻で、防護上の配慮があった。また、土塁の構築法は版築であり、一部には石積みによる基礎工事があった。

④これらの規模が確認され、文献との比較検討が可能になった。

⑤中島地区に出丸的施設、上二重堀地区に土橋等の存在が予想された。

⑥空堀の埋没（埋め戻し）過程が把握された。

⑦防塁構築の作業員数についての目安がたった。

なお、残された課題も多い。特に堀と土塁の規模や形についての構造上の差（設計の違いか、その地区を請負った者の違いか等）が明らかになった。このことについては、すでに前節で指摘しておいたが、ここではこの内容に限って明らかにしておきたい。

第４表　阿津賀志山防塁の類型（構築パターン）

型	類	様　式（模式図）	地点名	内　　容
Ⅰ 一条堀型	A 段丘上	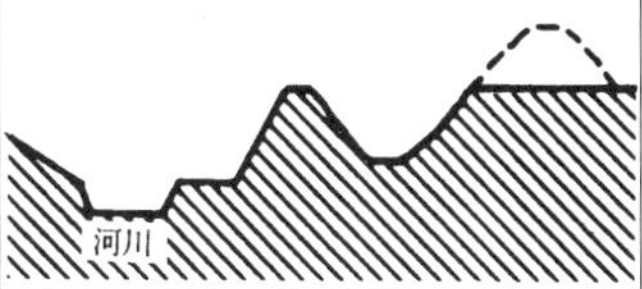	1,2,3, 4,7,8, 9, 2拡張	滑川の河岸段丘上に構築された堀（内堀）と内土塁。段丘崖（中央土塁とする）と滑川（外堀とする）を利用して、二重の堀に見せる工夫がある。
	B 丘陵下	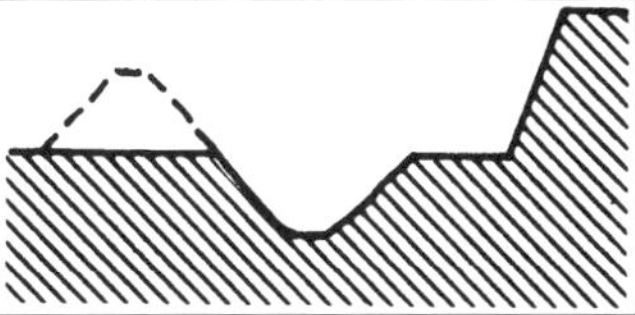	17	森山字堤下にあり、丘陵崖下に構築された堀。西側に土塁が構築されたと想定される。丘陵上には遺構なし。
	C 中島西	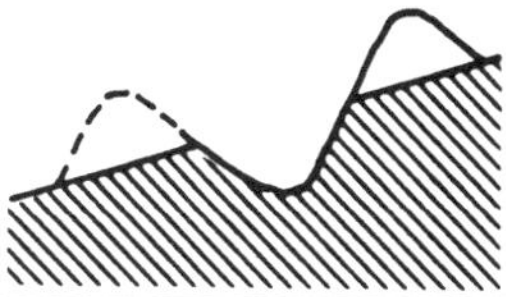	15,16	西にやや傾斜した中島の西縁の堀と土塁。堀を挟んで両側に土塁があったと想定される。 中島の西縁を巡る堀と土塁があった可能性あり。
Ⅱ 二条堀型	A 厚樫山麓	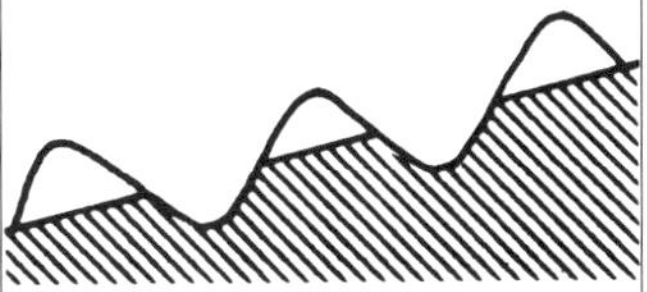	A,B	厚樫山中腹から山麓までの、西に傾斜した二条の堀と三重の土塁。大木戸阿津加志山から東国見まで現存する。
	B 下二重堀		24,27, 28,31 (25)	比較的平地に構築された二条の堀と三重の土塁。 大木戸字遠矢先、下二重堀に現存。
	C 森山	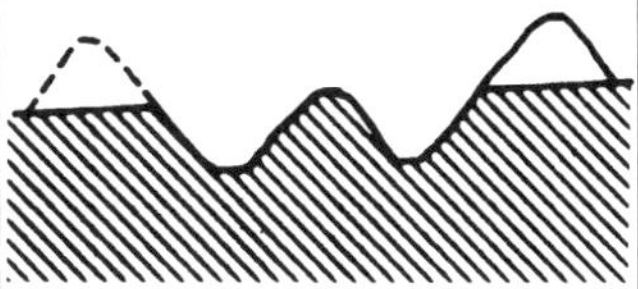	5,13, 14, (25)	比較的平地に構築された二条の堀と内・外の土塁で、中央土塁は削り出しで、盛土はない。
Ⅲ その他	A 上二重堀	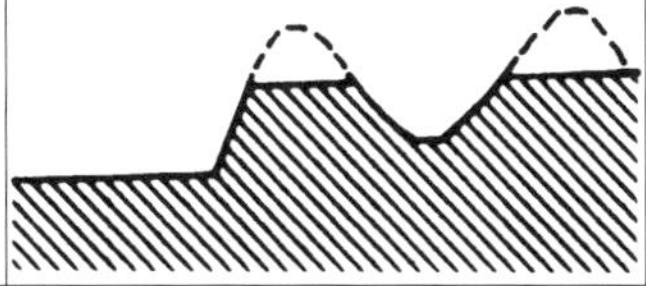	29	内土塁、内堀、中央土塁のみで明確な外堀がない。 土橋あるいは虎口か。

25Ｔはいずれとも決し難いが、Ⅱ－Ｂと考えるのが自然であろう。

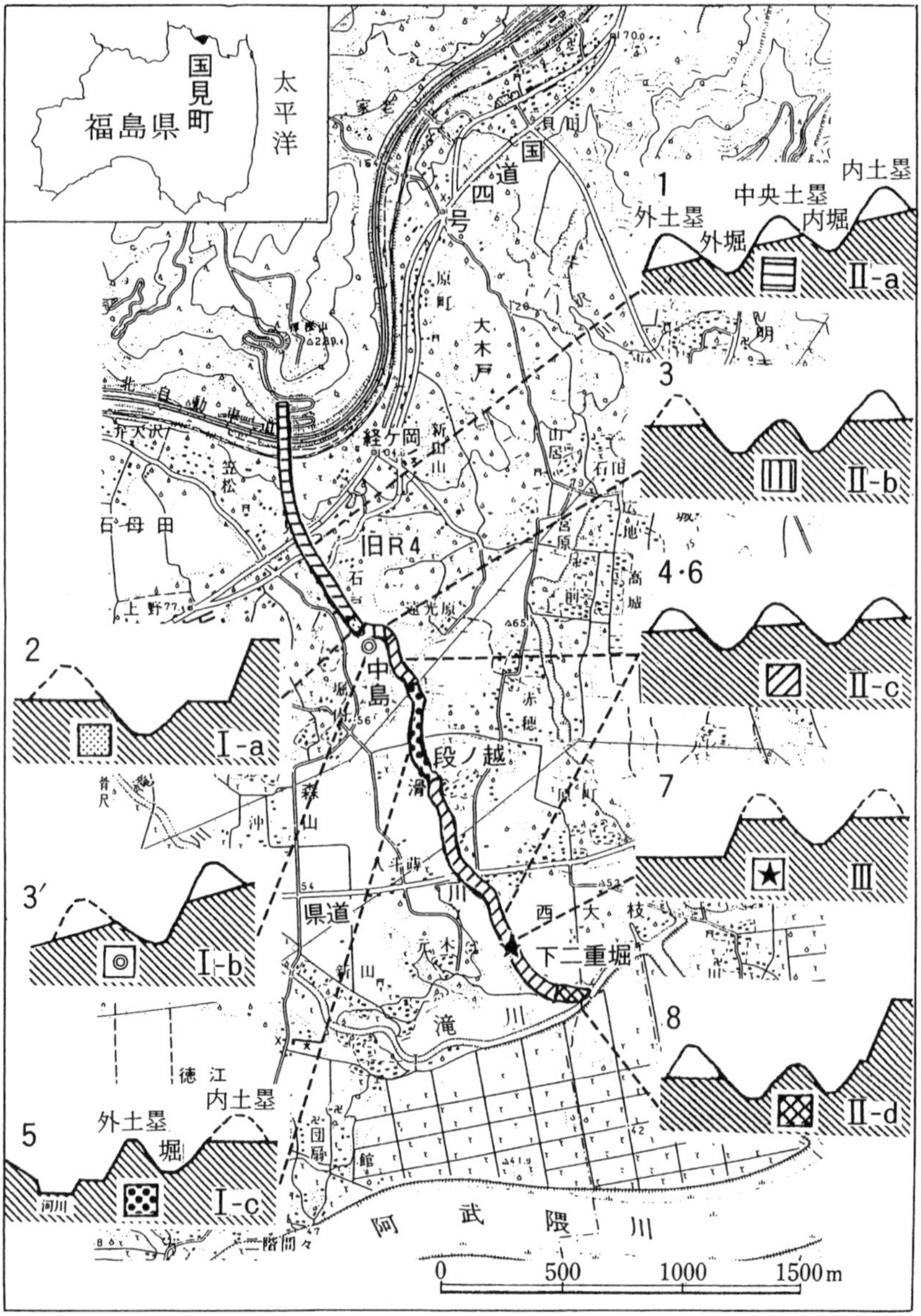

第13図（補図） 防塁の類型とその分布（日下部1996から）

防塁（二重堀）は大別すれば一条堀（Ⅰ型）、二条堀（Ⅱ型）、そしてその他（Ⅲ型）に区分できる。これらをさらに細分すると、Ⅰ、Ⅱ型はそれぞれＡＢＣ三類となり、第4表のような内容になる。

このような遺構の構成の差が何によってもたらされたのかを解明することは、大変重要であると思われる。設計者の意図的な構成か、あるいは、平泉の命令によりこの築造を担当（恐らく地区割をして）した南奥（信夫､刈田郡等を中軸としてか）の武士団の工事分担による差､さらには時間的制約であろう。

これまでの発掘調査等の知見からすれば、すでに述べたように、阿津賀志山防塁の設計者は、この地域の地形的・歴史的・軍事的環境を熟知し、さらには鎌倉軍を迎える南奥の軍事的緊張関係を冷静に分析して設計図を描き、省力すべきはして、来るべき源頼朝との戦いに間に合わせるべく、長さ三㎞にも及ぶ壮大な軍事施設の工事を完成させたものであろう。よって、これらの遺構の差は、設計者の優れた現状分析と技量が表現されたものと考えたい。

なお、小林清治博士は、すでに述べた2Ｔ拡張区での発掘調査所見を基にして、阿津賀志山防塁構築の作業には二五万人､その他の関連施設の築造と合わせて四〇万人が必要であったと想定した。つまり、一日五〇〇〇人とすれば約八〇日間（仮に五月半ば～八月初めまでとして）かかって完成したことになるという。

6　おわりに

阿津賀志山防塁の発掘調査とその構造について述べてきたが、今後の調査によってさらに様々な課題が解明できるよう願っている。一五年前の発掘調査中に十分に考える時間がなかったことと、筆者の力量不足でこのような種々の問題点を残したままになってしまったことを遺憾に思う。

なお、この発掘調査に当たっては、福島大学教授小林清治先生、文化庁主任文化財調査官北村文治先生及び文部技官阿部義平先生のご指導と、国見町文化財審議会委員菊池利雄氏（いずれも当時）のご配慮を得たことを明記し感謝したい。

最後に、発掘調査時やそれ以降に判明した多くの課題を解決する時期が、「現状保存確定」時より一五年目にして今訪れたことを大変嬉しく思い、多くの関係者のご努力に感謝を捧げる一人であることを記して終わりとする。

（一九九四年一月三十一日）

（付記）

小稿の作成に当たっては、国見町教育委員会のご高配をいただいた。心からお礼を申し上げたい。

（参考・引用文献）

（1）三浦周行「阿津賀志山」『日本史の研究』第一輯下　岩波書店　一九二二
（2）堀江繁太郎「野广の墓・二重堀・徳江」福島県立図書館蔵　一九三三
（3）田中正能「厚樫山遺跡」『福島県文化財調査報告書』第47集　福島県教育委員会　一九七五
（4）黒板勝美編『吾妻鏡』第一～四　吉川弘文館　一九七六
（5）入間田宣夫「鎌倉幕府と奥羽両国」『中世奥羽の世界』東京大学出版会　一九七八
（6）小林清治「奥州合戦と二重堀」『郷土の研究』第10号　国見町郷土史研究会　一九七九
（7）福島県教育庁文化課『阿津賀志山二重堀』（現地見学資料）一九七九
（8）石本弘・日下部善己・寺島文隆他「二重堀跡」『福島県文化財調査報告書』第82集　福島県教育委員会　一九八〇

（9）日下部善己「阿津賀志山二重堀跡について」『昭和55年度東北史学会・福島大学史学会合同大会資料』一九八〇
（10）日下部善己他「阿津賀志山二重堀跡」『日本考古学年報』32　日本考古学協会　一九八二
（11）入間田宣夫「文治五年奥州合戦と阿津賀志山二重堀」『郷土の研究』第14号　一九八三
（13）日下部善己「奥州藤原氏阿津賀志山防塁」『福島の研究』第1巻　清文堂　一九八六
（14）大石直正「奥州藤原氏と阿津賀志山合戦」『郷土の研究』第19号　一九八九
（15）川合康「奥州合戦ノート」『樟蔭女子短期大学紀要文化研究』第3号　一九八九

（追加文献）

（1）木本元治編『阿津賀志山防塁保存管理計画報告書』国見町教育委員会　一九九四
（2）日下部善己「阿津賀志山防塁」『城郭研究最前線』新人物往来社　一九九六

第三節　安達太良山と相応寺

1　安達太良山の姿

安達郡の西方や安積郡の北西方向には安達太良山がそびえる。日山（天王山・旭岳）等の安達郡東方の山を東山と呼ぶが、安達太良山は西山と言われる。安達郡内には、「西山に雪が降り、東山にも雪が降ると、やがて里にも雪が降る」と、本格的冬の到来を予想し、冬支度を急ごうとする言葉が今日に伝わる。この東西両山は、ともに霊峰として古来から多くの登山者、参拝者で賑わった。

西山の安達太良山（一六九九・六m）は、活火山であり、その火山活動は今から約三〇〜四〇万年前、前ヶ岳付近から始まったとされる。[1]火山活動は一方では温泉という形でその恩恵を万民に授け、二本松市岳温泉街や安達郡大玉村の「アットホームおおたま」等の温泉観光施設を多数創り出した。

『万葉集』には、安達太良を詠んだ歌が三首あるが、巻十四に次のような歌がある。[2]「安太多良乃祢尓布須思之能安里都〻毛安礼波伊多良牟祢度奈佐利曾祢」、これは、「安太多良の嶺に伏す鹿猪のありつつも　吾は到らむ　寝処な去りそね」という若い男性の妻訪《つまど》いの歌である。

さらに、安達太良山がもたらす豊かな雪解け水は、谷を流れ下って命の水となり、弥生時代以来、山麓や低地〝おおたま平野〟の田園地帯と人々の暮らしを潤している。林産資源も豊富で、縄文時代から山川の幸を人々に供給し続けている。かつては、トロッコの道（玉ノ井林用軌道）が敷設されており、山腹の大玉村玉井前ヶ岳付近から東北本線本宮駅まで、その高低差を利用し丸太材を人力で運搬していた。また、貴重な動植物が命を繋いでいるこの自然豊かな安達太良山一帯は、磐梯朝日国立公園エリアでもあり、山中には、森と人間の係わりを楽しく考える施設「フォレストパーク」も所在している。さらに、麓には〝おおたま平野〟の人々の仕事と暮らし、歴史と文化に関する史料を展示公開する大玉村歴史民俗資料館（あだたらふるさとホール）も開設されている。

このような自然、歴史、文化、伝説、観光等に係わる様々な顔を持つ安達太良山は、山岳信仰の一大聖地でもあったが、ここでは、この山と大変関連が深い福島県安達郡大玉村玉井の相応寺について、先学の研究や大玉村歴史民俗資料館の調査等を基に考えていきたい。

２　相応寺と恵日寺そして実賀

福島県安達郡大玉村玉井の相応寺は、大同二年（八〇七）南都、法相宗の僧徳一の開基とされる古刹である。始め安達太良山眉岳（前ヶ岳、標高一三四五ｍ）に創建され、その後、当地の伽藍は炎上し、また高山のため野火を防ぐことができず、度々炎上したと伝えられる。宝徳四年（一四五二）には、甕山（亀山）（大玉村玉井西ノ内地区）に寺（元相応寺）を遷した。

写真１　相応寺本堂

さらに、永禄三年（一五六〇）に現在地（玉井字南町）に遷り今に至る。また、寛文六年（一六六六）には、談林所として安積・安達両郡真言宗寺院を統括した。天保十三年（一八四二）、二本松藩宗門奉行准町奉行服部宜は、相応寺記の中で、「本藩第一の古刹なり」と位置付けている。

現在は、安達太良山遍明院相応寺という真言宗の寺院である[3]が、その末寺はかつて一七ヵ寺に及んだ。

さて、相応寺を創建したと伝えられる徳一は、南都、興福寺（法相宗）の修円の門に入り、「東大寺に住し専ら相宗を任ず」とされ[4]、得一、徳溢とも記される。平安時代初期に慧日寺[5]（福島県耶麻郡磐梯町）を創建し、東北の仏教文化の中核となった[6]。もちろん、借宿廃寺（白河市）塼仏や腰浜廃寺（福島市）の存在、そして陸奥国分寺（宮城県）造営等、徳一以前から仏教が東北に広く伝えられていることは周知の通りである。しかし、真の意味で東北の地に初めて仏教の旗をかざし、これを導入したのは、仏教教学に特に優れた徳一その人であったと考えられている。(7)

徳一開基あるいは徳一関係の寺院は、福島県と茨城県を中心として、山形、栃木、群馬の各県に及び、およそ五〇ヵ寺あり、その他にも関連寺院が四〇ヵ寺ほどある。福島県内の場合は、二四ヵ寺ほどが知られている。徳一が南都から移り創建した会津の慧日寺を筆頭にして、会津や磐城方面に集中している。(5) 安達地域には、相応寺をはじめ、観音寺(旧白沢村)、円東寺(旧安達町渋川)の三ヵ寺がある。観音寺からは古瓦が発見されており、かつて瓦葺きの寺院があったと考えられる。円東寺は相応寺と同様に安達太良山を山号とする寺院である。

ところで、一時停滞していた会津恵日寺を再興するとともに、同寺の諸記録、いわゆる「実賀記録」を残すなど、中興の祖と呼ばれる僧が、恵日寺五六世の実賀である。その木像が恵日寺本堂に安置されている。(8) この実賀は、実は二本松領玉井村相応寺第十八世であり、元禄十二年(一六九九)には、相応寺の「安達太郎山縁起」を「新修補畢」したことが知られている。

この後、元禄十三年(一七〇〇)三月に相応寺から恵日寺末寺観音院へ移った。恵日寺第五六世実賀は、元禄十四年(一七〇一)には恵日寺客殿の改築を計画しやがて完成した。これが現在の恵日寺本堂である。また、薬師の本尊像を大修理して、正徳四年(一七一四)には、開眼供養を行った。(5) 享保三年(一七一八)に、肖像画軸物「弘法大師直筆御影」を相応寺に送納し、同六年(一七二一)には隠居している。享保十二年(一七二七)三月には、「陸奥国会津河沼郡恵日寺縁起」を相応寺に、会津大寺邑磐梯山恵日寺現住中興實賀の名で納めた。両寺院相互に縁起を交換保管し有事に備えたというが、(3) 実賀を介して、両寺院の極めて深い関係がここに見て取れる。

ちなみに、恵日寺所蔵の実賀像には木札が添えられており[9]、その銘には、「所生二本松領玉井邑折井本主安藤義重之八男」と記されていることから、出身は陸奥国安達郡玉井村織井、父は安藤義重である。実賀は、享保二十年（一七三五）十一月七日に亡くなったが、その墓碑は、慧日寺跡の徳一廟の隣に建立された。銘には「当山五十六世　中興法印実雅墓」「宥清闍梨之適弟字亮山」等と記されている[10]。実雅は実賀、宥清は、元禄十一年（一六九八）五月十八日逝去した相応寺第十七世である。

3　相応寺及び元相応寺の文化財等

「本藩第一の古刹なり」と、陸奥国二本松藩宗門奉行准町奉行服部宜が、天保十三年（一八四二）撰の「相應寺記」に記したように、相応寺には多くの貴重な文化財が今日まで保管収蔵されている[3]。

写真２　相応寺薬師如来三尊像

(1)　薬師如来三尊像

薬師如来坐像は、相応寺薬師堂に安置されており、大玉村有形文化財として昭和三十年三月三十日に指定されている。

大正三年（一九一四）八月二十四日、文部省古社寺保存計画調査嘱託の福井利吉文学博士が調査し胎内銘を発見した。銘文を次に記すが、背方のみを掲げ腹方は省略する。

銘文から、宝徳四年（一四五二）卯月八日の制作とわかる。在地の領主の持清の存在とその有り様を示している。この他に造像に係わった人物等が記されている。なお、「松藩捜古」巻一によれば、[11] 持清は畠山九郎と称し、畠山高国の弟民部少輔貞国四代の孫（貞国の曾孫）とされる。

（背方）
奥州安達西根玉井云
阿陀多羅山相応寺実
大旦那源朝臣持清
加持僧権律師長勝
仏子幸舜生年卅一
大工太良左エ門
于時宝徳二天壬申卯月八日敬白

薬師如来坐像の両脇に日光菩薩立像及び月光菩薩立像がある。[12]

(2) 相応寺薬師堂十二神将

十二神将は、大玉村有形文化財として、平成七年十二月一日に指定された。これらは、薬師如来の守護として配置されている。諸神像は江戸時代に制作されたものであるが、他に文明十三年（一四八一）に造られたものが一躯伝えられていることは注目に値する。

(3) 木造徳溢大師坐像

写真３　徳溢坐像（五十嵐 1976 から）

相応寺の位牌堂には、徳溢大師坐像が安置されている。大玉村教育委員会によって調査（担当者：東京家政大学若林繁教授）された結果、享徳四年（一四五五）の造像であることが明らかになった。

因みに徳一開基の会津の磐梯山恵日寺、湯川村勝常寺、いわき市遠野町徳溢大士堂[9]、茨城県岩瀬町月山寺[13]等にも徳一像の存在が知られる。

(4) 嘉元の碑

写真４　元相応寺嘉元の碑

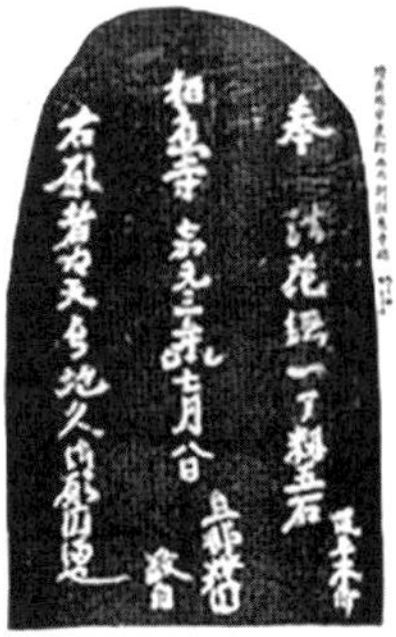
第１図　相応寺碑拓影（『集古十種』から）

相応寺境内には、嘉元三年（一三〇五）の碑がある。元相応寺の経塚から現相応寺境内に移したものである。奥州白河藩主松平定信編の『集古十種』の「碑銘六」に拓影が収録され、「陸奥国安達郡西内村相應寺碑」と題されて、「高三尺餘、幅一尺九寸餘」と記録されている。[14]「松藩捜古」巻一ではこれを「相応寺碑（在玉井村亀山相応寺ノ旧地、高三尺余・濶二尺余）」と記している。[15]

銘文は次に示す通りであるが、「□平太郎」は後刻とされる。

□（藤）平太郎

奉　施法花経一冂（部）籾五石
相応寺　嘉元三年乙巳七月八日　旦那妙円
右願者為天長地久御願円満也　敬白

この他、元相応寺跡には、元応元年（一三一九）未巳十月十七日（種子は、大日如来）の碑がある。[12]

(5) 元相応寺礎石建物跡

亀山の元相応寺（玉井字糀面五八番地）に所在する礎石建物跡である。南面する四間（一〇・六m）×五間（一二・八m）の総柱の建物跡である。柱間が約二・三～三・二mと広いことから、古代の建物の姿が想定される。これは元相応寺境域の中心的建造物かと思われるが、「元相応寺」地域も広がることから、さらに規模の大きい伽藍があったことが予想される。

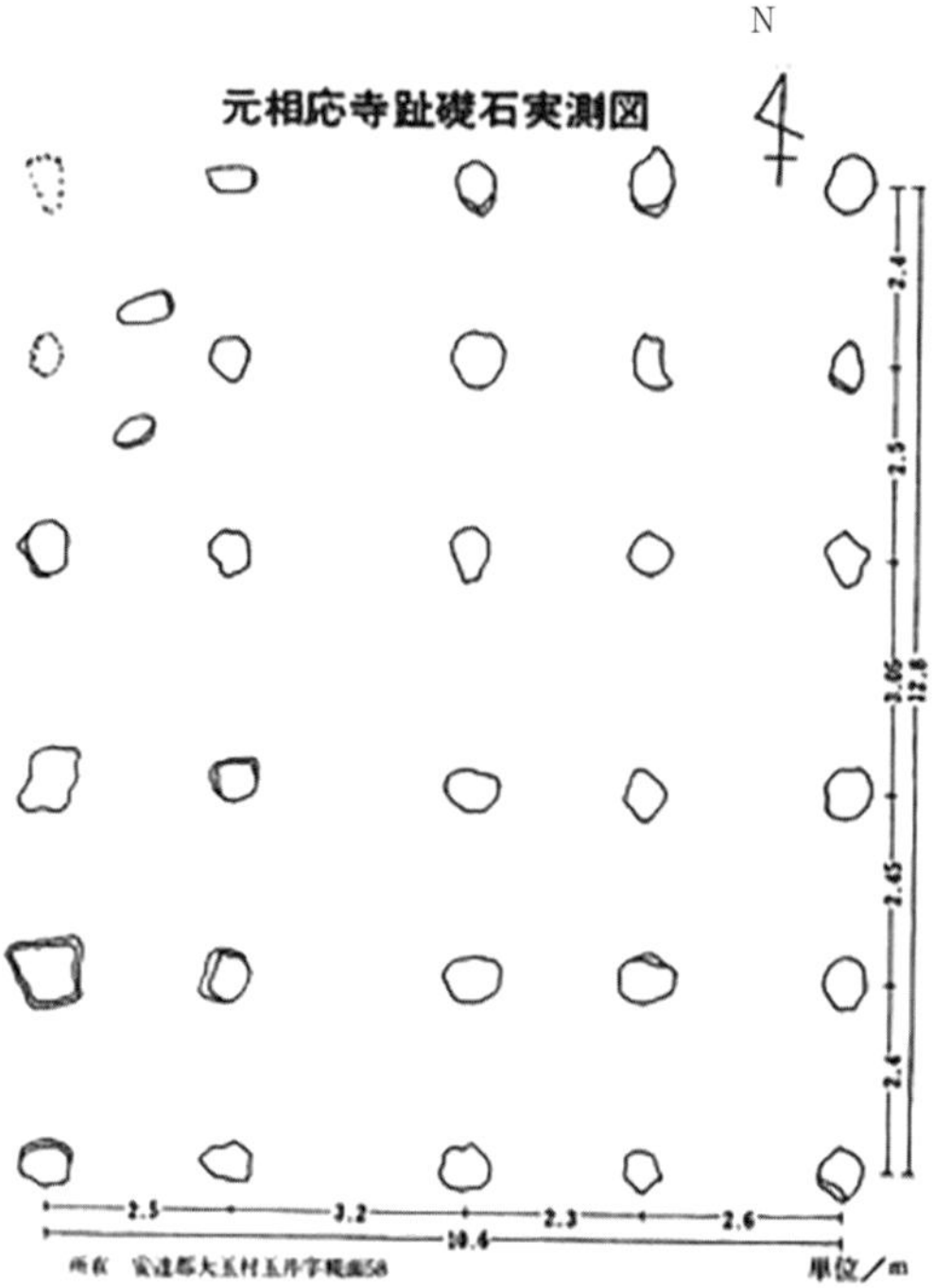

第２図　礎石建物跡実測図（菅野・五十嵐1976）

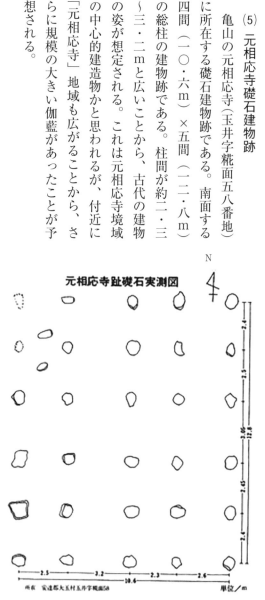

(6) 出土資料

①うなり甕（中世陶器）

これは、昭和三十五年に亀山（元相応寺）から出土したと伝えられる広口の茶葉壺で、高さは七三cmほどである。一二世紀後半～一三世紀前半頃に制作されたと考えられるもので、用途は経典等の保管とも思われる。

②墨書「寺」土器

元相応寺域で発見された墨書土師器は、底面に墨で記された「寺」の文字がある。轆轤を使用して調整し、内面は黒色処理がなされている。平安時代のものと考えられている(16)。

写真５　元相応寺出土墨書土器（五十嵐1976から）

(7) 縁起等

相応寺には会津恵日寺縁起が所蔵されており、両寺間で相互に縁起を交換保管し、有事に備えたことは先に述べた。

また、相応寺と円東寺も大変深い関係にある。本寺と末寺の間柄にあり、安達太良山信仰と深く結びついていたと考えられる。相応寺は安達太良の山開きの後、登山して安達太良湯明神や湯前薬師等に山中安全を祈願することが長い間続けられていた。この相応寺に事故があるときは、円東寺が代理したとのことである。このことは、両寺に所蔵されている文書「登山之節之支度」に記されているという(17)。

⑻ 相応寺玉井八影の歌

相応寺には玉井八影之歌（相応寺伝）が伝えられており、玉井の名所旧跡等を見事に詠み込んでいる。以下は、『大玉村史』による。

相応寺玉井八影之歌

相応寺晩鐘
うつもれて花や散るらん春霞　安達太良山の入相の鐘

織井の夜雨
夜の田を窓打つ風の音つれて　織井の森の梢にぞしる

山口の晴嵐
嵐吹くいずこと問わん皆人の　あうさきるさに山口による

越内の夕照
見渡の夕日に照る村人の　しず心なくかえる越内

舘田の落雁
名倉山峰の白雪渡りきて　舘田になびき落るかりかも

平井の秋月
外ならぬ明石も須磨もこれぞ澄める　平井に宿る月かげ

大隈川の帰帆
立ち別れいつ逢隈の渡し舟　乗りおくれじといそぐ旅人

嶽山の暮雪
ながむれば麓も嶽の山高み　深くぞ積る雪の夕ぐれ

（＊歌の表示形式は紙面に合わせて変えている）

⑼　相応寺のしだれ桜

相応寺のしだれ桜は、相応寺境内にある。樹種はエドヒガン、樹高は一三・五m、樹齢は推定三五〇年である。整った枝振りと薄紅色の優美な花びら、そして古刹の伽藍や堂宇とのコントラストが観る人を魅了する。平成二十二年に福島県緑の文化財に指定された[18]。

⑽　織井御前

相応寺本堂から南西に三五mほどのところに織井の清水がある。これには次のような伝説がある。
「源義家が奥州平定に来たとき、義家の側女が急に産気づいた。付近には水がないのを心配して、義家が矢の根で試掘したところ、清水がこんこんと湧き出て、側女の苦難を救ってくれた。その後いかなる晴天続きでもこの水は涸れることがなかった」
相応寺境内には、この伝説を受けて、義家の側女が織井御前として祀られている[16]。

4　おわりに

以上、相応寺と元相応寺に係わる文化財、そして関連寺院や相応寺十八世実賀等について記述してきたが、相応寺の詳細については、五十嵐昌司氏の高著や菅野信朝・五十嵐昌司両氏に依拠するところ極めて大である。

なお、小稿を草するに当たっては、相応寺住職五十嵐敬司師に何かとご高配をいただいた。記して感謝申し上げたい。

（二〇一七年九月七日）

（注）

(1) 鈴木敬治・伊藤七郎「二本松の自然の生い立ち」『二本松市史』第1巻　二本松市　一九九九
(2) 佐竹昭広他『萬葉集』第3巻　岩波書店　二〇〇二
(3) 五十嵐昌司『安達太良山相応寺』相応寺　一九七四
(4) 師蠻『本朝高僧伝』上巻　春陽堂　一九三六
(5) 伊藤泰雄・伊藤光子・秋山政一他『磐梯町史』磐梯町　一九八五
(6) 生江芳徳『改訂増補徳一とその周辺』二〇〇七
(7) 田村晃祐「東北仏教文化の開創者徳一菩薩について」『徳一菩薩と慧日寺』磐梯町・磐梯町教育委員会　二〇〇五
(8) 濱島正士・田中哲雄他『史跡慧日寺跡』磐梯町　二〇一二
(9) 若林繁「会津・恵日寺の木造僧形坐像」『東京家政大学博物館紀要』第20集　東京家政大学　二〇一五
(10) 磐梯山慧日寺資料館『歴史をつむいだ人々』磐梯町　二〇〇三
(11) 服部宜撰「相應寺記」相応寺所蔵　安永二年（一七七三）（曾我伝吉『本宮地方史』本宮町公民館　一九六一）
(12) 菅野信朝・五十嵐昌司他『大玉村史』上巻　大玉村　一九七六
(13) 高橋富雄『徳一菩薩』歴史春秋社　二〇〇〇
(14) 松平定信編『集古十種』一八〇〇（國書刊行會　一九〇八復刻）

(15) 成田頼直「松藩捜古」一八〇四（『福島県史料集成』第2輯　福島県史料叢書刊行会　一九六六復刻）
(16) 押山雄三・戸田伸夫他『図説大玉の歴史』大玉村　二〇一二
(17) 若林伸亮「古代の安達郡内寺院」『図説本宮の歴史』本宮町　二〇〇三
(18) 戸田伸夫「村の指定文化財」『図説大玉の歴史』二〇一二

第四章　侍の城と百姓の城

―自立する戦国期地域社会―

第一節　塩松石川氏の百目木城と田沢八館

1　城の機能とその認識のあり方　－武士・村（百姓）の城－

第五章第二節では、安達郡内の城館の数や認識の方法について地誌・市町村史等を基に検討するが、ここでは、個別の城館の歴史とその認識のされ方等を見ることにする。戦国期の伊達、相馬、三春との合戦場になり、中世史料はもちろん、古館弁等多くの近世資料にも登場する陸奥国塩松の「百目木城」（福島県二本松市百目木）と近世地誌類には登場せず、伝承として伝わり、明治末期の郷土史編纂[1]以降初めて文字化され、戦国期に村人が籠もった城と伝えられる「田沢八館」（二本松市田沢）を例に検討する。

2　百目木城の歴史と認識のされ方　－石川様の坪の石－

(1)　築城と廃城

陸奥国安達郡百目木や百目木城、そして城主塩松石川氏が文献等に登場するのを主として、『岩代町史』各巻[(2)～(4)]を引用してまとめると第1表の通りとなる。

塩松百目木石川氏の出自に関しては、『石川一千年史』（大正七年刊）の興国二年（一三四一）六月の条によると、「第一三代　貞光公　－中略－六男光久母は貞照院泉二郎三郎と称す、安達郡小牛杜を分

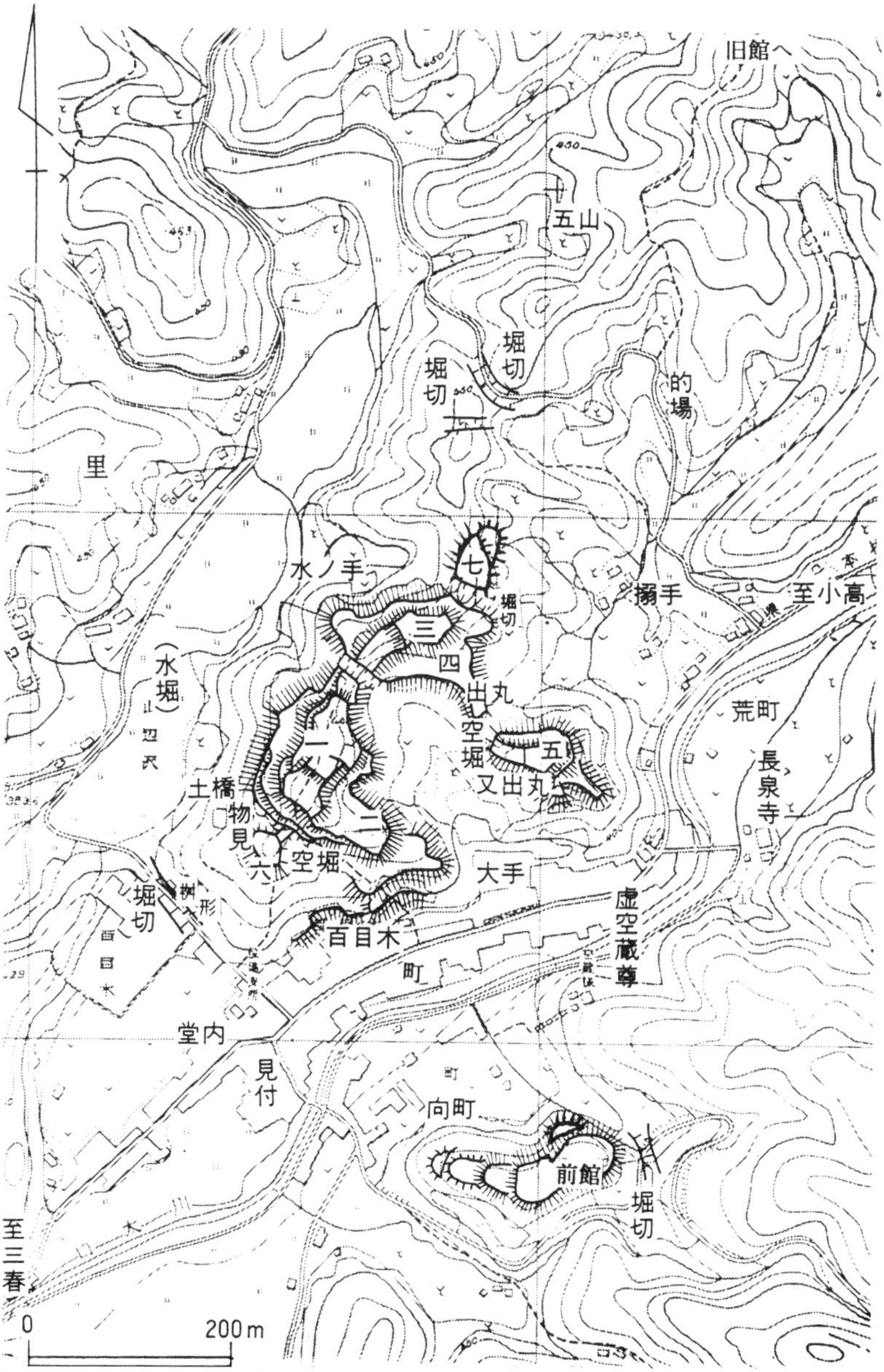

第1図　百目木城及び前館

第１表　塩松石川氏と百目木城

項目	時期	文献	内　　　容	備　考
石川氏 安達郡領有	興国２年 (1341) ６月	石川一千 年史	第十三代　貞光公　実ハ家光公ノ子也、一 中略― 六男光久母ハ貞照院泉二郎三郎ト称ス、安 達郡小牛《(手)》杜ヲ分領ス、石河弾正忠ト称ス、	鎌倉時代末頃には安 達郡を領していたと 思われる その後百目木へ移っ たかと想定される
石川氏 百目木領有 百目木築城	応永20年 (1423) １月	石川一千 年史	第十六代　満朝公　―中略― 公七男三女アリ、―中略― 三男盛光、母ハ仝上泉十郎ト称ス、安達郡 百目木ヲ分領ス、石川治部大輔ト称ス、	遅くても15世紀には 百目木城が築城され ていたと思われる
大内氏 百目木攻め	天正11年 (1583) ?		大内備前、二本松畠山氏の加勢を得て百目 木城の石川弾正を攻めたが、宮森城に敗走	大内、石川の領分(5) (第２図)
百目木勢の 様相	天正12年 (1584)	仙道七郡 古郡談	一百目木村城司石川弾正と申侍衆、田村之 主ヲ引被申候、宮森村之城司大内備前と申 侍衆、二本松之主ヲ引被申候、百目木村へ 人数三千程ニ而働被申候、侍町迄押寄候を、 又内ゟ二手ニわけ出合、備州人ヲ三人討取 申候、其時之一手之与衆ニ斎藤修理と申者 今ニ御座候、年ハ七拾四ニ罷成候、 一百目木村城に籠申候人数、馬上七拾騎、 足軽千程籠申候事、 百目木村肝煎　斎藤修理 半右衛門	前項の大内方の百目 木城攻撃時の石川弾 正方の様子を述べて いる
陸奥石川氏 (宗家)と百 目木石川氏 及び伊達氏 との関係	天正13年 (1585) ９月	石川一千 年史	第二十四代　春光公　―中略―、 公夫人一族安達郡百目木城主小宗石川摂津 守有信姉孝子天正十三年九月三日卒ス、 白相院殿露光妙昌大姉ト法諡ス、先塋ノ側 ニ葬ル、 公正夫人ニ男子ナク一女昭子ヲ生ム養子小 二郎ニ配ス、	小二郎は伊達晴宗の 子昭光
大内攻略の 恩賞	天正14年 (1586)	治家記録	石川弾正、小手森城、月山館を加増される	
百目木石川 氏と伊達氏	天正16年 (1588) 正月16日条	伊達天正 日記二	一、十日てんきつよくゆきふり申候、―中 略―　いしかハだんちやう殿、御たかのあ しをくたされ候、	
百目木石川 氏反乱	同 ３月12日	伊達政宗 記録事蹟 考記政宗 書状	一片倉小十郎に被下候御書写 たかくらあふみよりのひきやく、―中略― 石だん―中略―	相馬に内通した石川 の反乱に備えよとの 指示
戦闘	同 ４月11日条	伊達天正 日記二	子　十一日 一天気雨ふり申候。―中略― とうめき衆百余人うち申候由、飛脚上御申 候。	

百目木落城	同 閏5月18日条	伊達天正日記三	むま　十八日 天気よし ―中略―、小十郎百目木もひき申候よし申上げられ―中略―。 百目木へめしこ《(ママ)》まれ候。	百目木城落城
伊達支配 百目木城主 茂庭綱元	同 6月20日条	伊達天正日記三	廿日 一天気よし。うつしへ相馬殿御はたらきを、百目木よりもにゆ、すけあはせ、相馬衆おいくたし、馬上四人うたせ御申、くひ上御申候。	相馬が宇津志城田村顕康を攻めた時茂庭綱元は百目木城から加勢し義胤を追う(6)（第３図）
蒲生支配	天正19年 （1591） ９月		二本松・塩松・田村等、蒲生領となる	
上杉支配 塩之松東城	慶長３年 （1598） １月		塩之松は上杉景勝領となる 塩之松東城　山浦源吾景国6500石 外に同心給2480石 （会津番帳、７）	塩之松東城は百目木城と想定される
再蒲生支配 四本松東城	慶長６年 （1601） ～		再蒲生 四本松東城　玉井貞右（数馬助） 10000石	四本松東城は百目木城と想定される

領す、石河弾正忠と称す」とあり、また、応永二十年（一四一三）一月の条には、「第一六代　満朝公　－中略－三男盛光、母は仝上泉十郎と称す、安達郡百目木を分領す、石川治部大輔と称す」とある。これからすると、石川氏は鎌倉時代末頃には安達郡を領し、遅くても一五世紀にはその拠点城館として百目木城が築城

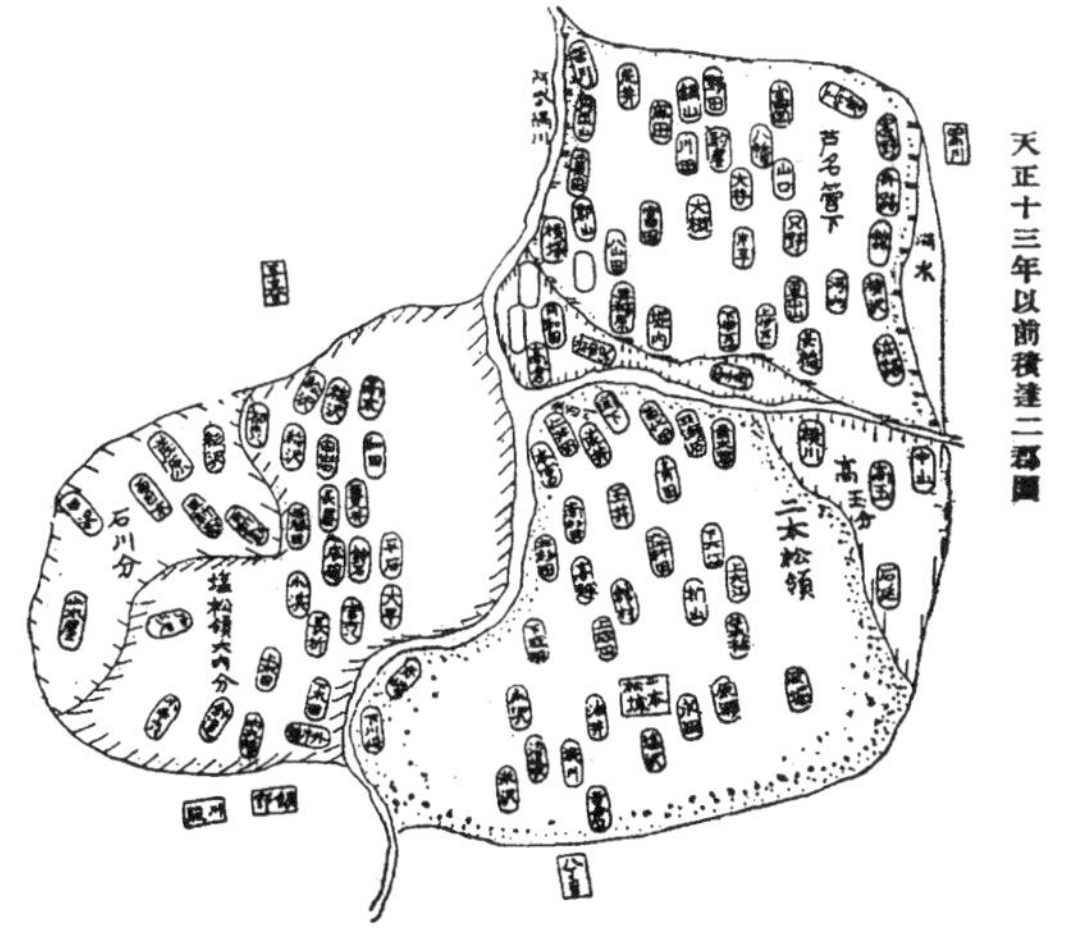

第２図　石川弾正の所領図（「松藩捜古」から）

されていたと考えられている。

天正十一年（一五八三）頃、塩松宮森城主大内備前が、二本松畠山氏の加勢を得て百目木城の石川弾正を攻めたが、宮森城に敗走した。「仙道七郡古軍談」の記述に、天正十二年（一五八四）「百目木村城司石川弾正－中略－百目木村城に篭申候人数、馬上七拾騎足軽千程篭申候事」として前項の大内方の百目木城攻撃時の石川弾正方の七〇騎と足軽一〇〇〇人の籠城の様子と、さらに大内撃退の状況が記されている。

また、『石川一千年史』の天正十三年（一五八五）九月に「第二十四代　春光公－中略－公夫人一族安達郡百目木城主小宗石川摂津守有信姉孝子　天正十三年九月三日卒す、白相院殿露光妙昌大姉と法謚す公正夫人に男子なく一女昭子を生む小二郎に配す」とある。小二郎は伊達晴宗の子、後の石川昭光であり、陸奥石川氏（宗家）と百目木石川氏（小宗）及び伊達氏との姻戚関係が記述されている。

さて、天正十四年（一五八六）伊達政宗の大内攻略の恩賞として、石川弾正は政宗から、小手森城、月山館を加増され、天正十六年（一五八八）一月十六日には米沢に政宗を訪問し臣従の例をとる。しかし、同三月十二日、伊達方は、相馬に内通した石川の反乱に備えよとの指示を家臣に発する。同四月十一日、伊達方との戦闘で、百目木衆百余人が討ち取られた。相馬を後ろ盾とした弾正は小手森城に籠もり、父摂津守は百目木城に籠もったとされる。やがて形勢不利のため、弾正は籠もっていた小手森城を退出し、同閏五月十八日には百目木が落城した。政宗は百目木入城を果たした。以後、百目木は茂庭綱元が守備することになったが、同六月二十日、相馬方が宇津志城田村顕康を攻めたとき、綱元は百目木城から加勢し相馬義胤を追った。

天正十九年（一五九一）九月、豊臣秀吉の奥羽仕置の後、二本松・塩松・田村等は蒲生領となる。さらに慶長三年（一五九八）一月、塩之松は上杉景勝領となる。このとき塩之松東城には、六五〇〇石の外に同心給二四八〇石の山浦源吾景国が入った。塩之松東城は百目木城と想定される。慶長六年（一六〇一）からは再蒲生支配となる。百目木城と想定される四本松東城は、玉井貞右（数馬助）一万石が領する。

この後、いくつかの大名の二本松領有の後、寛永二十年（一六四三）、丹羽光重の二本松入部があり、当地は幕末まで丹羽氏支配が続くが、百目木廃城の時期は現在のところ特定できない。さらに、伊達氏支配（茂庭綱元）以降、郡内外の一次資料から「百目木城」の文字は消え、百目木城と想定される「塩之松（四本松）東城」となる。その後はその文字も消え去り、わずかに、百目木村荒町の江月山長泉寺に石川摂津守・弾正父子のものと伝えられる位牌及び、同村名目津に石川弾正墓所と伝えられる墳墓（名目津壇、通称おたんば）が残るのみである。

なお、後に相馬藩に仕えた石川弾正光昌の子孫は、江戸期には、毎年名目津壇に法灯を捧げたと「相生集」は記す。明治以降今日も折に触れ、墓参を続けている。また、相馬藩の「衆臣家譜」[24]六十二には、石川弾正光昌の出自をはじめ関係一族の系譜が記されていること、子孫には同藩家老職を世襲した者もいることを付記しておく。

(2) その後の城跡

その後、先に示した「積達古館弁」「積達館基考補正」「積達大概録」「相生集」等及び各種戦記物に登場することになる。また、特筆すべきは歌川派の浮世絵師広重（初代）の「陸奥安達百目木驛八景圖」[7]に「坪石の秋の月」（「館アト」）及び「館山の一つ松」として、百目木城及び対の城（前館）が登場することである。坪石は、「石川様の坪の石」と呼び倣わされ、百目木城の本丸（二ノ郭）庭園（石庭）跡のことである。坪は坪庭即ち屋敷内の庭園を示すものと解され、坪の石は庭園の石のことと考えられる。広重は、弘化二年（一八四五）か翌年頃、百目木村の豪農（造り酒屋）渡邊半右衛門宅に約一カ月ほど遊び、百目木八景図を作成した。半右衛門の求めに応じて作成した、いわゆる応需書きである[8]。

　これ以後も地元ではこれらの歴史的事実が、伝承によって今日まで連綿と受け継がれている。城跡内には、古峯神社、愛宕神社、観音、天神の堂宇が置かれ、信仰の山、あるいは石川様の坪石（館山）として住民に親しまれてきた。現在、天神や観音の堂宇はないが、そこに至る長い石段の入口部分は「観音木戸」と呼ばれ、旧旭保育所跡付近とともに百目木城の木戸口の一つともされる[9]。

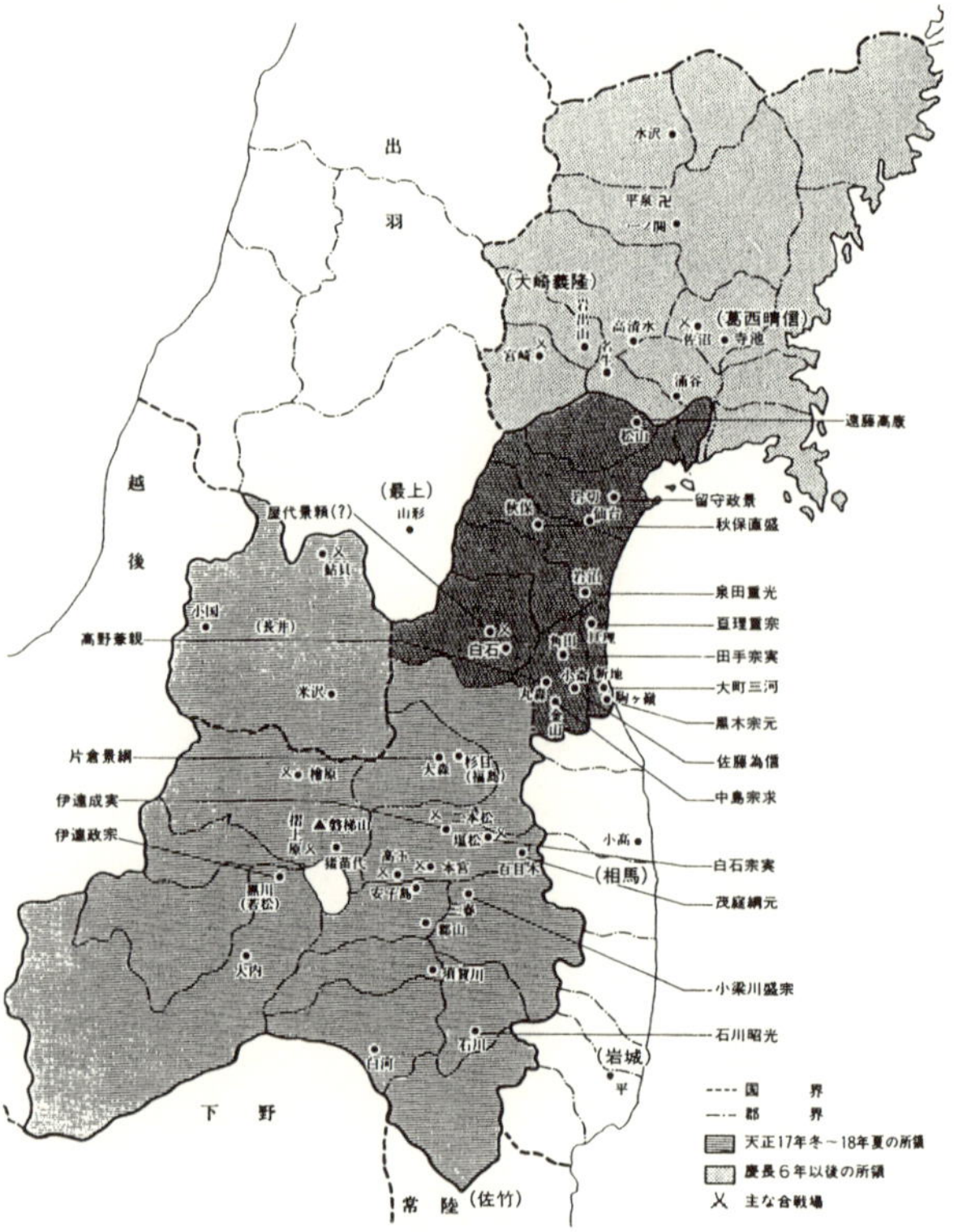

第３図　伊達氏の領土変遷と大正17年（1589）末の家臣団配置
（『図説伊達政宗』1986から）

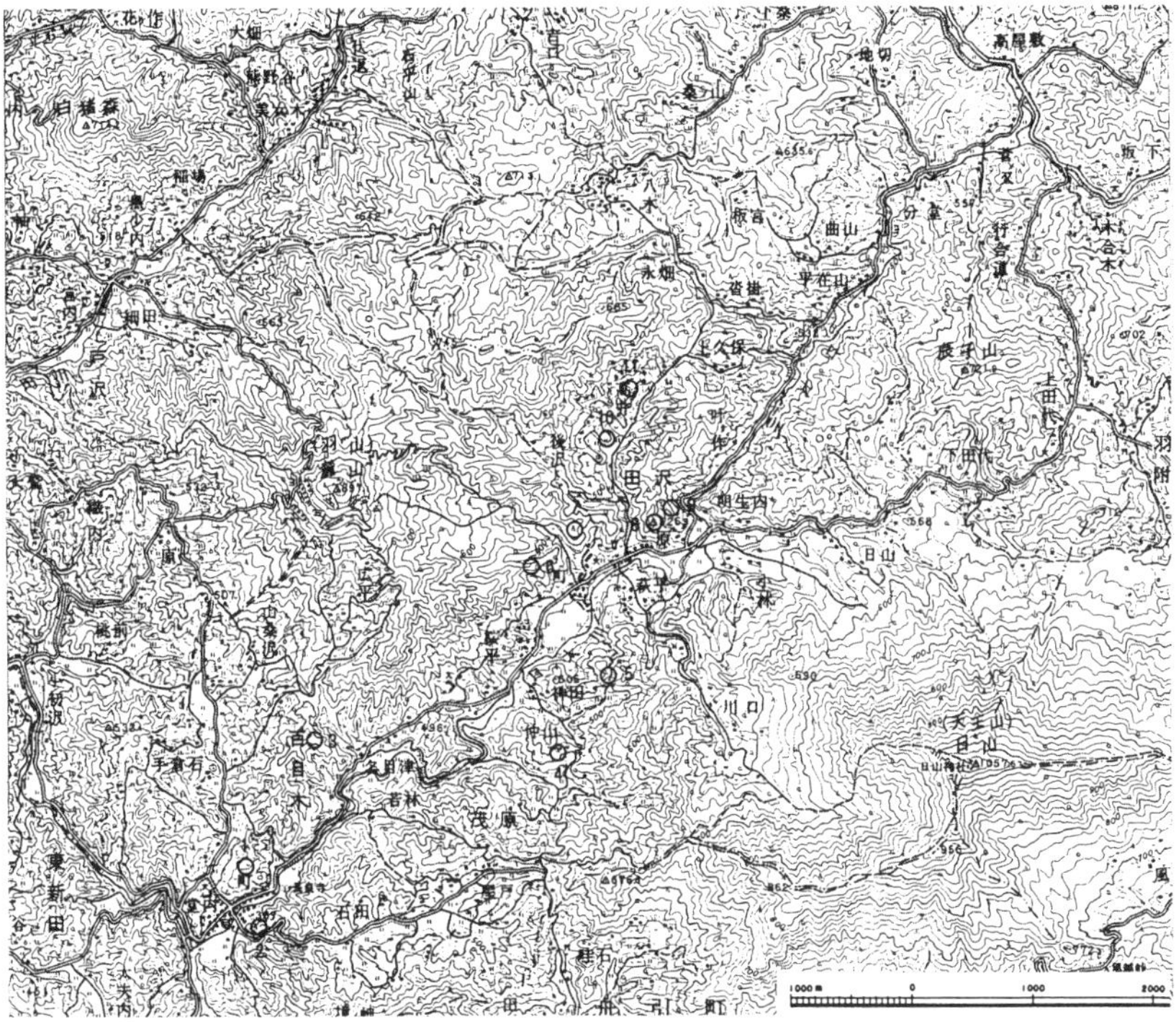

第４図　田沢八館と百目木城の位置　４～11が田沢八館
１　百目木城　２　百目木前館（対の城）３　百目木館　４仲山館　５　前山館
６　海老名館　７　明内館　８　原小館　９　和田館　10　高井館（Ｂ）
11　高井館（Ａ）

写真１　百目木城庭園（坪石）

3　田沢八館の歴史と認識のされ方　—村の館としての伝承—

(1)　田沢村と八館

田沢は、百目木から相馬、伊達（川俣方面）への通路である。ここに「田沢八館」と呼ばれる八つの城館跡（「仲山館」、「前山館」、「海老内館」、「明内館」、「原小館」、「和田館」、「高井舘」、「高井館」〈高井館は二ヶ所〉）がある。田沢の名称は中世文書には登場せず、慶長十七年（一六一二）には田沢村の嘉けいという人物の存在（「慶長十七年十二月山木屋境証文」）が知られている。さらに寛文二年（一六六二）以前には、遠藤家が田沢村の名主（その後上太田村名主）であった（「嘉永五年九月郷役譜」）。また、江戸初期の村高目録等から見ると寛永二十年（一六四三）以前は百目木村に含まれており、当年から寛文二年（一六六二）の間に百目木村から分かれて高付の村になったと考えられている。因みに、田沢村は、頭取宗右衛門を筆頭にし、二本松藩戒石銘碑が設置されて間もない寛延二年（一七四九）十二月の二本松藩内百姓一揆（積達騒動）で中心的役割を演じたことでも知られている[10][11]。

田沢八館は、地域の伝承のみで今日まで受け継がれてきたが、これが公式に記録されたのは、明治の郷土史編纂の時点である。しかし地名の中には生き続け、明治初期の地籍図等[12]には、以下の通り小字名が記載されている。小屋館（前山館）、明内館、原小館、館山（高井館）等である。近世の地誌類等にも登場せず、僅かに「相生集」の田沢の項に「古戦場」の記載があるのみで、中世からの各種文書にも現れない。地元では「元亀・天正（一五七〇〜一五九一）年間、浪士が横行して掠奪をなした。このとき所々に館を築き民家を移し、家財を運び協力して防いだところ[13]」、即ち村人の自衛のための館であると言われている。

八館を見ると、街道を抑える位置と目される城（前山館、明内館、原小館、和田館）もあるが、比較的小規模（海老内館、高井館Ｂ）と思われるものもある。規模が大きい明内館にあっても、東の尾根を堀割で遮断し、南斜面に沿って下から上まで多くの帯郭があり、前面はかなりの要害と目されるよう工夫が施されているが、多くの郭は持たず後背は尾根続きで、その奥は羽山へと続く。踏査を十分に行ってはいないが、防禦だけでなく不時の場合にはさらに奥に身を隠す、あるいは一時他所へ逃れるといった機能も感じられる場所である。仲山館は、田村常葉への街道沿いにあり、比較的規模が大きく、遺構の遺存が良好である。

なお、百目木城を攻略した伊達政宗が高井館を攻め、帰りに高井の入口の近くの清水に毒を入れたのでそこを「毒清水」、馬を休めた場所を「駒寄場」と呼ぶようになったという言い伝えも残る(14)(15)。当地は伊達・三春・相馬の境界であり、記録されない小競り合いが多かったものと想定される。

(2) 地名の「館」と「山」

明治前期の地籍図、丈量帳によれば、田沢八館のうち、「館」地名として残っているのは、前山館（田沢字小屋館）、明内館（字明内館）、原小館（字原小館）及び高井館Ａ（字館山）の四つで、他のそれには館名がついていない。仲山館（字仲山）、海老内館（字海老内山）、和田館（字和田山）、高井館Ｂ（字後田山）といずれもただの「山」のみである。

この二者の相違は一体何を物語るのであろうか。前者は戦闘に利用された、あるいは戦闘・籠城（非戦闘員も含め）のために構築された城と思われる。後者も同様であろうが、さらに村人が家財を守るために構築し、隠された村の城として使用された時期、あるいは機能があったのではなかろうか。つまり、有事の際の村の「公共の避難・防戦施設」としてこの「山」は使用され、その存在をあえて記録せず、地区内の口頭のみで伝えられた施設であり、村の掟の一つとしての守秘事項であったのではなかろうか。もちろん館の中心郭は「館」、周辺の郭は「山」という小字名使用も郡内各地にあり、また網羅的な踏査と決定的な文献史料を欠いているが、このような推定をさせる「山」及び「館」群ではある。この地域の伝承と筆者の想像でこれらを律することはできないが、一応問題提起としておきたい。

4　村の館　―小屋入り、小屋上り―

(1)　村の城館（百姓の城）に籠もる

さて、「村人の館」という伝承が生まれるのは故なき事ではなく、戦闘時には非戦闘員も城館に家財を運び籠城の構えを取ったのである。それは武士と一緒の籠城と村人のみのそれとがあった。その結果は、武士のみならず村と村人の運命を大きく左右し、兵農未分離の当時にあっては、敗戦は生命と財産の消失を意味することも多かった。例えば、伊達政宗と大内備前定綱の小手森城（東和町）の攻防戦がある。

塩松の大内備前の小手森城の落城は、天正十三年（一五八五）八月二十七日である。政宗は、目付をつけて男女八〇〇人一人も残さず、牛や馬までも皆殺しにした。その日、山形の叔父、最上義光宛の政宗の書状には、「―前略―、尤も城主を始めとして、大備身類共相い添え五百余人討ち捕り、其の外女童申すにおよばず、犬までなで切に成させ候条、以上千百余人きらせ申候、―後略―[16]」とある。武士とともに近隣の女、子供、犬までも籠城したが皆殺しの運命となった。村人は、戦闘に徴用され苦しめられたが、一方城館は安全な場所でもあり、いわゆる地侍と村人等はいわば運命共同体なのであった。

この中に村の農業生産を担う人がどの程度いたかは不明であるが、当地のその後の農業生産力等が枯

第２表　安達郡内の「小屋館《こやだて》」一覧

村　名	鈴石村	東新殿村	田沢村	山木屋村	館野村
城館名	瀧小屋館	小屋館	小屋館（前山館）	山木屋館	（高）小屋館
城主名	不詳	石橋氏	不詳	不詳	高倉氏
小字名		館ケ峰	小屋館	神武山	館野
村　名	下成田村	下成田村	上大江村	深堀小屋	深堀小屋
城館名	羽石小屋館	小屋館	南小屋館	上小屋館	下小屋館
城主名	大塚氏	安達氏	南小屋氏	安田氏	安田氏
小字名	中ノ内		南小屋		
村　名	苗代田村	中山村	高木村	長屋村	渋川村
城館名	小屋館	小屋館	小屋ノ山館	瀧小屋館	田子（小）屋館
城主名	伊東氏	佐藤氏	小田辺氏？	長屋氏	遊佐氏
小字名	小屋山舘	城ノ脇	大学	滝小屋館	館山

ⅰ館主は「相生集」等による。小字名は主なもの。ⅱ 鈴石・長屋の瀧小屋館は本来同一のもの。ⅲ 深堀小屋には小字名の館山があるが、上小屋館か下小屋館かは不詳。ⅳ 東新殿村の小屋館は、現在の二本松市東新殿字古谷付近にある。若林伸亮は、上長折唐矢館はこれに当たるとする(18)。ⅴ「小屋城」＝守兵の少ない城という用語も見られる(19)。

渇したとの証拠も現在のところはないので、小手森城以外にも村人は、「どこかに（避難して）いた」ことになる。

さて、小手森城攻略に功のあった百目木城主石川弾正は、やがて、相馬氏に与して伊達氏に対抗する。そして小手森城は再び主戦場となり、二度目の落城をする。この頃の農作物の運命も次の通りである。村人は、敵に麦がすべて刈り取られてしまうこの光景を遠方から、ただ座して見る他なかった。

天正十六年（一五八八）五月二十一日のことである。「たつ　廿一日　一天気くもり申候。御手森へ御動押詰、作毛悉とらせられ候」（「伊達天正日記[3]」）、「廿二日甲辰、天気陰、晩雨、今日、小手森城に御動き押詰め麦毛悉く苅取せらる」（「貞山公治家記録[17]」）

戦国期の村人にとって、城は単なる戦闘

施設のみではなく、自分たちが生き延びるための重要な場所でもあった。当時、このような戦闘時に町人、村人等が家財や家畜とともに自己防衛等のために城や館に入ることを「小屋入り、小屋上り、小屋籠もり」、その城館を「小屋、山小屋」等と呼んだという。その評価は事例によって様々だが、大方は、本城に対する出城、城館のネットワーク化、下層の武士の城、臨時の城、在地の避難所、百姓の持ちたる城、自立した村の山小屋、消極的な形の軍事施設と積極的な形の避難施設の二面を持つ施設（基本は自衛）等の考え方にまとめられる[20]。大別すれば、軍事施設か避難・自衛施設かあるいは両者（どちらが主かは別として）かということになろうか。もちろん筆者のような門外漢に、文献史学上の論争を云々する資格はないが、考古学的にも地域史的にも極めて重要な視点と考えている。

田沢八館のうち、前山館だけが別名小屋館（館主不明）であったことを見逃すわけにはいかない。残された地名がすべて「小屋入り」を示す証拠とは考えないが、第2表に示したような安達郡内の一五城館の呼称にも大いに注目しておきたい。城館の名称は、通常、地名・城館主名・方位名等が使用されることが多い。これらの「小屋館」はそのいずれとも言えず、命名理由は決し難いが、小屋入りとの関係も検討していきたい。

なお、他例として苗代田がある。高橋明『図説大玉の歴史』によると、天正十五年（一五八七）七月、大内備前や畠山旧臣等が苗代田の地、即ち小屋館（本宮市岩根地区）に侵攻した。この地は、南北朝期の岩色城として著名だが、この当時は古城であり使用されていない。多くの戦いから逃れるために散り散りになっていた百姓たちは、この頃在所へ帰っており、用心のために古城に集まって生活・耕作等をしていた。

(2) 村の城館と地下遺構及び遺物

田沢八館のように、築城や廃城の時期や理由が不明で大きな戦闘記録もなく、近世の地誌類にも登場しない城館の歴史的意義を、このような「村」や「山・館」や「山小屋」の観点[21]から、さらに詳しく検討を加え、遺跡としての城館跡の考古学的理解、即ちこれらの項目に対応する発掘調査現場での「遺構と遺物」の存在の有無の確認・意義付け等が必要である[22]。

つまり、このような観点に立つと発掘調査時の所見との対比が可能となる。城館跡の発掘調査では、小さな柱穴しかない、土塁が発達しないあるいは無い、遺物がほとんど無い等、これが城かといった「無い無いづくし」に出合うことが多い。「無いのが当然」の場合として、清掃し引越したり、破却したりした城館等はもちろん、他に緊急避難（防衛）のための引越し、再引越しの村の城館等もあることを再認識しておきたい。さらに、越後において、横山勝栄が新たな視点で明らかにしたように、河川に臨む城館や小型城郭等の歴史的意義を十分認識しておきたい[23]。

田沢八館の本当の意味での再評価は、今後の地表遺構調査と発掘調査の徹底によってのみ可能であるが、地下遺構と出土遺物に関する考古学的検証、例えば遺構・遺物における二者の関係等の吟味が決め手になるはずである。

5　おわりに

陸奥国安達郡の戦国期城館が、どのように認識され今日まで継承されてきたかについては、近世地誌類及び近年の調査報告、市町村史等を例にして第五章第二節で考えた。

ここでは、個々の城の歴史やその後の認識過程を二つの例を基礎に検証した。いわば武士の城である百目木城については、記録・絵画・縄張図・伝承等を紹介し、村の城ともいうべき田沢八館については、その伝承「村の館」・記録・地名「館と山」・小屋入り（小屋上り）等について整理・推定した。これらは遺構踏査も資料的にも不十分で、その目的を十分果たしたと言い難いが、兵農未分離時の一地方（塩松領石川分）の武士と村の係わりを、城館という観点から考えたものである。

城館跡の踏査を行うと、これまでの文献や伝承等にも見当たらず、深く山野に埋もれていた土塁や空堀・堀切、そして多くの帯曲輪等に遭遇することがある。どう見ても城館跡である。それらが長い「その後」の歴史の中で埋没してしまった理由は様々考えられるが、ここに紹介したような事例も数多いと思われる。ここでの問題提起が今後の城館跡の踏査及び考古学的研究等に、何らかの形で資することがあれば幸いである。

なお、小稿を草するに当たっては、小林清治博士監修及び執筆による『岩代町史』各巻及び『秀吉権力の形成』等から数多くのご教示を得た。また、若林伸亮、横山勝栄、伊藤正義、飯村均の各氏からは文献・資料等の提供等を受けた。末筆ながら、心より感謝の意を表したい。（一九九六年二月二十一日）

（注）

（1）田沢小学校『旭村郷土誌』岩代町立田沢小学校蔵

（2）小林清治・誉田宏他『岩代町史』第1巻　一九八九

（3）小林清治・渡部正俊・誉田宏他『岩代町史』第2巻　一九八五

（4）佐藤友治他『岩代町史』第4巻　一九八二

（5）成田頼直（一八〇四）「松藩捜古」『福島県史料集成』2　福島県史料集成刊行会　一九五三

(6) 渡辺信夫監修・仙台市博物館編『図説伊達政宗』仙台市博物館　一九八六
(7) 長南要氏所蔵　田中正能他『岩代町史』第1巻　一九八九
(8) 内田實『広重』岩波書店　一九三二
(9) a日下部善己「百目木城」『日本城郭大系』3　新人物往来社　一九八一
b日下部善己「百目木城」『福島県の中世城館跡』福島県教育委員会　一九八八
(10) 誉田宏・佐藤彦一・菅野与他『岩代町史』第1巻　一九八九
(11) 庄司吉之助・小林清治・誉田宏他『福島県の地名』日本歴史地名大系7　平凡社
(12) 田沢村「岩代国安達郡田沢村地籍図・丈量帳」福島県歴史資料館蔵
(13) 日下部善兵衛「旧町村沿革－旭村」『岩代町史』第4巻　一九八二
(14) 遠藤良「毒清水と駒寄場」『岩代町史』第4巻　一九八二
(15) 百目木小学校ＰＴＡ『百目木小学校ふるさとマップ・説明書』一九八八
(16) 小林清治『岩代町史』第1巻　一九八九
(17) a小林清治他『岩代町史』第2巻　一九八五
b山本浩樹「放火・稲薙・麦薙と戦国社会」『日本歴史』521　吉川弘文館　一九九一
(18) 若林伸亮「〝唐矢館〟の所在を推理する」『福島県中世城館跡調査だより』(内報) 1－1　福島県教育庁文化課　一九八五
(19) 新村出編『広辞苑』岩波書店　一九五五
(20) a小林清治『秀吉権力の形成　書札礼・禁制・城郭政策』東京大学出版会　一九九四
b小穴芳美「山小屋は避難小屋か」『信濃』36－10　一九八四
c笹本正浩『中世的世界から近世的世界へ』岩田書院　一九九三

d藤木久志『豊臣平和令と戦国社会』東京大学出版会　一九八五
e藤木久志『戦国の作法　村の紛争解決』平凡社　一九八七
f藤木久志「村の隠物・預物」『ことばの文化史』中世I　平凡社　一九八八
g藤木久志『戦国史を見る目』校倉書房　一九九五

(21) 当地域では、コヤ〈小屋〉は、「家」、「物置」、山や畑等に造る「物置兼作業場」等を示す。囲炉裏の焚き付けや割木を保管している「木小屋」、山林での炭焼き生活の場となる「炭焚き小屋」等がある。これらはいずれも礎石等は持たず、掘立柱で支えることが多いため、簡易な建築法として「掘立小屋」と呼ばれる。かつて子供たちは、山の中に自分たちで竹や笹やカヤで造った秘密の家をカクレガ、ときにはコヤ(隠れ家、小屋)と呼んだ。

(22) 城館跡出土の日常生活用具の意味を、さらに各方面から検討し直したい。
日下部善己「城館跡出土の石臼類について(予察)－福島県内城館跡発掘調査の成果より－」『福島考古』第22巻　福島県考古学会　一九八一

(23) a横山勝栄「新潟北部の中世の小型城郭について」『昭和六十三年度研究紀要』新潟県東蒲原郡三川村立三川中学校　一九八八
b横山勝栄「中世の川に臨む城館」『両越地域史研究』創刊号　両越古代・中世史研究会　一九八八

(24) 齋藤完高編「世臣家譜」巻六十二(『相馬市史資料集特別編』12)相馬市　二〇一〇

(参考文献)
○安西彦貴(一八〇四以前)「積達古館弁」(柳沼善介校閲・刊行)一九六六
○成田頼直「積達館基考補正」『二本松市史』第3巻・『岩代町史』第2巻　一八一九

○木代建達「積達大概録」『二本松市史』第6巻　一八一九
○大鐘義鳴「相生集」一八四一『岩磐資料叢書中巻』一九七一
○野辺保蔵・平島郡三郎「安達郡案内」福島県郡誌集成2　一九一一
○福島県教育委員会『福島県の寺院跡・城館跡』一九七一
○目黒吉明他「福島県」『日本城郭大系』3　新人物往来社　一九八一
○福島県教育委員会『福島県埋蔵文化財包蔵地分布図・地名表』一九八四
○小林清治他『福島県の中世城館跡』福島県教育委員会　一九八八
○高橋明他「中世」『図説大玉の歴史』大玉村　二〇一二
○日下部善己「第4回塩松石川氏（石川弾正）顕彰祭要項」石川弾正顕彰会　二〇一六
○関係各市町村史（二本松・安達・本宮・大玉・岩代・東和・白沢・郡山・川俣）

（追記）

別項にも触れるが、最近の塩松百目木城跡をめぐる動向について記しておくことにする。

平成二十八年五月二十二日、塩松百目木城主石川弾正光昌公の後裔、現当主の石川昌長氏が、石川弾正顕彰会主催の「第四回塩松石川氏（石川弾正）顕彰祭」（二本松市・二本松市教育委員会後援）に招かれて、祖先の故地百目木を訪れた。二本松市旭公民館での講演や名目津壇での墓参を顕彰会員とともに行った。これは、天正十六年（一五八八）の百目木落城以来、実に四二八年目のことであり、石川氏家臣団子孫等との歴史的邂逅でもあった。なお、筆者も名目津壇に係わる史料の解説を現地で行った。

百目木城は、現在でも遺構の保存状況が極めて良好であり、中世史家や城館研究者からも福島県下有数の戦国期城館（山城）跡であるとされている。城域は、日本のマチュピチュと呼ばれる「竹田城」（兵庫県朝来市）と同様のたたずまいであり、「みちのくの竹田城」と呼ぶに相応しい。近年は、観光バス等で団体客が見学に訪れる城ともなった。また個人での調査や観光のための登城も、これまで以上に増加している。これらの多くの来訪者を「おもてなし」するためには、百目木城及び周辺地域の今後の調査・保存整備や環境整備等が肝要である。

第二節　東安達の拠点城郭

1　四本松城跡

四本松城は、安達郡岩代町上長折字古舘・舘山にあり、標高三一六・二m、比高一〇〇m、規模四〇〇×六〇〇mで桑園・山林・宅地・草地・神社等に利用されている。東と北は口太川に面した急崖、西は谷、南は谷と堀切によって区画された山城で、付近の城館をよく見通す立地である。

山頂の一ノ郭が中心の郭（本丸）で平場が三段に造られ、中央付近には一部に礎石も見られる。この南東下段には帯郭も認められる。一ノ郭からは尾根が三方向に延びており、東の尾根には四ノ郭があり先端には東壇の

写真１　四本松城遠景

堀切を挟んで物見と目される五ノ郭がある。

　西南の尾根上には二・三ノ郭がある。北と同様尾根を切断するために、大規模な堀切が構築されている。城の南に湧水があり、五輪塔や土塁も見られる。付近には寺屋敷・縫坊・読坊・鍛冶屋敷・御池・殿《との》畑《んばたけ》という俗称が残っている。

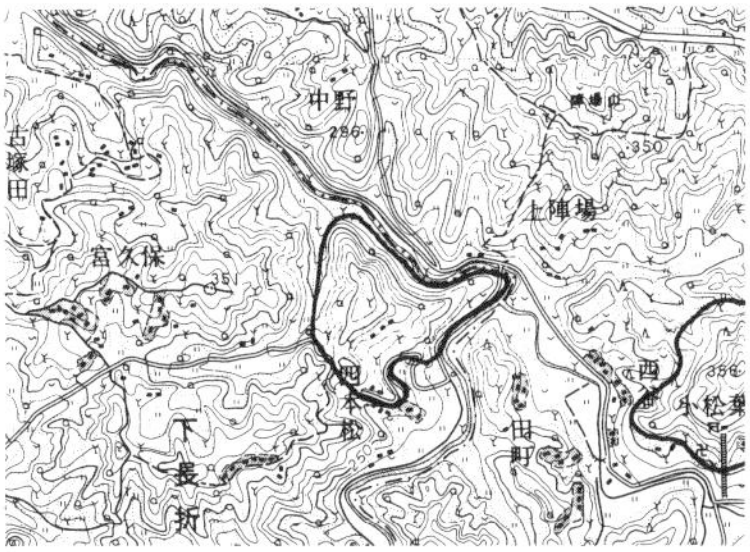

第１図　四本松城位置図

　後三年の役の功により伴助兼が四本松を領し住吉城を築き、文治五年（一一八九）奥州合戦後田原秀行が治め、その子秀友、次いで

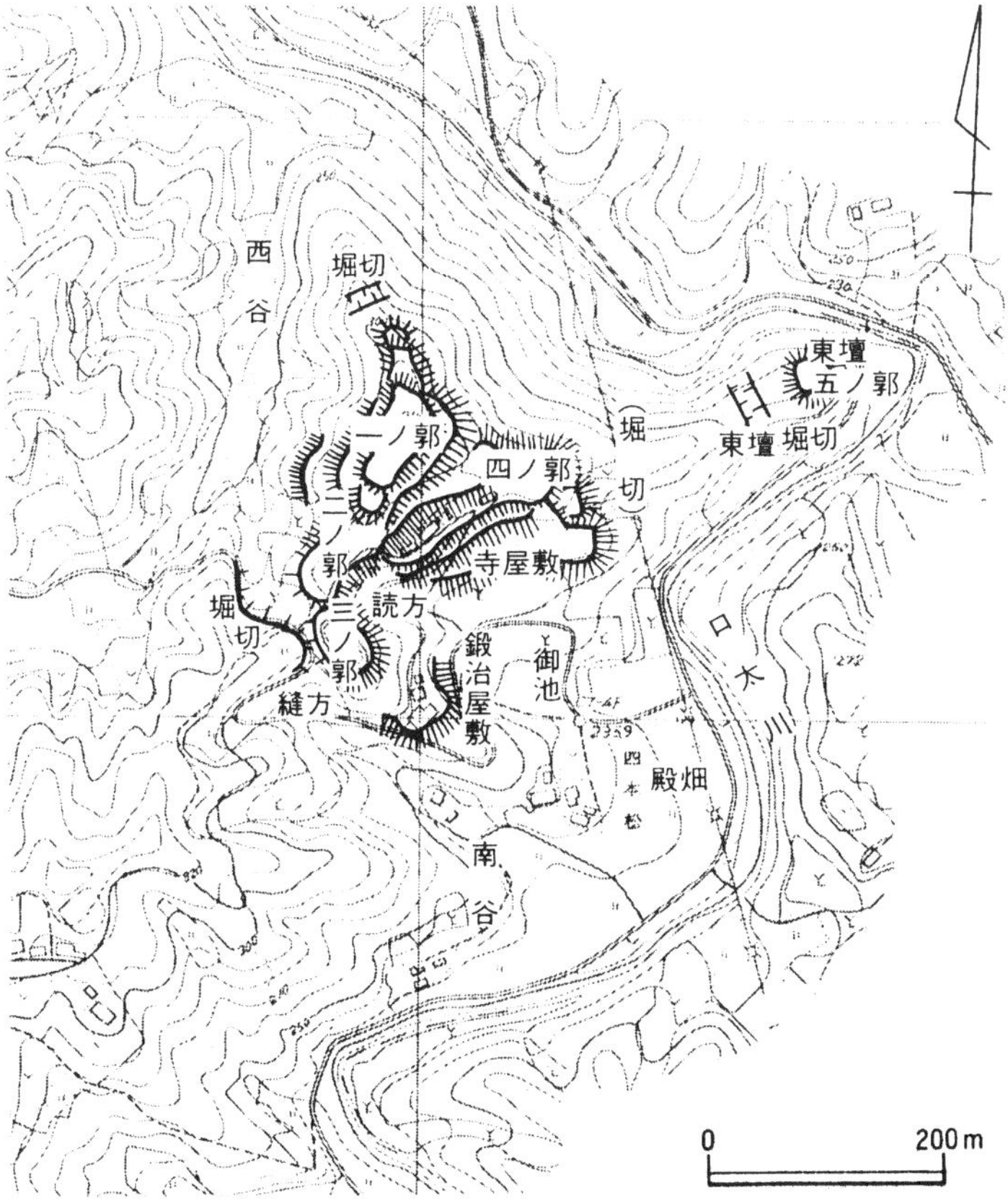

第２図　四本松城略測図

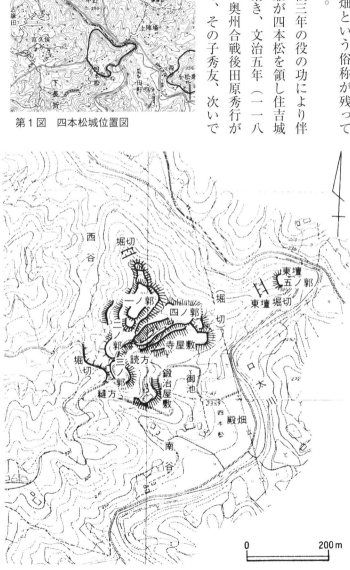

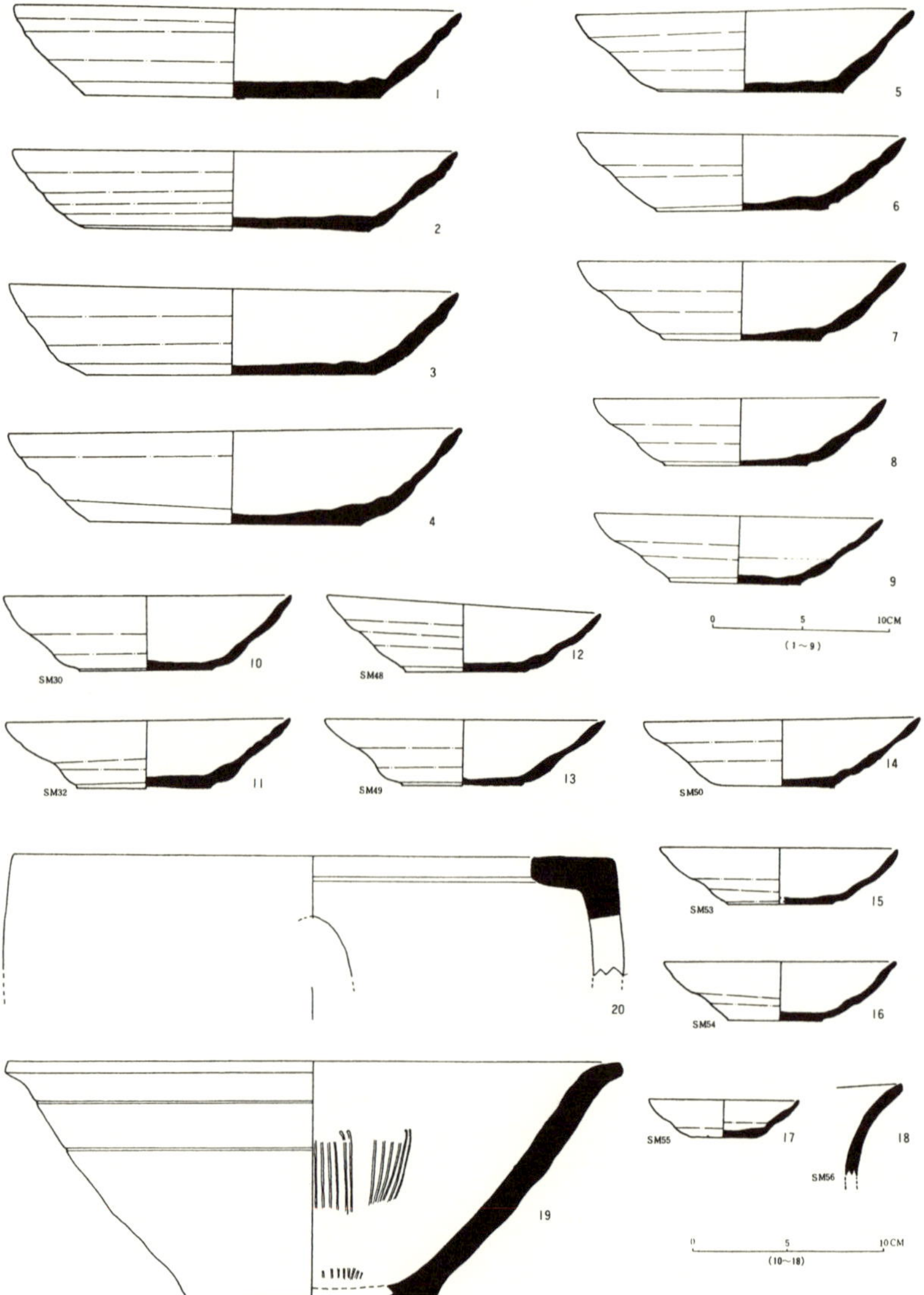

第３図　四本松城出土遺物（鈴木啓・野崎準1976から）

石塔義房・頼房父子が四本松城に入ったという。さらに吉良貞家・満家が在城した後、応永七年（一四〇〇）宇都宮氏広に替わって石橋棟義が塩松を領した。五代義衡は住吉城に移ったが、八代尚義が再度四本松城に戻った。尚義は天文の乱では伊達稙宗方についたが、終盤では晴宗方に転じ、畠山義氏に攻撃されている。天文二十二年（一五五三）晴宗から伊達郡川俣五十沢を与えられている。しかし、永禄十一年（一五六八）家臣の小浜城主大内備前や百目木城主石川弾正等によって滅ぼされ、義久の子は相馬に逃れた（『小浜町郷土読本』）。

昭和四十六年、岩代町教育委員会による本丸発掘調査（担当者：鈴木啓）によって、火災に遭った南面する礎石建物跡や簾状の編物、多数の杯、灯明皿、擂鉢等が発見され、一五世紀に比定されている。その後茶臼、石鉢、石塔等も表面採集され（日下部善己他『岩代町の城館』岩代町　一九八七）、居城した、奥州管領等格式の高い武士の生活を偲ばせる。なお鈴木啓・野崎準『四本松城』（岩代町教育委員会　一九七六）を参考とした。

２　小浜城跡

小浜城（下館）は、岩代町小浜字東下舘他にあり、東西一〇〇〇m、南北一二〇〇m（中心だけで六〇〇m）で、標高三〇〇mの山頂及び尾根を削平して郭等の施設を構築している。東は小浜川、北と西は移川、南は谷（字藤町）と堀切（堀切坂）によって区画された天然の要害である。比高約七〇mで町営公園・桑園・畑・山林・駐車場等に利用されている。

山頂には三角形状の一ノ郭があり本丸と目され、西側がやや低い二段の郭で北東側には帯郭が観察される。南の虎口の東側一部に石垣（打込みハギ・蒲生時代と言う）があるが、かつては西側にもあったと言う。この西には空堀を挟んで通称軍艦山と呼ばれる二ノ郭がある。東には西京館と呼ばれる二段に構築された三ノ郭があり、北側の斜面には粘土を貼りつけた部分も見られる。本丸の北には四ノ郭があり、周りには帯郭が構成されていたが、現存せず広い平坦面になっている。この他二ノ郭の南に六ノ郭、三ノ郭の北に堀切を挟んで七ノ郭、その東や南に八～十三ノ郭があり、本丸と谷を挟んだ南に十四～十七ノ郭がある。十ノ郭は片倉小十郎が住んでいたという片倉屋敷（片倉館）跡で、大きくは二つの郭が土橋によって連結されている。水の手は大手口と本丸の中間地点の湧水である。

五ノ郭の北には大きな谷（北谷）があり、その西側の入口部は「あかずの門」（字赤鼠）と呼ばれていたらしく、ここまでを城域とするのが一般的であるが、防衛上からはその北の移川沿い（字下館）まで含めるべきで不明な点もあるが、これを十八ノ郭とする。

地名から大手口は西の岩代町役場側（字追手坂・字下追手坂）、搦手口は東の片倉屋敷側（字搦手）

写真2　小浜城一ノ郭（本丸）

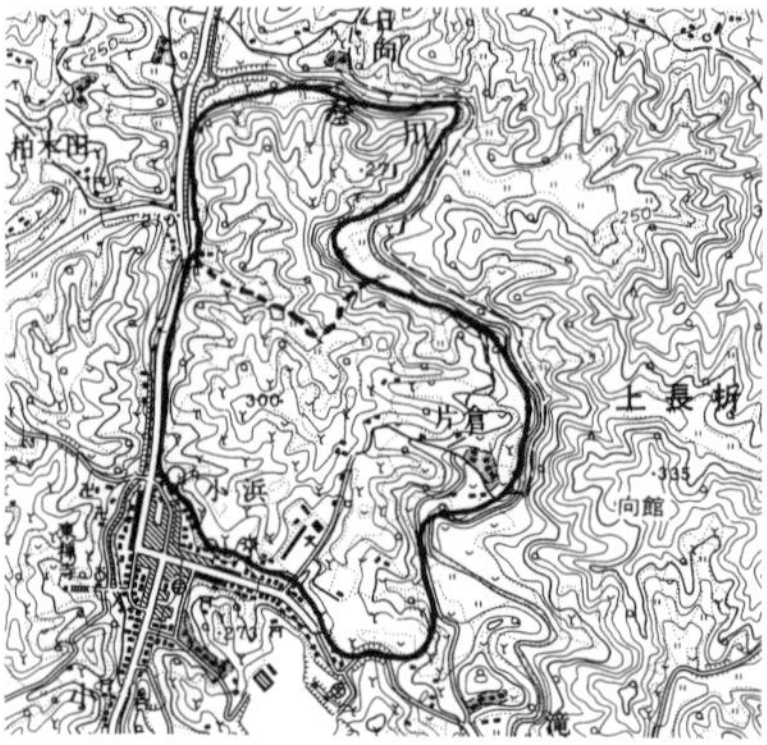

第4図　小浜城位置図

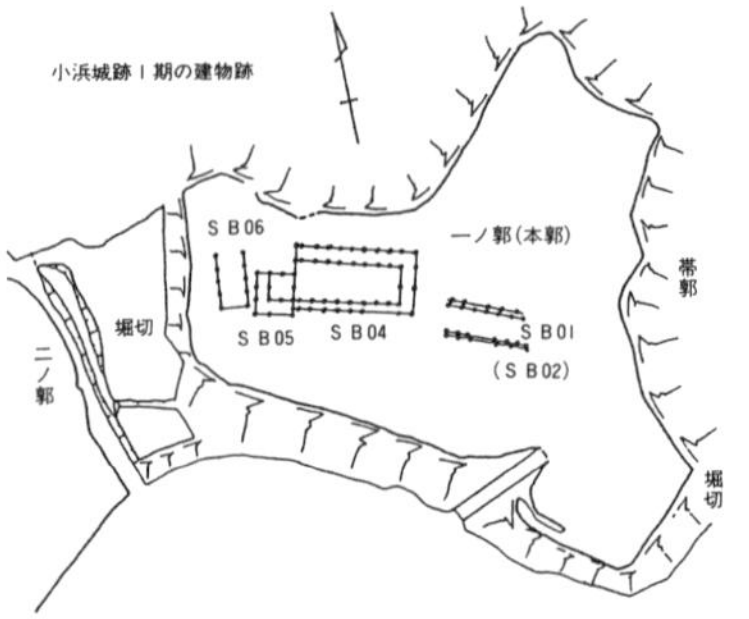

第5図　小浜城一ノ郭建物配置図（鈴木啓原図）

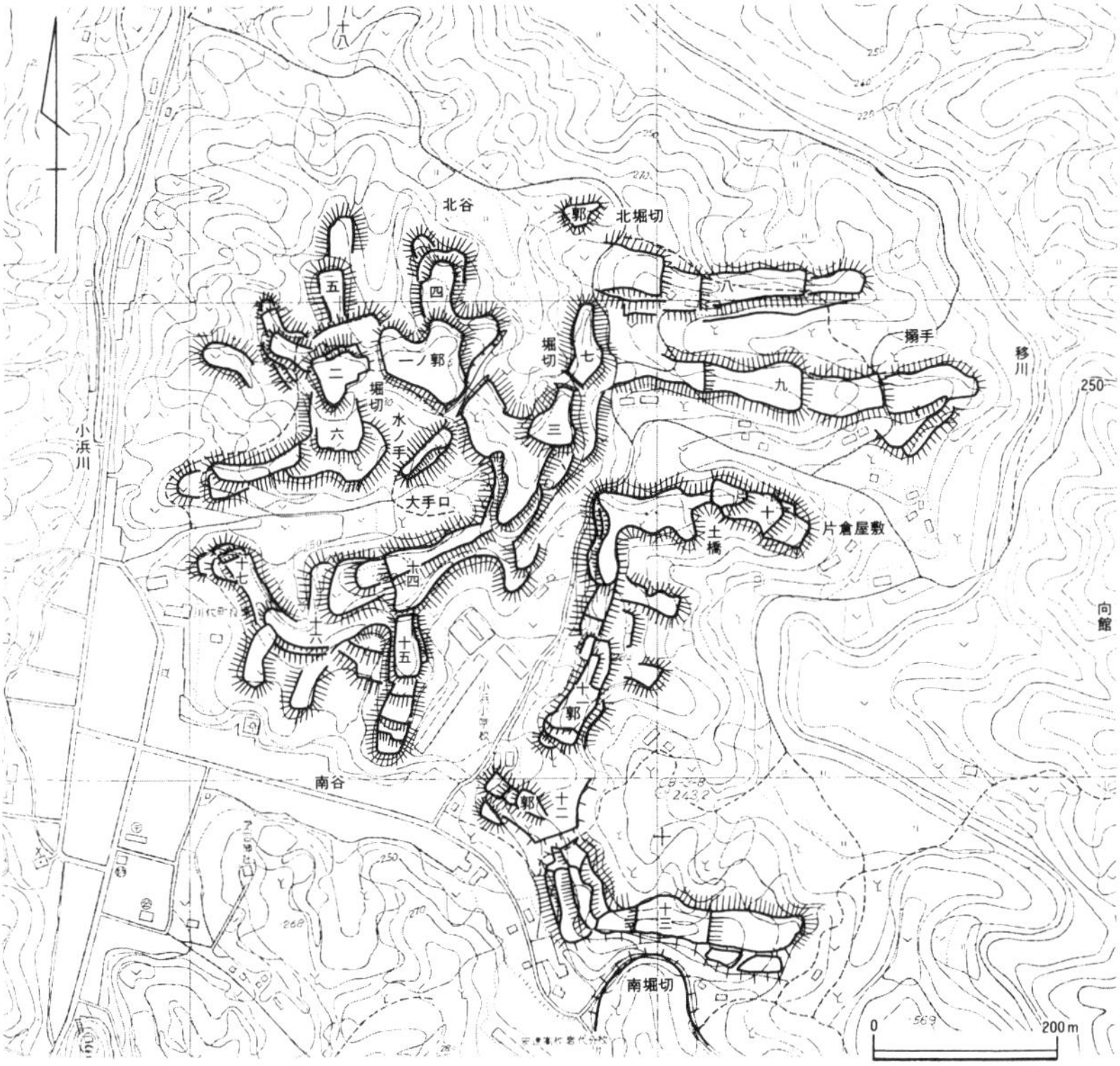

第６図　小浜城略測図

である。

当城は岩代町教育委員会によって二度の発掘調査が行われている。昭和五十六年三月の一ノ郭（本丸）調査（担当者：鈴木啓）では建物跡八棟、柵列跡三条、土坑数基と土師質土器（かわらけ）、染付、石臼、砥石、鉄製品等が発見されたが、特にⅠ期の建物群の中には、戦国時代の山城を代表する破格の大建築がある。昭和六十二年八月の西京館跡調査（担当者：日下部善己）では、物見と思われる建物跡等が発見されている。

小浜は田村、二本松、本宮、相馬への交通の要所で中世には多くの山城が築かれ、近世以降は「小浜の町に帯買いに……」と歌に歌われる商業の町として栄えた。

小浜城は文明年間（一四六九～八七）、大内内膳宗政によって築かれたとされる。大内氏は石橋氏の家臣で、この地が旧地の若狭国小浜に似ていたので、その名をとって命名したと言われている。

永禄十一年（一五六八）、城主大内備前義綱は百目木城主石川弾正等と主家石橋義久を滅ぼし、石川分を除く塩松領（東安達）を手中に納めた。

天正十一年（一五八三）、その子定綱は会津蘆名氏と結び、二本松城主畠山義継の援助を得て、田村氏に属する石川弾正の百目木城を攻めたが敗退した。しかし、来襲する田村清顕の軍勢に対しては常に優位に立ち、その力を内外に示した。

同十三年（一五八五）、伊達政宗は帰属の一定しない定綱を討つため塩松に侵攻し、小手森城を皆殺しによって攻略したため、定綱は小浜城を捨てて会津に走った。九月政宗は小浜城に入り下館と呼び、父輝宗は宮森城に入り上館と呼んだ。塩松は白石若狭に与えられた。十月畠山義継による輝宗拉致・死亡事件が発生し、政宗の二本松攻撃が開始される。翌十四年（一五八六）七月畠山氏は会津に走り、八月政宗は約一年間の小浜城滞在を終え、米沢に帰還する。

豊臣秀吉の奥羽仕置の後当地は蒲生氏郷等の領地となり、これ以降江戸時代初期まで城代が置かれたが、以後廃城となった（『小浜町郷土読本』）。

なお、宮森城の南に五連壇と呼ばれる塚群と五輪塔があり大内氏の墓所と伝えられる。また会津若松市の造酒屋宮森家は大内氏の子孫である。

3　百目木城跡

百目木城は岩代町百目木字本舘・舘山にあり、二本松、田村、相馬への街道を抑える位置にある。南西に突き出た比高七〇ｍの山稜を巧妙に利用して縄張りがなされ、西と南はそれぞれ山辺沢、口太川の谷に向かう急崖で、北と東西方向は堀切によって区画されて、独立丘陵化が図られている。城内は四つの堀切を挟んで大きくは五つの郭で構成されている。一ノ郭は本丸と目され、中央には巨石を積んだ庭園様の施設があり、「石川様のつぼの石」と俗称される。この下段には帯郭が認められ、特に南東方向には広い二ノ郭がある。この北方の三ノ郭にも帯郭が発達し、その一角が南方に突き出し（四ノ郭）、堀切を挟んで相馬方面を望む五ノ郭に続く。一ノ郭と土橋で接続する六ノ郭は田村や小浜方面に対する物見で、一部に土塁状の高まりもある。七ノ郭は現存しない（Ｐ147第1図参照）。

町裏には一段高まった畑地があり、侍町と思われる。城の北と東には水の手がある。また、西の山辺沢を堰き止めて水堀にしたと言う。搦手・的場と言う地名が東側にあり、大手は南側と思われる。その他、町・荒町・向町・堂内・見附等の地名や、城主石川弾正ゆかりの八幡神社・虚空蔵尊等があり、江月山長泉寺には弾正とその父摂津守の位牌が安置されている。また、百目木字名目津には名目津壇という塚があり、弾正の墓所と伝えられ、付近には香炉橋や烏帽子石という地名がある。

なお、この城については「仙道記」や弘化年間に歌川（安藤）広重が描いた「陸奥安達百目木駅八景図」にも記録されている。

南北朝期石川郡三芦城主石川満朝三男盛光は、安達郡百目木（旧館か）を分与され石川治部大輔と称

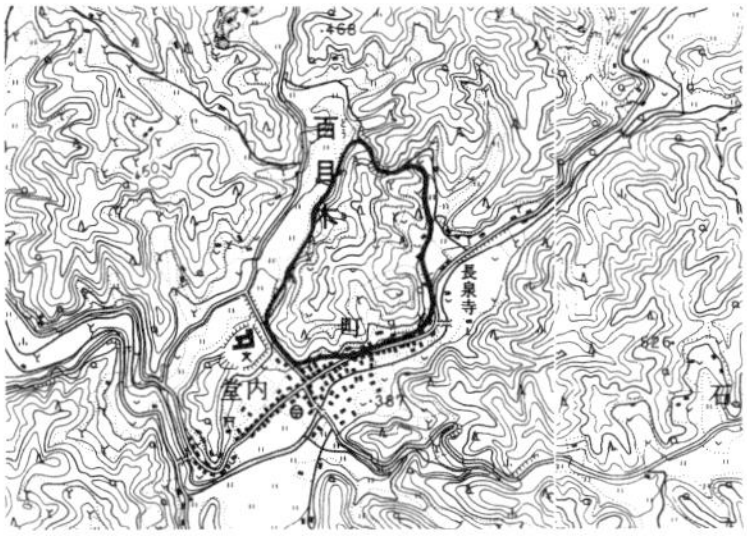

第７図　百目木城位置図

写真３　百目木城一ノ郭遠景

した。永禄十一年（一五六八）、石川氏は、小浜城主大内氏とともに主家石橋氏を滅ぼし田村氏に属し、その後二本松畠山義継と連合して来襲した大内定綱を撃退した。同十三年（一五八五）石川弾正は伊達政宗の定綱攻略に荷担し小手森城・月山館（東和町）を加増された。しかし塩松三三郷は白石若狭に与えられたため、相馬義胤を後ろ盾とし同十六年（一五八八）小手森城で政宗勢と戦闘に及んだが、敗れて相馬に逃れた（打ち死にしたという説もある）（『旭村郷土誌』）。なお、後の塩之松東城は当城という意見もある。

4　宮森城跡

宮森城は岩代町小浜にある。応永年間（一三九四～一四二八）に宇都宮氏広が築城とされる。「伊達日記」「積達古館弁」「仙道記」「相生集」「永慶軍記」『小浜町郷土読本』他に記されている。別名、四本松城・宮守城・上館とも呼ばれる。土塁や礎石が残り、規模は、三五〇m×七〇〇m、比高六〇mである。

小浜城の南約二・一mに位置し、北へ突き出た尾根上に営まれた城である。城下には三春街道及び本宮街道の分岐点があり、交通の要地を占めている。

明徳元年（元中七、一三九〇）に岩代町四本松城にあった吉良満家に替わって入部した奥州探題宇都宮氏広は、慈現明神とともに四本松城をこの上館の地へ移した。南北朝の動乱期の応永七年（一四〇〇）に南朝方だった宇都宮氏は北朝方の斯波詮持・石橋棟義に敗れ去った。その後、文明三年（一四七一）に四本松城主石橋氏家中の大河内修理が、この城を修築し、宮森城と称した。

永禄年間（一五五八～七〇）に石橋氏四天王の一人と言われた宮森城主の大河内備中が小浜城主の大

内備前や百目木城主の石川弾正等の諫言によって自害して果てた。なお現在、城下北側の路傍の備中の甥の宗四郎の自害地には腹切石と言われる大石がある。

宮森城を掌中に収めた大内備前は、主家石橋氏をも滅亡させ、塩松（東安達）地方を支配した。天正四年（一五七六）に大内備前定綱は田村清顕の先手として片平城（郡山市）を攻め滅ぼし、これを領有した。さらに同十一年（一五八三）に定綱は田村氏に反逆し、二本松城主の畠山義継の援助を受けて石川弾正を攻めるが、これは失敗に終わった。しかし、来襲した田村勢に対しては常に優位に立ち、この頃はまさに大内氏の全盛期であったと言えよう。

ところで、天正十三年（一五八五）に米沢城主の伊達政宗が塩松へ進出し、定綱の支城である小手森城（東和町）を「皆殺し」にして落城させた。同年八月二十七日のことである。これを聞いた定綱は小浜・宮森両城を放棄して二本松へ走り、その後、蘆名氏へ身を寄せた。

写真４　宮森城跡（上館）（写真・二本松市教育委員会）

同年九月末、定綱を追放した政宗は小浜城に、また父の輝宗は宮森城へ入ったが、伊達氏の戦いぶりは近隣の諸将を震撼させた。畠山義継もその一人である。義継は十月八日に宮森城の輝宗に政宗への取りなしを依頼した。しかし、義継は輝宗と会談後、見送りに出た輝宗に刀を突きつけ、二本松方面へ逃走した。これを聞いた政宗は義継を追跡させ、義継と父輝宗もろとも銃殺したと言われている。その地が二本松市高田原の「粟の巣」である。十月十五日、政宗は畠山氏の二本松を攻撃するが、城主国王丸以下の抵抗が激しく、翌年の七月十六日にようやく落城させた。こうして政宗は、その目的である塩松と二本松を掌中にした。

宮森城は天正十九年（一五九一）には蒲生氏の支配下に置かれ、稲田数馬等が城代となった。さらに寛永二十年（一六四三）には丹羽氏の支配下に置かれ、梅原弥三左衛門等が城代として治め、やがて廃城となった。

城の東・西・北は急崖で、南は峡谷によって区切られ、独立丘陵化が図られている。「仙道記」によれば、その縄張りは以下のようである。

口から南に当たる、本丸大手まで、町から八町四〇間（このうち、四〇間は城山の坂）、本丸は高さ一七間、広さ縦三〇間、横一六間、三ノ丸は高さ一七間、広さ縦八五間、横二六間、二・三ノ丸へ坂道四七間であった。本丸の位置は判断でき、城内の井戸は城の東麓にある。

また城下の西手には上本町・下本町・風呂屋敷等の地名が残っており、現在は耕地化しているが、往時は町並みが存在したものと思われる。

第三節　会津・仙道境目の城　玉井城の位置と構造

1　はじめに

我が国の城と言えば、姫路城に代表されるように、石垣や白壁そして天守閣等が特徴的な「石垣の城」である。戦国の作法としての破城、元和の一国一城令、自然災害・火災、明治維新後の城破却等を経て後もなお、今日まで保存されている近世の石垣の城のうち、天守閣は全国に一二ある。そのうち東北・関東地方にあるのは弘前城だけである。また、国宝は、松本城、犬山城、彦根城、姫路城、松江城の五城あり、石垣の城の代表とも言える。復元された城も数多く、本県にある石垣と白壁の城は、若松城、二本松城そして白河小峰城等である。

一方、全国にはおびただしい数の「土の城」も存在する。土塁、堀、曲輪、帯曲輪等で構成される中世戦国期の城館である。一部に若干の石積等を持つこともあるが、ほとんどは土で構成され、建物は失われている。深い森や山頂、いぐね等に隠れ潜むようにして今も確実に存在している。武田信玄居館の甲斐武田氏館跡（現山梨県甲府市）、奥州伊達氏の桑折西山城跡（現伊達郡桑折町）、会津新宮氏の新宮城跡（現喜多方市慶徳町）等が著名であるが、玉井氏の玉井城跡（現安達郡大玉村玉井）や新城氏の梻山館跡（現安達郡大玉村大山）等、安達地方南部の大玉扇状地上の城館もこれに該当する。

中世戦国期の城館が、その所在する地域社会が好むと好まざるとに係わらず、その機能を終了した後、即ち江戸期以降にいかなる道を辿ったかについては、かつて安達郡、即ち戦国期の二本松郡及び塩松郡の城館二五三ヶ所を例として記述[1]したことがある。ここでは、その折不備であった本県の文化財としての城館跡研究の概略を述べるとともに、その後の自治体史等の城館跡調査の状況を踏まえてその補完・補正を行う。

次に、戦国期に会津と仙道の境目の城で、安達地方南部の拠点城館の一つであった玉井城の先行研究の業績紹介を先ず行う。これは学界にまだ広く周知されていない貴重な記録写真等である。さらに、その業績を基本にして行った、玉井城の図上復元作業の経過と結果について報告したい。当該城館跡は戦後の高度成長期の開発事業に係わり、地表から姿を消した多くの遺跡の一つでもある。

2　福島県中世城館跡研究の一断面

⑴　近世から近代へ

城館研究の全体像の概略を、文化財としての側面から略史的に以下に述べていく。

江戸期になると、中世城館の一方は近世城郭、即ち幕藩体制の行政府として、他方は不要な古城・古館となり、山林原野・耕地・宅地等として使用されることになる。これらは、近世においては地誌、合戦記や国絵図、城絵図、城下絵図、村絵図等各種絵図等に表現される。しかし、存在が表面に出ない（出さない）城館も数多いことは先に指摘した通りである。

明治後期になると、福島県知事から郷土史編纂の訓令が発せられ、県下各市町村長はその事業を各尋常高等小学校校長等に命じた。その成果等をもとにして明治期の修史事業ともいうべき、各郡誌編纂事業が行われ郷土誌が刊行された。例えば『宇多郡誌』（明治三十三年）、『田村郡郷土史』（明治三十七年）、『安達郡案内』（明治四十四年）等である。また、明治三十七年十二月に東京帝国大学の三浦周行が阿津賀志山（厚樫山）、現在の国史跡「阿津賀志山防塁」の現地調査を行っていることは注目に値する。[2]

昭和期（戦前）には、史跡名勝天然紀念物保存法による国の史跡指定調査及び指定が行われた。史跡宇津峰（昭和六年七月三十一日）、史跡名勝霊山（昭和九年五月一日）、史跡若松城跡（昭和九年十二月二十八日）等である。この頃、堀江繁太郎、八代義定等が諸調査を担当した。さらに『大日本築城史』編纂関係調査が陸軍によって実施されている。

⑵　戦後から高度経済成長期へ

太平洋戦争後、昭和二十年～三十年代になると、昭和二十四年の法隆寺金堂焼損を契機に、議員立法によって文化財保護法が昭和二十五年に制定された。文化財を網羅した日本における初めての「文化財の保存と公開」に関する法律である。さらに、昭和二十七年には福島県文化財保護条例が制定された。これによって、城館跡が県史跡指定等を受けた。県史跡白川城跡（附）感忠銘碑（昭和二十八年十月一日）、県史跡中村城跡（昭和三十年二月四日）、県史跡高久の古館（昭和三十一年九月四日）、県史跡小高城跡（昭和三十三年八月一日）等である。また、松平定信がこの地と考証した白河関跡の発掘調査が昭和三十四年～三十八年に行われ、福島県初の本格的城館跡関係発掘調査[3]となり、土塁、空堀、建物、住居跡等が検出された。

この時期には、新しい日本の歴史の構築を目指して戦後の本県歴史学・考古学界をリードした県内各地の考古学研究者や地方史研究者等の調査研究成果をもとに、福島県教育委員会から『福島県遺跡地名表』（昭和三十五、三十六年）が刊行された。さらに、昭和三十九年には、「福島県遺跡地名表」が福島県刊『福島県史』第6巻（考古資料）に掲載された。これは、本県埋蔵文化財（遺跡）の保存と研究のための基礎データが、広く一般に公開された歴史的出来事でもある。

昭和四十年代には、『全国遺跡地図（福島県）』（昭和四十一年）が国の文化財保護委員会から刊行された。この頃、高度経済成長期の開発と埋蔵文化財保護をめぐる諸問題が顕在化しつつあった。以後、平地そして丘陵へと移動する開発事業等に伴って、城館跡発掘調査が増加する。

昭和四十六年には、福島県の寺院跡・城館跡の調査が行われ、『福島県の寺院跡・城館跡[4]』（文化財基礎調査報告書）が福島県教育委員会から刊行された。本県文化財（遺跡）としての「城館跡」を明示した画期的な調査報告書である。この頃、陣場山館跡、新宮城跡、藤田城跡、瀬戸川館跡（いずれも部分調査）等の発掘調査が実施された。さらに、昭和四十九年、『全国遺跡地図（福島県）』（文化庁文化財

第１表　県内の城館跡の認識数

出　　典	昭46県城館	昭56城郭大系	昭59県埋文	昭63中世城館	平８県埋文(9)
城　館　数	1081	1145	1042	1997（111）	2231

（　）は位置不明城館数

保護部監修）が刊行され、埋蔵文化財（遺跡）としての「城館跡」を明示・周知した。

昭和五十年には、文化財保護法が改正され、埋蔵文化財関係法規が整備された。城館跡の全面的発掘調査が実施され始め、真壁城跡や油王田館跡等調査が行われた。さらに、昭和五十五年に、鈴木啓は「福島県における中世城館研究の動向」[5]を発表し、本県中世城館跡発掘調査の総括と展望を示した。また、考古学から遺構としての城館跡の価値を再評価し、以後の城館跡調査研究をリードした。この頃、調査[6]及び史跡指定として、国史跡阿津賀志山防塁（昭和五十六年三月十四日）がある。また、昭和五十六年、筆者も「城館跡出土の石臼類について（予察）－福島県内城館跡発掘調査の成果より－」[7]によって、遺物から見た城館跡という観点から本県中世城館跡発掘調査の総括等を行った。これ以降、『日本城郭大系』第３巻（山形、宮城、福島）[8]や『福島県埋蔵文化財地名表・分布図』等が刊行された。県内各地域の考古学者や文化財行政担当者等の献身的な調査研究の進展に伴って、地名表に掲載された城館跡数は確実に増加した。

昭和六十年代～平成初期では、まず、桑折西山城跡が昭和六十一年に県史跡指定となった。昭和六十～六十二年度には、歴史学・考古学・地理学の研究者等五七名によって、本県中世城館跡の先行研究の総括、現地・悉皆調査、古文書・古絵図等調査、縄張り図作成等が行われ、昭和六十三年には県下の中世城館等を網羅した福島県教育委員会『福島県の中世城館跡』[10]が刊行された。なお、第１表に昭和四十年代以降の本県の城館跡の認識数の移り変わりを示した。

第２表　安達郡内の城館数とその初見数　（単位：箇所）

出典		積達古館弁	積達館基考補正	積達大概録	相生集	安達郡案内	福島県の寺院跡・城館跡	市町村史等	共通城館（城館総数）
時期／郡・組等		文化元年（1804）以前	文政２年（1819）	文政２年（1819）終筆。始期は享保か	天保12年（1841）	明治44年（1911）	昭和46年（1971）	昭和36、48～平成14年(1951)、（1973～2002）	
東安達	塩松計	28	29	54	67	57	68	115	155
	（初見数）	*28*	*2*	*29*	*16*	*16*	*26*	*38*	*155*
	小浜組	4	5	26	31	22	12	19	48
	針道組	17	17	18	24	23	22	39	49
	糠沢組	7	7	10	12	12	34	57	58
西安達	二本松計	36	43	44	60	28	32	66	99
	（初見数）	*36*	*9*	*15*	*11*	*7*	*9*	*12*	*99*
	城下	4	7	0	1	0	2	2	7
	渋川組	6	6	5	9	10	3	19	19
	杉田組	9	11	14	19	3	1	14	25
	玉井組	7	8	13	16	8	3	16	23
	本宮組	10	11	12	15	7	23	15	25
安達	合計	64	72	98	127	85	100	181	254
	（初見数）	*64*	*11*	*44*	*27*	*23*	*35*	*50*	*254*

平成二年には、桑折西山城跡が国の史跡指定を受けた。以降の状況については省略する。

3　安達郡南部の城館跡

(1) 塩松郡、二本松郡の城館跡

およそ室町時代から江戸時代初頭にかけて安達郡は、阿武隈川の東を安達東根や塩松と、西側を安達西根や二本松と呼んだ。近世から近現代に至る過程で、近世（一七世紀前半）に一度機能を失い存在自体も隠れて（隠されて）しまった中世城館が、住民や地域社会そして郷土史家・歴史学者・考古学者・地理学者等

にどのように認識（再認識）されてきたか、それらを具体的に表す史料・資料名や時期、近世の組別、数量の状況についての概略は第2表に示した通りである。

その中で、城館の初見（再見）について見てみると、塩松は、近世（一九世紀初頭）の地誌等で四八・七%、近代以降の郡誌や調査報告書に五一・三%の城館が再認識され、ほぼ半々である。しかし、塩松の糠沢組においては近世一二城館に比して近代以降四五城館であり、当該組の近世の人々は、その多くを城館リスト的に記録しては残さず、口頭伝承の形で子孫に伝えた。これに対して、二本松では、近世が七一・七%、近代以降が二八・三%となり、すでに近世において七割以上の中世城館は地誌等の記録に残され、人々に再認識されている。

自分たちの地域に中世戦国期城館がたくさんあったことを知りながら、文字にして藩庁や他地域社会の目に触れることを避けていたと思われる糠沢組の人々の姿は、他領との境目であり、戦国の激戦地であった当地ならではの対処法・処世術とも読み取れる。

(2) 安達郡南部（玉井組・本宮組・糠沢組）の城館名と史料名

安達郡南部（以下南達と言う）の近世の行政区分に従って、改めて玉井組・本宮組・糠沢組の城館について考えると、第3表のようになる。この表の欄を上から下方向に見ると各史料に掲載されている城館名が記されている。またこの表を左から右方向に見ると、当該城館の初見（初出）史料がわかる。

例えば、玉井組上大江村の下館は「積達大概録[11]」で初めて登場する。また、糠沢組の各史料内の城館名は表の右側の偏っている。つまり、近現代になって初めて城館名が口伝ではなく文字化されたことがこの表から一見できる。さらに、城館全体を網羅する悉皆調査的な部分では、「相生集[12]」の果たした役

第３表　安達郡南部（玉井組・本宮組・糠沢組）の城館名

〈玉井組〉

no	村名等	城館名	積達古館弁	積達館基考補	積達大概録	相生集	安達郡案内	寺院城館調査	市町村史等
1	玉ノ井	玉井館	玉井館(城)	玉井館	玉井館	玉井館	玉の井城	玉井城	玉井館
2		築館	月館	つき館	築館	築館	築館		
3		眞黒館				眞黒館			
4		花川館				花川館			
5	上大江	下館			下館	下館	下館		下館
6		後川館		館	後川館	後川館			後川館
7		南小屋館							南小屋館
8		中ノ沢館					中ノ沢館		中ノ沢館
9	下大江	菊地館					菊地館		菊地館
10		勘解由館					諸田館		勘解由館
11		鍛冶内館							鍛冶内館
12	大江新田	皿久保館					皿久保館		皿久保館
13	椚山	椚山館	椚山館	椚山館	椚山館	館		椚山館	椚山館
14	箕輪	箕輪館			箕輪館	箕輪館			
15	永田	永田館	館	館	永田館	館			永田館
16		御堂内館						御堂内館	
17	原瀬	日照田館	日照田館	日照田館	日照田館	日照田館			日照田館
18		上原館	上原館	上原館	上原館	佐官館	左官館		佐官館
19		才木館	才木館	才木館	土佐館	土佐館			土佐館
20		夕日館			夕日館	夕日館			夕日館
21		諏訪館				諏訪館			諏訪館
22	深堀小屋	上小屋館			上小屋館	上小屋館			
23		下小屋館			下小屋館	下小屋館			
玉井組小計		23							

〈本宮組〉

no	村名等	城館名	積達古館弁	積達館基考補	積達大概録	相生集	安達郡案内	寺院城館調査	市町村史等
1	本宮	鹿子田館	鹿子田館	鹿子田館	鹿子田館	鹿子田	大黒山館	鹿子田館	鹿子田館
2		菅森館	管森館	菅森館	菅森館	菅森館	菅森館	菅森館	菅森館
3		太郎丸掃部館	太郎丸掃部館	太郎丸掃部館	太郎丸館	太郎丸掃部館		太郎丸掃部館	太郎丸掃部館
4		愛宕館			愛宕館	愛宕館	愛宕館	愛宕館	愛宕館
5		名郷館						名郷館	名郷館
6		田中館						田中館	田中館
7		塩田館						塩田館	塩田館
8	仁井田	仁井田館	館	仁井田館	古屋敷館	館	小坂館	小坂館	小坂館
9		瀬戸川館					瀬戸川館	瀬戸川館	瀬戸川館
10	荒井	三本松館	三本松館	三本松館	三本松館	三本松館		三本松館	三本松館
11	青田	青田館	青田館	太田館	青田館	青田館		青田館	青田館
12		青田古館				館	古館	古館	古館
13		長者館						長者館	
14	苗代田	鶴根館	鶴根館	鶴根館	鶴根館	鶴根館		鶴根館	鶴根館

15		岩色館		岩色館		岩色館			
16		小屋館			小屋館	小屋館	小屋館山	小屋館	小屋館
17	羽瀬石	羽瀬石館	館	羽瀬石館		館		羽瀬石館(仮)	館
18	下樋	羽瀬石館			羽瀬石館				
19	横川	横川館				館		横川城	
20	高玉	高玉城	高玉館	高玉館	館	館		高玉城	
21		高玉館						高玉館(仮)	
22		北梨子平館						北梨子平館（仮）	
23		仲当館						仲当館(仮)	
24	石莚	離れ山城						離れ山城	
25	中山	中山城	小屋館	小屋館	小屋館	小屋館		中山城	
本宮組小計		25							

〈糠沢組〉

no	村名等	城館名	積達古館弁	積達館基考補	積達大概録	相生集	安達郡案内	寺院城館調査	市町村史等
1	糠沢	羽黒館	館	館	羽黒館	羽黒館	羽黒館	羽黒館	羽黒館
2		下久保館				下久保館	下久保館	下久保館	下久保館
3		東禅寺館					東禅寺館	東禅寺館	東禅寺館
4		高松館						高松館	高松館
5		小田部館						小田部館	小田部館
6		戸ノ内館						戸ノ内館	戸ノ内館
7		五斗内館						五斗内館	五斗内館
8		糠沢城						糠沢城	糠沢城
9		礼堂館							礼堂館
10		八幡館							八幡館
11		夜討ケ柵館							夜討ケ柵館
12		稲荷館							稲荷館
13		花館							花館
14		耕網館							耕網館
15	高木	田中館	田中館	田中館	田中館	田中館		田中館	田中館
16		小屋ノ山館							小屋ノ山館
17	和田	岩角館	岩角城	岩角城	岩角館	岩角館		岩角館	岩角館
18		古館							古館
19		長峰館							長峰館
20		館ケ岡館							館ケ岡館
21	白岩	大葉ノ内館			大場内館	大葉内館	大場内館	大場内館	大葉ノ内館
22		根岸館			根岸館	根岸館	鏡館	鏡田館	根岸館
23		川畑館				川畑館	川端館	川端館	川端館
24		田中館					田中館	田中館	田中館
25		北（大場内）館						北館	北（大場内）館
26		黒駒館						黒駒館	黒駒館
27		天神館						天神館	天神館
28		長稲場館						長稲場館	長稲場館

29		見館							見館
30		丁字ケ館							丁字ケ館
31		紋十郎館							紋十郎館
32		境館							境館
33		町館							町館
34		林持館							林持館
35		竹ノ作館							竹ノ作館
36		陣場館							陣場館
37	長屋	滝小屋館			瀧小屋館	瀧小屋館	滝小屋館	滝小屋館	滝小屋館
38		桑原館							桑原館
39		信田ノ内館							信田ノ内館
40		竹ノ内館							竹ノ内館
41		諏訪館							諏訪館
42	松沢	二ツ橋館						二橋館	二ツ橋館
43		平館						平館	平館
44		越中館						越中館	越中館
45		糀屋館						糀屋館	糀屋館
46		古城ケ谷戸館						古城ケ谷戸館	古城ケ谷戸館
47		竹重内館						竹重内館	竹重内館
48		平河内館						平川内館	平河内館
49		境館						境館	
50	稲沢	八幡館	八幡館	八幡館	八幡館	八幡館	八幡館	八幡館	八幡館
51		高野館	高野館	高野館	高野館	高野館	高野館	高野館	高野館
52		滑津館	滑津館	滑津館	名目津館	那目津館	滑津館	滑津館	滑津館
53		牛城山館						牛城山館	牛城山館
54		花館						花館	花館
55		山際館						山際館	山際館
56		坂下館							坂下館
57	初森	一盃館	館	館(一盃館)	一盃館	一盃館	初森館	初森館	一盃館
58		初森館							初森館（本郷）
糠沢組小計		58							

城館名は各資料の記載通り記したため、二村に跨る城館の場合等一部に重複もある。

＜第３表作成資料＞「積達古館弁」（文化元年以前）、「積達館基考補正」（文政２年）、「積達大概録」（文政２年終筆）、「相生集」（天保12年）、「安達郡案内」（明治44年）、『福島県の寺院跡・城館跡』（1971年）、『二本松市史』第３巻（1981）・第６巻（1982）、『岩代町史』第１巻（1989）・第２巻（1985）、『東和町史』第１巻（1983）・第２巻（1981）、『川俣町史』第１巻（1982）・第２巻（1976）、『白沢村史』通史編（1993）資料編（1991）、『安達町史』（1976）、『大玉村史』上（1976）・史料編（1978）、『本宮地方史』（1961）、『本宮町史』第１巻（2002）・第４巻（1999）、『郡山市史』第８巻（1973）・第１巻（1975）

割が大きいことがわかる。

(3) 城館数と城館主数

上記城館のうち、江戸後期天保年間に編纂された「相生集」によって城館主等数の記載状況を見てみる。第3表の総城館数（以下カッコ内数字）と数的対比をすると、玉井組一三（一三）、本宮組一二（二五）、糠沢組九（五八）となる。「相生集」に城館主が明示された城館数にも、先に述べた糠沢組の特色が表れている。

4 玉井城をめぐる興亡

(1) 玉井城周辺地域の動き

これまで、玉井城をはじめとする南達の諸城館の有り様と今日に至る認識の過程についてを再整理した。次に、地中に埋没した玉井城の復元「よみがえる玉井城」の作業を開始することとするが、先ず始めに、玉井城とその周辺の城館の成り立ちや攻防の歴史等について高橋明等先学の研究[13]によって触れておくことにする。

康永四年（興国六、一三四五）に、畠山国氏が奥州管領として陸奥国に下向した。これが戦国期安達郡内各勢力の興亡の歴史のスタートである。正平六年（観応二、一三五一）十二月、畠山氏が吉良貞家方結城氏に攻められる。岩切城合戦で畠山国氏主従が自害した。三年後の文和三年（一三五四）五月二十二日、国氏の子畠山王石丸（国詮）が、白河朝常へ便りを出して、その存在を示した。後、この畠山王石丸は、田地ヶ岡（二本松市塩沢）へ入り、二本松畠山氏が成立した。明徳二年（一三九一）～明徳四年（一三九三）の間に、畠山国詮が引退。三男満泰が惣領として二本松畠山氏の家督を相続した。また、長子満国が川崎大将内（赤坂館）領主となり川崎殿と、次男満詮が本宮城を築き、鹿子田の家を継いで本宮殿と号し、さらに四男氏泰が椚山に新たに城を築いて新城氏と称した。二本松畠山氏は、西安達各所に広く根を張って領地を開発・拡大し、支配体制を整えていった。

この氏泰が、椚山新城氏の初代となり、以来、泰時、氏重、盛継、直継、信常の六代が、大玉地域に居を構えて当地域を開発・経営する。天正十四年（一五八六）、第六代新城信常は、伊達政宗の攻撃による二本松落城の折、二本松畠山氏の国王丸を引き連れて会津に逃れたとされる。

江戸期になると、椚山館は村名主邸宅として使用されるが、現在、椚山館跡は、西・北側に堀があり、地籍図からも平地館特有の方形地割が観察される。戦国期城館の遺構の一端を見ることができる。

なお、会津若松市の造酒屋新城家はこの椚山新城氏の子孫とされる。

⑵ 玉井城の攻防

玉井城には、かつて大河内日向守という人物がいたと伝えられる。

伊達稙宗・晴宗父子の争いである天文の乱が起こり南奥州が争乱となった。天文十一年（一五四二）晴宗が、父稙宗を桑折西山城に幽閉した。天文十四年（一五四五）二月二十二日、稙宗方の二本松畠山義氏に本宮城が攻められたとき、玉井は本宮救援には出向かず両者間が疎遠になったという。同六月四日、持ちこたえられなくなった本宮宗頼は本宮城を放棄し、岩城へ走った。また、天文十七年（一五四八）には玉井城が攻められ、玉井紀伊守は一時本領を奪われた。

時はめぐり、伊達政宗の仙道（中通り）進出の頃。天正十年（一五八二）、三春の田村清顕が高倉城攻撃を仕掛けたとき、二本松から太田主膳・采女が高倉加勢のため玉井城に入った。また、天正十三年（一五八五）十月八日、畠山義継の死後、本宮・玉井・渋川の人々は二本松に籠城した。

一方、同年十一月政宗は二本松攻めに当たり、玉井城には白石宗実を配置した。天正十五年（一五八七）、二本松城を与えた伊達成実に対して政宗は、玉井・本宮には三、四〇〇〇の敵兵の来襲にも迎撃できるような心づもりで城砦の普請に努めるように、と指示している。やがて蘆名攻めの前哨戦とも言える「玉井合戦」が始まる。天正十六年（一五八八）二月十二日、大内備前が安子ヶ島や高玉の兵を率いて苗代田へ侵攻した。大内備前や安子ヶ島等の兵が再び苗代田へ侵入したため、恐れた太田（青田）・荒井の者が玉井に籠城した。三月二十三日には、高玉と太田主膳が玉井方面に出陣した。このとき玉井方面に出陣した元玉井の住人玉井日向守以下三〇〇人（一五〇人余とも言う）は伊達成実に討ち取られ、失地回復はならなかった。

このような文献の検討過程の中で、玉井城周辺の村（百姓）の館と小屋上りの様子も明らかになったので余談ながら記載しておく。

天正十五年（一五七七）七月十一日、大内備前や畠山旧臣等が苗代田の地、即ち小屋館（本宮市岩根地区）に侵攻した。この地は、南北朝期の岩色城として著名だが、この当時は古城（小屋館）であり使用されていない。多くの戦いから逃れるために散り散りになっていた百姓たちは、この頃在所へ帰って来ており、用心のために古城に集まって生活・耕作等をしていたと言う。同様の例は、阿武隈川東の田沢村の前山館（小屋館）をはじめ、八つの城館がある。

周知のように、各村々の百姓等が戦乱から家族と財産を守るために、籠もったり新造したりした城館を、村の館あるいは百姓の城と呼び、その地に籠もり、暮らし、防禦することを小屋上り等と言う[14]。かつて報告した城館に、記載漏れの川俣町山木屋《やまこや》館や追加の本宮町高木小屋ノ山館を加えると、安達郡内では小屋館という名称の城館が一五ほど知られている。

5　玉井城跡調査研究の成果

玉井城は、阿武隈川支流の安達太良川や対岸の通称小姓内地区を望む高台の先端部、海抜約二四六m、比高一〇mほどの安達郡大玉村玉井字館他に位置する。現在、地表にその姿はない。

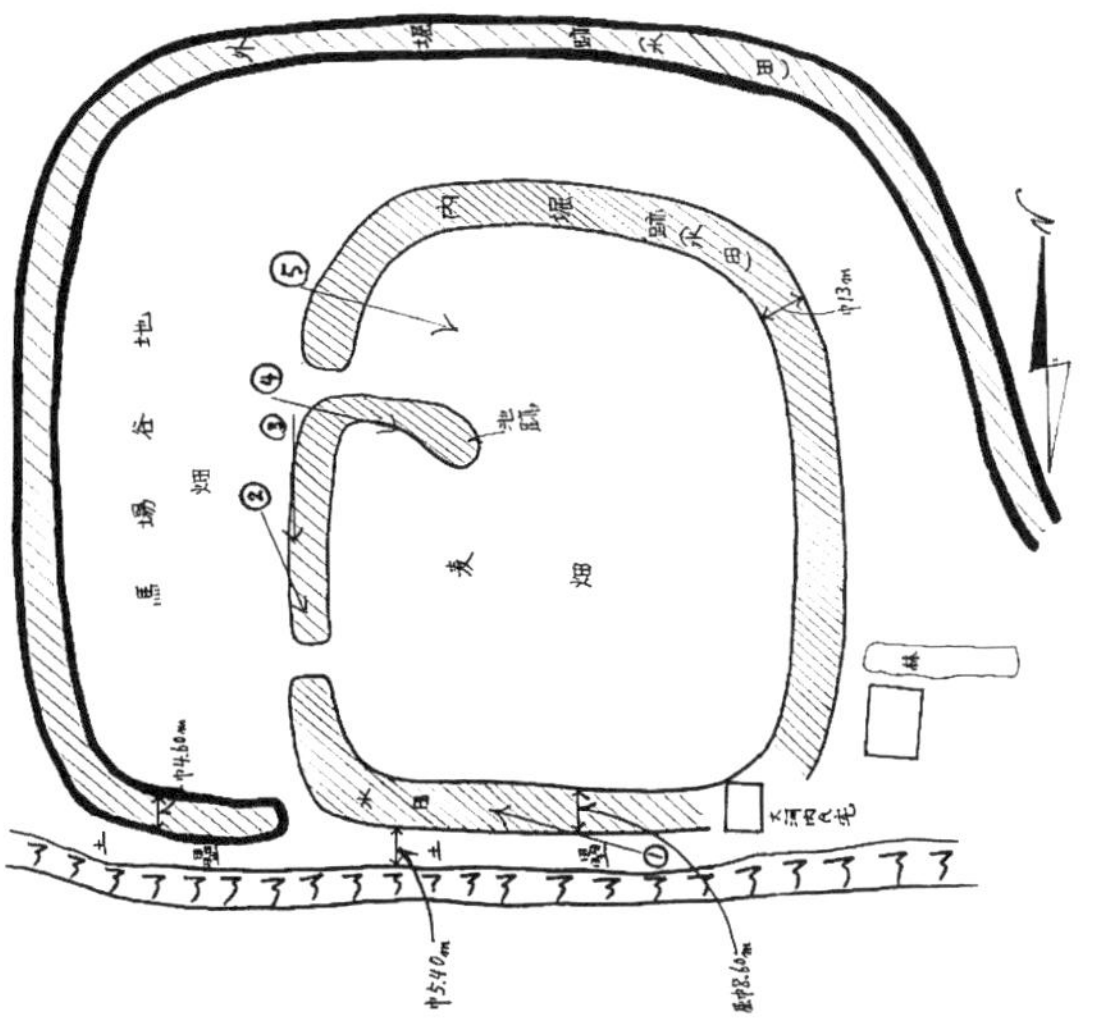

第１図　玉井城遺構図（大河内一二・菅野信朝・三村達道等原図）

しかし、昭和四十年代頃までは、城の曲輪（郭）や土塁は畑や道路、堀は水田や池になっていた。城の殿舎は、はるか昔に失われたが、この土地に刻まれた遺構群は、中世戦国期の拠点城館・玉井城の姿をはっきりと示し、その威容は周辺城館のうちでも群を抜いていたと思われる。

外堀と内堀に囲まれ本郭と外郭を有する城である。本郭は北と南の二つの郭に区分され、内堀と外堀の間に外郭がある。

(1)　昭和五十年前後の調査研究

昭和四十五年～五十五年にかけて、大玉地区福島県営圃場整備事業（事業面積九三二ha）が施行された。

この折、玉井城の姿を将来に伝えるための貴重な調査が、大玉村文化財調査委員の大河内一二・菅野信朝、そして三村達道等、また恐らくは村関係者によって実施された。写真記録と縄張調査であり、その調査成果は手作りの一冊の冊子にまとめられた。それらによると、当時、玉井城跡は、内堀と外堀に囲まれた規模の大きい城跡で、内堀の幅は、八・六〜一三m、外堀は四・六m、また、前面の川沿いの低地に面した南側の土塁幅は、五・四mほどだった。この縄張図は、平成元年、あだたらふるさとホール(大玉村歴史民俗資料館)の開館に当たって展示パネルとして引用された。

このとき作成された縄張図[15]には、写真の撮影方向が丸付き番号と矢印によって示され、後々の村民や研究者等が追体験するために配慮されている。手描きの縄張図は、方位等がやや不正確ではあるが、この貴重な記録と写真を基準としながら、以下当時の玉井城跡の遺構と周辺景観を読み解く。

写真1は、城の南端部で、遠くに安達太良連峰が望める。左の刈り取った作物が置いてある部分が土塁、中央から右の水田部分が内堀、右の樹木のある高台が本郭である。

土塁の左方向は段丘崖であり、この高度差が防禦線に適していることが見て取れる。

写真2は、城の南西角の土塁、中央に内堀のコーナー部分、左側に本郭の一部を写している。本郭の樹木は、写真1の樹木と同じ物である。

写真手前は、内堀のない部分即ち土橋と思われる。撮影者は外郭からカメラを構えている。

写真3は、内堀を北から南方向に写し、遠くに大名倉山が望める。その手前下に土橋状の地形がある。

現地調査をした関係者が見えるが、最後尾は、後に大玉村文化財調査委員や同村文化財保護審議委員を歴任し、南達・大玉地域史に不朽不滅の業績を残した三村達道である。

写真１　写真方向①

写真２　写真方向②

写真３　写真方向③

写真４　写真方向④

写真５　写真方向⑤

写真６　写真Ａ

写真4は、右から左上部方向へ直角に折れ曲がった水田＝内堀が、本郭内に食い込んだ様子である。幅の広い堀のコーナーの部分を示している。

写真中央付近には、第1図に記載されている玉井字館の大河内氏宅の屋根や林（いぐね）が見える。

写真5は、東方向を写しているとされるが、詳細は不明である。いずれにしても地形からは、背景は蛇ノ鼻方面であろうか。

この調査には、村関係者も同行・調査したかと想定されるが、これら写真からは判然としない。

写真6は、仮に写真Aとする。撮影箇所は不明であるが、写真

方向③の付近とも見える。恐らく南西から北東方向を写していると思われる。

　調査関係者の大河内一二（左）と、菅野信朝（右）の二人が写っている。いずれも大玉村文化財調査委員を歴任した大玉地域史・文化財保護の重鎮である。写真は歴史の証人と言える。

第２図　玉井城縄張図　日下部善己原図（日下部1988）

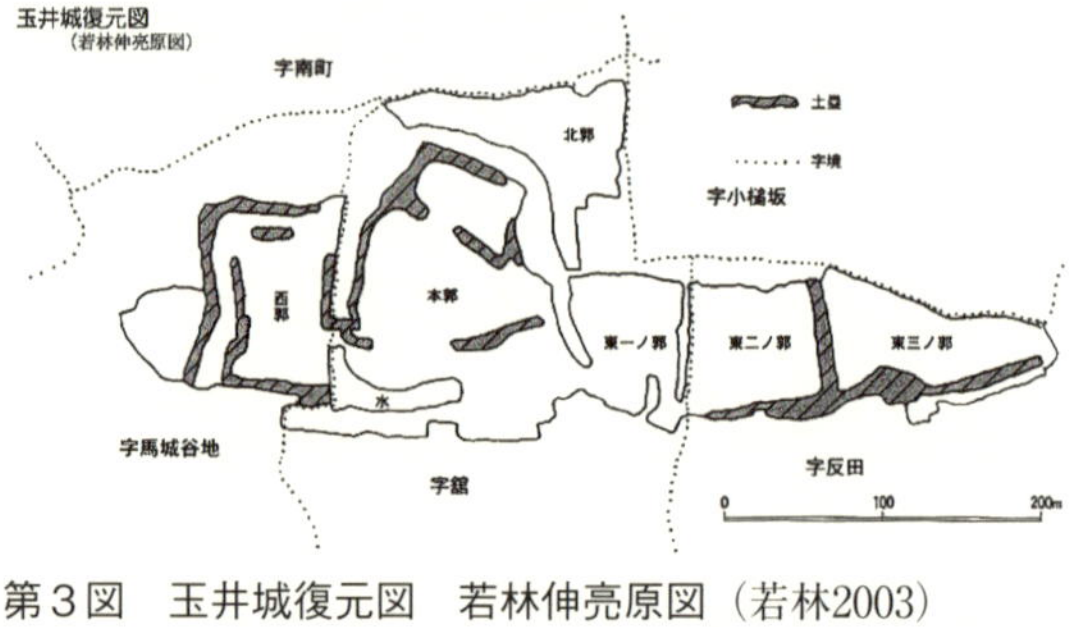

第３図　玉井城復元図　若林伸亮原図（若林2003）

(2) 昭和六十年代以降の調査研究

　昭和六十年から、福島県教育委員会による県内中世城館跡調査が県下全域で行われた。[16] 昭和六十二年に、筆者が地籍図の地目・地番や空中写真等、そして大玉村教育委員会の協力によって縄張図を作成した。南達の拠点、玉井城が再び日の目を見た瞬間とも言える。

　この城は、水田中にあった複郭の平地館であり、圃場整備後は地中に没して姿がない。奥州・会津の両街道を前面に見下ろした安達太良川の河岸段丘に構築された。郭が堀と土塁によって区画されている。南西面は安達太良川に開析された谷筋であるが、北東・北西・南東の各方向は、連続する広大な平地（大玉扇状地）となっており、堀等でこの平地を区画し城域を構築している。本郭と見られる部分の南半分は幅一八mほどの堀と土塁で仕切られ、北半分の郭はコ字状の堀がめぐり、その西端は三角形に収束する。南の堀とは食い違いの堀になっていて本郭の虎口に当たる。ここに土橋がある。主郭の北半は七〇m×四〇mほどであり、馬出にも見える。

本郭の西にカギの手状の堀等が観察されるので郭と思われるが詳細は不明であった。付近には馬城谷地、南町等の町名がある。この当時、残念ながら筆者は前述した大河内一二等作成の縄張図や、写真等の貴重な調査資料を発見できなかった。

平成十三年には、本宮町史編纂事業等の中で若林伸亮が玉井城の縄張図(17)を復元した。現況と地籍図等から土塁等を中心に多くの郭を想定し、東西五九〇m、南北二二〇mに及ぶ大規模な玉井城を再現した。安達太良川の河岸段丘上に東西方向に併行する本郭、西郭、北郭、東一ノ郭、東二ノ郭、東三ノ郭の六つの郭である。

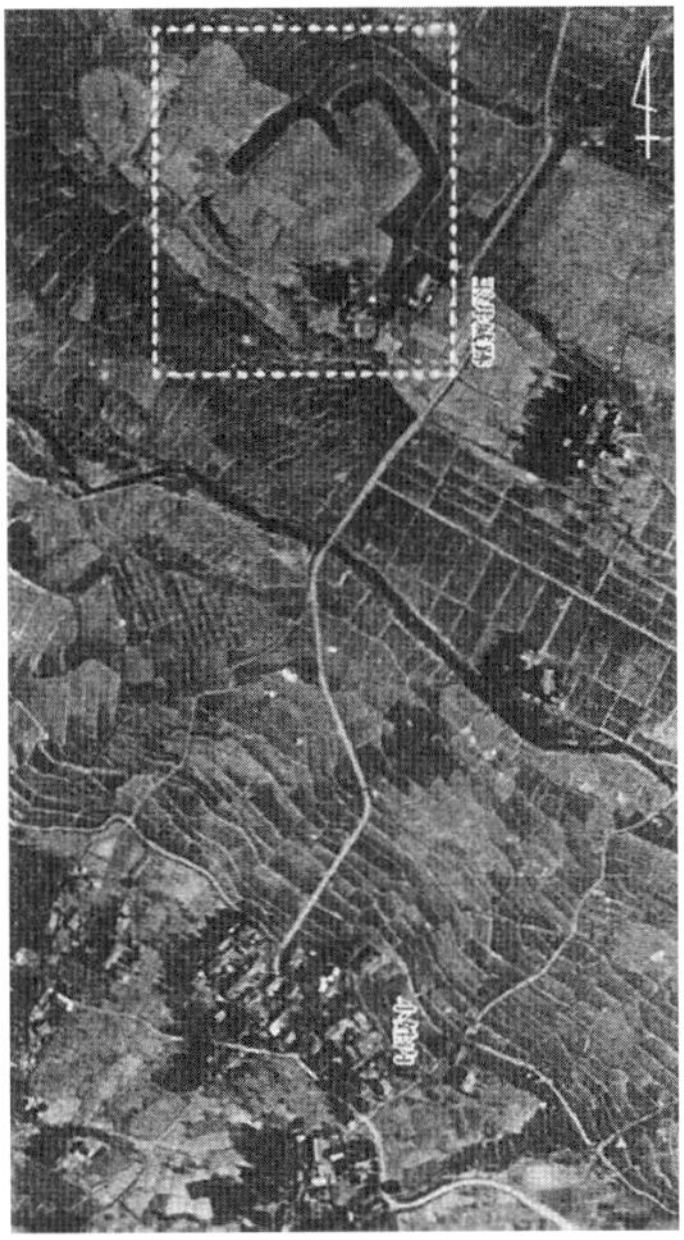
写真７　玉井城空中写真（高橋明『図説大玉の歴史』2012から）

以上、これら三つの縄張図は、会津・仙道の境目の城で安達郡南部の拠点城館の一つである、玉井城の歴史的重要性を明らかにする貴重な調査成果である。

6　玉井城の復元研究

　この度は、これまでの三先行調査研究を基に、新たに現地調査・聞き取り調査そして空中写真や地籍図の再検討を行い、玉井城の中心遺構（本郭等）を想定復元した。

　現地調査では、武田明守大玉村歴史文化クラブ会員の案内・指導により約四〇年前の写真撮影箇所の大部分を特定した。

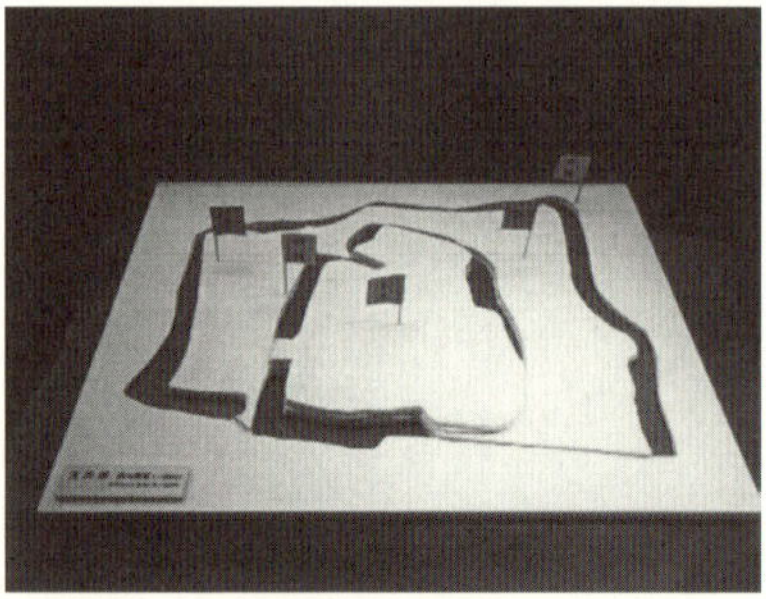
写真８　玉井城復元模型（あだたらふるさとホール蔵）

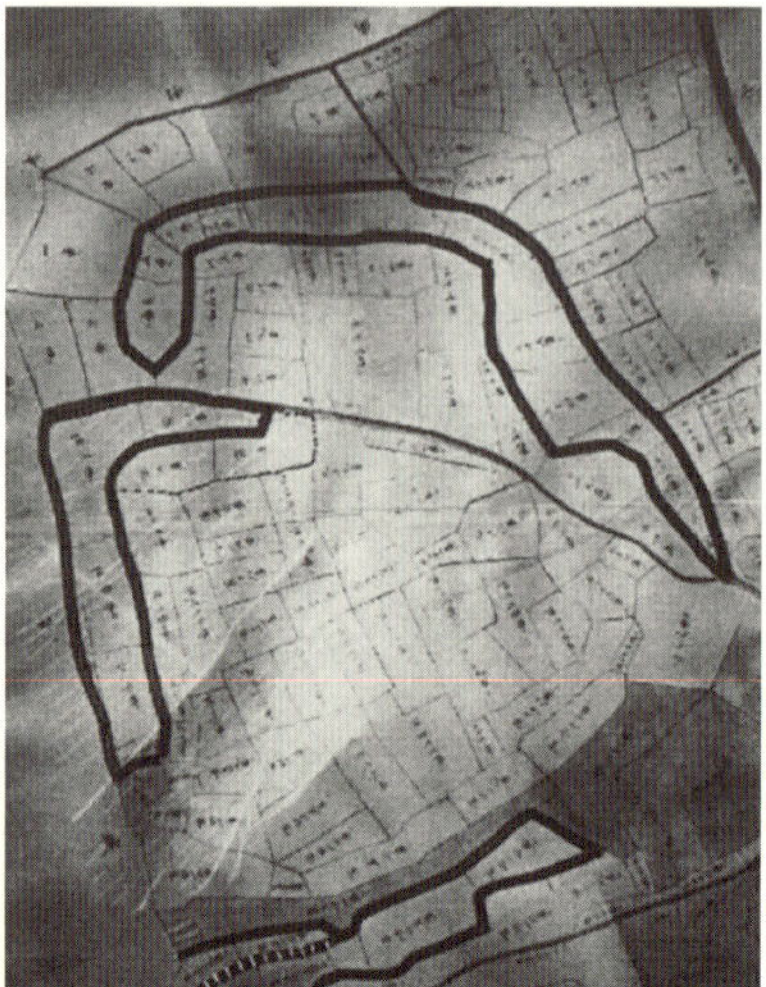
第４図　玉井城の堀跡（水田）

　玉井村地籍図（福島県歴史資料館蔵）からは、水田部分と畑部分等を読み取り、第4図のように、水田部分即ち堀跡と想定できる部分を抽出した。また、大河内等の縄張図を参考にして、空中写真から内堀と外堀を抽出した。一部は想像であるが、その位置を圃場整備事業以後の五〇〇〇分の一の現況地形図に落とし込み、玉井城の規模と構造を表現した（第5図）。さらに筆者作成の縄張復元図とその紙型を基にして、あだたらふるさとホール職員が想定復元模型（写真8）を制作し、これを同館に展示した。その規模は、およそ東西三四〇m、南北二二〇mを測る。基本的には、内堀と外堀によって、本郭と外郭に区分される複郭の城館である。本郭は馬出的な部分と中心郭の部分に細分される。

　これらの形態は、天正十五年以降、伊達政宗の指示で伊達成実が増改築した玉井城と想定される。

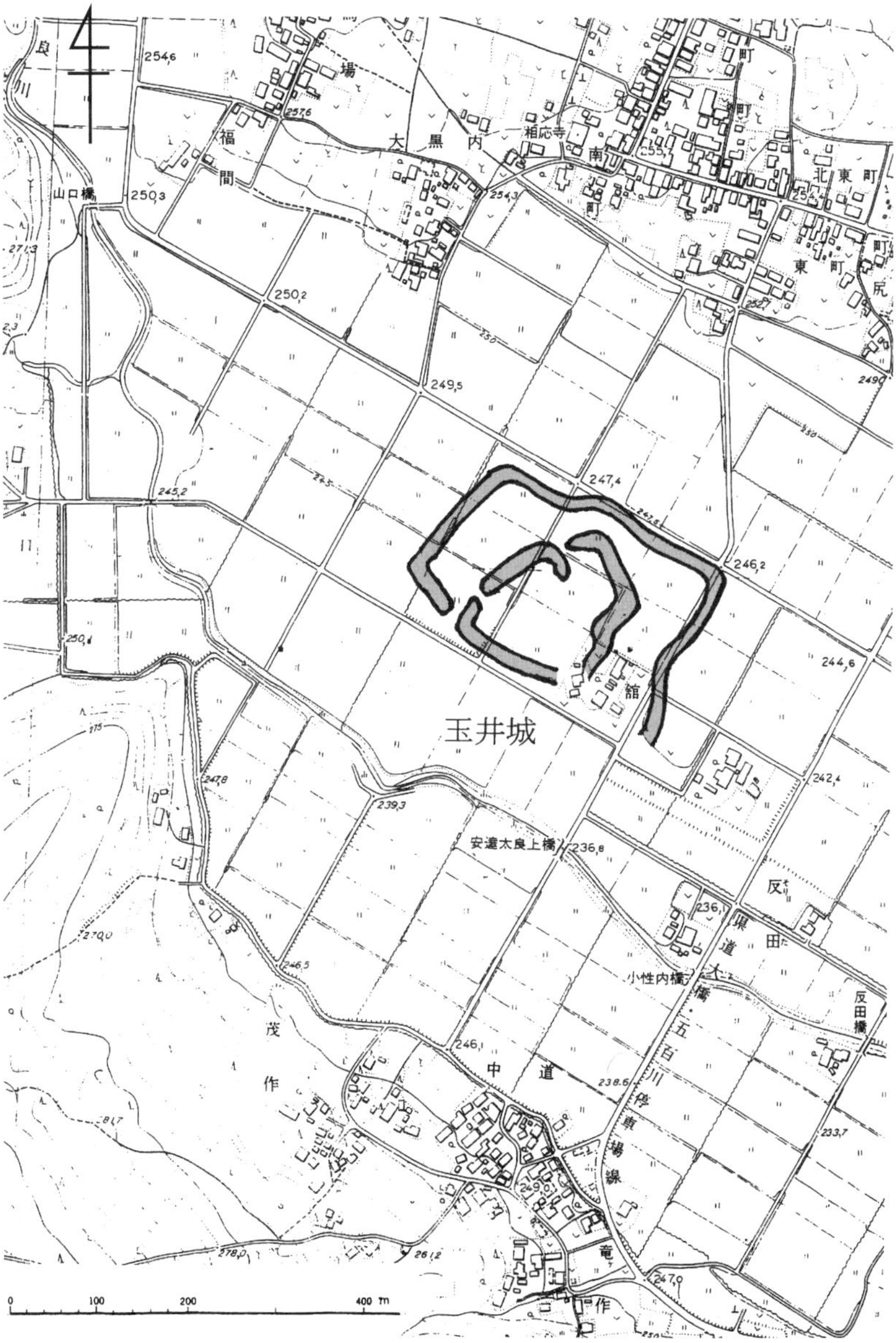

第５図　玉井城の位置と内堀・外堀

写真9　安達太良上橋から見た玉井城跡（写真中央から右側のいぐね付近、左は安達太良峰）

なお、堀・土塁等の規模は、大河内等の先の現地調査結果に従い、ここでは想定数値は示さないこととする。

7　おわりに

安達郡南部の拠点城館の一つで会津・仙道の境目の城、玉井城の研究略史と現地調査・縄張図作成等について述べてきた。この執筆の契機は、大玉村歴史民俗資料館第六三回企画展「よみがえる玉井城[18]」の開催であった。今回、それを基礎にして玉井城を広く紹介する機会が与えられたが、昭和六十二年以来、何時かは再論したいと考えていた課題であった。

それ以上に、今から四〇年ほど前、大河内一二・菅野信朝・三村達道の三氏等によって粛々と行われた玉井城跡確認調査の成果・業績の紹介ができたことは、筆者にとってこの上ない喜びである。誠に拙い文ではあるが、小研究ノートを先学三氏に捧げたい。

なお、末筆ながら小論作成にご指導ご支援をいただいた、武田明守、大内賢一、斎藤初治、渡辺敬太郎、戸田伸夫の各氏、そして福島県歴史資料館、大玉村教育委員会、あだたらふるさとホール（大玉村歴史民俗資料館）、大玉村文化財調査委員会、大玉村歴史文化クラブをはじめとする多くの関係の皆様に感謝を申し上げたい。

（二〇一七年三月三十日）

（注）

（1）日下部善己「城館はどのように認識されてきたのか」『論集しのぶ考古』論集しのぶ考古刊行会　一九九六
（2）三浦周行『日本史の研究』第1輯下　岩波書店　一九二二
（3）梅宮茂「関跡　白河関跡」『新版考古学講座』9　雄山閣　一九七一
（4）福島県教育委員会『福島県の寺院跡・城館跡』一九七一
（5）鈴木啓「福島県における中世城館研究の動向」『福島史学研究』復刊29・30　福島県史学会　一九八〇
（6）石本弘・日下部善己・寺島文隆「二重堀跡」『福島県文化財調査報告書』第82集　福島県教育委員会　一九八〇
（7）日下部善己「城館跡出土の石臼類について（予察）」『福島考古』22　福島県考古学会　一九八一
（8）目黒吉明編「福島県」『日本城郭大系』3　新人物往来社　一九八一
（9）福島県教育委員会『福島県遺跡地図』一九九六
（10）小林清治他『福島県の中世城館跡』福島県教育委員会　一九八八
（11）木代建達「積達大概録」一八一九『二本松市史』第6巻　一九八二
（12）大鐘義鳴「相生集」一八四一（歴史図書社　一九七一復刻）
（13）a庄司吉之助・高橋丑太郎「中世」『大玉村史』上巻　大玉村　一九七六
b小林清治・高橋明・菊池利雄・阿部正行他『本宮町史』第4巻　本宮町　一九九九
c若林伸亮・高橋明・根本豊徳・日下部善己他「鎌倉・室町・戦国時代」『図説二本松・安達の歴史』郷土出版社　二〇〇一
d小林清治・高橋明・渡部正俊・若松富士雄・山崎清敏・若林伸亮・田中正能他『本宮町史』第1巻　本宮町　二〇〇二
e高橋明・糠沢章雄・若林伸亮他『図説大玉の歴史』大玉村　二〇一二

(14)笹本正治『中世的世界から近世的世界へ』岩田書院　一九九三
(15)大河内一二・菅野信朝・三村達道　一九七五前後「玉井城縄張図・写真」あだたらふるさとホール蔵
(16)a玉井村『玉井村地籍図』福島県歴史資料館収蔵　一八八七
b日下部善己「玉井城」『福島県の中世城館跡』福島県教育委員会　一九八八
(17)糠沢章雄・若林伸亮他『図説本宮の歴史』本宮町　二〇〇三
(18)日下部善己「よみがえる玉井城　－ふるさとの記憶、もう一度－（第63回企画展展示解説リーフレット）」あだたらふるさとホール（大玉村歴史民俗資料館）二〇一六

第四節　城館跡出土の石臼類
－福島県内城館跡発掘調査の成果より－

1　はじめに

近年の城館跡の発掘調査はその質量ともに増大の一途を辿り、文献史学では解明し難い点を克服する方向で進展しつつあることは周知の通りである。このことは単に城館跡のみならず都城跡、官衙跡そして多数の古代集落跡や草戸千軒遺跡に代表される、中世集落跡等の発掘調査・研究の中にも見ることができる。しかし、一方では城館跡発掘調査が考古学者主導の形で進められることが多いために、調査に

よって得るべきあるいは得られた情報の整理が不十分な場合もある。それは取りもなおさず城館跡発掘調査がまだ若年期に位置するためとも言えるのであり、今後の進展が益々期待されるところである。以上のような情勢を踏まえ、今後の城館跡研究のあり方について、考古学上より問題提起しているのが鈴木啓で、その豊富な城館跡発掘調査経験の中より新たな方向を示そうとして、幾つかの論文と学会報告をしている(62)(63)。

さて、筆者自身も近年幾つかの城館跡の発掘調査に接する機会を得、改めて城館跡（特に中世）の意味について考える時間を持つことができた。当該遺跡の発掘調査によって検出される遺構は、土塁・濠はもちろんのこと多数の柱穴（建物）や井戸等があり、遺物としては土器・陶磁器類や石臼類等があるが、これらを総体的にとらえ遺構としての城館跡を歴史的に位置付けることは容易な術ではない。それは方法論の未完成に大きな原因があり、城館跡研究に関する考古学的方法論の確立こそが急務であろう。このような事実認識と福島県という限定されたフィールドの中から、ここでは、城館跡出土の石臼類を例として、これをめぐる諸問題について検討を加えたいと思う。石臼類は城館跡出土頻度の高い資料であり、陶器類（鉢、擂鉢等）と同様に城館跡出土遺物研究の一翼を担うべき資料であるにもかかわらず、その実体は必ずしも明瞭ではなく得られる情報量（報告されるデータ）も決して多いとは言えない。もちろん破片として検出される例の多い石臼類が故に情報提示が困難な場合もあり、資料としての限界があることも一因である。そこで小論では、それらの情報の整理と出土石臼類の特色の抽出を行い、今後の研究に備えたいと思う。

2 県内城館跡等の考古学的調査と石臼類

福島県における城館跡の考古学的調査は、昭和四十五年以降爆発的に増加し、管見によれば、三八遺跡（五五地点以上）を数える。また、昭和四十六年刊行の『福島県の寺院跡・城館跡』[68]によれば、一〇八一ヶ所[63]の城館跡が報告されている。

さて、これら城館跡調査等の概要と石臼類の出土数については第1表に示した通りであるが、一七地点（一八地点？）より石臼類出土の報告がなされている。特に多いのは、梁川城跡、金谷館跡、梅沢館跡、中村館跡、宮殿遺跡等であり、注視すべき遺跡である。

(1) 石臼類の類別

これまで石臼類という名称を用いてきたが、ここでは一応名称の統一を行って論を進めていくことにする。第1図に模式的に示してあるが、それらすべてを統一的に「石臼類」という名称で呼ぶこととしたい。もちろん論を進めるための便宜上の呼称であるが、各器種の名称及び臼の詳細については主として三輪茂雄に依っている。[61]

まず、この石臼類を基本的に左記のような三類に区分することにする。

石臼類
- 石　鉢（A）
- 粉挽き臼（B）
- 茶　臼（C）

石鉢（記号A）は四つに細分する。

その一（記号a）は皿状の凹みを有し高台付のもので、皿部中央がほぼ平坦面になっている器である。

一般に松明台等と呼ばれている形態に類似しているものである。

その二（記号b）はaと同様に皿状の凹みを有し高台がつくが、皿部が鍋底状の曲線を描くものである。以上の二者は、いずれも下半部が重厚で安定感がある。

その三（記号c）は捏鉢状を呈し、器厚は比較的小さいものである。石槽状のものも今はこの類に含めて考えたいが、いずれ分離することとなろう。

その四（記号d）は円筒状に胴部から口縁部にかけて、ほぼ直立するものである。

次に粉挽き臼（記号B）は、一般に石臼と呼ばれるもので穀物等の製粉作業に用いられたものである。これは上臼（雌臼・runner）と下臼・（雄臼・bedstone）とで一対をなし、前者をB1、後者をB2と記号化する。

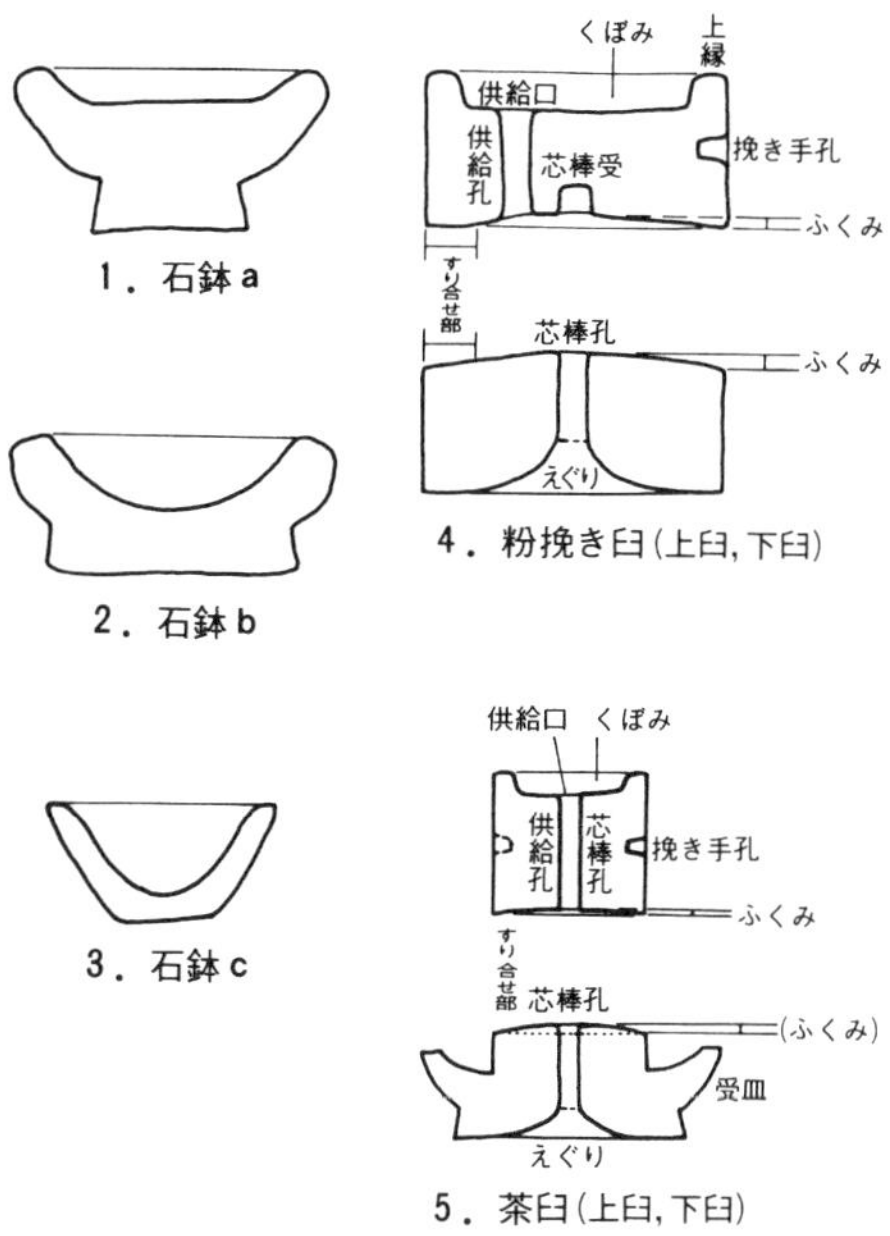

第1図　石臼類模式図

最後に茶臼（記号C）であるが、抹茶を挽くための器具であり、芯棒孔と供給孔が兼用されていることや、下臼に受皿を持つこと、上臼の挽き手孔周辺に文様があること等が特色である。これも上臼（C1）と下臼（C2）に区分しておく。

(2)　城館跡調査と石臼類

石臼類が比較的多く出土した例を中心に、城館跡と石臼類のあり方について概観しておきた

第1表　福島県内城館跡等の調査と石臼類

番号	遺跡名	所在地	時代	形式	石臼類 石鉢A	粉挽き臼B	茶臼C	主な検出遺稿・その他	文献番号
1	藤田城	国見町山崎宮後	南北朝	山城	－	－	－	壕・柱穴	(1)
2	金谷館	国見町西大枝下金谷	戦国	平地館	3	上臼 1 下臼 4	－	建物・井戸・土塁・濠・溝・池	(2)
3	二重堀 I II～V	国見町石母田・大木戸 森山・西大枝	文治5年	城塞	－	－	－	土塁・壕	(3) (4)
4	古矢館	桑折町南半田台	室町	山館	－	－	－	土塁・壕	(5)
5	館ノ内遺跡	伊達町伏黒館ノ内	中世	平地館	－	－	－	住居跡・陶器	(6)
6	霊山城	霊山町霊山	南北朝	山城	－	－	－	――― (建物)	(7) (8)
7	梁川城三ノ丸 I	梁川町桜岳	室町～江戸	平山城	－	－	－	建物・石敷（列）・井戸・焼土	(9)
8	〃 本丸 I	〃 鶴ヶ岡	〃	〃	－	上臼 1 下臼 1	－	東櫓石垣（野面積）	(10)
9	三ノ丸 II	〃 桜岳	〃	〃	－	+	－	建物・石組列・大溝（空堀）	(11) (12)
10	本丸 II	〃 鶴ヶ岡	〃	〃	－	+	+	心字の池（汀線他）	(13)
11	本丸 III	〃 〃	〃	〃	石製用器	+	+	建物・溝・石敷（列）群	(14)
12	梁川高校グラウンド	〃	中世	－	石槽？	2 （下臼1）	上臼 1	―――	(16)
13	梁川城二ノ丸 I	〃 鶴ヶ岡	室町～江戸	平山城	－	－	－	土塁	(17)
14	〃 二ノ丸 II III	〃 〃	〃	〃	－	上臼 7 下臼 15	下臼 2	土塁・集石・木組・沼状凹地	(17)
15	〃 本丸 IV	〃 〃	〃	〃	－	+	+	建物・井戸・集石 昭和55年度調査	(15)
16	大鳥城	福島市飯坂町	古代～	山城	－	－	－	柱穴列	(18)
17	油王田館	安達町渋川	戦国	山館				建物・土塁 昭和55年度調査	新聞報道
18	田地ヶ岡館	二本松市塩沢1丁目	室町	平山館				土塁 昭和55年度調査	
19	四本松城	岩代町上長折古館	中世	山城	－	－	－ （下臼1）？	炭化材・土器・釘	(19)
20	瀬戸川館	本宮町仁井田桝形	中世 （戦国）	平山館	－	－	－	建物・土塁・濠	(20)
21	中村館	郡山市片平町菱池	戦国	平館	2	上臼2+ 下臼6+	下臼1+	土塁・壕・柱穴・井戸（菱池館）	(21)
22	梅沢館	〃 日和田町梅沢	〃	山館	1	上臼 7 下臼 5	－	土塁・空堀・ピット・溝	(22)
23	葉山池遺跡	〃 大槻町漆棒	－	平地館	－	－	－	土塁	(23)
24	高林遺跡	〃 喜久田町高林	戦国	平地館	－	－	－	住居・溝・建物・土塁・壕	(24)
25	陣ヶ平遺跡	須賀川市狸森東山	南北朝	山城	－	下臼 1	－	住居・柱穴・木戸・土塁	(25)
26	陣場山 （坂の下館）	〃 西川坂の下	室町 （～戦国）	平山館	－	－	－	建物・土塁（30m四方）	(26)
27	山田錦	〃 下山田山田	中世	山館	－	3	－	建物・住居（松山城）	(27)
28	宿遺跡	〃 和田宿	〃	（平地館）	－	－	－	ひょうたん形遺構（須田氏居館周辺）	(28)
29	庚申前遺跡	〃 〃 庚申前	〃	－	－	1	－	住居	(29)

番号	遺跡名	所在地	時代	形式	石臼類			主な検出遺稿・その他	文献番号
					石鉢	粉挽き臼	茶臼		
30	細桙城	〃　小倉細久保	〃	山館				壕・土塁・井戸 昭和55年度調査	(30)
31	東久手館	岩瀬村柱田東久手	室町	平地館	－	－	－	壕・土塁（125m四方）	(31)
32	古館	天栄村大里古館	中世	〃	－	－	－	壕・土塁	(32) (33)
33	三芦城Ⅰ～Ⅳ	石川町下泉	古代～中世	山城	－	－	－	郭	(34)
34	宮殿遺跡	玉川村小高南畷	中世	（平地館）	4	6 上臼2 下臼1	（下臼1）	土器・陶器・刀類	(35)
35	白河城Ⅰ・Ⅱ	白河市郭内	（中）近世	平山城				堀・土塁 （昭和55年度調査）	
36	真壁城Ⅰ・Ⅱ	富岡町下郡山	中世	山城	－	1	－	建物・堀切	(36)
37	天神山館	楢葉町北田天神原						昭和55年度調査	
38	愛谷館	いわき市好間町愛谷	中世	山館	－	－	－	建物・土塁・空堀	(37)
39	日吉下遺跡	〃　常磐三沢町日吉下	〃	〃	－	－	－	建物・住居・和鏡・泥堀（五輪）（昭和55年度）	(38)
40	館跡遺跡	〃　植田町館跡	〃 （16c末）	平山館	－	－	－	郭	(39)
41	八幡台遺跡	〃	中世	〃	－	－	－	建物・井戸・住居	(40)
42	新宮城Ⅰ・Ⅱ	喜多方市慶徳町新宮	〃	平山館	－	－	－	建物・井戸・濠・土塁	(41) (42)
43	明石塚館	河東村郡山明石塚	鎌倉初～室町初	〃	－	1	1	建物・池・土坑・周濠	(43)
44	本宮館	〃　〃　本宮	中世	〃	－	－	－	石組炉・敷石・石囲・周溝	(44)
45	鴨山城Ⅰ・Ⅱ	田島町田島愛宕山	〃	山城	－	上臼1	－	建物（礎石）・石組・溝（昭和55年度調査）	(45) (46)

（＋は出土有り、1＋は少なくとも1点出土していることを示す）

いが、他の遺物の紹介は一部を除き省略した。

梁川城跡

伊達氏の本城（?～持宗～稙宗）あるいはその支城として使用され、後にはその他の領主の支配となり江戸末期まで機能する梯郭状の環郭式平山城である。

本城については三ノ丸（2次）、本丸（5次）、二ノ丸（3次）の計一〇回の発掘調査が行われている。本丸東櫓付近からは粉挽き臼（B1、B2各一点）、二ノ丸土塁付近からは粉挽き臼（B1七点、B2一五点）、茶臼（C2二点）が出土しているが、いずれも放棄されたり再利用（別用途）されたりしているようである。また火を受けた例が多いのも注意点であろう。この他、梁川高校グラウンドから石槽？（Ac一点）、粉挽き臼（B2、不明各一点）、茶臼（C1一点）が出土し、本丸心字の池付近からも石臼類が出土（B数十点、C二点）している由である。[63]石質は安山岩・凝灰岩等である。

金谷館跡

伊達氏（稙宗）家臣国分太郎左衛門の居館と考えられている単郭の平地館で、近世には一時百姓屋敷があったようである。[71]

ここからは石鉢（Ab一点、Ac二点）、粉挽き臼（B1一点、B2四点）が出土し、特に池（A）中から二点（B1、Ac各一点）が検出されている。池中のB1はくぼみ部が中央の孔（芯棒孔）に向かって傾斜し、茶臼の可能性もあり判断に苦しむところである。なお、これらは主に安山岩や凝灰岩、そして流紋岩製である。

中村館跡

伊東肥前の居館と伝えられ、天正十三年（一五八五）に落城したという梯郭状（複郭）の平地館である。東郭第4T西端（現農道下）に群集して粉挽き臼、茶臼が出土したが、特に遺構との係わりはなく放棄された様子を示すという。粉挽き臼（B1二点、B2六点）、茶臼（C2一点）が出土しているが、他にも小破片が存在しているようである。径は三〇cm前後、器高は一四cm前後で目は茶臼（八分画か？）を除き、放射状を呈する。これらの他、石鉢（Aa一点、Ac一点）が他の地区から出土している。石質は花崗岩が主である。

いずれにしても石臼類の実測図が多数掲載された報告書は貴重である。

宮殿遺跡

工事中に採集された資料であるが、付近は中世館跡であったと推定されている。採集された石臼類は石鉢（Aa三点、Ac一点）、粉挽き臼七点（内B1、B2各二点）であるが、報告に図示されている資料のうち一点（下臼）は茶臼（C2）にも見える。その場合、粉挽き臼は六点ということになる。
これらの他に土師質土器、陶器、宋銭、刀類も出土し、中世資料として貴重であり、かつ昭和三十六年という時期の県内発表例として極めて注目されるべきものである。その着眼の正確さに驚かされる。

明石塚館跡

ほぼ長方形に土塁と濠がめぐっている平地館であり、鎌倉～室町初期のものと推定されている。石臼類としては館内から粗雑な石臼（Bか）一点と、東側周溝の外側から鍔付きの茶臼（C）と推定されるものが出土している。
なお遺構としては建物や溝の他に、池と思われる施設が検出されている。

真壁城跡

大規模な発掘調査がなされて城の構成がよく示されており、石臼類としては石展臼（B）が一点出土している。

3　石臼類の特色と区分

石臼類を出土した主な城館跡についてA～Cの類別をもってその点数等を示してきたが、ここではこれら石臼類、特に粉挽き臼と茶臼についてその特色を抽出し理解を深めたい。

⑴　粉挽き臼

まず上臼（B1）であるが、以下の点について特色（差異）を認めることが可能である。
ア　くぼみ………中央が平坦なもの（a）と中央に向かって傾斜するもの（b）

イ　芯棒受（孔）…芯棒の受穴が盲孔のもの即ち芯棒受（a）と貫通孔のもの即ち芯棒孔（b）
ウ　挽き手孔………一ケのもの（a）とほぼ対面に二ケあるもの（b）
エ　ふくみ幅………ほとんどないもの（a）、器高の約1／4～1／3ぐらいのもの（b）、そして器高の約1／2あるいはこれ以上のもの（c）

次に下臼（B2）の特色について記述する。

オ　ふくみ幅………ほとんどないもの（a）、器高の約1／4以下のもの（b）、そして器高の約1／3あるいはこれ以上のもの（c）
カ　えぐり高………ほとんどないもの（a）、器高の約1／4～1／3ほどのもの（b）、そして器高の約1／2あるいはこれ以上のもの（c）
キ　芯棒孔の形……これは孔の穿ち方を示すもので、ほぼ直立に立ち上がるもの（a）と二段あるいはこれ以上に段をつけるもの（b）

これらが粉挽き臼の特色であるが、この他に回転方向・上縁高・目の分画数や形あるいはえぐりの幅・傾斜等も視点とすべきであるが、今回は一応以上の諸点に限定した。いずれにしても目は放射状が多く間隔も不定であるものが多いし、現在県内で発表された粉挽き臼の目が明瞭な分画を示すものはない。故に、この目の状態が一つの標式になる可能性はあるが、速断は差し控えたい。

(2)　茶　臼

上臼（C1）には挽き手孔が対面に二ヶ所あり、その周囲に文様を配すのが一般的であるが、ここでは次の特色を抽出しておきたい。

ア　くぼみ………中央が平坦なもの（a）と中央に向かって傾斜するもの（b）
次に下臼（C2）の特色を記述する。
イ　ふくみ幅………ほとんどないもの（a）と若干あるもの（b）
ウ　えぐり高………ほとんどないもの（a）、器高の約1／4〜1／3ほどのもの（b）、そして器高の約1／2ほどあるいはこれ以上のもの（c）
エ　芯棒孔の形……ほぼ垂直に立ち上がるもの（a）と二段あるいはこれ以上に段をつけるもの（b）
この茶臼の場合も、回転方向・目の分画・形や受皿の形等が問題とされるところである。事実中村館跡の茶臼（C2）に見るが如く、七〜八分画の目の存在があり注目すべきものである。これは本県出土石臼類発表例の中で唯一の明瞭な「分画」である。

さて以上のような目安ができるが、茶日の出土例は少ないので十分な検討ができず、他県出土例も参考としている。また、器高という使用度合による可変数を因子とすることは妥当性を欠くが、今回は一応このようにしておく。

(3)　石臼類の区分

上記の目安を用いて本県出土石臼類（BとC）を区分したのが第2・3表である。ただし目安自体が定量化されていない部分（筆者の視覚的判断）もあり厳密ではない。また分類のための一手段とはなり得ても、あまりに羅列的であり体系化されていないために普遍性に、若干の疑問がある。これら諸問題については、今後の発表例の検討と実見の機会をとらえてなお吟味したい。その意味では小論は覚書の域を出ない。

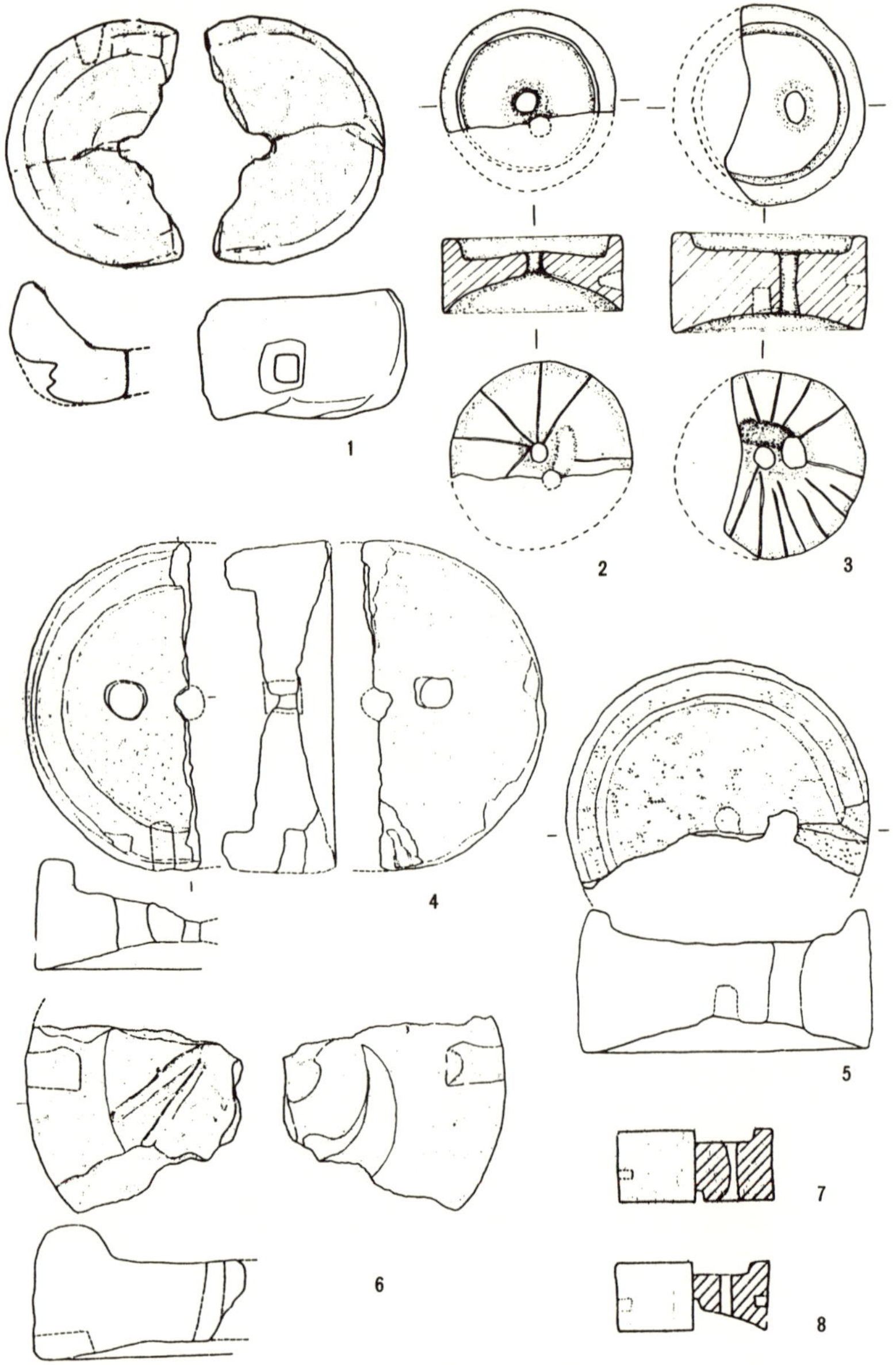

第２図　粉挽き臼（上臼）

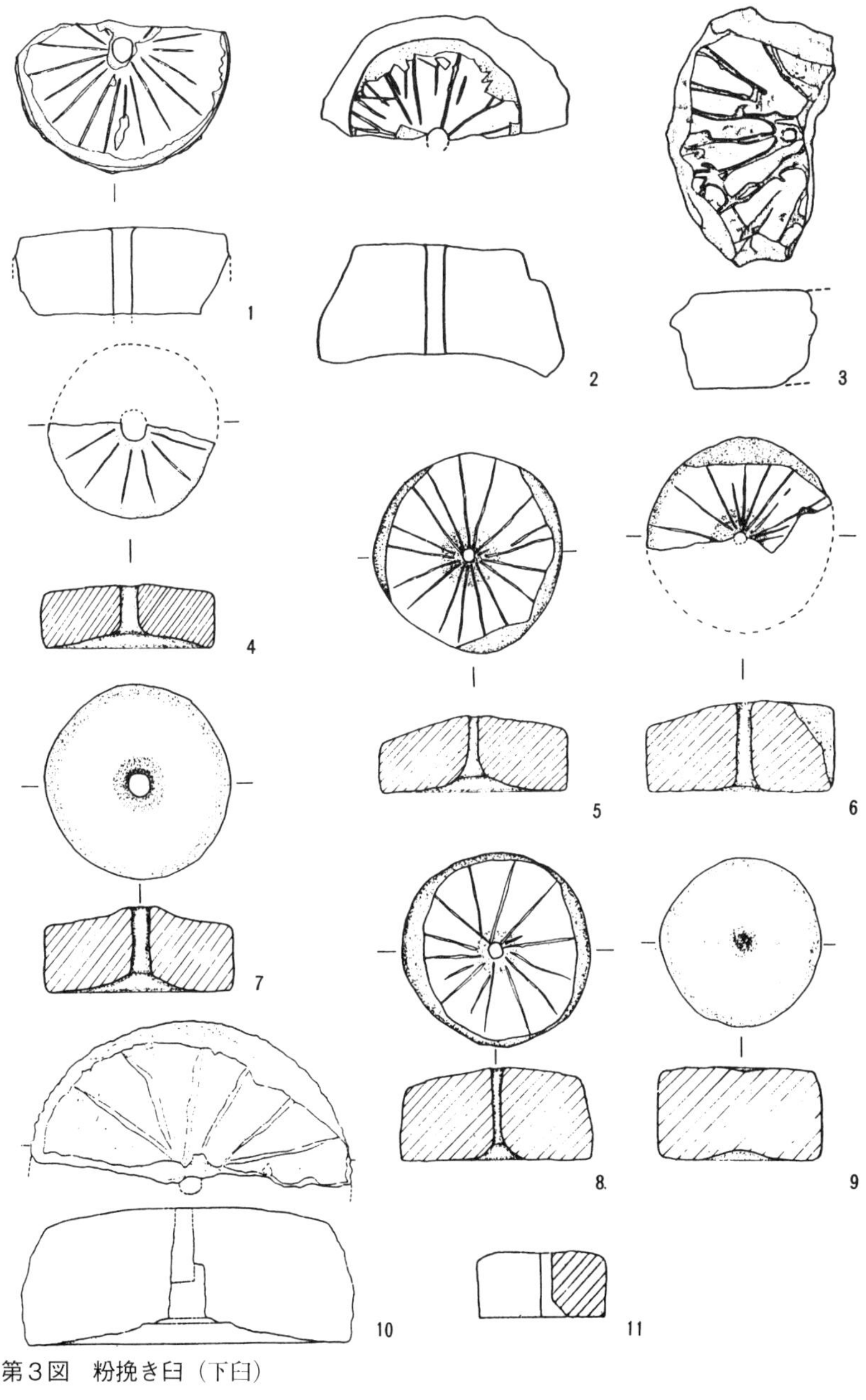

第３図　粉挽き臼（下臼）

粉挽き臼（下臼・B2）								備考	図番号
ふくみ			えぐり			芯棒孔			
a	b	c	a	b	c	a	b		
○				○		○			3－2
	○		?			○		茶臼（C）も出土している	3－1
								茶臼にも見えるが挽き手孔は1ヶ	2－1
	○				○	○		目なし	
	○			?		?		目なし	
	○				?	○			3－3
	○			○		○			
									2－4
									2－6
								器形が十分判別できず	
									2－5
	○				○	○			
	○			○			○		
	?		?			?		?	
○				○		○			
	○			○		○			
								物くばりあり	2－2
								〃	2－3
	○			○		○		目は放射状	3－4
	○			○		○		〃	3－5
	○		○			○		〃	3－6
	○			○		○		目はない	3－7
	○			○		○		目は放射状	3－8
○				○		?		未製品か	3－9
									2－7
									2－8
	○			○		○			3－11
3	15	0	3	12	3	15	1		

(4) まとめ

第2表及び第3表に示した区分によれば、一般的に次のようなことが言えそうである。言うまでもなく時間差を無視しての判別である。

まず粉挽き臼（B1）の場合であるが、第一にくぼみ中央は平坦であり内傾するものはまれである。ただ、県外に例をとれば宮城県今泉城跡36号井戸出土の資料は後者に類似する。[52] 第二に芯棒孔を持つもの

第２表　粉挽き臼の区分

番号	遺跡名	出土地区	層位	原報告書掲載番号	粉挽き臼（上臼・B1）								
					くぼみ		芯棒孔		挽き手孔		ふくみ		
					a	b	a	b	a	b	a	b	
1	梁川城跡本丸	東　櫓	－	第５図　(3)・9									
2	梁川高校グラウンド	－	表採	第11図　・4									
3	金谷館跡	池（A）	－	第１表（石器）・9		○		○	○		○		
4	〃	郭外２号集石Ⅱ	3	〃　・8									
5	〃	〃	－	〃　・10									
6	〃	郭内高場	－	〃　・11									
7	〃	1号井戸	－	〃　・13									
8	梅沢館跡	Ⅱ区北堀	最下層	第23図　・1	○			○	○				○
9	〃	〃	〃	〃　・3	○		?		(?)				○
10	〃	Ⅱ区2段	－	〃　・4	○		?		?			○	
11	〃	三角点付近	表採	第24図　・5	○		?		(?)			○	
12	〃	Ⅳ区	〃	〃　・6	○		?		?				○
13	〃	Ⅲ区北斜面	－	〃　・7	?			○	?		○		
14	〃	Ⅲ区C－7	－	第26図　・12	○		○		○			○	
15	〃	Ⅱ区北堀	最下層	第23図　・2									
16	〃	Ⅲ区E－6	－	第25図　・8									
17	〃	Ⅲ区D・E－7・8	－	〃　・9									
18	〃	－	表採	〃　・10									
19	〃	Ⅲ区北斜面	－	〃　・11									
20	中村館跡	東郭第４トレンチ	2	第12図　・8	○			○	○				○
21	〃	〃	〃	〃　・9	○		○		○			○	
22	〃	〃	〃	第10図　・1									
23	〃	〃	〃	〃　・3									
24	〃	〃	〃	〃　・4									
25	〃	〃	〃	第11図　・5									
26	〃	〃	〃	〃　・6									
27	〃	〃	〃	〃　・7									
28	宮殿遺跡	－	表採	第４図　・43	○		○		○		○		
29	〃	－	〃	〃　・44	○		○			○			○
30	〃	－	〃	〃　・45									
計					10	1	4	4	8	1	3	4	5

茶臼（下臼・C2）							備考	図番号
ふくみ		えぐり			芯棒孔			
a	b	a	b	c	a	b		
								4－1
	○		○			○	目なし	4－4
?			○		?			4－3
○				○	○		7～8分画	4－2
	○	○			○			4－5
2	2	1	3	1	2	1		

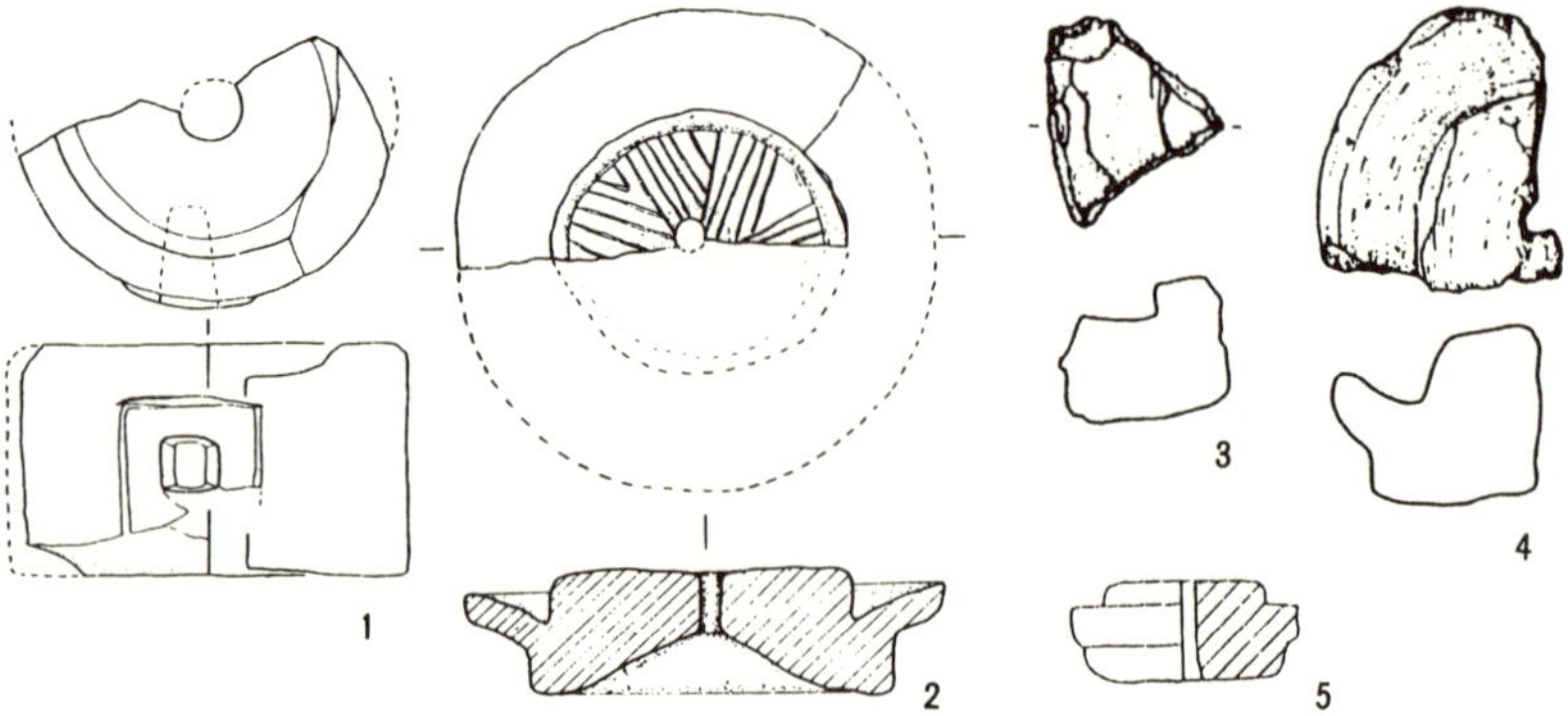

第４図　茶臼（１：上臼、２～５：下臼）

と芯棒受を持つものは共存しているが、宮殿遺跡（図示されたもの）では後者のみであり注目に価する。第三に挽き手孔の数は一ケのものが主であるが、まれに二ケのものもある。第四にふくみ幅が極めて大きいものが目につくが、使用度合との係わりもあり即断しにくい。ただし曲線の状態（山型）には注目すべきで、編年上の目安になると言う。この他、上縁が高いものも多い。

次に（B2）の場合であるが、第一にある程度のふくみを持ち、えぐりも比較的大きい。第二に芯棒孔はほぼ直立しているが、一部には二段作りの芯棒孔もある。なお、先にも触れたが目の形が定形化されたものはなく、いずれも雑然とした放射状である。また、回転は主に反時計回り

第３表　茶臼の区分

番号	遺跡名	出土地区	層位	原報告書掲載番号	茶臼（上臼・C1） くぼみ a	b
1	梁川高校グラウンド	－	－	第11図・3	○	
2	梁川城二ノ丸	第２号集石	－	第16図・6		
3	〃	〃	－	第16図・3		
4	中村館跡	東郭第４トレンチ	2	第10図・2		
5	宮殿遺跡	－	－	第４図・46		
計					1	0

(左)であり、その様子は上臼の物くばりや、磨り合わせ面の観察で知ることができる。

ところで茶臼についてであるが、資料不足で十分に吟味することは不可能である。一応次のような持色がありそうである。(C1)で確実なものは一点のみで、くぼみは平坦で挽き手孔の周りに方形の文様がつけられている。(C2)についてであるが、第一にふくみがほとんどないものと若干あるものの二者が確実に存在する。第二にえぐりは比較的大きく(b)、芯棒孔の穿ち方にも二者が存在する。これらの中では下臼のふくみについての注意が必要のようである。また、目の区画が明瞭(七～八分画四～五本)である中村館跡の例は、特例として注目しなければならない。放射状の目のみである粉挽き臼との共存は、はたして何を意味するのだろうか。産地差、用途差、石工の差、時間差等あらゆる差を想起させる。茶臼(C2)の例としては秋田県鶇沼城跡[47]のもの等があるが、これも七分画及び八分画の目を持つ優品である。

4　おわりに

福島県内出土の石臼類の類別と特色について、特に粉挽き臼と茶臼を中心にして述べてきたわけであるが、全体的には資料不足の感がある。また、年代差の無視によって起こるであろう矛盾等については触れずに終わってしまったが、幾つかの事実を知ることができた。

第一に石臼類は中世城館跡の一つの要因であり、比較的群集して発見されることが多い。もちろんこれは廃棄の一パターンと考えられ、梁川城跡本丸、同二ノ丸、中村館跡等が例として掲げられる。また再利用としても活躍し、山梨県勝沼氏館跡内の水溜状遺構の側石その他に例が求められる。(56)

第二に三輪茂雄が指摘しているように粉挽き臼と茶臼の共存があり、例えば梁川城跡本丸、同二ノ丸、梁川高校グラウンド、中村館跡、宮殿遺跡そして明石塚館跡等である。他県に例をとれば、東京都葛西城跡(53)〜(56)、岩手県柳田館跡(48)、福井県朝倉氏遺跡(58)、広島県小梨城跡(60)（?）、宮城県今泉城跡(52)等多数掲げることができる。

第三に粉挽き臼（上臼）のふくみ幅が極めて大きいものがあり、一つの時代相なり地域相なりを示す可能性がある。

第四に粉挽き臼の目には放射状を示し、画一的そして明瞭な「分画」を有するものがほとんど見当たらないのに反して、茶臼には（唯一例だが）明瞭な分画を有すものがある。つまりこれらが共存する中村館跡例にあってはその解釈が今後の石臼類研究の鍵となり得るだろう。

第五に石臼類の中には火を受けたものも目立ち（梁川城跡本丸、同二ノ丸、中村館跡等）、その意味付けが問題である。

以上、主に形態的特色について述べてきたわけであるが、今後解決すべき課題についても触れておきたい。

まず類別の基準（目安）であるが、定量化の方法の検討とその内容の吟味が必要である。えぐりに例をとれば、その高さのみではなく、裾幅や形の差もあるのである。またこれらの基礎ともいうべき計測であるが、その場所の明示と細密化が求められる。可能な限りの数的データの提示こそが、形態論の展開にとって必須事項である。

次に用途であるが、城館跡出土石臼類が何故多いのかという命題でもあり、これに「火を受けたものや破片のもの」が多い事実も併せて考え、解決を目指さなければならない。〝火薬作り〟という田中正能の魅力あふれる仮説もあるが、なお資料集収と考古学的吟味（発掘所見）がくり返されなければならないだろう。

第六には編年の問題であるが、少なくとも近・現代、江戸時代、室町時代（戦国期とこれ以前）、鎌倉時代以前という大別が必要であり、個々の城館跡出土石臼類の類別・時代特定を推進しなければならない。例えば、中村館跡が天正十三年に落城しその前後に放棄されたとすれば、これら石臼類は少なくとも戦国期より新しいものではないと考えられるわけである。

第七には民俗事例の収集である。失われつつある石臼類のデータ確保、即ち近現代の資料集収も発掘調査と同様に急務である。

石臼類に関する研究者である三輪茂雄によれば、古式の粉挽き臼（上臼）は、上縁の形とその高さやふくみ幅の大きさに特色があるとのことなので、その観点に立って出土例の吟味及び再吟味も必要である。これに合致する例として中村館跡や梅沢館跡出土品等がある。また、粉挽き臼の目にしても宮城県今泉城跡例のように五分画六～九条の上臼も出土しており、現在発表されている県内事例と若干異にする部分がある。ただ、県内事例が数多く発表されるに従って、今泉城跡例のようなものも増加するのかもしれない。当然そこには時期差・地域差の観点が加わるであろう。

ところで、粉挽き臼や茶臼を出土した城館跡を幾つかピックアップしてみると次のようになる（既出のものを除く)。広島県恵下城跡(60)、新潟県春日山城跡(57)、宮城県御所館跡(50)・駒場小屋館跡(50)・鶴の丸館跡(50)・八沢要害跡(50)・八谷館跡(49)等がある。これに三輪の集成を加えればかなりの数になるし、実際には、多数の出土例があるはずである。ただ、筆者自身にも言えることであるが、報告するときの用語として「石臼」が使用され、それ以上の情報がない場合があるのは残念である。

さて、製粉作業及び製粉用具については筆者の関心事の一つであり、縄文時代という枠の中で考えてきたが、今回偶然にも中世(~近世)の石臼類について述べる機会を得た。製粉という系譜の中で石臼類がどのように位置付けられるのかを考古資料の面から併せて考えてみたかったが、非力なるが故に他日を期す他なかった。いずれ再論の機会はあるものと思っている。また、石臼類を含めた中世資料の研究のためには、中世在家遺構への考古学的アプローチも必要な時期に至ったように思える。

なお、これら石臼類に係わる諸問題については、ともに金谷館跡の報告をした寺島文隆や梅沢館跡出土例の報告をした菅野順子等との、資料整理中の対話から得られたものもあり、両氏に啓発される部分が少なくなかった。また、県内中世城館跡全体の問題については鈴木啓の論文・報告や日頃のご指導に負うところが多かった。小論が何らかの形で意味があるとすれば以上の方々のご援助によるものであり、ここに感謝の意を表したい。

(注)

(1) 桑原滋郎「藤田城跡」『福島県考古学年報』3 福島県考古学会 一九七四

(2) 寺島文隆・石本弘・日下部善己「金谷館跡」『福島県文化財調査報告書』第82集 福島県教育委員会 一九八○

（3）田中正能「厚樫山遺跡」『福島県文化財調査報告書』第47集　福島県教育委員会　一九七五
（4）石本弘・日下部善己・寺島文隆他「二重堀跡」『福島県文化財調査報告書』第82集　福島県教育委員会　一九八〇
（5）永山倉造・木本元治「古矢館遺跡」『福島県文化財繭査報告書』第47集　一九七五
（6）梅宮茂・八巻一夫「館ノ内遺跡」『伊達町文化財調査報告書』第1集　一九七六
（7）梅宮茂『霊山寺跡礎石測量調査概報』霊山町教育委員会　一九七七
（8）梅宮茂「霊山城跡・霊山寺跡」『霊山町史資料集』第1集　一九七五
（9）小林清治・鈴木啓・野崎準「梁川城跡」『梁川町文化財調査報告書』第2集　一九七五
（10）鈴木啓・野崎準他「梁川城Ⅱ」『梁川町文化財調査報告書』第3集　一九七六
（11）目黒吉明他『梁川城調査現地説明会資料（北三の丸跡）』梁川町教育委員会　一九七六
（12）根本信孝「梁川城跡」『福島県考古学年報』6　福島県考古学会　一九七七
（13）宮本利彦「梁川城跡本丸庭園（心字の池）」『梁川町史資料』第9集　梁川町教育委員会　一九七九
（14）鈴木啓他『梁川城跡本丸庭園「心字の池」復元事業にともなう本丸跡発掘調査現地説明会資料』梁川町教育委員会　一九七九
（15）鈴木啓他「梁川城本丸跡第2次発掘調査現地説明会資料」梁川町教育委員会　一九八〇
（16）野崎準「梁川町の中世遺跡」『梁川町文化財調査報告書』第2集　一九七五
（17）日下部善己「梁川城跡－二ノ丸土塁発掘調査報告」『福島県文化財調査報告書』第94集　福島県教育委員会　一九八一
（18）福島市『図説福島市史』福島市教育委貞会　一九七八
（19）鈴木啓他「四本松城跡」『岩代町文化財調査報告書』一九七六

(20)永山倉造・岩田敏之『瀬戸川館跡発掘調査報告』本宮町教育委員会　一九七五
(21)田中正能・金崎佳生他「中村館跡調査報告」『郡山市文化財調査報告書』第22集　一九七五
(22)菅野順子・木本元治他「梅沢館跡」『福島県文化財調査報告書』第81集　福島県教育委員会　一九八〇
(23)金崎佳生・相原秀郎・高松俊雄『葉山池遺跡』郡山市教育委員会　一九八〇
(24)木本元治「高林遺跡」『福島県文化財調査報告書』第47集　福島県教育委員会　一九七五
(25)永山倉造『陣ケ平遺跡発掘調査報告』須賀川市教育委員会　一九七四
(26)永山倉造「陣場山（坂の下）館跡」『福島県考古学年報』2　福島県考古学会　一九七三
(27)目黒吉明他「山田館跡」『福島県文化財調査報告書』第73集（財）福島県文化センター・福島県教育委員会　一九七九
(28)永山倉造「宿遺跡発掘調査概要」『県営浜田地区圃場整備事業地内埋蔵文化財発掘調査概報』須賀川市教育委員会　一九七四
(29)永山倉造「庚申前遺跡」『県営浜田地区圃場整備事業地内埋蔵文化財発掘調査概報』須賀川市教育委員会　一九七四
(30)田中正能『東久手館跡分布調査報告書』岩瀬村教育委員会　一九七八
(31)目黒吉明他「古館館跡」『福島県文化財調査報告書』第86集（財）福島県文化センター・福島県教育委員会　一九八〇
(32)田中正能「三芦城跡」『福島県考古学年報』6　福島県考古学会　一九七七
(33)小豆畑毅「三芦城跡」『福島県考古学年報』8　福島県考古学会　一九七九
(34)渡部正俊他「細桙城跡」（現地説明会資料）㈶福島県文化センター・福島県教育委員会　一九八〇
(35)首藤保之助・中村五郎「福島県宮殿遺跡の中世遺物について」『古代学研究』29　古代学研究会　一九六一

(36) 馬目順一「真壁城跡調査報告」『富岡町埋蔵文化財調査報告』第1冊　富岡町教育委員会　一九七九
(37) 馬目順一他『愛谷遺跡の概要』㈶いわき市教育文化事業団　一九七八
(38) 松本友之他『日吉下遺跡現地説明会資料』（財）いわき市教育文化事業団　一九八〇
(39) 松本友之「館跡遺跡」『福島県考古学年報』6　福島県考古学会　一九七七
(40) 馬目順一・松本友之他「八幡台遺跡」『いわき市埋蔵文化財調査報告』第5集（財）いわき市教育文化事業団　一九八〇
(41) 岡田茂弘・進藤秋輝・鈴木啓『新宮城跡』喜多方市教育委員会　一九七四
(42) 鈴木啓「新宮城跡」『福島県考古学年報』5　福島県考古学会　一九七六
(43) 小滝利意「明石塚館跡」『福島県河沼郡河東村郡山地区遺跡発掘調査報告』河東村教育委員会　一九七七
(44) 小滝利意「本宮館跡」『福島県河沼郡河東村郡山地区遺跡発掘調査報』河東村教育委員会　一九七七
(45) 長尾修他『鳴山城跡発掘調査概報』田島町教育委員会　一九七九
(46) 長尾修「鳴山城跡」『福島県考古学年報』9　福島県考古学会　一九八〇
(47) 畠山憲司・高橋高史他「鵜沼城跡発掘調査報告書」『秋田県文化財調査報告書』第73集　秋田県教育委員会　一九八〇
(48) 石川長喜・昆野靖「柳田館遺跡」『岩手県文化財調査報告書』第53集　岩手県教育委員会　一九八〇
(49) 藤沼邦彦「八谷館跡」『宮城県文化財調査報告書』第31集　宮城県教育委員会　一九七三
(50) 宮城県文化財保護課「御所館跡」・「駒場小屋館跡」・「鶴の丸館跡」・「八沢要害遺跡」『宮城県文化財調査報告書』第40集　宮城県教育委員会　一九七五
(51) 小野寺祥一郎「鶴ノ丸遺跡（第3次）」『宮城県文化財調査報告書』第57集　宮城県教育委員会　一九七九
(52) 篠原信彦他「今泉城跡－発掘調査報告－」『仙台市文化財調査報告書』第22集　仙台市教育委員会　一九八〇

(53) 加藤晋平他『青戸・葛西城址調査報告』Ⅱ　東京都教育委員会　一九七四
(54) 宇田川洋他『青戸・葛西城址調査報告』Ⅳ　葛西城址調査会　一九七六
(55) 江森正義・鶴丸俊明他『青戸・葛西城址調査報告』Ⅴ　葛西城祉調査会　一九七八
(56) 勝沼氏館跡調査団考古粧『勝沼氏館跡調査概報』山梨県教育委員会・勝沼氏館跡調査団　一九七五
(57) 小島幸雄『春日山城跡発掘調査概報』Ⅱ　上越市教育委員会　一九七九
(58) 福井県教育委員会・朝倉氏遺跡調査研究所『一乗谷朝倉氏遺跡』Ⅳ～ＸⅠ　一九七三～一九八〇
(59) 太田雅慶他『小梨城跡発掘調査報告書』小梨城跡発掘調査団　一九七八
(60) 植田千住穂・青山透『恵下遺跡発掘調査概報』広島県教育委員会・(財)広島県埋蔵文化財センター　一九八〇
(61) 三輪茂雄『ものと人間の文化史・臼』法政大学出版局　一九七八
(62) 鈴木啓『城館跡の見方と調査法』(福島県発掘技術講習会講義資料)福島県教育庁文化課　一九八〇
(63) 鈴木啓「福島県における中世城館跡研究の動向」『福島史学研究』復刊第29・30号　福島県史学会　一九八〇
この要旨については福島県地方史研究講習会にて発表している。
(64) 川勝政太郎『日本石造美術辞典』東京堂　一九七七
(65) 井上宗和『ものと人間の文化史・城』法政大学出版局　一九七三
(66) 内藤昌他『城の日本史』日本放送出版協会　一九七九
(67) 山口県教育委員会「下右田遺跡第４次調査概報・総括」『山口県埋蔵文化財調査報告』第53集　一九八〇
(68) 福島県教育委員会『福島県の寺院跡・城館跡』一九七一
(69) 沼館愛三『会津・仙道・海道諸城の研究』伊集書院　一九八〇
(70) 鳥羽正雄『日本城郭辞典』東京堂　一九七一
(71) 菊池利雄「国分氏と金谷館」『郷土の研究』第11号　国見町郷土史研究会　一九八〇

（補記）

中村城跡出土の石臼（粉挽き臼）については、田中正能先生から、自分の体験からしても火薬製作に使用されたことは確実である、とのご指導をいただいた。ここに明記し心から感謝したい。

第五章　広重　みちのく紀行

―文化を創る近世地域社会―

第一節　歌川（安藤）広重と渡邊半右衛門

―一立斎廣重筆「陸奥安達百目木驛八景圖」―

1　はじめに

近世の陸奥国安達郡百目木村（現福島県二本松市百目木）は、二本松藩の統治下にあり、行政上は針道組一三ヶ村の一つに属した。ここは阿武隈川東の阿武隈高地の山間部にあり当時も町屋を形成し、小浜（現二本松市小浜）、針道（現二本松市針道）とともに東安達地方の中で独自の経済圏を構成していた。近隣の安達郡の茂原、田沢、山木屋、戸沢、東新殿、双葉郡の津島、葛尾、田村郡の移、石沢等の村々をその経済圏下に組み込み、三春－相馬（中村）街道の宿駅の一つとして栄えたところである（第1図）。

当然のことながらこのような商業活動の活発化に伴い、商業資本が蓄積され、半農・半商的な宿場商人が輩出し百目木の町経済を支えていった。その一人がここに紹介する渡邊半右衛門（酒屋と呼ばれた）である。半右衛門は豊富な資本を背景にして、当代随一と謳われた浮世絵師の歌川（安藤）広重を百目木の自宅に招待し、大判三枚続（竪）の浮世絵制作を依頼した。

陸奥国の山間地である百目木には広重を迎えることができる何があったのか、小論ではこの地の持つ歴史と文化、渡邊半右衛門の系譜そして「陸奥安達百目木驛八景圖」の成立の事情等について、若干の考察を試みるものである。

なお、世に著名な「天童広重」を先例とし、百目木と広重及び「陸奥安達百目木驛八景圖」（写真1）については、『百目木広重』と呼ぶことにしたい。

2　百目木の成立　－中世の城下から近世の宿駅へ－

⑴　百目木城主石川弾正とその城下

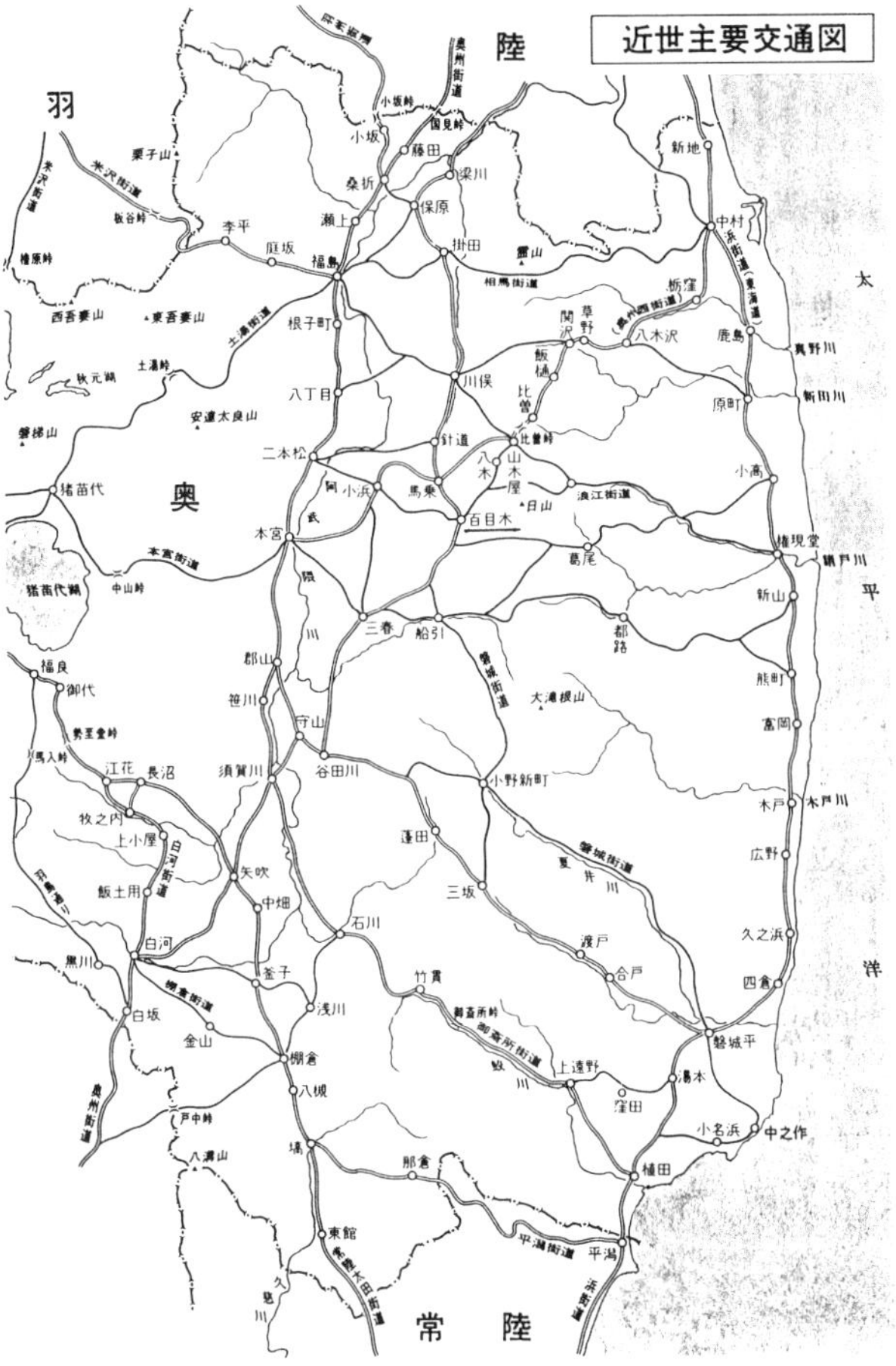

第１図　陸奥安達百目木駅の位置（小林清治・丸井佳寿子・誉田宏・竹川重男・吉村仁作〈1981〉『角川日本地名大辞典７福島県』から）

安達郡は、中世には阿武隈川を挟んで、東側を塩松、西側を二本松と区分して呼ばれたこともあったが、加藤氏が寛永四年（一六二七）に奥州に入ってからはこれらを併せて古来の通り安達郡と呼ぶようになった[1]。その塩松は二本松市東和・岩代地区、本宮市白沢地区等と川俣町の一部、二本松は、二本松市安達・二本松、大玉村、本宮市本宮地区、郡山市の一部を指している。

百目木はこの塩松に属していたが、その名は戦国期の「伊達成実日記」(2)等の中世史料にも度々登場し、一方石川郡の石川氏の分領として一四～一五世紀に百目木が成立したことが『石川氏一千年史』(3)等に見える。これらについては小林清治博士監修の『岩代町史』(4)各巻に詳しいが、筆者もまとめたことがある(5)ので、それらを基礎に中世城下百目木の様子を見ていきたい。

現在の福島県石川郡石川町に所領を得た石川有光は、清和源氏、源満仲の子頼親の孫である。頼親の弟頼信の系譜からは源頼朝や足利尊氏を輩出したいわば名族である。百目木あるいは安達郡内については、『石川氏一千年史』の興国二年（一三四一）及び応永二十年（一四一三）の項に、次のような記述がある。

史料A　『石川氏一千年史』　興国二年六月
第十三代　貞光公　実は家光公の子也
興国二年（北朝暦応四辛巳年）六月三日公卒す、
（中略）
六男光久母は貞照院泉二郎三郎と称す、安達郡小牛杜（手）を分領す、石河弾正忠と称す、

史料B　『石川氏一千年史』　応永二十年正月
第十六代　満朝公（中略）応永二十年正月五日公卒す、

写真１　陸奥安達百目木驛八景圖（仙台市博物館蔵）

（中略）

三男盛光、母は仝上泉十三郎と称す、安達郡百目木を分領す、石川治部大輔と称す、

これらの史料からすると、小手森（現二本松市東和地区）をはじめとして、石川氏の安達郡東部内の領有が鎌倉末期に遡ることが明らかで、遅くとも一五世紀には百目木築城がなされたと思われる。百目木石川氏もまた、先に述べたような清和源氏の一族であるという出自を充分意識して、塩松東部の経営に当たったものであろう。今日の百目木は、文献上ここがスタートラインになろうか。

下って、天正十一年（一五八三）、小浜宮森城主大内備前が二本松城主畠山義継等の加勢を受けて百目木城の石川弾正を攻めたが、大敗して宮森に逃げ帰ったことが知られる。このことは後述の通り「仙道七郡古軍談」（佐竹家旧記六）の記事に見える。

この百目木城（第2図、写真2・3）は、海抜約四五〇m、比高約七〇mで、口太川と山辺沢に挟まれた山陵突端の要害の地に築かれた山城である。北東と南西の尾根を堀切で遮断して独立丘陵化を図り、本郭（一ノ郭）を中心に四方の尾根を堀切で区画し

写真２　百目木城　本郭庭園（坪石）と羽山

写真３　百目木城　四ノ郭、堀切、五ノ郭

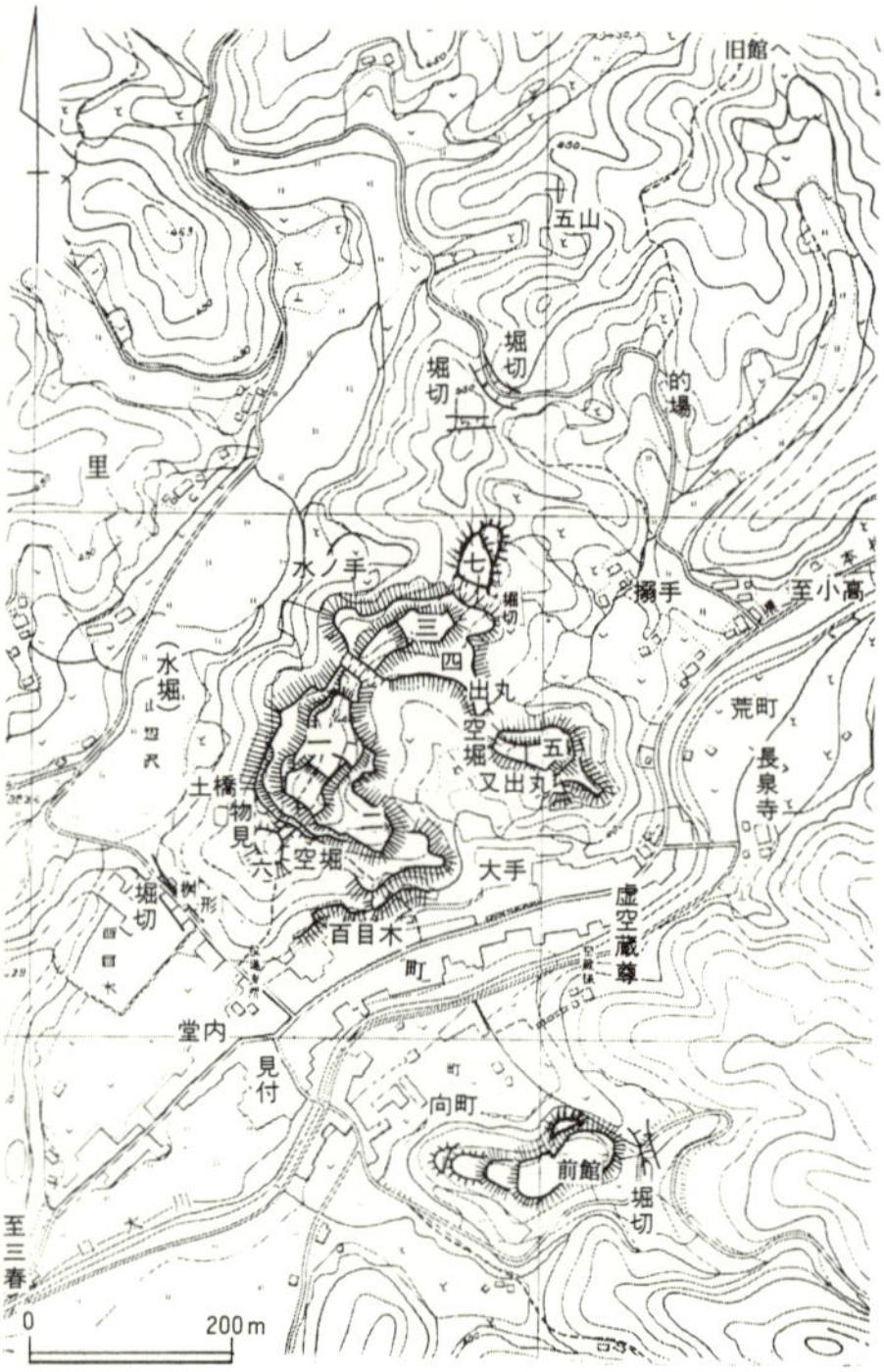

第２図　百目木城の構成

ながら七つの郭（七ノ郭は現存しない）を配置し、敵を挟撃する態勢を取っている。本郭には庭園（石庭）も配す優雅な造りで、南西の堀切付近には土塁を持つ小さな桝形状の遺構（虎口の一つか）も存在する。写真3は堀切によって区画された四と五ノ郭であるが、五ノ郭は大手口と搦手口を抑えるとともに、相馬あるいは伊達方面からの侵入者を監視する場所と言える。また、城域全体は各郭と裾部の侍町とから構成され、口太川沿いの平地が村人の居住域と想定される。

　城主石川弾正は、塩松城主石橋家の家臣であったが、石橋義久の不行状を理由に小浜城主大内備前等とともに主家を滅ぼし三春田村氏の旗下となった。その後伊達政宗の大内備前攻略に与し、天正十四年（一五八六）その恩賞として小手森城、月山館を加増されたが、塩松三十三郷が白石若狭に与えられ、弾正はその与力とされたことを不満に思い、やがて相馬義胤に通じたと言われる。天正十六年（一五八八）閏五月十八日、政宗との戦いに破れ、小手森、百目木両城を放棄して相馬に走った。この後、百目木城は伊達政宗の重臣の茂庭綱元の支配するところとなる。(6)

豊臣秀吉の奥羽仕置後の天正十九年（一五九一）からは、蒲生氏郷の支配となり、慶長三年（一五九八）からの上杉景勝支配下では、塩之松東城（城代山浦源吾景国）、続く慶長六年（一六〇一）の再蒲生支配では、四本松東城（城代玉井貞右〈数馬助〉）となり、城としての存在を保った。(7)

その後、寛永二十年（一六四三）に丹羽光重が二本松に入部し、当地の近世の支配機構が確定するが、この間のいずれかで中世城下としての百目木の役目は終わる。

一方、戦国期の百目木城主石川氏は、兵農未分離の社会情勢の中で、政治・軍事的支配の強化とともに、他の戦国武将と同様に、その精神的拠り所である神社仏閣の造営等にも意を用いた。百目木八幡神社は、弘治元年（一五五五）石川弾正によって創建されたと言う。また、弾正は田沢の日山山頂の旭神社の葺替えを天正元年（一五七三）に行い、大同二年（八〇七）創建という虚空蔵尊《こくうぞうそん》の堂宇を、弘治二年（一五五六）に建立したと伝えられる。(8)

なお、かつてこの虚空蔵尊の堂宇には、高さ九八・七cmで一木造の木造阿弥陀如来立像（現在は福島市指定有形文化財〈彫刻〉）があった。背板内側の墨書銘によれば造像が暦仁二年（一二三九）、修理が元亀四年（一五七三）である。百目木長泉寺虚空蔵堂から元安達郡戸沢村の某寺に移り、そこから福島の太田町阿弥陀堂へ迎えられたと言う(9)が、いずれにしても百目木は鎌倉時代から開発が進んでいたことへの傍証になろう。

さて、石川弾正との以上のような係わりについては、やがて近世の地誌類の「積達古館弁(10)」「積達館基考補正[11]」「積達大概録[12]」「相生集[13]」等及び各種戦記物にも登場し、広重が百目木を訪れた当時は旧城内に愛宕神社、千手観音、天神の堂宇が置かれ、信仰の山、あるいは石川様の館山、坪の石として村人に親しまれていた。現在、この地には天神や観音の堂宇はないが、そこに至る長い石段の部分は「観音木戸」と呼ばれ、近隣には「舘山、本舘、堀ノ内、おって、搦手、的場、前舘」等の地名や畑地化された多くの郭・堀切・庭園跡等が残っている。

また、百目木村荒町の江月山長泉寺に、石川家定紋（鶴丸）付きの厨子に納められた石川摂津守・石川弾正昌父子のものと伝えられる位牌[8c]が残されており、同村下名目津の石川家（弾正）墓所と伝えられる墳墓（名目津壇、俗称おたんば－御壇場か－）とともに往時を今に伝えている。

史料Ｃ　百目木石川氏位牌

表　　　曹清院殿徳翁全山大居士

定紋（鶴丸）相舘　　各尊儀

壽昌院殿源室紹圓大居士

裏　曹　文禄元壬辰四月二十五日　石川弾正昌

壽　大永二壬午六月二日　石川摂津守

(2) 近世の宿駅への転換

近世の丹羽氏支配が始まると、中世城下であった百目木の存在は公の事象からは完全に消え、村民の意識の深層に収められていった。時の支配体制もそれを意図的に要求し、やがて当地は三春－相馬街道

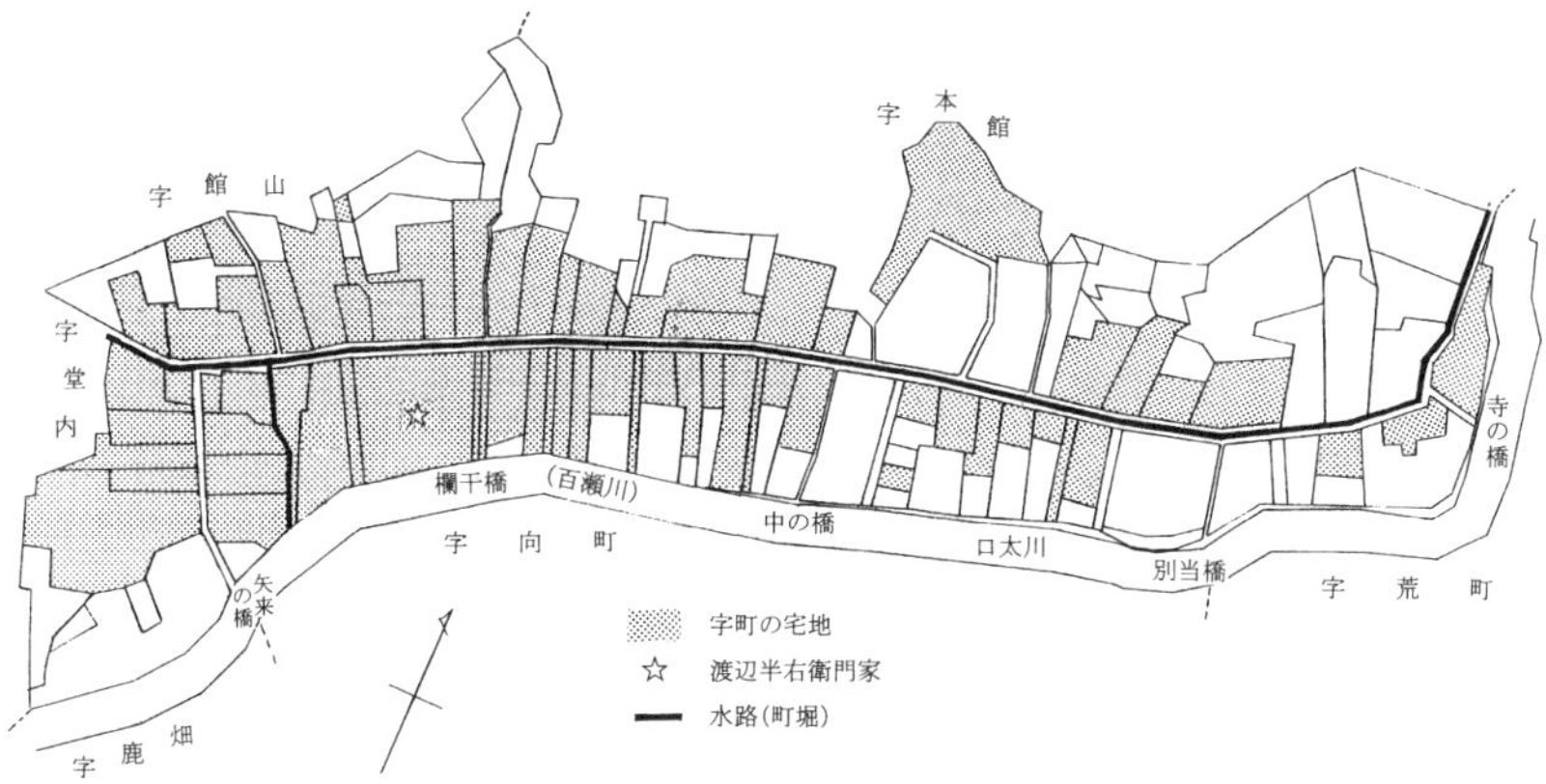

第３図　百目木宿の町屋の様子（百目木村字町の明治15年の地籍図・丈量帳－福島県歴史資料館所蔵－から作成）

の宿駅そして物資の集産地、近隣の経済活動の中心地としての存在価値が高まる。先の「積達大概録」によれば、百目木村の村高は、七六四石二斗、家数一四五戸、字名箇所数二一所、馬数九〇疋、町屋六六戸である。

その様子をよく表すものに、町並みの図（第3図）がある。この図は、明治十五年の地籍図、丈量帳[14]によるが、おおよそ江戸末期の宿場の状況を反映しているものと推察できる。宿場道の中央に水路（町堀）があり、両側には商家・職人屋・宿屋等が立ち並ぶ。町から里地区への分岐点即ち三春－相馬街道から針道街道への分岐点の町堀に架けられた石橋の側面には「安永九年（一七八〇）八月日」の記載があり、この頃すでに町堀が確実に機能していたことを示している。また、「御領内隣単共市日」[15]（年不詳）によれば、二本松藩内では、二本松、本宮、日和田、郡山、小浜、針道、百目木そして八丁目（天保四年以降）の八つの町等で市が立った。百目木の市は三・八の日つまり月六回の六斎市である。百目木村をはじめ、近隣各地の市日と市町は次の通りである。[15][16] 一日（福島、仁井町）、二日（三春、川俣中町、八丁目）、三日（本宮、福島、須賀川、百目木）、四日（二本松、常葉、川俣、日和田）、五日（小浜、郡山）、六日

（針道、福島、仁井町）、七日（三春、二本松、川俣中町、八丁目）、八日（本宮、福島、須賀川、百目木）、九日（川俣、日和田）、十日（針道、小浜、常葉、二本松、郡山）。

さらに、享保年中（一七一六〜一七三五）の「上移村立市願」[16]等によれば、百目木村の立市は、宝永元年（一七〇四）頃から始まったとされる。このように盛んに商業活動が展開されて阿武隈高地に独立した経済圏を確立し、各地と交流が深まって行った。

史料D　「享保年中（一七一六〜一七三五）上移村立市願」

「享保年中立市申候節願書之写

石井氏」（抄）

乍恐以書付奉願上候事

一（前略）二本松御領百目木村と申所十七年以来之新市ニ御座候

（中略）

享保五年子二月

上移村町者共

また、養蚕等が盛んな当地方には年不詳（幕末から明治にかけてか）であるが、百目木札（銀札）の発行・流通も確認されている。[17] 貨幣経済が山間の地にも確実に浸透し、私札の発行による地域の新たな活性化が図られている様子が窺える（写真4）。

史料E　百目木札

百目木村　銀三匁七分五厘　役元　但当村限之事

このように、江戸時代から明治初期（さらに言えば戦後の高度成長期頃）までは商業活動が活発に行われてきており、そこにこそ渡邊半右衛門登場の基盤、つまり「塩松領石川分[18]」と呼ばれるような中世から続く政治的独立意識と、その独自の経済圏があると思われる。

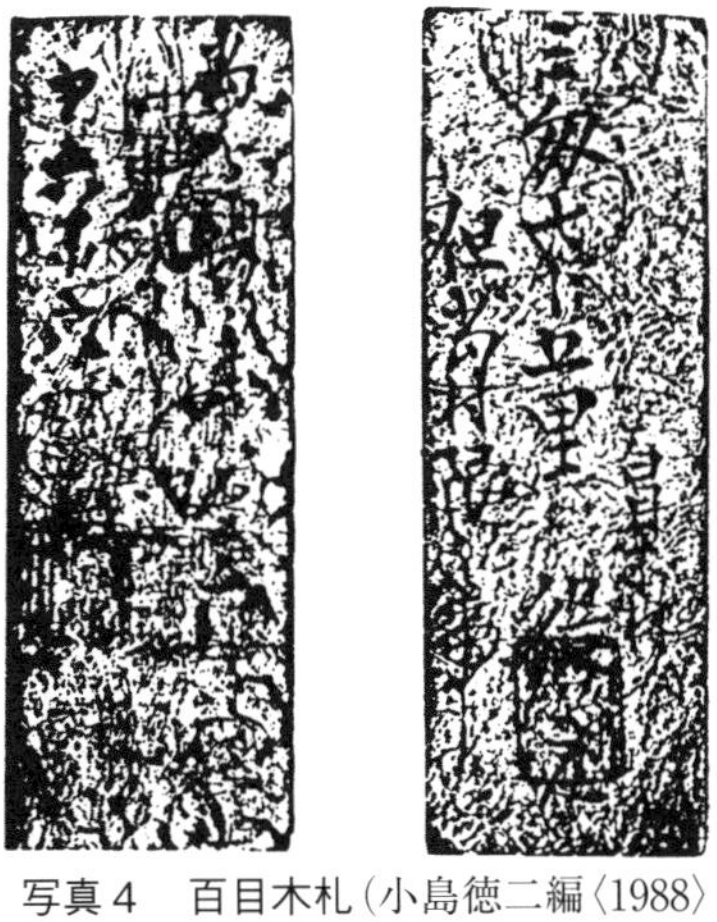

写真４　百目木札（小島徳二編〈1988〉『福島の貨幣』から）

３　渡邊半右衛門の登場

⑴　半右衛門名の初見

先に「仙道七郡古軍談」について触れたが、その天正十二年（一五八四）記載は以下の通りである。[19]

史料F　「仙道七郡古軍談」（佐竹家旧記六）

天正十二年

一百目木村城司石川弾正と申侍衆、田村之主ヲ引被申候、宮森村之城司大内備前と申侍衆、二本松之主ヲ引被申候、百目木村へ人数三千程ニ而働被申候、侍町迄押寄候を、又内ゟ二手ニわけ出合、備州人数ヲ三人討取申候、其時之一手之衆ニ斎藤修理と申者今ニ御座候、年ハ七拾四ニ罷成候、

一百目木村城に篭申候人数、馬上七拾騎、足軽千程篭申候事、

百目木村肝煎

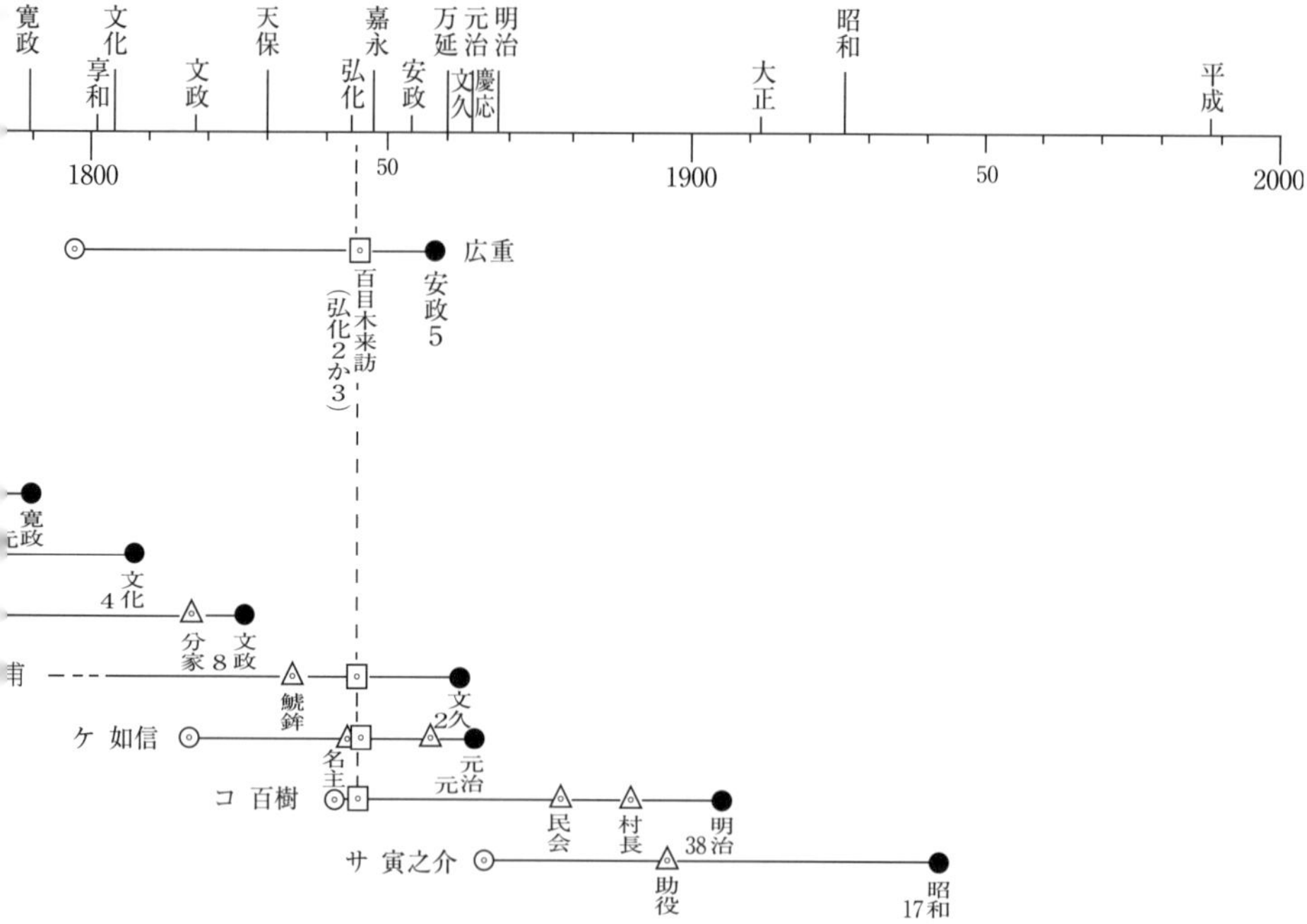

斎藤修理
半右衛門

この記述に百目木村肝煎の半右衛門が史料上初めて登場する。これが後の渡邊半右衛門の祖先（初代）だとすれば、石川弾正の指揮の下、恐らく斎藤修理等とともに大内備前と戦った地侍であったと想定できる。石川弾正が天正十六年（一五八八）閏五月十八日、伊達政宗に破れ相馬義胤のもとに敗走した後は、百目木にあって肝煎として村人のまとめ役となり、兵農分離後は農民（百姓）として農業等に従事したものであろう。これはやや短絡的な結論であるが、当面はこのように考えておきたい。なお、現当主渡邉孝一氏は第二十五代目とのことなので、現在のところ文献的には充分確認できないが、そのルーツはさらに遡る可能性もある。

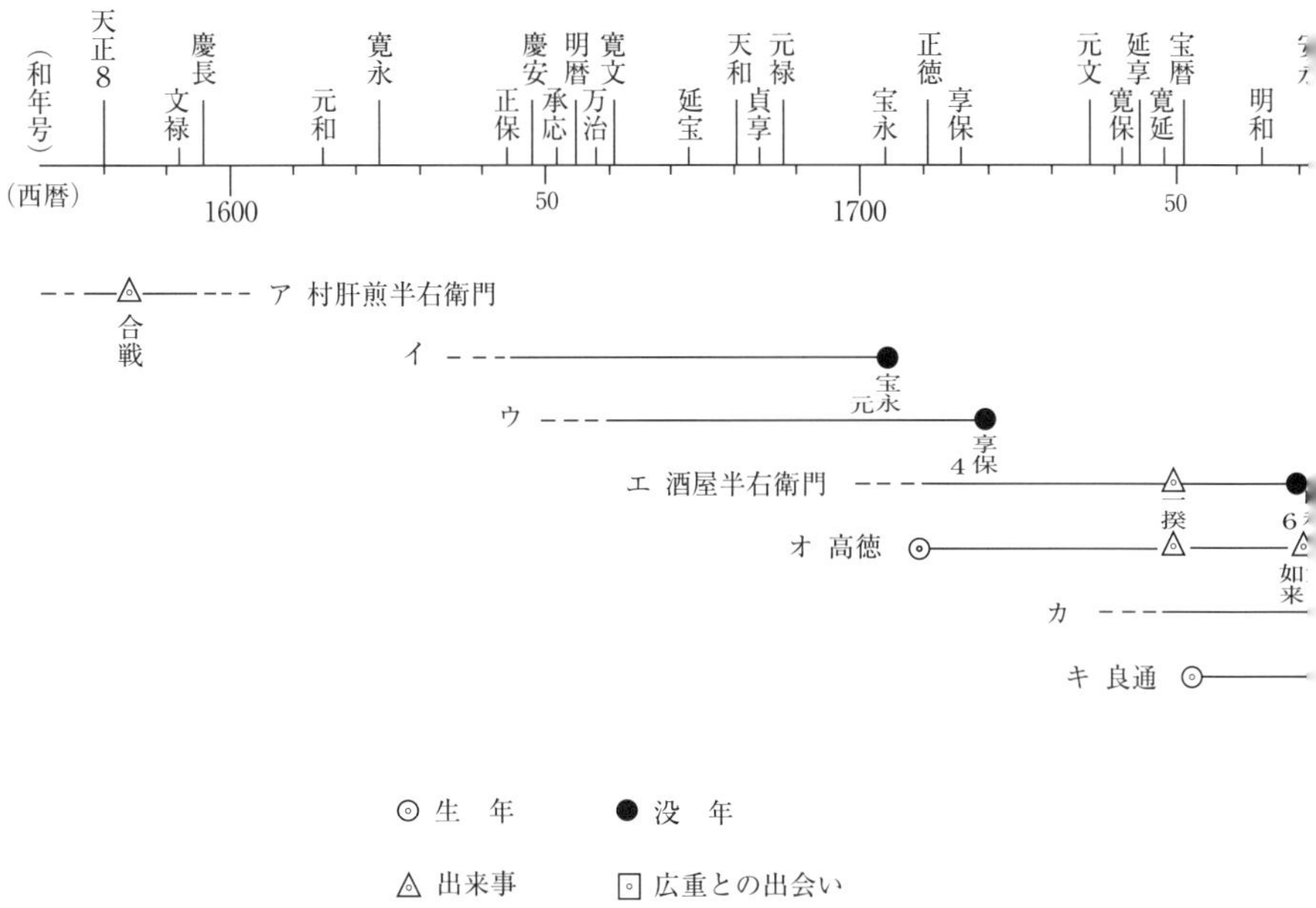

第４図　歴代渡邊半右衛門の生涯と主な出来事（ア～サは第１表と整合する）

(2) 酒屋半右衛門と銘酒「百瀬川」

渡邊半右衛門家の過去帳や墓石及び言い伝え等によれば、現在その存在を確認できる歴代渡邊半右衛門は、第4図及び第1表の通り、宝永元年に没した渡邊半右衛門（法名智通宗円居士）以下一〇名である。これらを史実に当てはめていくと次のようなことになる。

寛延二年（一七四九）の二本松藩内の積達百姓一揆時に、田沢村百姓喜六や三右衛門が百目木村通過の際、「願に出なければ帰りに打散」、「金子借候」等と酒屋半右衛門宅で脅している[20]。また、五〇石取りの郷士渡邊半右衛門高徳は、明和七年（一七七〇）には百目木虚空蔵尊の表参道に大日如来坐像を寄進しており[21]、さらに文化十四年（一八一七）、渡邊半右衛門〈渡部良通〉（本渡）は自宅の西側に分家を立て、これを西常州屋（西渡、渡邊直之助を襲名）とし

第１表　渡邊半右衛門の生存年代とその事績等

	名前・法名等	和年号	西暦	事績・出来事等	備考
ア	半右衛門	天正12	1584	百目木村肝煎を務める	
イ	智通宗圓居士	宝永１	1704	没	
ウ	節宗貞信善男	享保４	1719	没	
エ	酒屋半右衛門	寛延２	1749	積達百姓一揆が起こる	
	泰安淨運居士	明和６	1769	11月７日没	
オ	高徳	宝永６	1709	誕生	郷士
	渡邊半右衛門	明和７	1770	虚空蔵尊へ大日如来坐像寄進	50石
	舜翁慈徳居士	寛政１	1789	没　81歳	慈徳
カ	瀃誉眞徹居士	文化４	1807	12月７日没	孫八保
キ	渡部良通	宝暦２	1752	誕生	如茂
	渡邊半右衛門	文化14	1817	分家西常州屋を創設	
	彝翁良倫居士	文政８	1825	２月10日没　74歳	
ク	渡部隆甫	天保４	1833	百目木虚空蔵尊へ　釣鐘堂を寄進	
	渡邊半右衛門	5	1834	二本松城坂下門鯱鉾一対寄進	
		弘化２頃	1845	広重との出会い　50歳前後か	
		天保～文久２まで	1862	三春藩御用金700両（如信時代の分も含む）	
		文久２	1862	八幡神社の石鳥居寄進	
	有隣壽徳居士			８月14日没　60歳代後半か	
ケ	如信　　6代	文化14	1817	誕生	
	渡邊半右衛門	天保14	1843	百目木村名主を兼帯する	
				二本松藩御用金60両	
		弘化２頃	1845	広重との出会い　29歳	
		安政４	1857	百目木村名主を退任する	
		文久３	1863	二本松藩御用金100両	
	仁徳如信居士	元治１	1864	10月29日没　48歳	
コ	渡邊半右衛門	天保12	1841	３月28日誕生	広重に絵を習ったという
	渡邊百樹	弘化２頃	1845	広重との出会い　５歳	
		明治11	1878	福島県民会議員に当選	
		22	1889	田村郡石森村の佐久間庸軒の古希賀集「千代見草」に和歌を寄せる（29）	孫次郎
		23	1890	安達郡旭村長就任	
		28	1895	半右衛門から百樹に改名	
		33	1900	郡山の橋本清左衛門の還暦祝詩歌集『山呼集』に和歌を寄せる（29）	
	玉翁樹庵居士	38	1905	４月19日没　65歳	
サ	渡邊寅之介	慶応２	1866	４月16日誕生	
	渡邊半右衛門	明治28	1895	寅之介から半右衛門に襲改名	
		29	1896	安達郡旭村助役就任	
	徳應院	昭和17	1942	２月20日没　77歳	

如信が隆甫20歳頃の子とすると、隆甫は寛政８年（1796）頃の誕生となる。

た。[22]村人からも「分家」と呼ばれ、これが後に常州屋となった。

そして、小論の主役と言える渡邊半右衛門〈渡部隆甫〉は、天保五年（一八三四）に二本松城久保丁口の坂下門（大手門）の新築に当たって、銅の鯱鉾一対を献上する等数多くの寄進等の事績を残したが、第一戦を引退し渡部隠居と呼ばれた頃も、事情のある髪結い巳之介のために皆で金銭を出し合う等、[27b]その人間的幅の極めて広い人物として後世に伝えられている。その子如信も百目木村名主を務めることになる。

以上のように、史料的には戦国期末か近世初頭から始まったと考えられる渡邊半右衛門家は代々その名を世襲し、広重を迎えようとする頃には、富商（造酒屋）・豪農（大地主）として百目木のみならず安達・田村両郡を中心に活動するようになり、莫大な資本を蓄積していた。大きな酒蔵（写真1及び10の右端の蔵）で醸造された銘酒「百瀬川」が広く販売され、[21]広重の版画絵に見られるように、数多くの土蔵群、百瀬川を跨ぐ朱塗りの欄干橋（太鼓橋）、その対岸の屋敷と土蔵群を擁するような大邸宅を持つに至った。

(3)　藩御用金の貸付、寺社への寄附等

二本松藩や三春藩も他藩と同様に、江戸時代の後期になると特に藩財政が逼迫し、藩内各組等に対し度々御用金の借上げを行った。渡邊半右衛門（隆甫及び如信等）もこれに応じ、次のような藩庁への貸付（献金）を行った。その主なものを記すが、掲載氏名等は現在の二本松市岩代・東和両地区域（抜粋）に限った。

史料G　二本松藩　天保十四卯年七月九日上州高崎御地頭姫君様御縁組御貸上金御用被仰付[23a]

小浜組　六百両　　　針道組　七百二十両
金九十両　針道村宗像善蔵
金五十両　小浜町善方十左衛門、同　針道村大内屋儀太郎
　同　百目木村渡邊半右衛門、同　上太田村遠藤儀左衛門
（以下略）

史料H　二本松藩　天保十四卯年八月四日公儀五海道御救献金被仰付(23a)
金十両　小浜町善方十左衛門、同　針道村宗像善蔵
　同　百目木村渡邊半右衛門

史料I　三春藩　天保より文久までの借財調(24)
「　文久二戌歳
　他方御借財調
　　十月
　　　三ケ年置居」（抄）
一七百両　　　　渡部半右衛門
　内
　三百両　　　当年ゟ無リ足年賦
四百両　　　時借新規

内弐百両　　弐拾両リ合
弐百両　　時借新規

史料Ｊ　百目木村八幡神社の石鳥居寄進[25]
文久二年八月　渡部隆甫、渡部半之介、渡部善右エ門

史料Ｋ　二本松藩　文久亥三年六月十日　被　仰出候御才覚金覚〈針道組〉[23b]
一金千両　針道村宗形善蔵
一金三百両　上太田村遠藤儀右エ門
一金弐百両　針道村大内丈右衛門
一金百五十両　針道村高野庄左衛門
同　北戸沢村紺野孫右エ門
一金百両　針道村大槻庄六、同　北戸沢村氏家仁吉
同　百目木村渡辺半右エ門（如信…筆者注）
（以下略）

史料Ｌ　二本松藩　慶応元年針道組御才覚金高[26]
針道組御貸上金　一金　三千九百九十八両
金九百両　針道村宗像善蔵

金二百両　　上太田村遠藤伊右衛門
金百三十五両　針道村高野庄左衛門、同　北戸沢村紺野兵吉
金九十両　　針道村大槻庄六、同　北戸沢村氏家仁吉
金七十両　　田沢村伊東七郎衛門
金五十五両　百目木村渡辺半右衛門（百樹…筆者注）
同　　百目木村渡部善右衛門（西常州屋…筆者注）
（以下略）

以上の他、次のような多くの事績が知られている。
また、嘉永五年（一八五二）九月の「郷役譜」及び弘化五年（一八四八）〜慶応四年（一八六八）の「御用諸纘き覚帳」[27]等によれば、天保十四年（一八四三）七月〜安政四年（一八五六）まで渡邊半右衛門（如信）が百目木村名主を務めている。

史料M　「嘉永五年九月郷役譜」
「郷役譜」（抄）
秋毛御検見御供被　仰付候所、御領中宿村々御本陣検断名主問屋代数取締被　仰付候ニ付、左之通書上写、
覚
○針道組

百目木村名主兼帯
渡　辺　半右衛門
右者百目木村百姓之処、与力格式被　仰付罷在候処、天保十四卯年七月当村名主兼帯被　仰付、当子年迄十ケ年相勤申候、

史料N「弘化五年～慶応四年御用諸續き覚」
「　戊弘化五年
御　用　諸　續　き　覚　帳
申正月日　里組百石藤吉　」（抄）
安政四巳ノ年
其頃百目木村名主兼帯渡部半右衛門、（略）、同村町渡辺半右衛門ト申者御上より御たのみニテ名主兼帯被仰付テ相勤申し候処、（略）、百目木村名主之儀ハ小浜在平石村名主大内平治兵衛被仰付候、安政四巳ノ年三月被仰付候ニ付、同四月十三日当村江引越申候、

史料O　年不詳百目木村江月山長泉寺へ如意輪観音坐像寄進[28]　寄贈　渡邊半右衛門

このように、渡邊半右衛門は、東安達（旧塩松）を代表する経済人・文化人で、当時の地域社会のリーダーとして活躍中の人物であり、広重を迎えるにふさわしい経済力と豊かな教養を備え、さらには村名主を兼帯する名家でもあった。

4　歌川広重の百目木紀行

(1) 広重と陸奥・出羽の関係

広重と奥羽の関係で最も著名なのが、出羽国天童織田藩との交流であり、広重の多くの肉筆画類の作成、いわゆる「天童広重」である。これについてはすでに多くの研究があり、また、本論の直接テーマではないので、詳しくは述べないが、池田良平がその経緯を適切にまとめた論文を発表している[30]。

さて、内田実によると[31]出羽国関係では「湯殿山誠心感三尊人間遊五雲」（應需模寫とあり、山形崑崙堂梓）や広告絵の「湯殿山山中の圖」、「湯殿山道中略圖」（霞峰先生圖を模すとあり、山形崑崙堂）、「湯殿山道中略圖」（同題なれども前とは聊か圖を異にす）があり、湯殿山関係者から発注されたことが明らかである。

この他、陸奥国相馬との係わりが広重にはあり、現在仙台市博物館にも所蔵されている相馬野馬追関係の三枚の浮世絵（広告絵）が知られる。それは、「奥州相馬妙見祭其一行列之圖」「奥州相馬妙見祭其二野馬追之圖」「奥州相馬妙見祭其三野馬取之圖」で応需書きである（写真5～7）。

これは百目木広重即ち「陸奥安達百目木驛八景圖」（遠州屋又兵衛版）

写真5　広重画「奥州相馬妙見祭其一行列之圖」（仙台市博物館蔵）

写真6　「奥州相馬妙見祭其二野馬追之圖」（同蔵）

写真7　「奥州相馬妙見祭其三野馬取之圖」（同蔵）

と同様広重晩年の作であるし、百目木が、三春–相馬中村街道の宿駅の一つであることを勘案すると、この相馬野馬追関係の浮世絵は、広重の百目木紀行と大きな係わりがあるように思えてならない。伝承では、広重は相馬方面から百目木へ入ったと言われているが、現在のところ確固たる証拠もないので、この件については今は問題提起のみとしておく。

(2) 花盛りの虚空蔵尊境内での二人の出会い

広重の百目木来訪は、弘化二年（一八四五）か同三年で、一ヶ月ほど遊んだと言われているが、その事情については、伊東夫人が語った次のような話が、内田実によって書き残されている。それは「是眞の扇面」と題された一説である。少し長くなるが、広重と渡邊半右衛門の出会いを語る重要な部分なので引用しておく。なお、伊東夫人は三代広重の後妻安藤八重子の姪で、浅草蔵前の札差越前屋で生まれた。その後三代広重の養女となり、伊東氏に嫁いだ人である[31]。

これは晩年のことだ。或年の春、広重は奥州に旅して、百目木（二本松の東方約五里）に行ったことがある。「虚空蔵様」と呼ばれてゐた或寺の境内に、名だゝる桜の大木があって、折しも花盛りだったので、広重はそれへ立寄った。花見の人の中に、衣服大小とも立派な侍の一組がある。其一人の翳してゐる扇子の遊龜の絵に、広重はフッと目を付けた。つか〳〵とそれへ進み寄って、慇懃に扇子の一見を請ふと、侍は怪訝な面持で、広重の頭から身なりの口合を、暫らくジッと見まもってゐたが、

「其許は旅僧と覚えるが、絵はお解かりか」

と云う挨拶だ。広重もぐっと洒落気が出て、

「仏に仕える身ではありますが、絵を見る味は格別に存じます」と云うと、侍は得々として、這は是れ當時江戸で名高い柴田是眞の眞筆なり、さらば後学に示すべしとあって、扇子を広重の手に渡した。そして、広重が見入り見直す様子を、探るやうに眺めながら、「さほどに好きな道ならば、御僧も少しは心得があるであろう」と問ふ。広重は苦笑ひして「眞似ごとばかり」と答へたところ、連れの侍が口を出して、「然らばこゝに持ち合わせの素面がある。何なりと描いて見せよ」と云ふことになった。広重は、腰の矢立を取り出して、一同の興がる内すら〳〵と松を描いた。

一同、コレハ〳〵と驚いたが、やがて江戸の広重と判り、到頭、是眞の扇子の持主の家に招ぜられて、数日の間滞在し、いろ〳〵と手厚い歓待を受けた。

広重は、江戸に帰ってから、此事を妻に物語り、「是眞は俺よりずっと年下だが、かうまで名を馳せてゐようとは思わなかった。俺もまだ〳〵勉めねばならぬ」と、述懐したさうである。(伊東夫人の談に據る)

この伊東夫人の談話について、内田実は次のように考察している。

柴田是眞は、広重より十歳の年下であった。明治二十四年、八十五歳で歿した。尚、広重の版畫に、「陸奥安達百目木驛八景圖」と題する三枚の續がある。石垣を築いた高い臺地に、土蔵の幾棟もある廣大な邸宅を中心に圖せられ、「晩鐘」に擬した虚空蔵には、桜の花も咲いてゐる。その餘白に、稍や大きい短冊形の枠の中に、「渡邊半」の三字が、印章となって表はされてゐる。固より、「應需書き」

である。が、今この逸話を得るに及び、本圖は、其時其地の見取圖であることが知れた。広重を自家に伴ったと云ふ侍の邸宅が圖中のそれで、即ち侍は、渡邊と云ふ富裕な郷士ではなかったらうかと想像される。本圖は、「作畫年代推定法」により、天保十四年～弘化年間にかけての発行であることが明らかであるから、この逸話の事実も、その頃であったらうと見當が附く。同時に、広重が旅僧と見られたと云ふ事実は、「薙髪した時代」に就いての傍證ともなるであらう。

伊東夫人の談話に登場する、広重を自家に伴った侍こそが二本松藩から与力格式を与えられ、百目木村名主を兼帯していた渡邊半右衛門家の人物である。当時、百目木村の「福一満虚空蔵尊」は通称「百目木の虚空蔵様」（写真８）と呼ばれ近郷近在の信仰を集め、祭日には歩行目付が出て取り締まりを行ったほど、多くの参拝者を集めた。[31b] 本尊は丈八寸の金無垢で弘法大師の作と伝えられ、六〇年に一度の御開帳である。表参道の石段の入口には、先の半右衛門寄進の銅製の大きな大日如来坐像があった。虚空蔵尊は、旧暦の三月二十三日と九月十三日を祭日とする。広重が百目木を訪れたという「花見」の時期は、恐らくこの三月の祭日頃ではなかったかと想像できる。百目木の桜の開花期は、新暦の四月下旬であり、旧暦で言うとちょうど三月下旬に当たり、この話と時期的に符合する。

写真８　広重と半右衛門が出会った「虚空蔵様」

また、内田実は「晩鐘に擬した虚空蔵」という表現を使っているが、梵鐘は当時明らかに存在していたし、百目木を「もめぎ」と呼んでいるが、これも「どうめぎ」（現在はどうめき）の誤りである。もちろん内

第２表　歌川（安藤）広重と渡邊半右衛門の年譜

歌川（安藤）広重	年齢	年号	西暦	渡邊半右衛門（●隆甫、▲如信）	国内（△）国外（◇）や百目木等（○）の動き
		寛政８	1796	●隆甫誕生か	
◎江戸八代洲河岸の定火消同心安藤源右衛門の子として誕生	1	9	1797		△昌平黌を昌平坂学問所と改称し、幕府の官学とする
◎父退隠後その職を継ぐ。父母没す	13	文化６	1809		
◎浮世絵師歌川豊広に入門	15	8	1811		
◎師から広重の画号を許される	16	9	1812		
		14	1817	▲如信誕生	○渡邊半右衛門分家、西常州屋の成立
◎火消同心を嗣子仲次郎に譲る	27	文政６	1823		◇アメリカ、モンロー宣言
		9	1826		○百目木大火
◎斎号を一幽斎とする。東海道旅行	34	天保１	1830		◇７月、フランス革命
◎一立斎と改める京都へ旅行	36	3	1832		○10月、村名主が武田八右衛門から吉田屋小谷真多介へ
◎「東海道五拾三次」刊行開始	37	4	1833		○天保凶作（～天保９年）、村内の死者６年間で95人
		5	1834	●11月、二本松城坂下門（大手門）に鯱鉾一対献上	○11月、二本松藩主丹羽長富新たに多門を城下久保町口に築く
◎前年に妻没し、後妻お安をめとる	44	11	1840		◇中国でアヘン戦争起こる（～'42年、南京条約）
◎甲府に旅行する	45	12	1841	・渡邊百樹誕生	△老中水野忠邦の天保の改革の開始
		14	1843	▲７月、百目木村名主を兼帯する。７月、８月、二本松藩御用金貸付	○村名主を渡邊半右衛門が兼帯する
◎この年か次の年、陸奥国安達郡百目木村名主渡邊半右衛門宅へ行き約１ヶ月ほど遊ぶ。半右衛門の依頼で「陸奥安達百目木驛八景圖」を制作	49か50	弘化２	1845	●▲この年頃、３月に歌川広重を自家に迎え、「陸奥安達百目木驛八景圖」の制作を依頼する。すでに柴田是眞筆の扇子を所持する	△オランダ国の開国の勧めを幕府が拒絶する ○二本松藩、江戸城改築御用金5035両を納める
		3	1846		
		嘉永６	1853		△米国ペリー浦賀へ来航 △徳川家定13代将軍となる
◎江戸大地震、広重宅は被害なし	59	安政２	1855		○７月８日、百目木大火で40軒焼失、中町八木屋四郎平から残り上町も焼け残った
◎最後の東海道旅行	61	4	1857	▲１月、百目木村名主を退任	○百目木村名主を南戸沢村名主等が一時兼帯 ○３月、平石村名主大内平治兵衛が村替えで村名主に就任 ４月13日引越し、役宅改修費一軒当たり530文負担
◎９月６日死去 辞世「東路へ（に）筆を残して旅の空西の御国の名ところを見舞」	62	5	1858		△日米修好通商条約締結 △徳川家茂14代将軍となる ○二本松藩主丹羽長富・長国、上総国富津砲台警護 ◇清が英・仏・露・米と天津条約 ◇ムガール帝国滅亡
		文久２	1862	●８月、百目木八幡神社に石の鳥居奉納（渡部隆甫・半之介・善右エ門等） ●▲三春藩御用金貸付（天保～文久２） ●８月14日死去（60歳代後半か）	△坂下門外の変。寺田屋事件、生麦事件起こる △会津藩主松平容保が京都守護職となる
		3	1863	▲二本松藩御用金貸付	△薩英戦争、天誅組の乱。８月18日の政変起こる
		元治１	1864	▲10月29日死去（48歳）	△禁門の変

この表は、内田実、鈴木重三、山口桂三郎、石田泰弘、菊地貞夫、酒井雁高等編の広重年譜等や小論で参考とした文献等を基礎とし、聞き取り等も加えて作成した。

田にとっては遠い東北地方のことであり地理不案内であったろうから、これらの誤解はやむを得ないことであろう。しかし、内田のこの談話の採取がなければ、渡邊半右衛門と広重を繋ぐ太い糸は切れており、広重の百目木紀行に関する内田のこれらの記述は、「百目木広重」の研究上不滅の業績と言えよう。

余談ながら、この虚空蔵尊の梵鐘は太平洋戦争終結直前、先述の大日如来坐像や村内の多くの鍋釜、刀剣類とともに鉄砲の弾等にするという理由で国に供出された。その後、日立市に送られたと言うが、戦後五十年余の今日いまだ梵鐘等は戻らない。

⑶　広重に出会った三人の渡邊半右衛門

広重と出会った渡邊半右衛門は、隆甫・如信・百樹の三人である。この当時、隆甫は、広重とほぼ同年代の五〇歳頃で、恐らくすでに隠居の身であり渡部隠居と呼ばれる悠々自適な生活を送っていた。如信は、二九歳の働き盛りであり、二本松藩からの命令で村名主の大役に就任して三年目頃、そして後に福島県民会（県会）議員や旭村長として政治の道に入り、また和歌等を嗜む文化人に成長する百樹は五歳のやんちゃ盛りであった。

広重を自家に招いた渡邊半右衛門が、隆甫なのか如信なのかは明確ではないが、状況証拠から言えば社会奉仕活動を積極的に展開し、交際範囲も広く世間の情勢に精通していた隆甫ではないかと想像される。もちろん虚空蔵尊境内で当時流行の柴田是眞真筆の扇子を持って自慢していた渡邊半右衛門はその行動からして若い年代の人とも考えられ、如信である可能性も否定できない。しかし、今はこれに関する検討史料も少ないので一応前述のように考えておく。

第３表　歌川広重と主な八景

陸奥安達百目木驛八景圖	近江八景之内	金澤八景	江戸近郊八景之内	東都八景	東都司馬八景
渡辺晴嵐	粟津晴嵐	洲崎晴嵐	芝浦晴嵐	洲崎晴嵐	白銀晴嵐
弥来夕照	瀬田夕照	野島夕照	小金井橋夕照	浅草夕照	神明夕照
百々川の蛍					
舘山の一つ松					
虚空蔵晩鐘	三井晩鐘	称名晩鐘	池上晩鐘	上野晩鐘	山縁山晩鐘
坪石の秋の月	石山秋月	瀬戸秋月	玉川秋月	高輪秋月	田町秋月
沖田の早乙女					
羽山の暮雪	比良暮雪	内川暮雪	飛鳥山暮雪	両国暮雪	愛宕山暮雪
	唐崎夜雨	小泉夜雨	吾嬬杜夜雨	真乳夜雨	赤羽根之夜雨
	矢橋帰帆	乙艫帰帆	行徳帰帆	佃島帰帆	高輪帰帆
	堅田落雁	平潟落雁	羽根田落雁	不忍落雁	御殿山之落雁

出典は、注（31ａ）による。

(4) 百目木八景の選択

この「陸奥安達百目木驛八景圖」の八景、通称「百目木八景」がどのような経緯で選択されたのかは定かでない。恐らく広重が百目木の町（上町、中町、下町、横町）・向町・荒町・堂内・沖田・横町橋（通称弥来あるいは矢来の橋）・百瀬川・百目木城・前館（向館）・羽山・八幡神社や虚空蔵尊等の神社仏閣を見聞きし、渡邊半右衛門の意見等も参考にしながら決めたのであろうか。

史料Ｐ　東都一立斎廣重筆「陸奥安達百目木驛八景圖」[32]

渡辺晴嵐　　弥来夕照　　百々川の蛍　　舘山の一つ松

虚空蔵晩鐘　坪石の秋の月　沖田の早乙女　羽山の暮雪

これらをその性格によって大別すると以下のようになる。

歴史や文化等に関すること（舘山、虚空蔵、坪石、鐘、早乙女）

自然に関すること（晴嵐、夕照、蛍、一つ松、秋の月、暮雪、晩鐘）

地名に関すること（弥来、百々川、舘山、沖田、羽山）

渡邊半右衛門家に関すること（渡辺）

他にも、「舘アト、観音、天神、アタゴ、秋葉山、イナリ、八まん」の地名等も絵中に見られ、様々な事象を巧みに組合せて「陸奥安達百目木驛八景圖」は描かれている。そこには広重の東海道五十三次や東都八景等の業績を積み重ね、完成の域に近づいた優れた技術と知識が生かされ、さらには第3表に見るように「夜雨、帰帆、落雁」を採用せずに百目木の特色を包括した独自の八景の創造を試みていることが窺える。

5　百目木広重の今昔

(1)　百目木駅八景の昨今

八景に描かれた風景のうち、今日その姿を留めるものは少ない（第5図）。

「渡辺晴嵐」－百瀬川（口太川）に面した朱塗りの太鼓橋（通称欄干橋）と対岸の土蔵や家屋は、大正初めの大水で流されたと言う。その濁流は、前館の山裾（海抜三九〇m強）まで及び百目木の平地を泥沼とした。さらにこのとき以来と言う平成元年の大水で大きな被害を受け、災害復旧工事（河川改修）で酒蔵、石垣、洗い場、井戸や太鼓橋の石桁等は削り取られてコンクリートの護岸となり江戸期以来の面影はない。ただ、近世の優れた土木技術をも示している太鼓橋の桁は、渡邉家の協力によって保存されているとのことである。なお、城を想起させるかつての護岸の石垣等は、百目木城の石垣を移したとの伝承もある。

「弥来夕照」－木橋の矢来の橋（横町橋）は今はなく、コンクリート橋となった。ただ橋の西方の山に沈もうとする夕日の橙色の光は今も絶えない。

「百々川の蛍」－夏になると蛍が飛び交うが、河川改修工事や農薬等のためか、その数は激減した。

「舘山の一つ松」－前館（現花山公園）の松で、枝折れしながらも現存している（写真9）。

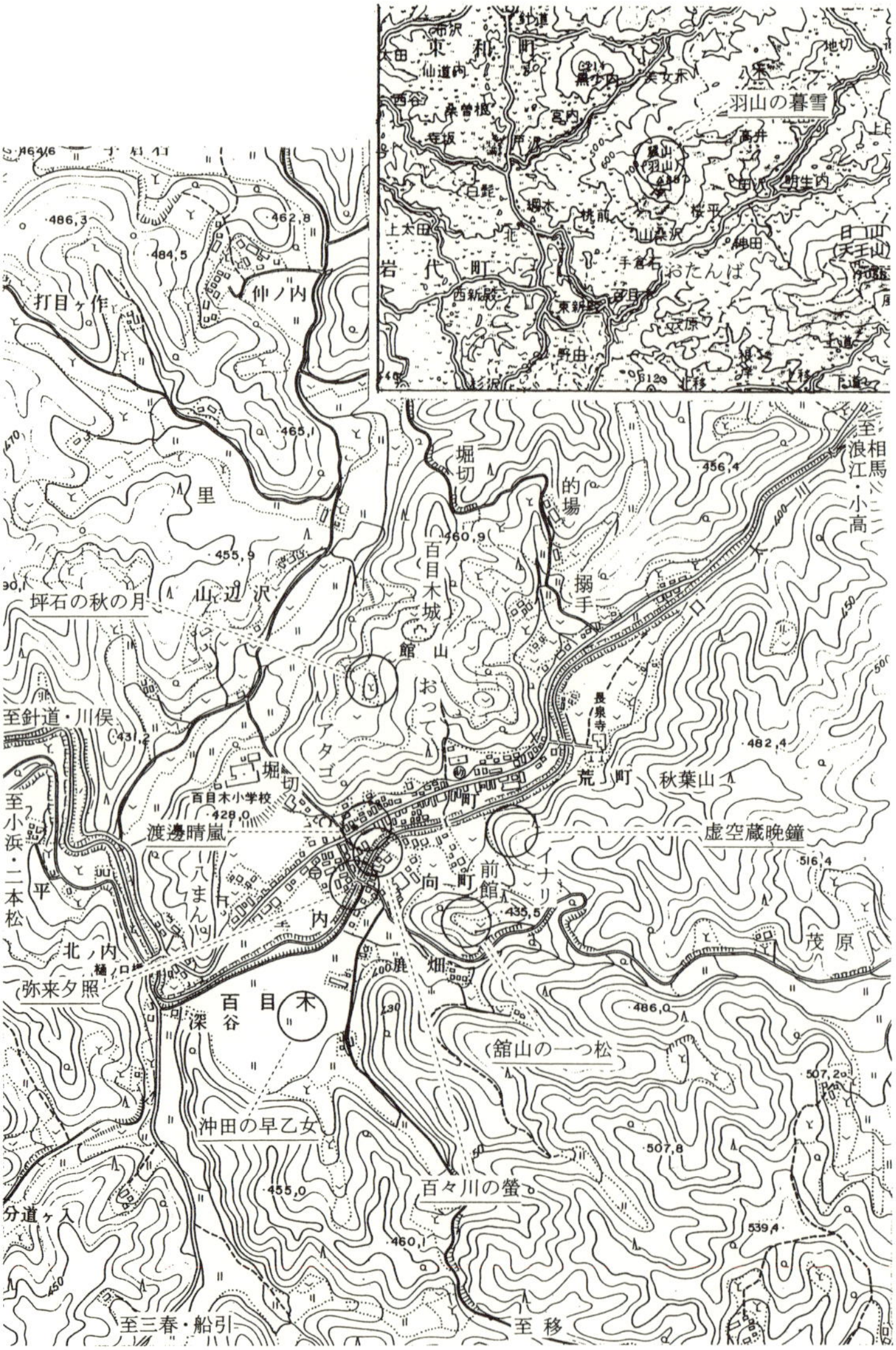

第5図　百目木八景の位置（○印）

写真９　前館と一つ松（右上）

写真10　矢来の橋から見た風景１
（「安達郡案内」から）

写真11　矢来の橋から見た風景２

写真12　百目木の町並－昭和53年－

「虚空蔵晩鐘」－虚空蔵尊の堂宇も鐘突堂も桜の大木も当時のままだが、梵鐘と大仏はない。

「坪石の秋の月」－百目木城庭園の庭石で現存している。息を継がずにこの坪石の周りを三回まわると黄金の鳥が出るという伝えもある。

「沖田の早乙女」－沖田は百目木で最も日当りのよい広い水田地帯であるが、現在は道路に沿って家屋ができ、早乙女のかわりに田植機が春の農繁期の主役となった。

「羽山の暮雪」－羽山は石碑等の原石産地となったため、山肌は荒れ茶色を呈しているが、山容は堂々とし羽山信仰が盛んな往時を偲ばせる。

浮世絵師歌川広重が散策して見聞し、「百目木八景」としたこれら江戸後期の百目木の風景は、昭和二十年以前までは確実に存在し、少なくとも昭和三十年代前半までは昔日の面影があった。戦後の高度経済成長、そして平成元年八月五日の水害等が陸奥安達百目木驛八景の姿を大きく変えてしまった（写真10・11・12）。

(2) 広重以後 ―百目木八景大津絵節と百目木小唄のこと―

広重以後、百目木にはこれらの八景を謡った幾つかの歌謡が出来上がった。「百目木八景大津絵節」もその一つで、明治・大正・昭和と変化しながらも謡い継がれてきたが、現在ではほとんど忘れられた存在と化している。作者不詳であるが以下に紹介する。[33]

史料Q　百目木八景大津絵節

百目木の名所古跡をきかしゃんせ
花山公園一つ松東に細水不動瀧
矢来の橋は蛍がり八幡様や愛宕様
居ながら拝む妙見のおって越えれば
搦手の欅の古木が門じる志
石川様の家庭の坪の石荒町ひとめの
長泉寺虚空蔵様のお祭りに
ならしてひびかす鐘の音
今日の祝のご酒をちょうだいし
家の造りを見てやれば八棟造りの
そうたるき裏のお山を眺むれば
松竹梅にほてい竹前のふん水
眺むれば金魚や銀魚が子を

生んでお家は益々鯉の瀧のぼ里

なお、「搦手の」を「搦手御門」、「ならしてひびかす」を「ゴーンとひびかす」と言うこともある。この他、橋本光夫作による「百目木小唄」にも百目木駅八景が謡い込まれているが、これもまた現在は謡う人がほとんどいない。長い詩なので導入部と八景の部分のみを掲げた(33)。

史料R　百目木小唄　昭和十一年頃

橋本光夫作詞・村田友之作曲・本田徳義振付

ハア　宵の百目木　さ霧で暮れる
　灯影うるめば　いとしあの娘の　眼もうるむ
　ヨイトコ百目木　ヨイトサノセ　(以下お囃子略)
〔虚空蔵の梵鐘〕(虚空蔵晩鐘)
ハア　鐘が鳴る鳴る　虚空蔵様で
　願をかけましょ　いとしこの子の　まめなよに
〔百瀬川の蛍〕(百々川の蛍)
ハア　百瀬川原の　夜露が恋し
　またも濡れましょ　結ぶ縁の　蛍狩
〔沖田の早乙女〕
ハア　そろたそろたよ　菅笠手甲

空も青空　沖田早乙女　田植歌
［弥来の夕照］
ハア　またの逢瀬は　弥来の橋よ
十二月十日にゃ　松の二葉の　縁結び
［渡邊の晴嵐］
ハア　流れかわらぬ　昔のままに
渡る太鼓橋　香りなつかし　松嵐
［坪石の秋の月］
ハア　すだく虫の音　昔を偲ぶ
舘の坪石　お城跡かよ　秋の月
［舘の一つ松］（舘山の一つ松）
ハア　舘の一本松　淋しかないか
春は来たのに　花が咲いたに　只一人
［羽山の暮雪］
ハア　羽山の白雪　夕日がそめる
溶けて流れりゃ　百目木娘の　化粧水
（途中略・後略）

6　おわりに

浮世絵「陸奥安達百目木驛八景圖」は、現在、東北地方では仙台市博物館[34]と福島市の長南要氏が所蔵しており、仙台市博物館では一般公開している。この版木（墨版三枚）は、百目木の渡邉善弘氏の所蔵であり、『岩代町史』第1巻の中（写真13）に長南氏所蔵の浮世絵（口絵）とともに紹介されている[35]。

平成八年十月四日及び五日、この浮世絵の版木（色版九枚）が岩代町の旧家で発見されたことが毎日新聞他新聞・テレビ各社によって報道され、全国の識者の注目を集めた。それらによれば、色版は表裏両面使用で、縦三九・五cm、横二七cm、厚さ約二・五cm、材質はサクラである。

いわき市立美術館[36]では、広重生誕二百年記念の展覧会『生誕二〇〇年記念　広重の世界展』（平成八年十月十二日～十一月十日）開催中の平成八年十一月三日に、「陸奥安達百目木驛八景圖」の版木による当浮世絵の製作（摺り）を、版木所蔵者とアダチ伝統木版画技術保存財団の協力を得て約一五〇年ぶりに実演・一般公開した。訪れた多くの観客にとってもまことに感動的なシーンであり、摺り上がった浮世絵は渡邊半右衛門の子孫の方々に手渡されたが、これは、広重百目木来訪一五〇年後

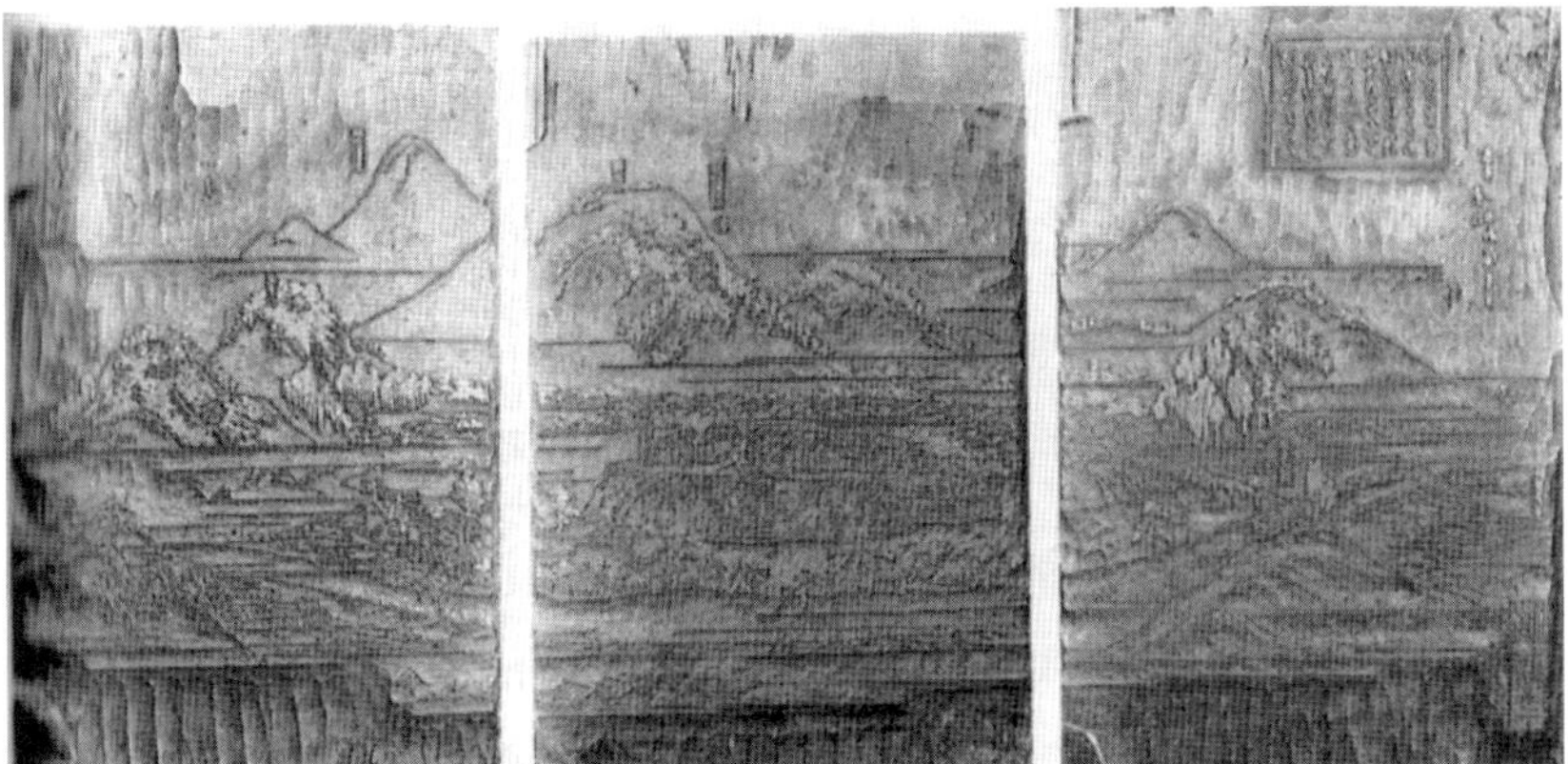

写真13　「陸奥安達百目木驛八景圖」の墨版三枚（渡邉善弘氏所蔵『岩代町史』第1巻から）

の再会をも意味する歴史的出来事であった。

さて、これまで中世の城下から近世の宿駅への変貌、即ち石川氏の百目木築城から始まる政治的経済的発展を背景として、豪農・富商として栄え、かつ優れた知識人・文化人であった百目木村酒屋渡邉半右衛門と当代きっての浮世絵師・歌川（安藤）広重との出会い、「陸奥安達百目木驛八景圖」即ち「百目木広重」の成立のこと、そしてその後の百目木八景の様子等について述べてきた。先学の研究の紹介の部分も多く、必ずしも目新しい内容とは言い難いが、小論が今後の広重と百目木、あるいは東北地方との関係の研究、さらには中世城下から近世宿駅に変貌した他の多くの事例の検討等に、何らかの形で資するところがあれば望外の喜びである。

小論を草するに当たっては、渡邉善弘氏（前岩代町教育委員長）と玲子夫人から何かとご高配をいただいた。

渡邉半右衛門家の直系子孫である現当主渡邉孝一氏と御母堂サダ子夫人からは、先代の故渡邉勇氏の談話等や自家の系譜・伝承等について詳細にご教示いただいた。(37) この他、末尾に掲げた通り内田実他の諸先達の多くの研究及び小林清治博士監修の『岩代町史』各巻等を参考とさせていただいた。また、仙台市博物館、福島県歴史資料館、福島県立図書館、いわき市立美術館からは資料閲覧・提供等の便宜を与えられ、広重画の写真撮影（平成八年一月）等については仙台市博物館学芸室長の佐藤憲一先生及び内山淳一氏等のご配慮をいただいた。さらに、虚空蔵堂旧蔵の木造阿弥陀如来立像については梅宮茂先生、二本松藩関係の「積達大概録」等については田中正能先生のご教示をいただき、小稿の発表に当たっては、福島県史学会長誉田宏先生及び福島県歴史資料館歴史資料課長藤田定興先生のご配慮をいただいた。ここに関係の皆様を明記し、心から感謝の意を表したい。

（一九九八年三月二十五日）

（注）

（1）渡部正俊「室町幕府と塩松地方」『岩代町史』第1巻　岩代町　一九八九

（2）「伊達成実日記」『仙道軍記・岩磐軍記集』　歴史図書社　一九七九

（3）a石川史料編纂会『石川氏一千年史』　石川昭光公参百五拾年祭顕彰奉賛会　一九一八
b角田市史編纂委員会編『修訂版　石川氏一千年史』『角田市史』別巻1　角田市　一九八五
c小林清治監修・小豆畑毅編著『石川公追遠四百年記念誌』　石川町・石川町教育委員会　一九九〇

（4）小林清治監修『岩代町史』第4・2・1巻　岩代町　一九八二・一九八五・一九八九

（5）a日下部善己「百目木城」『日本城郭大系』3　新人物往来社　一九八一
b同「百目木城」『福島県の中世城館跡』　福島県教育委員会　一九八八
c同「城館はどのように認識されてきたのか」『論集しのぶ考古』　論集しのぶ考古刊行会　一九九六

（6）a渡辺信夫・濱田直嗣・佐藤憲一『図説伊達政宗』　仙台市博物館　一九八六
b小林清治「戦国期の塩松」『岩代町史』第1巻　岩代町　一九八九

（7）誉田宏「初期二本松領主の変遷と村々」『岩代町史』第1巻　岩代町　一九八九

（8）a野辺保蔵・平島郡三郎「安達郡案内」　一九一一『福島県郡誌集成』2　福島県史料叢書刊行会　一九六六
b田沢小学校『旭村郷土誌』　旧岩代町立田沢小学校所蔵
c日下部善兵衛「旭村」『岩代町史』第4巻　岩代町　一九八二
d八幡神社社務所「百目木鎮守八幡神社御神徳遷移之沿革記」　一九八三

（9）梅宮茂「美術・工芸－彫刻」『福島の文化』（福島市史別巻Ⅶ）　福島市教育委員会　一九八九

（10）安西彦貴「積達古館弁」（一八〇四年以前）　柳沼善介校閲・刊行　一九六六

（11）成田頼直「積達館基考補正」　一八一九　『二本松市史』第3巻・『岩代町史』第2巻　一九八一・一九八五

(12) 木代建達「積達大概録」一八一九 『二本松市史』第6巻 歴史図書社 一八九二
(13) 大鐘義鳴「相生集」一八四一『岩磐資料叢書』中巻 歴史図書社 一九七一
(14) 百目木村「岩代國安達郡百目木村地籍図・丈量帳」一八八二 福島県歴史資料館所蔵
(15)「御領内隣単共市日」『司郡録』年不詳『二本松市史』第6巻 一九八二
(16) a「享保年中(一七一六〜一七三五)上移村立市願」『船引町史』資料編Ⅰ 船引町・船引町教育委員会・船引町史編さん委員会 一九八四
b大内寛隆「商いと海道」『船引町史』通史編Ⅰ 船引町他 一九八六
(17) 小島徳二編「百目木札 銀三匁七分五厘」『福島の貨幣』福島古泉会 一九八八
(18) 成田頼直「松藩捜古」一八〇四『福島県史料集成』2 福島県史料集成刊行会 一九五三
(19)「仙道七郡古軍談(佐竹家旧記六)」『岩代町史』第2巻 岩代町 一九八五
(20)「南戸沢村西新殿村東新殿村田沢村茂原村上太田村出訴落着請証文写」『岩代町史』第2巻 岩代町 一九八五
(21) 渡邉善弘「酒蔵」『百目木小学校ふるさとマップ説明書』百目木小学校PTA教養部 一九八七
(22) 懸田弘訓「年中行事」『岩代町史』第4巻 岩代町 一九八二
(23) 百目木村内のこの他の出金、金三十五両渡邉半之助(史料G分)
a戸城傳七郎・加藤哲壽・田島敬一郎・山田清蔵・青山正一・平島郡三郎『二本松藩史』一九二六 二本松藩史刊行会 歴史図書社 一九七三年復刻
史料Gとほぼ同様の史料(天保十五年分)が次にある。
b梅宮茂編『東和町史』第2巻(資料編Ⅰ)東和町 一九八一
(24)「天保より文久までの借財調」『三春町史』第8巻 三春町 一九七八
(25) 現存している。

(26) 百目木村内のこの他の出金は、次の通り。
金二十両渡部半治、金十五両浦部忠兵衛、金十両菅野彦左衛門
「慶応元年針道組御才覚金高」『岩代町史』第2巻　岩代町　一九八五
(27) a「嘉永五年九月御役譜」
b「弘化五年～慶応四年御用諸纉き覚」『岩代町史』第2巻　岩代町　一九八五
c菅野与他「相次ぐ凶作と東安達の村々」『岩代町史』第1巻　岩代町　一九八九
(28) 現存している。他に虚空蔵尊の鰐口等もある。
(29) 田中正能「近世－文化と信仰」『岩代町史』第1巻　岩代町　一九八九
(30) a池田良平「天童広重とその背景」『天童広重展』　天童市美術館　一九九二
b池田良平「天童広重とその背景」『歌川広重展－生誕二百周年記念－』　太田記念美術館　一九九六
(31) a内田實『廣重』　岩波書店　一九三二
b「祭礼・縁日には、御歩行目付が出向くように、……」『大玉村史』上巻　一三五頁　大玉村　一九七六
(32) 「陸奥安達百目木驛八景圖」仙台市博物館所蔵
(33) 齋藤實編『百目木の話』百目木小学校ＰＴＡ教養部　一九八〇
(34) 仙台市博物館所蔵の「陸奥安達百目木驛八景圖」については、平成八年二月に紹介した。
拙稿「城館はどのように認識されてきたのか」『論集しのぶ考古』　論集しのぶ考古刊行会　一九九六
(35) a田中正能「近世－文化と信仰」
b（口絵）「歌川（安藤）広重作　陸奥安達百目木驛八景圖」『岩代町史』第1巻　岩代町　一九八九
(36) 安達勇（アダチ伝統木版画技術保存財団理事長）「公開制作浮世絵版画　摺り師のわざ」平成八年十一月三日　いわき市立美術館主催

（37）後代の渡邊半右衛門（玉翁樹庵居士及び徳應院）については、以下の文献による。
a平島松尾『安達憲政史』安達憲政史編纂会　一九三三
b日下部善兵衛「旭村」『岩代町史』第4巻　岩代町　一九八二

（付記）

1　小稿については、元岩代町史編纂委員会委員の故日下部善兵衛の史料調査・研究等を基礎としている。

2　既出の他、次の文献も参考とした。

- 近藤市太郎・井上靖『原色版美術ライブラリー一一八　広重』みすず書房　一九五七
- 遠藤金太郎編『広重絵日記』一　美術出版社　一九六〇
- 高柳光寿・竹内理三編『角川日本史辞典』角川書店　一九六五
- 芳賀幸四郎監修『日本史要覧』文英堂　一九六六
- 鈴木重三『広重』日本経済新聞社　一九七〇
- 楢崎宗重『広重』人と歴史シリーズ二五　清水書院　一九七一
- 渋井清・菊地貞夫・小林忠『広重』全集浮世絵版画六　集英社　一九七一
- 山口桂三郎『広重』浮世絵大系十一　集英社　一九七五
- 鈴木重三・小林忠・吉田漱他『広重』太陽浮世絵シリーズ　平凡社　一九七五
- 楢崎宗重「浮世絵」「歌川派」「歌川広重」『国史大辞典』2　吉川弘文館　一九八〇
- 浮世絵太田美術館『広重特別展』一九八〇
- 小林清治・丸井佳寿子・誉田宏・竹川重男・吉村仁作編『角川日本地名大辞典七　福島県』角川書店　一九八一
- 山口桂一郎他『広重』肉筆浮世絵第八巻　集英社　一九八一

・MOA美術館『安藤広重　東海道五十三次』㈱エムオーエー商事　一九八二
・岡畏三郎『広重』小学館ブックスオブブックス　日本の美術三二　小学館　一九八八
・柳原良平・北小路健・狩野博幸・花咲一男『広重』浮世絵八華八　平凡社　一九八四
・吉田漱「広重・みちのくの旅」『MUSEUM』第四〇四号　東京国立博物館　一九八四
・天童市美術館『天童広重展』一九九二
・庄司吉之助・小林清治・誉田宏編『福島県の地名（日本歴史地名大系七）』平凡社　一九九三
・酒井雁高編『広重』日本浮世絵博物館　一九九五
・太田記念美術館『生誕二〇〇周年記念歌川広重展』一九九六
・堀晃明『広重の大江戸名所百景散歩』人文社　一九九六
・小林忠・中右瑛他『生誕二〇〇記念・広重の世界展』毎日新聞社　一九九六
・岩代町企画開発課・渡邉善弘「今に伝えられる［陸奥安達百目木駅八景図］」『広報いわしろ』№二一五　岩代町　一九九六

3　脱稿後、川延安直・小林めぐみ「広重「陸奥安達百目木驛八景圖」版木」『福島県立博物館紀要』十一に接した。小論に十分引用できなかったことを残念に思う。

（追記）

①　渡邉善弘氏によれば、半右衛門のルーツは、常陸国であり、そこから慶安二年（一六四九）に小浜村（二本松市小浜）に、その後外木幡村（同木幡）に移った。延宝年間（一六七三〜一六八〇）に百目木村へ別家し農桑に励んだと言う。この人物が宝永元年（一七〇四）に没した当主（初代か）と考えられる。

②　虚空蔵尊の梵鐘は、第六章第三節で記したように、平成二十六年十月に再建された。
渡邉善弘「広重の「陸奥安達百目木驛八景圖」について」『塩松東物語』第四号　石川弾正顕彰会　二〇一三

第二節　二本松・塩松の戦国期城館のその後

1　はじめに

近年、中・近世の城館跡はもとより、古代の豪族居館等の防御的施設設備を備えた広義の城館跡の調査研究が盛んである。しかし、これら城館跡及びその発掘調査等の研究を個々に検討すると、様々な疑問に遭遇する。例えば、城と館の意味付け、縄張図と地下遺構との関係、築城と廃城・破城の時期や内容、そしていわゆる古城・古館のその後の役割等である。

こうした多くの問題点の中から、ここでは戦闘状態（戦時）とは異なった時点（平時）での城館の認識のあり方について、近世の陸奥国安達郡を例に近世地誌等を参考にして主に数的な検討をしたい。

現在の安達郡は、かつては阿武隈川を挟んで、東を塩松、西を二本松、あるいは各々安達東根・東方、安達西根・西方と呼ばれた。塩松は、平成の合併前の東和、岩代、白沢の三町村と本宮・川俣両町の一部、二本松は、安達、二本松、大玉三市町村と本宮町・郡山市の一部を指している。

2　遺跡としての城館跡

古代から近世にかけて構築された多くの城館は、一部を除いてその機能を終えると破壊・放置された。これらの措置は、権力の強制、講和時の条件[1]、自己規制（恭順の意志の表明等）、他施設への転用等様々な理由によっている。

ここに「行政・軍事の府としての城館」と「遺跡としての城館」が成立することとなる。前者は、政治の拠点としてその多くが近世末まで続き、明治初期の破壊を免れた一部は現在も「城」としての「形式」を保ち、史跡や重要文化財として保護されている。

後者は長い近世以降の歴史の中で文字どおり遺跡と化し、その地域の伝承や記録の中に受け継がれ、あるいは寺院や神社等の敷地となって今日までに至っている。それらの地域では、付近の人々が折に触れて訪れる「愛宕山」（愛宕神社）、「羽黒山」（羽黒神社）等の信仰の山となり、あるいは「城山」、「館山」、「古館」、「屋敷」等の愛称で呼ばれ、近世初期以来地域の人々に親しまれ、伝承とともに大切に受け継がれてきた。また中には、新城氏の新城（柵山館）のように近世には村名主屋敷となり、今日に至ったものもある。

これら古城館の近世における認識のされ方は、国絵図や村絵図・名所図等の歴史・絵画資料や地誌類等であり、そこには「古跡」「古塁」「古城跡」「館山」といった表現がなされている。また、明治初期の地籍図、丈量帳等からも窺えるように、これらの付近には「館、古館、本城内、堀之内、館山、館ケ森、追手坂、搦手、馬場、駒場、陣場」等の地名があることが多い。

このような中に、近世及び明治初期の人々の城館に対する認識のあり方の一端を垣間見ることができる。

3　古城・古館の認識　－城館名とその数の変遷－

(1)　城館の数

戦国期等の城館はその多くが山林・原野あるいは水田・畑地と化したが、近世及びそれ以降においては、本来の機能を失った安達郡内の城館跡はどのように認識され扱われたのか、近世地誌類、村大概帳、明治の郡誌、現代の調査報告、市町村史等を素材にして検討したい。なお、原資料での、あるいは筆者の検討不足及び史料批判能力の不備による城館の重複等が想定されるが、それは以後補正していくこととしたい。

江戸期二本松藩の行政単位としては、組及び村等があるが、ここでは藩政下旧塩松の各組（小浜、糠沢、針道）と旧二本松の各組（渋川、杉田、玉井、本宮そして城下）を単位として考えていくこととする。

第1表はその内容を二本松藩の各組毎に一覧表で示したもので、第3・4表はその総括表である。城の認識は先ずその数に現れる。年代が新しくなるに従ってその数が多くなることは、今回の文献では最古の「積達古館弁」(2)（以下「古館弁」と言う）六四ヶ所や「積達館基考補正」(3)（以下「館基考」と言う）七二ヶ所に比べ、「積達大概録」(4)（以下「大概録」と言う）九八ヶ所や「相生集」(5)一二七ヶ所の数が増大していることで明らかだが、それら近世の成果が必ずしも「安達郡案内」(6)（以下「郡案内」と言う）八五ヶ所やその後の調査に活用されていないことも明瞭である。因みに、「郡案内」では八五ヶ所、「福島県の寺院跡・城館跡」(7)（以下県寺院城館と言う）でも一〇〇ヶ所の記載に留まり、「相生集」の一二七ヶ所に及ばない。また、重複、用語の違い（当て字）、筆写時の誤り、別称、本来一つのものを分けて名づけ数える等の問題点も見逃せない。さらに、現在の地名等には存在せず、所在不明のものもある。具体的には、第3表に示した通り、各市町村史刊行時（昭和後半～平成初期）頃までには、塩松で一五五ヶ所、二本松で九九ヶ所、合計二五四ヶ所の城館が周知されている。

これをつぶさに検討していくと、各時代での認識の差に気づくことができる。塩松にあっては、「古

第１表　陸奥国安達郡（塩松・二本松）城館一覧　－出典別－

No.	村名等	城館名	積達古館弁	積達館基考補	積達大概録	相生集	安達郡案内	寺院城館調査	市町村史等
1	城下六町	霧ケ城	霧ケ城　霞ケ城	霧ケ城				霞ケ城	
2		鹿子田館	鹿子田館	鹿子田館				二本松城	
3		新城館	新城館	新城館					新城館
4		栗ケ柵	栗ケ柵	栗ケ柵		栗ケ柵館			栗ケ柵
5		本宮館		本宮館					
6		松森館		松森館					
7		箕輪館		箕輪館					
城下六町小計		7							

No.	村名等	城館名	積達古館弁	積達館基考補	積達大概録	相生集	安達郡案内	寺院城館調査	市町村史等
1	渋川	田子屋館	田子屋館	田子屋館	田子谷館	田小屋館	田子屋館	田子屋館	田子屋館
2		桑原館	桑原館				桑原館		桑原館
3		油王田館				油王田陣場	油王田館		油王田館
4		貝吹館							貝吹館
5		古屋館							古屋館
6		広田館							広田館
6	塩沢	田地ケ岡館	田地ケ岡館	田地ケ岡館	田地ケ岡館	殿地岡館	田地岡館	殿地ケ岡館	田地ケ岡館
7	小沢	館				館			
	吉倉	－							
	米沢	－							
8	上川崎	赤坂館	赤坂館	赤坂館		赤坂館	赤坂館		赤坂館
9		愛宕館							愛宕館
10		坂下館							坂下館
11		菖蒲沢館							菖蒲沢館
12	下川崎	桶沢館	桶沢館	桶沢館	桶沢館	桶澤館	桶沢館		桶沢館
13		岩倉館	岩倉館	岩倉館	岩倉館	岩倉館	岩国館	岩倉館	岩倉館
14		大将内館		大将内館		大将内館			大将内館
15		坂下館			坂下館	坂下館	小館		坂下館
16		三島館					三島館		三島館
17		中館					中館		中館
18		稲荷館							稲荷館
19		三合内館							三合内館
	沼袋	－							
渋川組小計		19							

No.	村名等	城館名	積達古館弁	積達館基考補	積達大概録	相生集	安達郡案内	寺院城館調査	市町村史等
1	南杉田	萱田館		萱内(田)館	十神館	萱田館			萱田館
2	北杉田	杉田館	杉田館	杉田館	杉田館	杉田館			杉田館
3		萱田館	萱田館						
4		駄子内館				駄子内館			
5	館野	高小屋館	小屋館	小屋館	高小屋館	高小屋館			高小屋館
6		坊屋敷				坊屋敷			
7	上成田	心安館			心安館	新安館			心安館
8		鳥井戸館				鳥井戸館			
9		二本松御城			二本松御城				
10	下成田	新屋敷	新屋敷館	荒(新)屋敷館		新屋敷館			
11		羽石小屋		羽石小屋館		羽石館			
12		北向館			北向館	北向館			
13		刎石館			刎石館				
14		小屋館			小屋館				
15		新庵館				新庵館			

16	油井	天皇館	天王館	天王館	天王館	天皇館			天皇館
17		谷地館	谷地館	谷地館	谷地館	谷地館		谷地館	谷地館
18		舟山館	舟山館	舟山館	船山館	舟山館			舟山館
19		桑原館		桑原館	桑原館	桑原館			桑原館
20		壱盃館			一盃館	壹盃館	壱盃館		壱盃館
21		宮下館				宮下館	宮下館		宮下館
22		根岸館							根岸館
23		初瀬堂館							初瀬堂館
24	高越	松ケ柵館	松ケ柵	松ケ柵館		松ケ柵	松ケ柵		松ケ柵館
25		硯石館	硯石館	硯石館	硯石館	硯石館			硯石館
杉田組小計		25							

No.	村名等	城館名	積達古館弁	積達館基考補	積達大概録	相生集	安達郡案内	寺院城館調査	市町村史等
1	玉ノ井	玉井館	玉井館(城)	玉井館	玉井館	玉井館	玉の井城	玉井城	玉井館
2		築館	月館	つき館	築館	築館	築館		
3		眞黒館				眞黒館			
4		花川館				花川館			
5	上大江	下館			下館	下館	下館		下館
6		後川館		館	後川館	後川館			後川館
7		南小屋館							南小屋館
8		中ノ沢館					中ノ沢館		中ノ沢館
9	下大江	菊地館					菊地館		菊地館
10		勘解由館					諸田館		勘解由館
11		鍛冶内館							鍛冶内館
12	大江新田	皿久保館					皿久保館		皿久保館
13	椚山	椚山館	椚山館	椚山館	椚山館	館		椚山館	椚山館
14	箕輪	箕輪館			箕輪館	箕輪館			
15	永田	永田館	館	館	永田館	館			永田館
16		御堂内館						御堂内館	
17	原瀬	日照田館	日照田館	日照田館	日照田館	日照田館			日照田館
18		上原館	上原館	上原館	上原館	佐官館	左官館		佐官館
19		才木館	才木館	才木館	土佐館	土佐館			土佐館
20		夕日館			夕日館	夕日館			夕日館
21		諏訪館				諏訪館			諏訪館
22	深堀小屋	上小屋館			上小屋館	上小屋館			
23		下小屋館			下小屋館	下小屋館			
玉井組小計		23							

No.	村名等	城館名	積達古館弁	積達館基考補	積達大概録	相生集	安達郡案内	寺院城館調査	市町村史等
1	本宮	鹿子田館	鹿子田館	鹿子田館	鹿子田館	鹿子田	大黒山館	鹿子田館	鹿子田館
2		菅森館	管森館	菅森館	菅森館	菅森館	菅森館	菅森館	菅森館
3		太郎丸掃部館	太郎丸掃部館	太郎丸掃部館	太郎丸館	太郎丸掃部館		太郎丸掃部館	太郎丸掃部館
4		愛宕館			愛宕館	愛宕館	愛宕館	愛宕館	愛宕館
5		名郷館						名郷館	名郷館
6		田中館						田中館	田中館
7		塩田館						塩田館	塩田館
8	仁井田	仁井田館	館	仁井田館	古屋敷館	館	小坂館	小坂館	小坂館
9		瀬戸川館					瀬戸川館	瀬戸川館	瀬戸川館
10	荒井	三本松館	三本松館	三本松館	三本松館	三本松館		三本松館	三本松館
	関下	－							
11	青田	青田館	青田館	太田館	青田館	青田館		青田館	青田館
12		青田古館				館	古館	古館	古館
13		長者館						長者館	
14	苗代田	鶴根館	鶴根館	鶴根館	鶴根館	鶴根館		鶴根館	鶴根館

15		岩色館		岩色館		岩色館			
16		小屋館			小屋館	小屋館	小屋館山	小屋館	小屋館
17	羽瀬石	羽瀬石館	館	羽瀬石館		館		羽瀬石館(仮)	館
18	下樋	羽瀬石館			羽瀬石館				
	青木葉	－							
19	横川	横川館				館		横川城	
20	高玉	高玉城	高玉館	高玉館	館	館		高玉城	
21		高玉館						高玉館（仮）	
22		北梨子平館						北梨子平館仮	
23		仲当館						仲当館（仮）	
24	石莚	離れ山城						離れ山城	
25	中山	中山城	小屋館	小屋館	小屋館	小屋館		中山城	
本宮組小計		25							

No.	村名等	城館名	積達古館弁	積達館基考補	積達大概録	相生集	安達郡案内	寺院城館調査	市町村史等
1	小浜	上館(宮森城)	上館(宮守城)	小浜上館	上館	上館	上館城	小浜城	小浜城
2		下館(小浜城)	下館(小浜城)	下館		下館	下館城	宮森城	宮森城
3	上長折	四本松城		四本松城	四本松館	四本松館	四本松城	四本松城	四本松城
4		下館				下館			
5		唐矢館			唐矢(屋)館	唐矢館			
6		片倉館				片倉館			
7		正部田館						正部田館	正部田館
8	下長折	四本松城	四本松城			四本松館			
9		下長折館						館山館	下長折館
10	西勝田	西勝田館				館		西勝田館	西勝田館
11		古内館						古内館	古内館
12		戸外山陣場				戸外山陣場			
13		柏木田陣場				柏木田陣場			
14		日下館				日下館			
15	大平	蓬田館			蓬田館	蓬田館			
16		島ノ内館			島之内館	島ノ内館			島ノ内館
17		諸越谷館			諸越谷館	諸越谷館			諸越谷館
18		太子堂館			太子堂館				
19	平石	高田城	平石城	平石城	高田館	高田館	高田城		高田館
20		太夫内館			太夫ケ館	太夫館	太夫内館		
21		菖蒲谷館			菖蒲谷館	菖蒲館	菖蒲谷館		
22		小野館			小野館	小野館			
23		古内館					古内館		
24		戸ノ内館					戸ノ内館		
25		針間内館					針間内館		
26		次郎田内館					次郎田内館		
27		宗明内館					宗明内館		
28		丸鬼館					丸鬼館		
29	鈴石	瀧小屋館			瀧小屋館	瀧小屋館	滝古屋城		
30		大久保館			大久保館		大久保館		
31		五間目田館			五間目田館	五間目田館	五間目田館		五間田館
32		竹ノ内館			竹之内館	竹ノ内館	竹ノ内館		竹ノ内館
33		戸ノ内館					戸ノ内館		
34		同　古館			古館		同　古館		
35		館				館			
36		芹の沢館					芹の沢館		
37	西荒井	西荒井館			館	西荒井館	葉の木山館		西荒井館
38	小浜成田	町田館			町田館	町田館		町田館	町田館

39		南館			南館	南館		南館	南館
40		北之内館			北之内館	北ノ内館			
41		大芝館			大芝館				
42		庄司館							庄司館
43	下太田	鍛冶内館			梶内館	鍛冶内館	梶内館	鍛冶内館	鍛冶内館
44		弐子塚館			弐子塚館				
45	外木幡	鍛冶山館		鍛冶山館		簗山館	簗館	簗館	鍛冶山館
46		黒木内館			黒木内館	黒木内館		黒木内館	黒木内館
47		樵夫館			樵夫館	樵夫館			
48		田子山館			田子山館	田子山館			
小浜組小計		48							

No.	村名等	城館名	積達古館弁	積達館基考補	積達大概録	相生集	安達郡案内	寺院城館調査	市町村史等
1	針道	針道館	針道館	針道館	館	館	北柵館	針道館	北作館
2		宮ノ平館							宮ノ平館
3	内木幡	烏子館	鳥子館	烏子館	烏子館	烏子館	鳥子館		烏子館
4		樵館	樵館	樵館	樵夫館	樵夫館	樵館	樵館	樵館
5		八幡館				八幡館	八幡館		
6	南戸沢	簗山館	月山館	月山館	月山館	簗山館	月山館	簗山館	月山館
7		千石森館	千石森館	仙石館		仙石館	千石館	仙石館	仙石館
8		赤馬館				赤馬館	赤馬館	赤馬館	赤馬館
9		石塚館			石塚館				
10	北戸沢	田向館	田中館	田中館	田向館	田向館	田向館	田向館	田向館
11		北向館	北向館	北向館	北向館	北向館	北向館	北向館	北向館
12		黒少内館	黒村内館	黒少内館		黒少内館	黒少内館	黒少内館	黒少内館
13		松ケ平館	松ケ平館	松ケ平館	松ケ平館	松ケ平館	松ケ平館		松ケ平館
14		細田館			細田館				
15		月夜畑柵				月夜畑柵			
16		西高内柵				西高内柵			
17		松館						松館	松館
18	西新殿	西				西		新殿館	新殿館
19		勝ノ木館					勝の木館	勝ノ木館	勝ノ木館
20	東新殿	小屋館						小屋館	小屋館
21	杉沢	杉沢館					菅野沢館	杉沢館	杉沢館
	茂原	－							
22	百目木	百目木城	百目木館	百目木館	西館	館	百目木城	百目木城	百目木城
23		旧館			堤ケ入館				百目木旧館
24		前館							百目木前館
25	田沢	仲山館							仲山館
26		前山館							前山館
27		海老内館							海老内館
28		明内館							明内館
29		原小館							原小館
30		和田館							和田館
31		高井館（A）							高井館（A）
32		高井館（B）							高井館（B）
33	山木屋	甲鋪館					甲鋪館		
34		山木屋館							山木屋館
35		長橋館							長橋館
36		羽山館							羽山館
37		五斗蒔田館							五斗蒔田館
38	小手森	小手森城	小手森館	小手森館	小手森館	館	小手森城	小手森館	小手森城
39		荒井館				荒井館			

40	上太田	住吉山城	住吉山城	住吉山城	住吉山本城館	本城館	住吉館	住吉山館	住吉山城
41		中町館	中町館	中町館	中村(丸)館	中町館		中町館	中町館
42		西谷館	西谷館	西谷館	西谷館	西谷館		西谷館	西谷館
43		新城館	新城館	しんしよう館	新城(庄)館	新城館	新城館	新城館	新城館
44		白髭館	白髭館	白髭館	白髭館	白髭館	白髭館	白髭館	白髭館
45		綱木館	綱木館	綱木館	綱木館	綱木館	綱木館	綱木館	綱木館
46		陣場山				陣場山	陣場山		
47		備中館					備中館		
48		十郎館					十郎館		
49		沢上館						沢上館	沢上館
針道組小計		49							

No.	村名等	城館名	積達古館弁	積達館基考補	積達大概録	相生集	安達郡案内	寺院城館調査	市町村史等
1	糠沢	羽黒館	館	館	羽黒館	羽黒館	羽黒館	羽黒館	羽黒館
2		下久保館				下久保館	下久保館	下久保館	下久保館
3		東禅寺館					東禅寺館	東禅寺館	東禅寺館
4		高松館						高松館	高松館
5		小田部館						小田部館	小田部館
6		戸ノ内館						戸ノ内館	戸ノ内館
7		五斗内館						五斗内館	五斗内館
8		糠沢城						糠沢城	糠沢城
9		礼堂館							礼堂館
10		八幡館							八幡館
11		夜討ケ柵館							夜討ケ柵館
12		稲荷館							稲荷館
13		花館							花館
14		耕網館							耕網館
15	高木	田中館	田中館	田中館	田中館	田中館		田中館	田中館
16		小屋ノ山館							小屋ノ山館
17	和田	岩角館	岩角城	岩角城	岩角館	岩角館		岩角館	岩角館
18		古館							古館
19		長峰館							長峰館
20		館ケ岡館							館ケ岡館
21	白岩	大葉ノ内館			大場内館	大葉内館	大場内館	大場内館	大葉ノ内館
22		根岸館			根岸館	根岸館	鏡館	鏡田館	根岸館
23		川畑館				川畑館	川端館	川端館	川端館
24		田中館					田中館	田中館	田中館
25		北(大場内)館						北館	北(大場内)館
26		黒駒館						黒駒館	黒駒館
27		天神館						天神館	天神館
28		長稲場館						長稲場館	長稲場館
29		見館							見館
30		丁字ケ館							丁字ケ館
31		紋十郎館							紋十郎館
32		境館							境館
33		町館							町館
34		林持館							林持館
35		竹ノ作館							竹ノ作館
36		陣場館							陣場館
37	長屋	滝小屋館			瀧小屋館	瀧小屋館	滝小屋館	滝小屋館	滝小屋館
38		桑原館							桑原館
39		信田ノ内館							信田ノ内館
40		竹ノ内館							竹ノ内館

41		諏訪館							諏訪館
42	松沢	二ツ橋館						二橋館	二ツ橋館
43		平館						平館	平館
44		越中館						越中館	越中館
45		糀屋館						糀屋館	糀屋館
46		古城ケ谷戸館						古城ケ谷戸館	古城ケ谷戸館
47		竹重内館						竹重内館	竹重内館
48		平河内館						平川内館	平河内館
49		境館						境館	
50	稲沢	八幡館	八幡館	八幡館	八幡館	八幡館	八幡館	八幡館	八幡館
51		高野館	高野館	高野館	高野館	高野館	高野館	高野館	高野館
52		滑津館	滑津館	滑津館	名目津館	那目津館	滑津館	滑津館	滑津館
53		牛城山館						牛城山館	牛城山館
54		花館						花館	花館
55		山際館						山際館	山際館
56		坂下館							坂下館
57	初森	一盃館	館	館（一盃館）	一盃館	一盃館	初森館	初森館	一盃館
58		初森館							初森館（本郷）
糠沢組小計		58							

〈注〉 城館名は各資料の記載通り記したため、二村に跨る場合等一部に重複もある。

〈第１表作成資料〉

「積達古館弁」（文化元年以前）、「積達館基考補正」（文政２年）、「積達大概録」（文政２年終筆）、「相生集」（天保12年）、「安達郡案内」（明治44年）、『福島県の寺院跡・城館跡』（1971年）、『二本松市史』第３巻（1981）・第６巻（1982）、『岩代町史』第１巻（1989）・第２巻（1985）、『東和町史』第１巻（1983）・第２巻（1981）、『川俣町史』第１巻（1982）・第２巻（1976）、『白沢村史』通史編（1993）・資料編（1991）、『安達町史』（1976）、『大玉村史』上巻（1976）史料編（1978）『本宮地方史』（1961）、『本宮町史』第１巻（2002）・第４巻（1999）、『郡山市史』第８巻（1973）、第１巻（1975）

第２表　福島県内城館跡の調査報告書別認識箇所数（登載数）　　（単位：ヶ所）

出　典	福島県の寺院・城館跡 昭46年（1971）	日本城郭大系３ 昭56年（1981）	県埋蔵文化財包蔵地地名表 昭59年（1984）	福島県の中世城館跡 昭63年（1988）	県埋蔵文化財包蔵地地名表 平８年（1996）
城館跡数	1081	1145	1042	1997（111）	2231

（　）は、所在不明城館跡

館弁」から「相生集」までその数を増加させているが、「郡案内」においては若干数を減じる。しかし、「県寺院城館」では「相生集」の数に戻り、市町村史では、一一五ヶ所と「相生集」の約二倍に増加する。即ち地誌類に記載されず口伝のみのもの、あるいはそれすらなく新たな調査で発見されたもの等が加わったとみられる。阿武隈山中である三組（小浜、針道、糠沢）では各五〇ヶ所前後も知られ、この異常なまでの数の多さについては、戦国期等における政略的・軍事的位置及び山城の重要性や用途の多様性が感じられる。

一方、二本松にあっては、「相生集」の六〇ヶ所に至るまでその数を増やしているが、明治以降はその数を減じ、近年になって「相生集」の水準に復帰した。「郡案内」はその性格上、城館すべてを網羅するものではないので数的減少はやむを得ないものと思われるが、いずれにしても「相生集」を超えるのは一九八〇年代に至ってしまう。当地は比較的平地が多く生産力が高いと考えられているにもかかわらず、塩松に比して城館数が少ないこと、即ち一城当たりの担当（統治）領域が広いことは大変印象的である。

近世特に前半にあっては、城館の存在を明らかにできない事情等もあったと考えられるが、後半には多くの城館の存在が公に明らかにされたものと考えられる。

さて、近年の各市町村史編纂においても調査研究が推し進められ、城館もその数を増し、戦国末期までに認識された城館がかなりの割合で再認識された。これら各市町村における修史事業は、地域住民の歴史再認識という意味でよい機会になったが、加えて将来の郷土史研究はもちろんのこと学術的発展にも大きく貢献したことは、この城館の認識のあり方（数的増大）一つを例にしても明らかであり、その歴史的意義は重大である。

なお、参考まで、県内の各種調査成果による城館数の認識の変遷（第2表）を掲げた。[(8)~(11)]

⑵　城館名の初見

ここでは、各資料での城館名の初見、つまり現在知られている城館名が初めて登場した文献等とその数について通観していくことにする（第3表）。もちろん事実上は再初見（再発見）である。「古館弁」

第３表　安達郡内の城館数　（単位：ヶ所）

出典		積達古館弁	積達館基考補正	積達大概録	相生集	安達郡案内	福島県の寺院跡・城館跡	市町村史等	共通城館（城館総数）
時期／郡・組等		文化元年（1804）以前	文政２年（1819）	文政２年（1819）終筆、始期は享保か	天保12年（1841）	明治44年（1911）	昭和46年（1971）	昭和36、48〜平成14年（1951、1973〜2002）	
東安達	塩松	28	29	54	67	57	68	115	155
	小浜組	4	5	26	31	22	12	19	48
	針道組	17	17	18	24	23	22	39	49
	糠沢組	7	7	10	12	12	34	57	58
西安達	二本松	36	43	44	60	28	32	66	99
	城下	4	7	0	1	0	2	2	7
	渋川組	6	6	5	9	10	3	19	19
	杉田組	9	11	14	19	3	1	14	25
	玉井組	7	8	13	16	8	3	16	23
	本宮組	10	11	12	15	7	23	15	25
安達郡合計		64	72	98	127	85	100	181	254

を基礎とすると、塩松では、「大概録」、「県寺院城館」、市町村史での初見が目立つが、二本松では平均的に城館が再認識されている。具体的には、塩松の近世地誌等で四八・四％、近代以降の郡誌や調査報告書に五一・六％の城館が再認識され、ほぼ半々である。二本松では、近世が七一・七％、近代以降が二八・三％となり、すでに近世において七割以上の中世城館は、地誌等の記録に残され、人々に再認識されている。

　さらに詳細に検討すると、糠沢組では、近代以降のものが近世に比して極めて多く、近世が二〇・七％、近代が七九・三％で実に四倍近い増加である。当該組の近世の人々は、その多くを城館リスト的に公記録としては残さず、口頭伝承や私記録等の形で子孫に伝えた。自分たちの地域に中世戦国期城館がたくさんあったことを知りながら、文字にして藩庁や他地域社会の目に触れることを避けていたと思われる。この糠沢組の人々の姿は、他領との境目の地であり、戦国の激戦地であった

第４表　城館名の初見と百分率　（単位：ヶ所）

組名等		積達古館弁	館基考補正	積達大概録	相生集	近世計	安達郡案内	県寺院城館	市町村史等	近現計	合計
東安達	塩松計	28	2	29	16	75	16	26	38	80	155
	百分率	18.1	1.3	18.7	10.3	48.4	10.3	16.8	24.5	51.6	100.0
	小浜組	4	2	23	7	36	8	3	1	12	48
	針道組	17	0	3	7	27	5	3	14	22	49
	糠沢組	7	0	3	2	12	3	20	23	46	58
西安達	二本松計	36	9	15	11	71	7	9	12	28	99
	百分率	36.4	9.1	15.2	11.1	71.7	7.1	9.1	12.1	28.3	100.0
	城下	4	3	0	0	7	0	0	0	0	7
	渋川組	6	1	1	1	9	2	0	8	10	19
	杉田組	9	3	6	5	23	0	0	2	2	25
	玉井組	7	1	5	3	16	4	1	2	7	23
	本宮組	10	1	3	2	16	1	8	0	9	25
安達郡合計		64	11	44	27	146	23	35	50	108	254
	百分率	25.2	4.3	17.3	10.6	57.5	9	13.8	19.7	42.5	100.0

下線は、近世計と近現代計のうち、初見数が多いもの。

当地ならではの対処法・処世術とも読み取れる。この他、渋川組も同様に明治以降一ヶ所増える。しかし、それ以外の各組では近世での初見が多く、明治以降は前代の数を超えない。ただし、針道組にあっては近世の城館数が五五・一%、近代が四四・九%となっており、近代の城館再認識の度合いが比較的高いことは注目される。

一方、糠沢組とは反対に、近世中にほとんどの城館が再認識されるのは杉田組である。実に九二%の割合であり、その後の再認識は極めて少なく、他組とは趣を異にする。近世に当組では文化人も排出したことから、郷土史等に精通した人物の存在が想定される。

(3)「城」と「館」の峻別

次に、用語としての「城」と「館」の

第５表　城と館の使用区分　　　　　　　　　　（単位：ヶ所）

資料名	城数	館数	城　　　名	備　考	城館計
積達古館弁	5 (7)	57	霧ケ城、四本松城、平石城、住吉山城、岩角城、上館（宮守城）、下館（小浜城）	２つは括弧書き	64
積達館基考補正	5	67	霧ケ城、四本松城、平石城、住吉山城、岩角城		72
積達大概録	1	97	二本松御城		98
相生集	0	127			127
安達郡案内	8	77	上館城、下館城、四本松城、高田城、滝古屋城、百目木城、小手森城、玉の井城	東安達に遍在	85

使用のされ方について検討しておきたい。各資料中の城と館の数及び名称についてまとめたのが第５表である。

一見して明らかなように、城については「古館弁」・「館基考」では、五（七）例ほどあるが、「大概録」では「二本松御城」のみ、「相生集」には記載がなく、古来の名跡である住吉山本城でさえあえて「住吉山本城館」と呼んでいる。この時点（天保十二年）の二本松藩政下では、「城」の名称は、行政府としての「二本松城」にのみ許されるものであって、それ以外の遺跡としての城館は、いずれも「館」なのである。ここに用語としての「城」と「館」の厳然とした使用区分を見ることができる。「相生集」が、二本松藩の江戸御台所取締役・奥御用聞・御勝手方勘定奉行等を歴任した大鐘義鳴作であることを勘案すれば、同藩においては、城館の持つ歴史、機能や規模等とは別に「城」と「館」の区分法が明確に存在し、「相生集」は、その後の「城」と「館」の識別についての世論・伝承の形成に大きな役割を演じたと言えそうである。

しかし、明治後期の郡案内では再び「城」が八例となり、徳川幕藩体制の崩壊後の「城」名の規制緩和が読み取れるが、玉ノ井城以外はすべて東安達に遍在している理由は判然としない。

4　おわりに

ここでは、中世戦国期の城館が、その所在する地域社会が好むと好まざるとにかかわらず、その役割を終了した後、即ち江戸期以降にいかなる道を辿ったかを考えてきた。陸奥国安達郡の城館が、どのように認識され今日まで継承されてきたかについて、その分析の資料として、近世地誌類及び近年の調査報告、市町村史等を例にした。具体的には、安達郡内の城館の再認識のされ方について、数・初見・城名と館名等をキーワードにして、東西安達の比較を通して検討してきた。

その結果についてはすでに述べた通りであるが、ここでの検討をもとに、第四章第一節にて各論的に個別の城館の認識のあり方とその役割について、百目木城と田沢八館、つまり侍と村人の二つの立場で考えてみたので参照願いたい。

なお、小稿を草するに当たっては、小林清治博士監修及び執筆による『岩代町史[12]』各巻及び『秀吉権力の形成[13]』等から数多くの御示教を得た。また、若林伸亮、横山勝栄、伊藤正義、飯村均の各氏からは文献・資料等の提供等を受けた。末筆ながら、心より感謝の意を表したい。

（注）

（1）伊藤正義「講和の条件－領境の城郭破却－」『帝京大学山梨文化財研究所報』13　一九九一

（2）安西彦貴「積達古館弁」（一八〇四年以前）柳沼善介校閲・刊行　一九六六

「古館弁」は二本松の町人安西彦貴によって編纂されていることは特筆に値する。他の史料は行政の担当者の作成になるものが主であるが、これは個人の学問的意欲によって作成されたものである。その今日に与えている影響の大きさを思うとき、その仕事の偉大さを痛感せざるを得ない。

これに準ずる仕事に、県内を網羅したものとして、沼舘愛三『会津・仙道・海道地方諸城の研究』（伊吉書院　一九八〇）がある。

（3）成田頼直「積達館基考補正」一八一九　『二本松市史』第3巻・『岩代町史』第2巻　一九八一・一九八五
（4）木代建達「積達大概録」一八一九　『二本松市史』第6巻　一九八二
（5）大鐘義鳴「相生集」一八四一『岩磐資料叢書』中巻　一九七一
（6）野辺保蔵・平島郡三郎「安達郡案内」一九一一『福島県郡誌集成』2　一九六六　福島県史料叢書刊行会
（7）福島県教育委員会『福島県の寺院跡・城館跡』一九七一
（8）目黒吉明他「福島県」『日本城郭大系』3　新人物往来社　一九八一
（9）福島県教育委員会『福島県埋蔵文化財包蔵地分布図・地名表』一九八四
（10）小林清治他『福島県の中世城館跡』福島県教育委員会　一九八八
（11）福島県教育委員会『福島県埋蔵文化財包蔵地分布図・地名表』一九九六
（12）小林清治他『岩代町史』第4・2・1巻　岩代町　一九八二・一九八五・一九八九
（13）小林清治『秀吉権力の形成－書札礼・禁制・城郭政策』東京大学出版会　一九九四

（参考文献）

成田頼直「松藩捜古」一八〇四『福島県史料集成』2　福島県史料集成刊行会　一九五三

第三節　芸術文化人の活躍

－国分藤四郎・根本愚洲・大原文林－

江戸時代は、日本的な芸術文化が成熟・発展した時期であった。当時の安達郡地方においても、多くの著名な文化人や芸術家たち、例えば歌川（安藤）広重、中山高陽、蒲生羅漢等が来遊・指導する等、地域文化に大きな影響をもたらすとともに、当地域出身者たちの活躍もまた際立った時期である。

ここでは、多くの芸術家の中から、国分藤四郎（書家）、根本愚洲（画人）、大林文林（画人）の三人を紹介する。

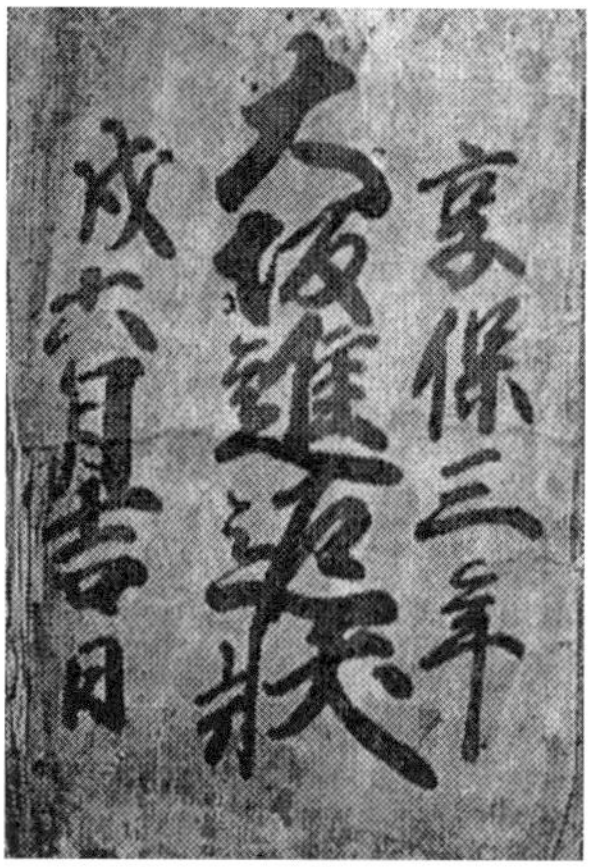
国分藤四郎筆「大坂進返状」（部分）（本宮市立歴史民俗資料館蔵）

書家として名を馳せた国分藤四郎は、糠沢村二斗内（本宮市糠沢）に市郎右エ門の子として誕生したが、実家が大変貧しかったために糠沢組代官屋敷に奉公した。後にその才能が認められて江戸の公儀右筆のもとで書を学び、やがて公儀御物書を務めることになった。さらには八代将軍吉宗のお手本を書いたために、外部にはその筆法・筆跡を出してはならない御留筆となり、今日に伝わる藤四郎の筆跡は稀である。

公務を退いた後、故郷に戻った藤四郎に二本松藩は養老料（五人扶持）を特別に支給したが、安永四年（一七七五）五月九日に没した。

根本愚洲は、文化五年（一八〇八）、小浜町新町（二本松市小浜新町）の濱田屋佐五右衛門方で誕生した。通称は辰三、巽、あるいは器とも言い、愚洲と号した。小さい頃から画に優れ、土地の人々からは神童と呼ばれており、その噂を聞いた二本松藩主丹羽長富は御前での揮毫を命じた。当時、江戸に谷文晁という我が国を代表する画家がおり、文政十一年（一八二八）に藩主は二一歳の愚洲をその門に入れて絵画の修業をさせることにした。愚洲の上達は早く許されて文映と名乗り、さらに長崎に赴き僧鉄翁に師事して南画を学び画域を広げたと言う。

修業の後、愚洲は江戸の藩邸で六〇石取りの藩のお抱え絵師として絵画の制作に没頭したが、藩公は特に厚く目をかけ、二本松藩を代表する画家として大成した。

明治維新後は小浜町に戻り、しばらくは新町の三浦屋儀三郎方の土蔵内で暮らしたと言われるが、やがて二本松に移り明治六年（一八七三）四月三日、六六歳で没した。

大原文林は、代々御両社（二本松神社）の神職を務める家に誕生した。幼名を重介と言い、武芸に優れ、特に砲術家としても知られていた。絵画にも非凡な才能を示し、藩主の命令で愚洲とともに一八歳で谷文晁に入門した。やがて文林と号し多くの優れた絵画を制作した。

後年、戊辰戦争にも出陣したが、維新後は椚山村（大玉村大山）に帰農し、明治二十五年（一八九二）八二歳で没した。

江戸期には、この三人をはじめとして多数の地元出身の芸術家たちが、当地域の内外で盛んに活動して多くの弟子たちを育て、地域社会の発展と地域文化の振興に貢献するとともに、優れた作品を数多く今日に残している。

（二〇〇一年十二月二十一日）

（参考文献）

（1）大内勤・岡部司「近世・近代の文化と伝承」『大玉村史』上巻　一九七六
（2）田中正能「文化と信仰」『岩代町史』第1巻　岩代町　一九八九
（3）国分一寿「人物」『白沢村史』各論編2　白沢村　一九八九
（4）紺野康治「美術・工芸」「人物」『二本松市史』第9巻　二本松市　一九八九
（5）山崎清敏「近世－文化」『白沢村史』通史編　白沢村　一九九二

第六章　歴史と伝統の再響プログラム

―近・現代地域社会の多様性―

第一節　川（水辺）へ行く道
―町屋地割の分析から―

1　はじめに

日本人は、よく「水と安全はただ（無償）だと思っている」と言われる。しかし、古来、日本人が水（生活用水、農業用水、工業用水等）の入手のために多大な努力をしてきたこともよく知られている。一例をとっても、二合田用水（二本松市）、西根堰（伊達郡西部等）、安積疎水（郡山市等）そして諸宿場の中央を流れる町堀等の開削には、多くの人手と資財が投入された。これらは当時の行政の手であるいは住民の手によって進められたが、何れも直接的に水を入手する方法である。一方、間接的に水を入手する手段も存在する。それは、水を得るために川辺（水辺）や井戸へ通ずる道を確保する努力である。

ここでは、この「川（水辺）へ行く道」「井戸へ行く道」即ち今風に言えば、ライフライン「水の道」を紹介し、人々の営みの一端を考えていきたい。その一例として、明治期の地籍図[1]（福島県歴史資料館所蔵）等を資料として、「岩代國安達郡百目木村拾壱番字町」の町屋地割を分析して、その特色を見い出したいと思う。

さて、江戸期の陸奥国安達郡百目木村（現二本松市百目木）は、二本松藩の統治下にあり、行政上は針道組に属した。当時も町屋を形成し、小浜（旧安達郡岩代町）、針道（旧安達郡東和町）とともに阿武隈川東部の東安達地方の中で独自の経済圏を構成していた。近隣の安達郡の茂原、田沢、山木屋、戸沢、東新殿、双葉郡の津島、葛尾、田村郡の移、石沢等の村々をその経済圏とし、三春－相馬中村街道の宿駅の一つとして繁栄したところである（Ｐ223第１図参照）。商業活動の活発化に伴い、先述の小浜、針道とともに、百目木は、阿武隈川東部の中心集落として六〇余軒の町屋を形成していた。その住人の中には、造酒屋渡邊半右衛門のように浮世絵師、歌川（安藤）広重を自宅に招待し、浮世絵「陸奥安達百目木驛八景圖」（遠州屋又兵衛版）制作を依頼したり、自分の「肖像画」（肉筆）制作を歌川豊国に依頼したりする者も現れた。近世の百目木町屋の繁栄ぶりを示す好例と言える。[2]

ここでは、先ずこのような百目木の成立の事情と地域的特色、町屋地割の諸相とそこから窺える水への道の存在と掟とも言うべき諸事情を分析しながら論を進めていきたい。

２　町屋の成立

⑴　戦国の城下として

安達郡は、中世には長期にわたって、阿武隈川の東側を塩松、西側を二本松と区分して呼ばれていたが、近世に入って後は、これらを併せて古来の通り再び安達郡と呼ぶようになった。その塩松は現在の二本松市東和地区・岩代地区、本宮市白沢地区・高木地区、川俣町山木屋地区等を指している。百目木はこの塩松に属していた。[3]また石川郡の石川氏の分領として一四～一五世紀に百目木築城がなされた（Ｐ147第１図参照）が、これらについては『岩代町史』[4]各巻他に詳しい。これらからすると、小手森城（旧安達郡東和町）をはじめとして、石川氏の安達郡東部内の領有が鎌倉末期に遡り、遅くとも一五世紀には百目木築城がなされたと考えられている。また、天正十一年（一五八三）には、小浜宮森城主大内備前が百目木城の石川弾正を攻めたが、大敗して宮森に逃げ帰った。[5]

城主石川弾正は、塩松城主石橋家の家臣であったが、小浜城主大内備前等とともに主家を滅ぼし三春田村氏の旗下となった。その後伊達政宗の大内備前攻略に与し、天正十四年（一五八六）その恩賞として小手森城、月山館を加増されたが、やがて相馬義胤に通じた。天正十六年（一五八八）閏五月十八日、政宗との戦いに敗れ、弾正は相馬小高へと走った。

奥羽仕置後の天正十九年（一五九一）からは、蒲生氏郷の支配となり、慶長三年（一五九八）からの上杉景勝支配下では、塩之松東城（城代山浦源吾景国）、続く慶長六年（一六〇一）の再蒲生支配では、四本松東城（城代玉井貞右〈数馬助〉）となった。[6]寛永二十年（一六四三）に丹羽光重が二本松に入部するが、この間のいずれかの時点で中世城下としての百目木の役目は終わる。しかし、後年、「塩松領石川分」[7]と呼ばれるように、中世から続く政治的独立意識とその独自の経済・文化圏を引き続き保持していた。

なお、字向町の虚空蔵尊の堂宇には、高さ九八・七㎝で一木造の木造阿弥陀如来立像（現在は福島市指定有形文化財〈彫刻〉）があった。造像が暦仁二年（一二三九）、修理が元亀四年（一五七三）である。[8]当時の当地の繁栄が偲ばれる優れた美術工芸品である。

(2) 近世の宿駅（町屋）として

近世の丹羽氏支配が始まると、中世城下であった百目木は三春—相馬中村街道の宿駅、そして物資の集散地、近隣の経済活動の中心地としての存在価値が高まる。「積達大概録」[9]によれば、百目木村の村高は、七六四石二斗、家数一四五戸、字名箇所数二一所、馬数九〇疋、町屋六六戸である。

その様子を示すものに、先述した明治十五年六月の地籍図があり、おおよそ江戸末期頃の宿場の状況

第１表　行政区（制）と百目木村の所属

行政区（制）	施行年月日	理事者	所　属
組制	幕末～明治３年12月	名主：大内平次兵衛	針道組
郡村規則制	明治３年12月25日	村長：斎藤嘉右衛門	安達郡二番組
戸籍法区制	明治４年７月20日	戸長兼村長	安達郡二区
戸籍法改正区制	明治５年３月10日	戸長兼村長	第一八区
大区小区制	明治５年６月20日	副戸長：渡辺雄治	第三大区小八区
一五区会所制	明治７年１月20日	用掛：浦邉(部)忠治郎	第七区(針道会所)
一〇区会所制	明治８年12月20日	用掛	第四区(川俣会所)
二六区会所制	明治９年12月18日	用掛	第四区(川俣会所)
村戸長役場制	明治12年１月27日	戸長：伊東一(田沢村)	百目木田沢村戸長役場
組合戸長役場制	明治16年２月26日	用掛	田沢村他三ヶ村組合戸長役場
町村制	明治22年４月１日	初代村長：伊東一 ２代村長：渡邊半右衛門	旭村(田沢村、百目木村、茂原村の合併)

を反映しているものと推察できる。宿場道の中央に水路(町堀)があり、両側には商家・職人屋・宿屋等が並んでいた。また、「御領内隣単共市日」[10]（年不詳）によれば、百目木の市は三・八の日、つまり月六回の六斎市である。さらに、享保年中（一七一六～一七三五）の「上移村立市願」[11]等によれば、百目木村の立市は、公式には元禄十六年（一七〇三）頃から始まった。

このように、当地は江戸時代から明治初期まで、商家が軒を連ねる商業の中心地域であった。

(3)　明治以降の状況

戊辰戦争の後、二本松藩支配下の百目木村は政治制度が様々に変化し、理事者（戸長等）も度々変わった（第1表）。さらに当地の支配者が、二本松藩、三春藩、笠間藩、二本松県、福島県等と変遷したことは周知の通りである。[12]このような変化の中にあっても、百目木の町屋の形態は基本的には江戸期と同一であったと想定される。

3　町屋地割の特色

(1)　地籍図等について

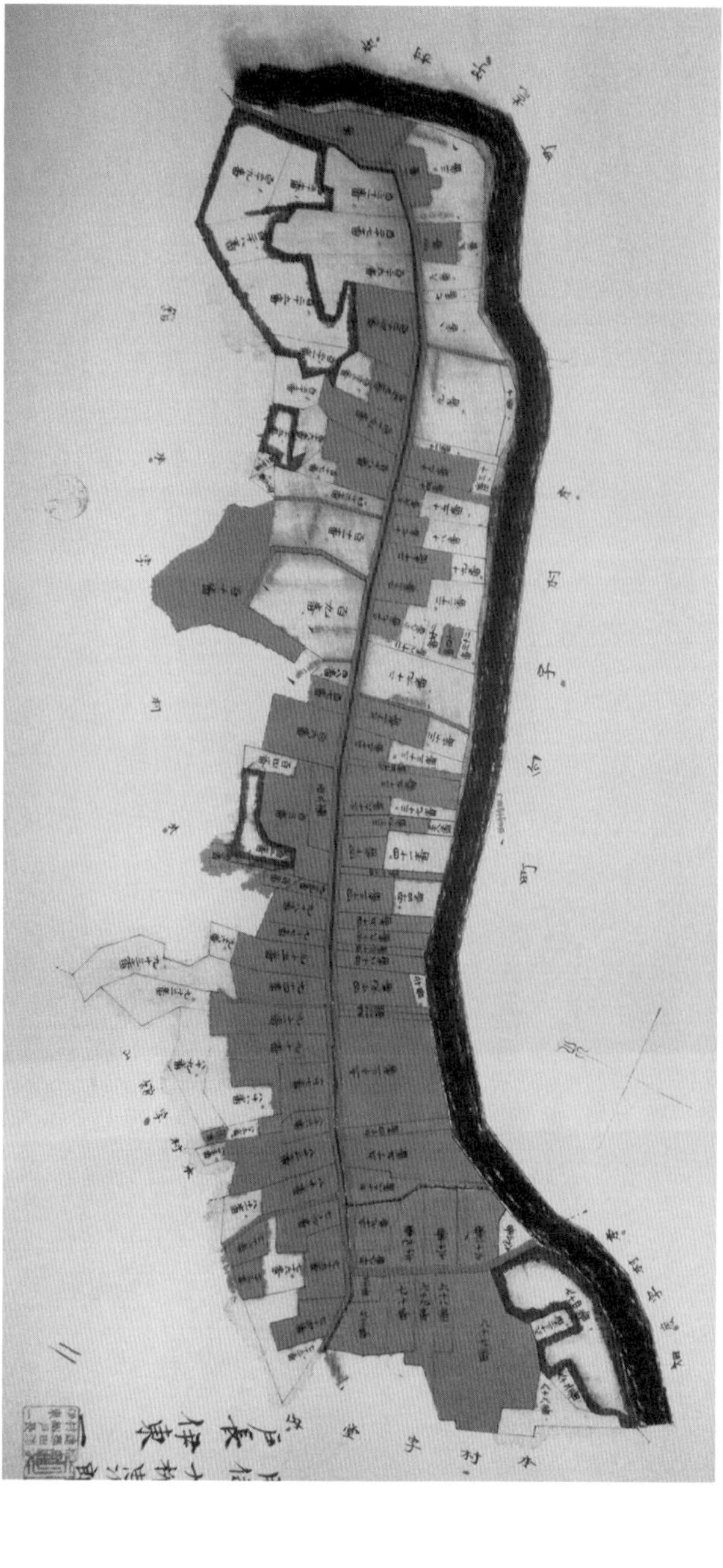

第1図　岩代國安達郡百目木村拾壱番字町の地籍図（福島県歴史資料館蔵）

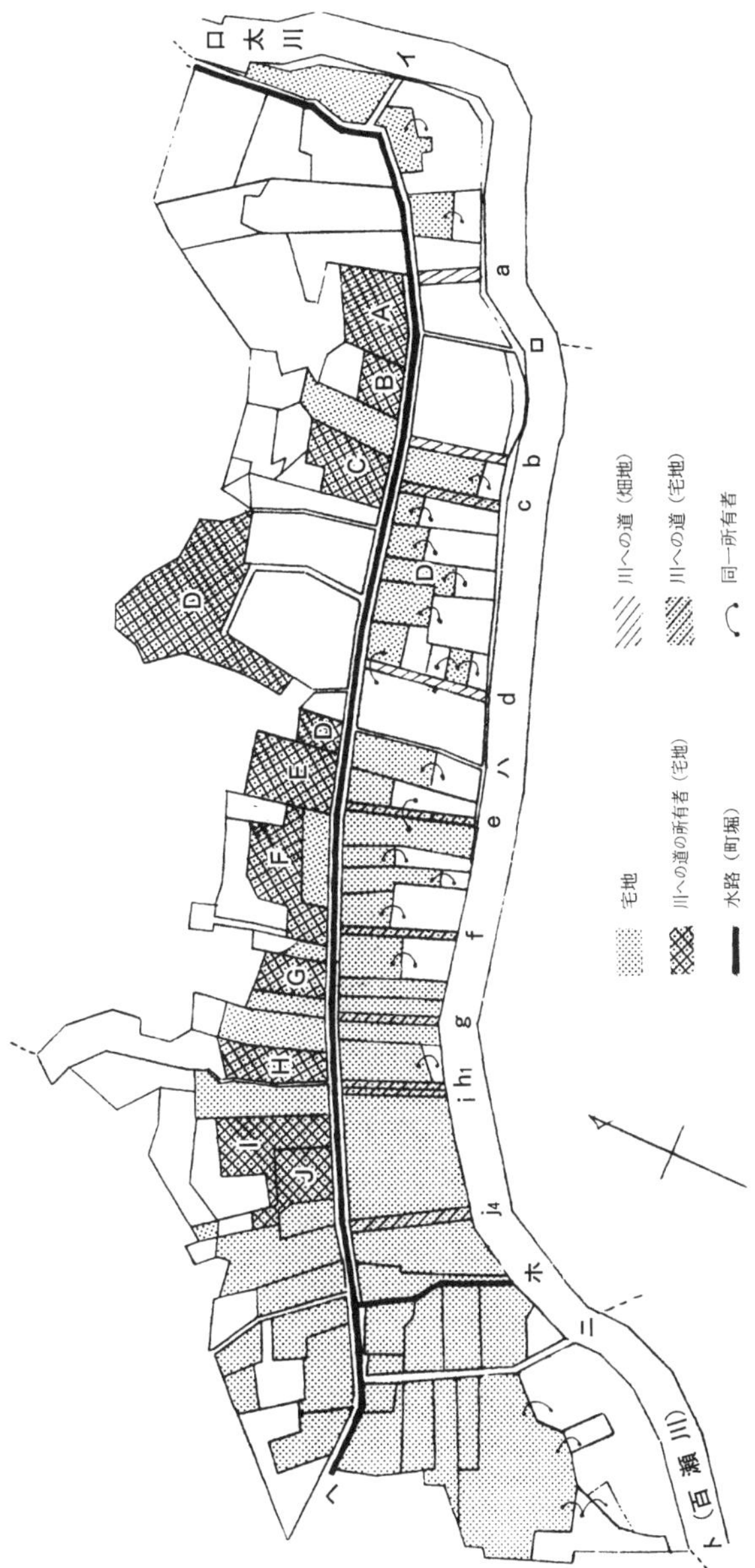

第２図　川への道と所有者（第２・３表の記号に対応する）

「岩代國安達郡百目木村」の地籍帳二冊・地籍図二冊・丈量帳五冊、合計九冊は、各々明治二十年十二月、明治十五年六月、明治十五年に作成されたことが知られている。百目木村拾壱番字町地籍図は、人民総代菅野亀太郎、同浦部忠兵衛、用係大柳忠次郎、安達郡田沢村組戸長伊東一の責任によって作成されている。小字数は八四字がある。字町の地籍は一番～一三一番まで（道、溝渠、河川等は別）あり、字搦手、本舘、舘山、堂内、鹿畑、向町、荒町に隣接している（第1図）。

なお、字町は行政単位（組）としては上町、中町、下町、横町の四町に区分される。

(2) 町屋地割の法則

地籍図を見ると、字町中央には北東から南西へ道路（メインストリート）が走り、西端で南東に折れ曲がる。この道の中央には、字搦手の堰で取水した町堀が流れている。この堀の水の一部は字町五六番地と五七番地の間を南東に流れ、口太川（百瀬川）へ注ぐ。直線の道路に面した町屋は、山側と川側に分かれている。南東に折れ曲がった道路に面した町が横町である。横町から北西に進んだ突き当たりの七五番の家が見附と呼ばれている。五三番が明治二十三年の旭村長渡邊半右衛門家（酒屋、常州屋）、六一番が地籍図作成時の用係大柳忠次郎家、七〇番が明治五年当時の副戸長渡邊雄治家（麹屋）、八二番が人民惣代浦部忠兵衛家、一一〇番が旧村名主大内家である。

百目木の町屋の地割は、主要道路に面した間口五間ほど、奥行きが一〇間～三〇間ほどの短冊形地割であり、他の宿駅の町割と同様である（第2図）。町屋の南東側（以下「川側」と言う）の土地割を見ると、道路に面した土地と後方（裏）の川に面した土地が同一所有関係にあり、対になっていることがわかる。それを図中ではヘッドホンのような図で繋いで表現している。例えば、字町一二と一三番がそれである。

なお、北西側の町屋（以下「山側」と言う）も同様で、宅地とその後方（裏）の土地はほとんどが同一所有者である。そのため自宅裏の畑や山林そして旧百目木城跡（字本舘や字舘山）へは他人の土地を通らずに行くことができる構成になっていて、これもまた特異である。しかし今回は川への道を中心に論を進めるため、第２図中には山側の土地の所有対応関係等のことについて図示していない。

従って、南北両側町屋のほとんどの宅地では、自宅裏の土地も自分のものであるという法則性とも言うべき事象が存在したようである。換言すると「山へ柴刈りに、川へ洗濯に」行く、という昔語りの中には、歴史地理上の大きなヒントが隠されているのではないかと感じさせる当地の土地所有関係でもある。

⑶　水に辿り着く道

今回注目している水への道という観点で見ると、これら川側の家屋では、川へ行く道を家の裏に自ずから確保していることになる。この他、これら川側の家屋の中間には、いくつかの道が配置されている。寺の橋への道（横二間、長九間）、別当橋への道（横一・五間、長一六間）、中の橋への道（横一・五間、長二六間）、横町橋（矢来の橋）への道（横三・三間、長五〇間）がそれで、幅は、一・五～二・〇間の道であるが、メインストリートである横町橋への道は、三・三間と広い。これらはいわば公道であり、詳細は第３表に示す通りである。

ところが、上記以外にも川に通じる道路状の幅が狭く、細長い土地があることに気づくことができる。字町七、一一、一四（写真１）、二八、三四（写真２）、四二、四七、五一、五二、五四の各番地の区画である。このうち五一と五四は共有地である。地目は宅地や畑等であるが、これらの区画の所有者（あるいは代表所有者）は、第２表や第２図に示した通り、いずれも町の山側に家屋を構える人々である。

もう少し詳細に幾つかの通路状の土地の様子を見ていくことにする。字町五四番は、渡邊半右衛門家

第２表　拾壱番字町の私有地・私道（畑・宅地）

一筆番号	地名	方　積	川側・山側の別	所有者名		現状写真番号	備考（番号は字町の地番）
				氏　名	記号		
7	畑	拾参歩	川	吉田弥左エ門	a		６と８の間
124	宅地	七畝壱歩	山	同	A		
11	畑	拾六歩	川	鴫原百吉	b		９と12の間
123	宅地	二畝二十五歩	山	同	B		
14	宅地	廿歩	川	遠藤清三郎	c	写真１	12と16の間
116	畑	一畝六歩	山	同	C		
28	畑	廿四歩	川	大内廣治	d		27と29の間
109	畑	八畝二十八歩	山	同	D		
34	宅地	廿歩	川	武田寅治郎	e	写真２	32と35の間
106	宅地	三畝八歩	山	同	E		
42	宅地	廿壱歩	川	石川佐仲	f		40と43の間
103	宅地	六畝十一歩	山	同	F		
47	宅地	拾九歩	川	大柳彦右エ門	g		46と48の間
98	宅地	二畝一七歩	山	同	G		
51	宅地	拾七歩	川	小谷吉次外１人	h 1	写真３	49と52の間
94	宅地	三畝二歩	山	小谷吉次	H		
52	宅地	拾七歩	川	高橋源十	i	写真３	51と53の間
90	宅地	五畝二四歩	山	同	I		
54	宅地	廿七歩	川	高橋良介外４人	j 4		53と55の間
87	宅地	三畝二五歩	山	高橋良介	J		

写真１　ｃの道

写真２　ｅの道

とその分家の間に位置する狭小な土地であり、ここに他人、それも五人の共有地が所在することは一般的には考え難いし、耕地

第３表　拾壱番字町の公道・溝渠・河川

一筆番号	地名	長・横、方積	川側、山側の別	所有者名		備　考（番号は字町の地番）
				氏　名	記号	
146	道	長九間 横弐間 此反別拾八歩	川	官有地	イ	１と２の間、寺の橋及び長泉寺にへ通ずる
136	道	長拾六間 横壱間五分 此反別廿歩	川	同	ロ	８と９の間、別当橋及び虚空蔵堂へ通ずる
137	道	長弐拾六間 横壱間五分 此反別壱畝九歩	川	同	ハ	29と31の間、中町橋へ通ずる
133	道	長五十間 横三間三分 此反別五畝拾五歩	川	同	ニ	58と71の間、横町橋（矢来の橋）へ通ずる
134	溝渠	長弐拾七間 横五分 此反別拾三歩	川	同	ホ	56番と57番 の間、町堀（水路）の水の一部を川に落とすための溝
135	溝渠	長弐百九拾八間 横五分 此反別四畝廿九歩	道路中央	同	へ	東西に道路山側から中央を貫く町堀（水路）
144	川	長三百五拾間 横八間 此反別九反三畝拾歩	川	同	ト	口太川（百瀬川）

や宅地としての活用にも不向きな形態である。また、代表者以外の四人の所有者は定かではないが、字町八七番に隣接した人々であったと考えるのが妥当であろう。また、字町五一と五二番は隣接しており、その地を挟む字町四九、五〇、五三番は何れも渡邊半右衛門所有地で、既述例のようにその所有地が分断されている形となっている。この狭小な二区画も計三人の所有地であり、通路以外には考え難い位置と構成である（写真３）。

写真３　ｈ１・ｉの道

このように町屋の山側の住人が川側に通路状の狭小な土地を確保しているという所有関係は、やや特異であり単なる偶然とは思えない。これらの一〇区画の地目用途は違っていても、何れも川辺へ通じるように配置されていることは明らかであり、水を求め、川へ出るための道であると考えられる。

また、町屋（横町）の東側の宅地（字町五七、五九、六〇、六一番）の人々は、自宅裏を流れる堀（字町一三四番）によって水を確保したことになる。

一方この他に、井戸に通じる道も存在する。字町九〇番の宅地には、西に突き出たような細長い土地が見られる。この先端部には掘り抜き井戸（共同井戸）があり、水への道を確保するための区画と言える。従って当該者は、川へ行く道と井戸へ行く道の両方を確保していることになる。

このように、公道に近く、それを利用して水辺へ出ることができる人々とは異なり、可能な限り近距離で水辺へ到着するために自己の力でその道を確保する、即ち、川（水）への通路としての土地を手に入れる人々が存在したことが明らかである。

水は、飲料、調理、洗濯等のいわゆるライフラインのみならず、水車等の動力として、作物の成長のため、染め物等の産業用水等として大きな役割を担った。このような小さな地域にあっても、あるいはそれだからこそ、水への道が重要であり、自らそのための土地を確保する努力が払われたものと解することができる。

以上、これらの土地割は明治初年の状況を確実に示しているとともに、江戸期から継続した町屋地割と解することも可能である。しかし、それが何時の時期まで遡ることができるのかは、今のところ不明である。

4　おわりに

ここでは、百目木村字町の町屋の明治十五年の地籍図地割を例にして、江戸末期から明治期の町屋の事情と地割から水への道の存在を検討した。今回は、限られた地域における状況を分析したが、これが他地区でも確実に存在し普遍性を有するものか、あるいは当地のみに限定的に出現したいわば「村の掟」のようなものか、十分検証できなかったが、今後他地区のあり方や城館との関係も含めて、さらに分析検討していくこととしたい。

加えて、今回の調査分析過程において、小論の根幹に触れる重要な言い伝えを耳にすることができた。百目木町屋の山側の家々の人々は、川に行くために、即ちライフラインである水を求めるために、道路（公道）から口太川（百瀬川）に至る狭小な短冊型の土地を手に入れて通路として活用してきた、と言うのである。大正七年生まれの人が語ったことを聞き覚えていた大正十五年生まれの人が、写真1（道c）や写真3（道h1・道i）の道を例にして話したものであるが、今後その内容をさらに検証していきたいと考えている。

なお、小論作成に当たっては、福島大学史学会事務局及び福島県歴史資料館のご配慮をいただいたことを明記し、心から感謝したい。

（二〇〇九年十月三十日）

（注）

（1）百目木村「岩代國安達郡百目木村地籍図・丈量帳・地籍帳」一八八二・一八八七　福島県歴史資料館所蔵

（2）日下部善己「歌川（安藤）広重と渡邊平右衛門の交流とその背景－立斎廣重筆『陸奥安達郡百目木驛八景圖』の誕生－」『福島史学研究』65・66合併号　福島県史学会　一九九八

（3）「伊達成実日記」『仙道軍記・岩磐軍記集』 歴史図書社 一九七九
（4）小林清治監修『岩代町史』第4・2・1巻 岩代町 一九八二他
（5）「仙道七郡古軍談（佐竹家旧記六）」『岩代町史』第2巻 岩代町 一九八五
（6）a日下部善己「百目木城」『日本城郭大系』3 新人物往来社 一九八一
b日下部善己「百目木城」『福島県の中世城館跡』福島県教育委員会 一九八八
（7）成田頼直「松藩捜古」『福島県史料集成』2 福島県史料集成刊行会 一九五二
（8）梅宮茂「美術・工芸－彫刻」『福島の文化』（福島市史別巻Ⅶ） 福島市教育委員会 一九八九
（9）木代建達「積達大概録」（一八一九）『二本松市史』第6巻 二本松市 一九八二
（10）「御領内隣単共市日」『司郡録』（年不詳）『二本松市史』第6巻 二本松市 一九八二
（11）a「享保年中（一七一六～一七三五）上移村立市願」『船引町史』資料編Ⅰ 船引町他 一九八四
b大内寛隆「商いと海道」『船引町史』通史編Ⅰ 船引町他 一九八六
c旭村『旭村郷土史』（旧田沢小学校蔵）によれば、百目木立市は、宝永元年（一七〇四）の前年の元禄十六年（一七〇三）とされている。
（12）a日下部善兵衛「旭村」『岩代町史』第4巻 岩代町 一九八二
b佐藤公彦「明治新政と安達の近代」『岩代町史』第1巻 岩代町 一九八九

第二節　明治の大凶作と海外出稼ぎ・移住

1　はじめに

ここでは、明治・大正期頃の海外出稼ぎ・移住とその歴史的背景等について述べていくこととする。

明治時代、近代化の中で、日本人は海外出稼ぎや海外移住を志す。その背景には、凶作や経済不況等に苦しむ農村の姿がある。彼の地で多くの苦難と遭遇しながらも、大成功を収めて〝故郷に錦を飾る〟人がいる一方、再び故郷の土を踏めなかった人もいた。

福島県安達郡大玉村（旧大山村と旧玉井村）にあっても、大きな志を抱き波濤を越えて、新天地を目指した多くの人々がいた。懸命に働いた玉井村の海外渡航者二五〇名総計で、当時の玉井村年間予算の五倍もの金銭を村の実家等に送金していたと言う。

今回は、ふるさとを後にした多くの先人たちの〝大志と行動力〟を再確認しながら、また新たな時代や文化を創造するための道しるべの一つとして考えていきたい。

2　海外出稼ぎ・移住とその歴史的背景

村人の海外出稼ぎや海外移住の背景となる農村疲弊やその対応策等については、『福島県凶荒誌[1][2]』『福島県史[3]』、そして『大玉村史[4][5]』・『図説大玉の歴史[6]』をはじめとする安達地区等各自治体史[7]~[10]等によると、以下のような状況であった。

冷害等気象変動による凶作の年は古来「がし年」と呼ばれた。明治時代でも三十五年と三十八年に、江戸期の天明・天保に匹敵する大凶作になったことが知られている。

(1) 明治三十五年の冷夏と暴風雨

明治三十五年（一九〇二）は、夏季の気温が平年より低い冷夏であり、農作物が不作であった。その上、九月二十八日に暴風雨が襲った。福島地方の最大風速は四〇～五〇ｍであり、[11] 死傷者多数、そして家屋全半壊・流失、家畜死傷等、多大の被害をもたらした。米作は県下平均前年に比べて二割五分の減収となり、この暴風雨でさらに一割余の減収になった。特に、田村、伊達、安達、東白川、石川の各地方の被害が甚大であった。

この結果、「凶作に起因し現に飢餓に迫るもの」そして「三ヶ月後飢餓に迫らんとする虞《おそれ》あるもの」の合計は、安達郡全体で人口の二三・二％、同じく大山村で一〇・三％、近隣の本宮町〇・四％、岩根村二八・八％、高川村一〇〇・〇％、二本松町一四・五％、また、阿武隈川東では、白岩村四八・八％、小浜町二一・八％、木幡村四三・三％、新殿村九八・三％、旭村で五五・六％等という厳しい状況であった。岩瀬、相馬、南会津、田村、石川等の各郡の窮状も、第１表の通りであり、正に緊急事態であった。

早速、県等の救済活動が実施され、全国や海外からの義捐金も寄せられた。本宮町の地主が、小作人六五人からの小作米七三俵のうち、一〇俵を不作につき特別に割り引いたこと等も知られている。

第1表　窮民数（明治35年）

（戸数あるいは人口の百分比例が一五・〇以上の郡、合計は全県計）

郡名	戸数	人口	凶作ニ基因シ現ニ飢饉ニ迫ルモノ 戸数	同 人口 男	同 人口 女及ヒ老幼	同 人口 計	同上三ケ月後飢饉ニ迫ラントスル虞アルモノ 戸数	同 人口 男	同 人口 女及ヒ老幼	同 人口 計	合計 戸数	合計 人口 男	合計 人口 女及ヒ老幼	合計 人口 計	惣戸数ニ対シ飢饉ニ迫ルモノ、百分比例 戸数	同 人口
伊達	一四、五四一	一〇三、〇五八	一、一五四	一、八八七	四、六三八	六、五二五	一、二六一	二、四四八	五、二〇五	七、六五三	三、七六七	四、三三五	九、八四三	一四、一七八	一九、〇	一三、七
安達	一二、七六七	九二、五〇五	一、七〇六	三、五五七	七、二五五	一〇、八一二	一、五四九	三、三六七	七、二四八	一〇、六一五	三、二五五	六、九二四	一四、五〇三	二一、四二七	二五、五	二三、二
安積	八、五九二	五七、九五二	二九〇	四五八	一、〇四六	一、五〇四	一、〇六〇	一、六二二	四、〇五一	五、六七三	一、三五〇	二、〇八〇	五、〇九七	七、一七七	一五、七	一二、三
岩瀬	二、九四二	一九、三八九	五四九	一、〇二一	二、三七九	三、四〇〇	三五三	六七一	一、六二四	二、二九五	九〇二	一、六九二	四、〇〇三	五、六九五	三〇、七	二九、四
南會津	四、四二一	二九、〇九四	四八一	七五三	一、七七七	二、五七〇	七〇八	一、二三五	二、五五九	三、七九四	一、一八九	二、〇二八	四、三三六	六、三六四	二六、九	二一、九
西白河	八、二八五	五六、九三〇	五九七	一、〇八八	二、四七三	三、五六一	八八三	二、〇一七	三、九〇九	五、九二六	一、四八〇	三、一〇五	六、三八二	九、四八七	一七、九	一六、七
石川	五、五〇五	三六、六八七	四七九	七五五	一、九一八	二、六七三	七七四	一、三八三	三、五一七	四、九〇〇	一、二五三	二、一三八	五、四二五	※七、五六三	二二、八	二〇、六
田村	一三、〇七六	九五、一四七	七八三	一、六〇一	三、四六九	※五、〇七〇	二、一二一	四、五四三	一一、〇七六	一五、六一九	二、九〇四	六、一四四	一四、五七二	二〇、七一六	二二、二	二一、七
雙葉	三、一一八	二二、九七〇	一四五	三二六	七四七	一、〇七三	四四九	八九七	二、一五〇	三、〇四七	五九四	一、二二三	二、八九七	四、一二〇	一九、一	一七、九
相馬	三、四三五	二六、七八八	四八三	九七五	三、二一五	三、一九〇	四三一	八七六	二、〇〇四	二、八八〇	九一四	一、八五一	四、二一九	六、〇七〇	二六、六	二二、七
合計	一一三、一九三	七九〇、六八八	八、一八〇	一五、一七〇	三三、九一二	四九、〇八二	一一、七五三	二二、七五四	五一、九七二	七四、七二六	二一、二九一	三七、九二四	八五、八八四	一二三、八〇八	一八、八	一五、七

福島県編『明治三十五年福島県凶荒誌』明治四十三年（一九一〇）から

※は、原典集計の誤りを訂正した数字

(2) 日露戦争下の明治三十八年の大凶作

明治三十八年（一九〇五）は、江戸時代の天明・天保の凶作以来の大凶作の年であり、東北・関東地方に被害をもたらした。福島県内は、土用（七月二十一日）以降、気温が急激に下降し日照時間も少なく、八月の朝夕は冷気を感じ、降水量は平年の二倍以上もあり、稲作は大打撃を受けた。米の作柄は、福島県全体では収穫高が平年の二四％、安達郡全体では一四％しかなかった。第２表の米作収穫高にあるように、同じく平年に比べて大山村が一四・〇％、玉井村が一五・七％、近隣の本宮町一七・一％、荒井村二八・四％、高川村五・三％、塩沢村五・七％、渋川村四・三％、また川東では、白岩村七・一％、小浜町八・八％、針道村四・三％、新殿村六・七％、旭村三・八％等の

第２表　安達郡内町村の米作収穫高（明治38年12月調）

町　村	作付面積	収穫高	1反歩当たり収穫高		
			明治38年	平　年	平年比
	反	石	合	合	%
二本松町	55.8	98	176	2240	7.9
油井村	183.6	172	98	1800	5.4
塩沢村	149.9	134	89	1550	5.7
渋川村	261.5	168	64	1500	4.3
上川崎村	164	317	193	1800	10.7
下川崎村	187.8	496	264	1700	15.5
岳下村	419.2	1044	249	1800	13.8
杉田村	323.6	1018	315	1500	21.0
大山村	423.9	831	196	1400	14.0
玉井村	459.1	1151	251	1600	15.7
本宮町	247.1	760	308	1800	17.1
荒井村	158.2	742	469	1650	28.4
青田村	82.8	429	518	1850	28.0
仁井田村	107.5	364	339	1500	22.6
岩根村	236.5	865	366	1600	22.9
高川村	249.3	176	71	1350	5.3
和木沢村	475	1171	247	1500	16.5
白岩村	426.6	545	128	1800	7.1
石井村	283.8	430	112	1800	6.2
大平村	192.6	220	114	1450	7.9
小浜町	287	380	132	1500	8.8
太田村	255.7	265	104	1500	6.9
木幡村	211.1	177	84	1500	5.6
針道村	92.8	58	63	1450	4.3
戸沢村	172.8	149	86	1500	5.7
新殿村	256.9	235	91	1350	6.7
旭村	149.2	74	49	1300	3.8
山木屋村	124.5	0	0	1000	0
計	6637.8	12469	118	1638	7.2

福島県編『明治三十八年福島県凶荒誌』明治43年（1910）から作成
平年比は、小数第２位四捨五入

収穫しかなかった。各地で、草・根や木の実等でわずかに生命を繋ぐ人々が続出した。

同年十一月十八日には、多くの県民が参加して福島町公会堂で「福島県凶作救済大会」が開催され、玉井村では窮民救済事業として、母成道路の村内部分の改修工事等を実施した。また、国内はもとよりアメリカをはじめ、欧米等各国からも多くの義捐金が寄せられた。

この時期には、県内各地で炭鉱への出稼ぎ、北海道への移住（第3表）、ハワイ等海外への移民が急増した。特に、明治三十七年～三十九年の三年間で、信夫、伊達、安達の三郡からの外国移民が各八六六人

第3表　北海道移住者累年比較

郡市名	明治三十七年		同　三十八年		同　三十九年		
	男	女	男	女	男	女	計
信夫	一七	一一	一八九	一六八	六四八	三四〇	九八八
伊達	五四	四八	一三一	一一五	七五〇	二三	七七三
安達	一八	一六	三三	一二	三二〇	一〇〇	四二〇
安積	二〇	一二	八	六	五九	三四	九三
岩瀬	一	一	一二	七	八三	二六	一〇九
南會津	〇	〇	三	〇	三七	二六	六三
北會津	一八	一三	八五	六〇	一四八	九七	二四五
耶麻	四〇	二七	九五	五三	二六〇	一六九	四二九
河沼	二六	一九	七七	六一	二〇七	一四九	三五六
大沼	九〇	六一	一一〇	七四	一七三	八六	二五九
東白川	三〇	二五	六七	四七	一二二	七一	一九三
西白河	一〇	八	四一	三〇	七四	五四	一二八
石川	三五	一四	三三	四	九六	三四	一三〇
田村	三〇	二〇	一〇九	五七	四一九	二一二	六三一
石城	一	〇	〇	〇	三七	一六	五三
雙葉	二一	一五	五八	四六	三七六	二〇二	五七八
相馬	二〇八	一三六	四三三	三三四	一二七四	八九一	二、一六五
若松市	一二三	五六	一〇九	七四	一九六	一一六	三一二
合計	七四二	四八二	一、五九二	一、一四八	五、二七九	二、六四六	七、九二五

福島県編『明治三十八年福島県凶荒誌』明治四十三年（一九一〇）から

第4表　外国移民（明治37～39年）

郡市名	三十七年 男	三十七年 女	三十八年 男	三十八年 女	三十九年 男	三十九年 女	計 男	計 女
信夫	五九	三	三三	〇	七五三	一八	八四五	二一
伊達	一八	一	一八	〇	三八〇	一五	四一六	一六
安達	二八	〇	三六	〇	二三〇	八	二八四	八
安積	一二	一	四	〇	一一	一	二七	二
岩瀬	〇	〇	一	〇	〇	〇	一	〇
南會津	二	〇	〇	〇	〇	〇	二	〇
北會津	一	〇	二	〇	六	一	九	一
耶麻	二八	〇	五	〇	三三	〇	六六	〇
河沼	〇	〇	二	〇	五	二	七	二
大沼	四	〇	三	〇	五	〇	一二	〇
東白川	四	〇	一	〇	一一	〇	一六	〇
西白河	〇	〇	〇	〇	一	〇	一	〇
石川	四	〇	四	〇	〇	〇	八	〇
田村	三	〇	〇	〇	三六	一	三九	一
石城	五	〇	〇	〇	三	〇	八	〇
雙葉	一六	一	一九	〇	四〇	五	七五	六
相馬	九	一	六	〇	四八	九	六三	一〇
合計	一九三	七	一三四	〇	一、五五二	六〇	一、八七九	六七

福島県編『明治三十八年福島県凶荒誌』明治四十三年（一九一〇）から

（内女性二一）、四三三人（同一六）、二九二人（同八）であり、その合計一五九〇人（同四五）は、県全体一九四六人（同六七）の八一・七％を占めた。他郡に比して三郡の移民が大変多いことは、当局が救荒策として出稼ぎ・移民を奨励した結果でもあるが、一方ではこの地の農山村の過酷な状況を如実に反映している（第4表）。

第5表　大玉村の海外出稼ぎ・移住者数と渡航年代

	明治20年	明治30年	明治40年	大正時代	昭和戦前	昭和戦後	時期不明	合計
ハ　ワ　イ	1	17	15	7	6	3	7	56
北　　　米								
カ　ナ　ダ		1		1				2
ア メ リ カ		2	2	2	1	1	5	13
メ キ シ コ		2		1			2	5
南　　　米								
ブ ラ ジ ル					21	16	2	39
ペ　ル　ー		3		21	3		6	33
アルゼンチン			2					2
ア　ジ　ア								
ロシア樺太			1					1
中　　　国					28			28
朝 鮮 半 島					4			4
台　　　湾					2			2
フィリピン			2	7	19		3	31
オセアニア					1			1
合　　　計	1	25	22	39	85	20	25	217

大玉村文化財調査委員会調査（1987)、『図説大玉の歴史』から

3　大志を抱き、波濤を越えた人々

明治時代後半から大玉村の人々は、ハワイ・北アメリカ・南アメリカ・フィリピン・中国等へ出稼ぎ・移住を行った。初等教育等で、英語等の外国語教育がほとんど行われていない時代、海を越えて外国に出かけ、過酷な労働に従事して故郷の家族等に送金した人々、若者たちの確固たる意志と行動は、まさに強い開拓魂と深い郷土愛そのものと言える。

この海外出稼ぎ・移住者の状況については、昭和六十二年、大玉村教育委員会と大玉村文化財調査委員会が悉皆調査を行い、本村の海外渡航者の状況がかなり明らかとなった（第5表）。また、『図説大玉の歴史』等、三村達道の優れた研究[12]もある。以下、これらの業績を基に述べていく。

大正五年（一九一六）の資料によれば、村からの出稼ぎ移民の数は、玉井二七六名、大山七六名で合計三五二名にのぼると言う。玉井村では、海外渡航者二五〇名からの送金が年額三〇、〇〇〇円以上あったとされ、当時の玉井村予算が六、二〇〇円ほ

どなので、その約五倍の金銭が故郷の村に送られてきたことになる。[13]

(1) ハワイ・北アメリカ大陸へ

ハワイとアメリカ本土・カナダ・メキシコへの渡航は、各五六人、一三人、二人、五人の合計七六人で、明治三十～四十年代に集中している。遠くハワイまで働きに出ようとした人々の最大の理由は、明治三十五年、三十八年と続いた大凶作、本宮町等村外の大地主への耕作地の移動、即ち小作人化であったと考えられている。

ハワイ出稼ぎ移民の数は、玉井村が圧倒的に多いが、当時これを奨励した玉應平次郎玉井村長の施策によるものと考えられる。『本宮地方史』[14]によれば、玉應平次郎は、慶応元年（一八六五）十二月に玉井村に生まれた。田村郡内の各小学校長を歴任した後、明治二十六年（一八九三）に村長に就任する。玉應は、三六〇町歩の官有林原野払下げ運動等、玉井村振興に業績を残したが、特筆すべきは、村の窮状打開策として海外出稼ぎ・移住を奨励したことである。先ず、明治二十九年（一八九六）に「布哇（ハワイ）移民先遣隊」を送った。さらに、渡航者に対しては村行政が全面的に支援し送り出したため、他村の渡航希望者も玉井村に住所移転して渡航手続きを行うほどであったと伝えられている。かくして、ハワイ移民については多くの成功例があり、その状況については今日でも語られることが多い。

(2) 南アメリカ大陸へ

南米は日本から見て地球の裏側であり、極めて遠隔の地である。移民先はペルーとブラジル等である。ペルー移民は大正時代に集中しているが、その理由は明治四十一年（一九〇八）日本人の米国への移民が制限されたこと、そして大正十三年の「日本人移民禁止法」により、日本人移民の米国入国が全面的に禁止されたことによる。ハワイへの出稼ぎ移民の成功が、海外で一旗揚げたい、夢を実現したいという「海外渡航熱」をさらに高揚させ、遥かなるペルーやブラジルへ向かって村民等を出国させたと言う。村からの南米移民は、ブラジル三九名、ペルー三三名、アルゼンチン二名の合計七四名である。ペルーは大正時代に多いが、ブラジルの場合は、昭和の戦前・戦後の両時期にわたる。しかし、南米移民の人々がすべて成功したとは言い難い。

(3) フィリピン・中国その他へ

昭和五年の大山村の資料には、家族人員を含めてフィリピン三〇名、ペルー一五名、ブラジル六名、ハワイ一二名、北米一〇名の計七三名が記録されていると言う。移民の時期は大正から昭和前期である。玉井村に比べて海外移民の少ない大山村でもフィリピン移民が多いことは特徴的である。

この他、大玉村からはオセアニア、中国、台湾、朝鮮半島、ロシア樺太に渡った人々もいた。

4　おわりに

多くの海外出稼ぎ・移住者の姿を今に伝える事物の一つに、海外渡航関係者が大玉村玉井の玉井神社に奉納した石の大鳥居がある。これは、大正十二年（一九二三）七月二十日に「外国渡航紀年奉納」として建立され、多数の海外渡航関係者名が刻まれている。

多くの大玉村出身海外渡航者たちが、今日そして未来の日本社会にもたらした恩恵は計りしれない。その業績について、現代に生きる私たちは永く将来に伝えていく必要がある。そして、海外渡航先各国

「外国渡航紀念」の玉井神社石鳥居

との絆がさらに深まり、新たな交流が積み重ねられて相互の発展に寄与することを期待したい。

加えて、海外に夢を託したかつての青年たちのように、我が国の多くの若者たちが、波濤を越えてその大志の実現を目指すとともに、彼の地の見聞を通して多様な視点で我が国と世界を見つめ、さらに新たな地域文化、そして世界文化の創造に向かって進んでいくことを大いに望みたい。

幸いなことに、それらをサポートする海外派遣諸事業が、大玉村をはじめとする各市町村や各都道府県によって、郷土の明日を切り拓く若者たちのために用意されている。また、国においても「官民協働海外留学支援制度～トビタテ！留学ＪＡＰＡＮ日本代表プログラム～[15]」等のチャレンジ事業が、我が国の未来を創る若人たちのために大きく門戸を開いている。

なお、小稿は、あだたらふるさとホール（大玉村歴史民俗資料館）第65回企画展[16]をスタートしているが、その実施に際しては、元あだたらふるさとホール館長の故三村達道先生の研究業績から多くのご教示をいただいた。また、大玉村歴史文化クラブ、大玉村文化財調査委員会、大玉村教育委員会等の関係機関のご指導とご配慮をいただいた。記して感謝の意を表したい。

（二〇一六年八月二十四日）

（注）

（1）福島県編『明治三十五年福島県凶荒誌』一九一〇

（2）福島県編『明治三十八年福島県凶荒誌』一九一〇

（3）宗像喜代次「近代社会の成長－文化の成長－」『福島県史』第4巻　一九七一
（4）三村達道・庄司吉之助・岡田光雄他『大玉村史』下巻　一九七六
（5）田中正能・小林清治・庄司吉之助編『大玉村史』史料編　一九七八
（6）三村達道「明治三十五年・三十八年の凶作と村」『図説大玉の歴史』大玉村　二〇一二
（7）田島昇「近代社会の確立と岩代」『岩代町史』第1巻　一九八九
（8）菅野与「日清・日露戦争と町村民」『本宮町史』第3巻　二〇〇一
（9）田島昇「凶作と地方改良運動」『二本松市史』第2巻　二〇〇二
（10）菅野与「災害・凶作と窮民の増加」『図説本宮の歴史』本宮町　二〇〇三
（11）大河峯夫「農業と農民」『三春町史』第4巻　三春町　一九七六
（12）三村達道「海を渡った人々」・「世界遺産マチュピチュの初代村長は村出身者」『図説大玉の歴史』大玉村　二〇一二
（13）明治四十二年（一九〇九）当時の玉井村は、「本村より、現に米国布哇等に渡航せるもの其数百五六十人に達し、年々郷地に送金する額実に二万余円に上るという。又盛なりというべし」という姿であった。野辺保蔵・平島郡三郎「安達郡案内」一九一一『福島県郡誌集成』2　福島県史料叢書刊行会　一九六六
（14）曾我伝吉編『本宮地方史』本宮町公民館　一九六一
（15）官民協働海外留学創出プロジェクトチーム「留学促進キャンペーン～トビタテ！ 留学JAPAN～最新レポート」『教育委員会月報』第68巻第4号　第一法規　二〇一六
（16）日下部善己「平成遣秘使節　世界遺産マチュピチュへの道」（第65回企画展解説リーフレット）あだたらふるさとホール（大玉村歴史民俗資料館）二〇一六

第三節　梵鐘の戦時供出と七〇年後の再響

1　百目木虚空蔵尊の歴史

百目木虚空蔵堂は、福島県二本松市百目木字風呂ノ入四八（旧陸奥国安達郡百目木村）に所在する。鎌倉時代の暦仁年中（一二三八〜一二三九）、僧常念が創設したとされ、江月山長泉寺持ちである。堂宇は、三間四面の歴史的建造物で、裏面板壁に塩松石川氏家紋「鶴丸」が配置される。弘治二年（一五五六）、百目木城主石川弾正が建立し、寛文九年（一六六九）百目木村中にて修繕をしたと伝えられる。

弘法大師作と伝える木造丈八寸の福一満虚空蔵尊（虚空蔵菩薩）が本尊であり秘仏である。ご開帳（開扉）は六〇年毎であり、中間の三〇年に半開帳がある。近年のご開帳は、昭和五十三年と平成二十二年の実施（本来は平成二十年）である。祭礼（縁日）は、陰暦の三月二十三日と九月十三日である。

かつては、「百目木の虚空蔵様のお祭り」として、梵鐘が美しく響きわたる中、近郷近在の多くの参詣者が集う祭日であり大変賑わった。江戸期、二本松藩領内の地域祭礼のうち、藩庁から歩行目付が、特に春・秋の年に二度派遣されるのは、「百目木虚空蔵」と「木幡山弁財天」の二ヶ所だけである。

旧釣鐘堂が渡部（渡邊）半右衛門の寄進によって造営された天保四年（一八三三）から一二年ほど後

虚空蔵晩鐘（「陸奥安達百目木驛八景圖」から）

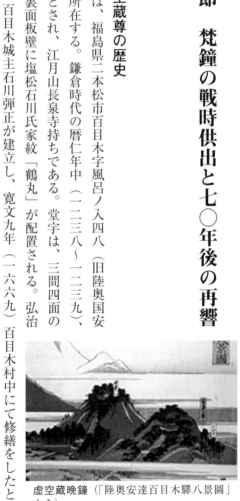

の弘化二年（一八四五）か三年頃、江戸の浮世絵師、歌川（安藤）広重は、陸奥国安達郡百目木村の名主渡邊半右衛門家（造酒屋）を訪れ、求めに応じて浮世絵「陸奥安達百目木驛八景圖」を描いている。この八景の一つが「虚空蔵晩鐘」である。渡邊半右衛門と広重の出会いの場は、桜花爛漫、春の例大祭時の虚空蔵堂境内であり、そのときの様子が広重子孫によって伝え語られている。

その後も、「虚空蔵様と鐘」は、百目木名所として親・子・孫・曾孫、と受け継がれ地区民の心の拠り所であり続ける。地域では次のような唄が歌い継がれている。

○百目木八景大津絵節（作者不詳）（江戸後期～明治・大正）

「百目木の名所古跡をきかしゃんせ……虚空蔵様のお祭りにならしてひびかす（ゴーンとひびかす）鐘の音」

○百目木小唄（橋本光夫作詞・村田友之作曲・本田徳義振付）七番（昭和）

「鐘が鳴る鳴る　虚空蔵様で　願をかけましょ　いとしこの子の　まめなように」

○百目木讃歌（服部克也作詞・作曲・編曲）四番（平成）

「お城跡　御前の碑　釣鐘堂　一つ松　いにしえを受け継ぐもの　白く包まれる冬」

２　境内の堂宇等

虚空蔵堂境内の主な堂宇等の由来等は次の通りである。

○子安観音堂（山の神様）　虚空蔵尊の境内、覆堂の中にあり、本尊は丈四寸八分の木造で、万延二年（一八六一）二月建立した。婦人の安産を祈るお堂であり、子どもを授かると堂内から小さな枕をお借りし、無事出産すると新しい枕を添えてお礼に参詣する。

○旧釣鐘堂（旧鐘楼堂）　旧梵鐘（釣鐘）は、鋳造時にかんざし等の金銀細工品が信者から多数寄進されたため金等の含有量が多く良質で、その美しい音色は隣村等かなり遠方まで届いたと伝えられる。この堂宇は、常州屋渡部半右衛門（渡邊半右衛門・隆甫）によって天保四癸巳年（一八三三）に造営寄進された。施工は越後国寺泊の大工棟梁長谷川正吉であることが、今回発見された棟札により判明する。

旧釣鐘堂

○銅造大日如来坐像　丈九尺（二・七ｍ）の金仏で、渡邊半右衛門（高徳）の寄進である。虚空蔵堂表参道石段の下に安置され大仏様と呼ばれていたが、現在は台座の石積だけが残る。かつては子どもたちが大仏様の耳掃除をして遊んだと言う。太平洋戦争時、昭和十九年十一月十二日あるいは十二月十九日の頃、銃砲等の弾丸にするということで、旧釣鐘とともに国策によって金物供出された。

銅造大日如来坐像

○木造阿弥陀如来立像　百目木虚空蔵堂には、鎌倉時代以来、高さ九八・七㎝で一木造の阿弥陀如来立像が安置されている。背板内面の墨書銘によれば、造像が鎌倉時代の暦仁二年（一二三九）、修理が戦国時代、元亀四年（一五七三）である。何時の時代かは不明だが、百目木虚空蔵堂から元安達郡戸沢村の某寺に移り、そこから太田町阿弥陀堂（現福島市）へ迎えられたと言う。今は、福島市有形文化財（彫刻）に指定されている。

木造阿弥陀如来立像
（『福島の文化』1989から
写真・福島市教育委員会）

○蠶神《かいこがみ》様　表参道の階段下に蚕神の石塔がある。天保十五甲辰年（一八四四）九月吉日、連中一一人の寄進である。養蚕業が主産業であり貴重な現金収入源であった当地の歴史と信仰を示している。

蠶神様

○目薬師（目の神）様　裏参道付近に祠があり、目薬師信仰である。平成二十七年に付近の石仏等を含めて環境整備が行われた。かつては隣接した岩に線刻の磨崖仏もあったが道路工事で失われたとも言う。

石塔等

○その他の石塔等　境内には江戸期の渡邊半右衛門寄進の鰐口、渡邊半之助と母寄進の石灯籠そして天保十五年甲辰三月、金十郎寄進の手水鉢がある。表参道には昭和四年九月十三日渡邉直之介寄進の石灯籠（石工は門沢の斎藤一寿）がある。裏参道にも大黒天や多くの庚申塔、明治十二年（一八七九）百目木馬車連中による牛頭尊等がある。

◎百目木虚空蔵堂に関する史料等

①「積達大概録」（文政二年、一八一九）

百目木村

町向ニ虚空蔵堂、三間四面、本尊弘法大師作、暦仁年中　僧常念が草創ニて長泉寺持也、三月廿三日

九月十三日祭礼也

②「相生集」（天保十二年、一八四一）

虚空蔵
弘法の作暦仁中僧常念草創長泉寺持、三月廿三日九月廿三日（十三日の誤りか？：筆者注記）
橋
やらい、虚空蔵、此外二
③応需　一立齋廣重筆「陸奥安達百目木驛八景圖」（弘化二年か三年、一八四五か四六）（浮世絵版画）
「虚空蔵晩鐘」　歌川（安藤）広重筆の百目木驛八景の内
④『大玉村史』上巻（昭和五十一年、一九七六）文書
一、祭礼・縁日には、御歩行目付が出向くように、巳十月に本多吉兵衛に、土屋右衛門が申し渡した
但し歩行目付がいない時は、同心目付を派遣すべき事
一、百目木虚空蔵
一、木幡山弁財天
右二カ所は三月・九月と一年に二度
一、大平村白真弓観音　三月十七日
一、米沢村観音
一、初瀬堂　二月十七日
一、塩沢雷神　五月六日
一、根崎町愛宕　六月二十四日
一、杉田薬師
一、玉井薬師

この他の祭礼・縁日には歩行目付・同心目付は派遣せず

一、亀谷観音

右は午六日に御家老中から仰せ出され、以来毎年、御歩行目付を派遣いたし、町同心も差し出すように町奉行中へ申し付ける事

⑤「安達郡案内」（明治四十四年、一九一一）

虚空蔵堂

大字百目木字向町にあり、大同二年の建立にして本尊は弘法大師作福一満虚空蔵といふ。堂宇古雅愛すべく、境内の樹木欝欝として口太の渓流其下を流れ、幽邃の状人をして自ずから崇敬の念起さしむ

⑥『旭村郷土史』（大正元年、一九一二）

虚空蔵大菩薩

旭村大字百目木字向町にあり、大同二年創建にして弘治二辰年、館主石川弾正建立し寛文九酉年村中にて修繕す　本尊仏は木造丈は八寸弘法大師の御作福一満虚空蔵尊なり

子安観世音

旭村大字百目木字向町虚空蔵尊の境内にあり

本尊は丈四寸八分の木造にて万延二酉年二月建立す

婦人の安産を祈る堂なり百目木長泉寺の管理に属す

大日如来

丈け九尺の金仏なり虚空蔵境内石段の下にあり

⑦「旧町村沿革　旭村」『岩代町史』第４巻（昭和五十七年、一九八二）

虚空蔵尊
大字百目木字向町にあり、本尊は福一満虚空蔵尊（丈八寸、伝弘法大師作）で、大同二年（八〇七）創建、堂宇は弘治二年石川弾正が建立し、寛文九年（一六六九）修繕という。旧三月二十三日・旧九月十三日を祭日とする。本尊の開帳は六〇年ごとである。
境内に子安観音堂があり、万延二年（一八六一）の建立と言う。本尊は丈四寸八分の木像で、安産を祈願する。

⑧『福島の文化』（福島市史別巻Ⅶ）（平成元年、一九八九）
木造阿弥陀如来立像
百目木長泉寺虚空蔵堂旧蔵、現在は、福島市指定有形文化財高九八・七センチメートル、一木造。造像が暦仁二年、修理が元亀四年（背板の内側の墨書銘）
百目木長泉寺虚空蔵堂から元安達郡戸沢村の某寺に移り、そこから太田町阿弥陀堂（現福島市）へ迎えられたという。

⑨関連史料（抄）
○「百目木八景大津絵節」
「虚空蔵様のお祭りにならしてひびかす鐘の音」あるいは
「虚空蔵様のお祭りにゴーンとひびかす鐘の音」
○「百目木小唄」（昭和十一年頃、一九三六）
（橋本光夫作詞　村田友之作曲　本田徳義振付）
七番「鐘が鳴る鳴る　虚空蔵様で　願をかけましょ

いとしこの子の　まめなよに」

○「百目木讃歌」

（服部克也作詞・作曲・編曲）

四番「お城跡　御前の碑　釣鐘堂　一つ松

いにしえを受け継ぐもの　白く包まれる冬」

（参考文献）

「積達大概録」、「相生集」、「陸奥安達百目木驛八景圖」、『旭村郷土史』、「安達郡案内」、『二本松市史』第6巻、『岩代町史』第3・4巻、『大玉村史』上巻、『福島の文化』（福島市史別巻Ⅶ）、『百目木の話』、『わたしたちの郷土－百目木－』、『百目木小学校ふるさとマップ説明書』、『ももせ』、「広重みちのくの旅」、「歌川（安藤）廣重と渡邊半右衛門の交流とその背景」、他

3　福一満虚空蔵尊（虚空蔵菩薩）の行事等

⑴　春季及び秋季の例大祭

例大祭は、陰暦の三月二十三日と九月十三日であり、平成二十六年の場合は、陽暦の四月二十二日と十月六日に当たる。しかし、近年の仕事と生活スタイルの変化から、平成二十七年度からは古来の陰暦祭礼日が陽暦の休日に当たらないときは、それに近い日曜日を当てることとしている。

なお、例大祭に先だって百目木各組の協力により、当番制でお堂及び境内等の清掃が実施される。

（2）除夜の鐘

十二月大晦日の深夜、除夜の鐘の行事が平成二十六年から、総代と組世話人によって執行され、百目木地区民等多くの人々が心の安寧を願い祈り、鐘撞きに訪れている。

（3）虚空蔵尊のお使い

ウナギは、虚空蔵様のお使いとされており、虚空蔵信仰の篤い百目木地区では、堂下を流れる百瀬川（口太川）でウナギを捕ったり、食べたりしてはならないと、子どもの頃から躾けられている。

（二〇一四年五月十八日、二〇一七年一月三十一日）

4 虚空蔵堂の釣鐘と大仏の出征

例年、年末になると私の家では、百目木境ノ岫の禰宜様に年越しのお祓いをお願いしている。
当地では現職名にかかわらず神主さんを「禰宜様」と呼ぶのが通例だが、本来は百目木八幡神社の宮司様と呼ぶのが正しいと思われる。

さて、以下に記すのは、平成十年十二月三十日、お祓いを終えた宮司大柳三之丞様に粗餐を差し上げ、懇談していたときに聴いた話である。

○昭和十九年十一月十二日、兵隊から、一泊二日で一時帰郷を許された。戦時、一時帰郷が許されることは極めて希なことだったので、決して忘れられない日である。

○この日、鉄砲等の弾にするという理由で、虚空蔵様の釣鐘と大日如来様が降ろされるのを見た。若月間さんが一人で「やせうま」[1]でしょって（背負って）[2]学校前まで運んだ。その場で総代の渡辺珍平さん

虚空蔵堂表参道の大日如来坐像の台座

虚空蔵堂境内の釣鐘堂
太平洋戦争末期から梵鐘は不在

と間さんが「大日如来様ばんざい！」と叫んだ。
○鐘は、恐らく米俵二俵[3]程度の重さだった。
○鐘には、五人の名が書いてあったが覚えていない。
○鐘は、六世[4]の坊様のとき鋳造した。
○七世前の我が家（禰宜様の家）の敷地内[5]で鋳造した。家は刀鍛冶であった。
○大日如来坐像等の写真絵葉書（百目木百景）を上町の伊東様の隣の三浦商店[6]で売っていた。

　以上、虚空蔵様の梵鐘と大仏のことは周知のことと思うが、今は故人となった話者の貴重な「昭和史の証言」であり、また、今後も語り継ぐために文字に表現してみた。しかし、聴き書きなので、私の記憶・記録違いも大いに考えられる。ご了承願う。（二〇一三年十二月二十一日）

（注）
（1）「やせうま」は、荷物を背負って運ぶための木製の道具である。
（2）学校は、上町の旧百目木小学校（旧旭保育所）跡地を指す。
（3）米俵二俵は、一二〇kgである。
（4）江月山長泉寺の六世は、「東漸明大和尚」で、天明元年（一七八一）十一月二十三日に逝去。（渡辺善一編『江月山長泉寺屋根葺替え落慶記念誌』

による）

（5）鐘の鋳造場所については、百目木の他の地点という伝承もある。

なお、虚空蔵堂の梵鐘の音色が美しいのは、鋳造時、かんざし等、多数の金銀細工品が信者から寄贈され、鐘の原材料となったためとも伝わる。この梵鐘や大仏に関連する事柄について、石川弾正顕彰会会員の皆様からの発信を期待する。

（6）三浦商店刊行の大日如来坐像の写真絵葉書の写真である。

（付記）

その後、供出当時に江月山長泉寺総代であった故渡辺珍平氏の孫である渡邉善弘氏から、次のような話を聴いた。「百目木虚空蔵様の梵鐘が、釣鐘堂から外され、運ばれた日は、昭和十九年十二月十九日である。このとき、自分は祖父に同行してこの現場に居たので日にちは確実である」とのことであった。

5　虚空蔵梵鐘の再響への道　～七〇年の時を超えて～

○昭和十九年　太平洋戦争末期、「虚空蔵様の鐘」は、十一月あるいは十二月に銃砲の弾丸にするという国策に従って、虚空蔵様表参道入口の大仏「大日如来坐像」とともに金物供出される。

○昭和二十年～平成二十四年　百目木に生まれ育ち、また今暮らしている人々にとって、「虚空蔵様と鐘」は、「百目木城（石川様の坪石）・城主石川弾正」等とともに、地域の誇り（地域プライド、百目木ブランド）である。

地区民や江月山長泉寺護持会檀信徒は、風雪に耐える釣鐘堂（鐘楼堂）の維持管理や東日本大震災で被災した部位の修復等を行い、梵鐘帰還あるいは再建の日を望む。

この間、毎年の護持会総会で、幾度も梵鐘の追跡や再建の協議がなされたが機熟さず、護持会総代の代替わり毎に、総会で懸案事項として「梵鐘再建検討のこと」が協議、引き継がれた。また地区民は折に触れ、梵鐘のことを話題としてきている。

○平成二十五年四月二十八日　総会時、「虚空蔵様の梵鐘鋳造（再建）」と「住職墓地階段手摺設置」のことが二大懸案事項として協議され、特に梵鐘の取扱いについては今後百目木地区内等で広く論議していくこととする。

○平成二十六年四月二十九日　護持会総会において、総代長から「梵鐘再建発願」の方向性が示され、さらに論議し梵鐘再建の方法や手順等をまとめていくこととする。その後、例大祭や各種会合等で協議を進める。

六月二十二日　梵鐘鋳造に多くの実績を持つ、山形県天童市の㈲渡邊梵鐘の工房へ出向き、梵鐘鋳造の現場を実見・調査する。

七月十三日　㈲渡邊梵鐘が百目木を訪れ、虚空蔵様の釣鐘堂を実見し、役員と協議をする。

これら七〇年間にわたる檀信徒や地区民の念願と多くの先人・関係者の尽力、そして今回の調査検討を経て「梵鐘再建を発願」する。必要経費については檀信徒をはじめ広く寄附を募り、虚空蔵様の秋季例大祭十月六日（旧九月十三日）までの完成を目指すこととする。

また、本事業の施工は、梵鐘鋳造を㈲渡邊梵鐘、釣鐘堂関係を大柳建築に依頼する。

七月二十七日　「福一満虚空蔵菩薩堂梵鐘寄附勧募について（お願い）」の文書を組世話人を通じて配布し、地区民、地区内外の檀信徒や賛同者等に寄附協力を依頼する。
八月二十日　組世話人が、担当総代とともに各戸を訪問面談し寄附をお願いする（〜九月）。なお、第一回は九月二十日頃、最終締切は平成二十七年八月お盆とする。
九月三日　釣鐘堂は主柱等の腐食がさらに進んでいることから、補修ではなく改築することとし、この日に鐘楼堂の上棟式を執行する。
九月十四日　梵鐘の火入れ式が、山形県天童市荒谷の㈲渡邊梵鐘にて、一〇代目菅江浩二（浩峰）伝統工芸士の指揮の下に行われる。入魂式・住職読経、銅等の材料溶解、鋳型への流し込み等に参列する。
九月十五日　梵鐘の取上げ式が、㈲渡邊梵鐘で行われる。住職読経、産婆の御腰はずし・産湯かけ、参列者産湯かけ等、伝統的な儀式による梵鐘誕生の瞬間に立ち会う。
　また、天童市の広重美術館の特別配慮により、同館所蔵の歌川（安藤）広重筆の浮世絵版画「陸奥安達百目木驛八景圖」を実見し、「虚空蔵晩鐘」等の調査を行う。
九月二十六日　新梵鐘が、㈲渡邊梵鐘の菅江浩二代表によって新鐘楼堂に取付け・配置される。
十月二日　新鐘楼堂が、大柳建築の大柳正一棟梁の施工により完成する。
十月五日　秋季例大祭、落慶法要や記念式典等の諸準備・環境整備等を実施する。
十月六日（旧九月十三日）　秋季例大祭に併せて梵鐘・鐘楼堂落慶法要が執行され、主催者・来賓そして寄附者・参拝者全員による「撞き初め」が行われる。

◎百目木　福一満虚空蔵菩薩　秋季例大祭　虚空蔵堂梵鐘・鐘楼堂落慶法要
日時　平成二十六年十月六日（旧九月十三日）午前十時
場所　江月山長泉寺本堂、虚空蔵堂・鐘楼堂
一　本尊上供　江月山長泉寺本堂　午前十時
二　秋季例大祭　虚空蔵堂　午前十時三十分
三　梵鐘・鐘楼堂落慶法要　鐘楼堂　午前十時五十分
四　記念式典　（進行：総代　大柳一成）
1開会の言葉　副総代長　遠藤輝雄
2あいさつ　◯江月山長泉寺護持会総代長　齋藤勝正
◯江月山長泉寺兼務住職　塚原真禅
3感謝状贈呈◯㈲渡邊梵鐘　菅江浩二〈浩峰〉様
◯大柳建築　大柳正一　様
4来賓祝辞　◯百目木区長　斎藤春男　様
5経過報告　総代　日下部善己
6閉会の言葉　副総代長　斉藤一夫
五　撞き初め（出席者・参拝者全員）

◎百目木虚空蔵堂梵鐘・鐘楼堂落慶記念祝賀懇談会
期日　平成二十六年十月六日（旧九月十三日）

時刻　午後一時三十分　場所　江月山長泉寺本堂

（進行　総代　大柳一成）

一　開会の言葉　　副総代長　遠藤輝雄

二　あいさつ　○江月山長泉寺護持会総代長　齋藤勝正

○江月山長泉寺兼務住職　塚原真禅

三　来賓祝辞　○㈲渡邊梵鐘　菅江浩二（浩峰）様

○大柳建築　大柳正一　様

四　来賓紹介

五　乾杯　○百目木区長　斎藤春男　様

六　懇談　会計報告　総代　日下部善己

七　万歳三唱　監査　齋藤　昇

八　閉会の言葉　副総代長　斉藤一夫

◇百目木虚空蔵堂梵鐘・鐘楼堂落慶法要及び同落慶祝賀懇談会出席者

百目木区長様・㈲渡邊梵鐘様・大柳建築様、江月山長泉寺兼務住職・同夫人、江月山長泉寺護持会総代・組世話人、百目木地区住民、江月山長泉寺檀信徒他

○平成二十六年十月七日以降　日々多くの参拝・見学者によって、心を込めて撞かれる鐘の音が百目木内外に響きわたる。また、再響の日以来、朝夕の六時には有志の方々、いわば、〝百目木虚空蔵様の鐘撞き隊〟による報恩の「時の鐘」が鳴る。

十二月三十一日　梵鐘再建後初めての「除夜の鐘」を実施し、一〇〇名を超える多くの参詣者で賑わう。

○平成二十七年八月三十一日　二年間にわたる寄附勧募期間が終了する。一七六名の方々の寄附をいただく。

十二月三十一日　二回目の「除夜の鐘」を実施する。八〇名を超える参詣者が訪れる。

○平成二十八年十二月四日　梵鐘再響記念寄附芳名碑が完成する。

十二月三十一日　三回目の「除夜の鐘」を実施する。

○平成二十九年一月三十一日　梵鐘再響記念誌刊行。

二月五日　江月山長泉寺護持会百目木虚空蔵梵鐘再響プロジェクトの決算総会・同プロジェクトチーム解散式。総会要項と梵鐘再響記念誌をすべての寄附者・関係者に届ける。

この記念誌には、関係の皆様の喜びと安堵の声も寄せられている。

飯村トシさんの次の一文が、地域の人々や関係者の「心の戦後復興」と、この再響プロジェクトのすべてを物語っている。

「　釣り鐘さま
長い七十年間、お疲れ様でした。
帰って来てくれて、ありがとう。
ゆっくり休んでください。　」

（二〇一七年二月五日）

第四節　年中行事の再現・伝承活動

安達太良山とそこに源を発する大玉三川（百日、安達太良、杉田）とともに、稲作農業を中心に発展してきた大玉村の人々は、常に、豊かな自然に感謝しながら、めぐる季節に親しみ、五穀豊穣と家族の健康を祈ってきた。

ここでは、あだたらふるさとホール（大玉村歴史民俗資料館）が毎年、季節に合わせて実施している年中行事再現の様子を紹介しながら年中行事の意味や役割を考え、併せて、この行事へゲスト出演したふるさとの先輩たちが、年中行事について子どもたちに語り伝えている内容も紹介する。

1　年中行事　四季と仕事と人々

季節はめぐり行き、また新しい時節が訪れる。人々もまた、年々歳々、同様の営みをくり返す。

四季折々に、自然への畏敬の念を込めつつ、ふるさとの人々は、五穀豊穣を祈り、悪霊を払い、家族の健康や幸福と地域社会の安泰とを願う様々

安達太良山

旧後藤家住宅　弘化２年建築
（あだたらふるさとホール）

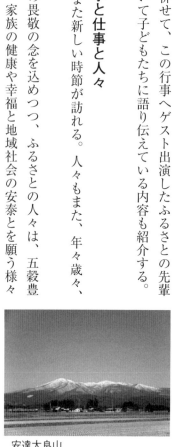

な行事を、昔から絶えることなく継続してきた。

正月、だんごさし、節分、ひなまつり、端午の節句、七夕、お盆、お月見、年越し……。忙しい仕事の手を一時休めて行われるこれらの年中行事は、安達太良山に支えられた人々が、協同する地域の「縁」を深めるとともに、ごちそうを囲んで先人の尊い姿と対話したり、家族の「絆」を強くしたりする機会でもある。さらに、自然の恵み、仕事の工夫や苦労、暮らしの楽しみ等を、子どもたちに伝える貴重な機会とも言える。

2　だんごさし

だんごさしは、新年の一月十四日に行われる、小正月の行事である。小正月は一月十五日、正確には十四日の日没から十五日の日没までで、だんごさし、田植踊り、賽ノ神、かせどり等、豊作を祈願し、悪霊や鬼を払い、家内安全を願う行事が行われる。

悪霊や鬼とは、病気特に伝染病、けが、凶作、災害（地震、落雷、火災、台風、山崩れ等）のことである。

だんごさし

だんごさしでは、米の粉を小さく丸めて煮て団子を作る。だんご（さし）の木と呼ぶミズキやナラの枝に、稲の花のように団子をさし、色とりどりの小判や恵比寿・大黒、米俵、宝船を模ったせんべい等、いわゆる縁起物も枝につるして飾る。これを神棚付近や内庭の太い柱等（お釜様、ご先祖様、歳徳神様）に結わい付けて、五穀豊穣や無病息災等を祈る。また、枯れたヨモギを団子のゆで汁に浸した後に団子の粉をふりかけると、頭を垂れた稲穂の

本揃の田植え踊り（大玉村指定無形民俗文化財）

ようになるので、これも飾って、今年の豊作を願う。

また、十六団子を作り、桑木にさして神々に供え、家の入り口等にもさす。養蚕農家では、団子を繭玉に見立てて、蚕様がよい繭を作るように願うこともある。

子どもたちが「カッカー」とくり返し言いながら、近所の家々をめぐってお菓子等をいただく「かせどり」という行事もあり、大きな楽しみだった。

なお、かつては、玉井本揃の田植え踊り一行が、厄年の家に招かれて、田植え踊りを披露し、厄落としや無病息災を祈願した。

3 節分

玄関先にさしたイワシの頭と柊の枝

豆まきは神棚から始める

節分は、季節の分かれ目のことで、春、夏、秋、冬の季節ごとに節分がある。現在は、冬から春の訪れを告げる「立春」の前の日だけが「節分」と呼ばれることが多く、通常は二月三日である。

節分には、あぶったイワシや田作りの頭を柊《ひいらぎ》や豆がらの枝にさし、家や蔵、物置等の戸口にさす。柊の葉のトゲやイワシの臭い等により、鬼が家の中に入るのを防ぐと考えられている。

夜、新しいご飯を炊き、またほうろくで豆を炒り、一升枡に入れ神棚に供える。夕食を食べ終わったら、一升枡の豆をまいて厄除け、悪霊・鬼払いをする。家から鬼が逃げ、福が舞い込むように大声で「福は内、鬼は外」と唱える。大切な穀物である豆（青ばた、味噌豆等）には、鬼を追い払う力があると考えられている。豆まきが終わったら、家族は自分の年齢と同数の豆を拾い食べる。節分の豆を食べると、今年一年、病気やけがをせず、災難に遭わずに健康に過ごせると言われている。

4　ひなまつり

三月三日は、ひなまつり（桃の節句）で女子の節句である。春三月は、農作業が始まる時期であり、三月十六日に山から下りてくる田の神を迎えるために、身の穢《けが》れを洗い流すという行事がかってあった。昔は、紙を人の形に切り抜いて人形を作り、それで身体を撫でて、穢れをこの人形に移した後、それを川等に流した。この紙の人形が土製になり、やがて美しい人形が作られるようになると、流されずに保存され、飾ったり鑑賞したりするようになった。

ひな人形

女の子のいる家では、ひな人形を飾り、邪気・災厄を祓うとされるヨモギの葉を入れた草餅をつき、ひし形に切って白酒や悪霊等を払うという桃の花、ひなあられ等を供える。女の子の健やかな成長を祈る行事である。

女の子が誕生して初めてのひなまつり「初節句」には、お祝いに母親の実家や親戚等からひな人形が贈られる。母親は、ひし餅を持参して子どもと一緒に実家に出向き、お世話になっている両親に届ける。実家では、嫁いだ娘と孫を歓待し、孫の健やかな成長を喜び合う。また、親戚等にも返礼品としてひし餅を贈る。

5 端午の節句

五月幟と武者人形

かしわ餅

端午の節句は、五月五日、男子の節句である。「端午」は、月の初めの「午《うま》の日」の意味である。

五月節句には、幟旗（鍾馗や武将）や鯉のぼりを揚げ、武者人形・武者飾り、武者や鯉の滝のぼりを描いた掛軸等を飾って、子どもの力強く健やかな成長を願う。これらは男子誕生の折、近親者から贈られたものである。

また、カシワの葉でくるんだかしわ餅を供え、家族みんなで食べ、また、母親の実家や近親者にも返礼として届ける。

屋根や軒先には菖蒲とヨモギをさし込み、菖蒲で鉢巻をしたり、菖蒲湯に入ったりする。菖蒲は薬草であり、健康を増進し、悪人・悪霊等を払うと考えられてる。

カシワの木は、新芽が出てから、古い葉が落ちることから、かしわ餅には、くり返し絶えることなくスムーズに世代交代が行われてほしいという、家族の幸福や地域の継続発展への願いが込められている。

なお、昔は、男子が誕生すると天神（菅原道真）様の人形を祝いとして贈った。

6 七夕

七夕は、七月七日あるいは一ヶ月遅れの八月七日に行われる。年に一度、この日に彦星と織姫が逢えるという中国の伝説にあやかり、願いごとが叶う日とされている。我が国では、身を清めた少女が、高

七夕飾り

い木の上に造られた籠り屋で、機《はた》を織りつつ神を待ち一夜をともに過ごし、翌日神に穢れや厄を持ち去ってもらう禊《みそぎ》、厄払いの日とされている。七夕の語源は、棚機だったとも伝えられる。

　この日は、軒端や縁側に立てた竹笹に、願いごとを書いた五色の短冊や色紙で作った笹飾りを糸でつるす。縁側の天の川が見えるところには、そうめんやうどんにナスやキュウリを浮かし、じゅうねんタレ等を供える地域もある。

　里芋（はだいも）の葉にたまった朝露の水玉を集めて、これで墨をすり「天の川」という字を書くと、字が上手になるとも言われている。また、朝早く髪を洗ったり、身を清めたりする厄払いの習慣もあった。七夕の笹飾りは次の日に、川に流し（七夕送り）厄払いをする。大根畑に持っていくと作物に虫が付かないというところもあった。

7 お盆

お盆は、先祖等の霊魂を迎えてまつり、再び送り出す先祖供養であり、我が国ではお正月と並んで最も大切な行事である。また、農作物の収穫を祝い感謝する日である。当地域では「月遅れ盆」が一般的である。

　八月七日「ナノカ日」は、自家の墓場を清掃して先祖の霊を迎え、盆中に使う「盆箸《ぼんばし》」を柳の枝で作る。

盆棚

八月十三日「宵盆《よいぼん》」には、庭先で焚火をして先祖を迎える。盆棚を構え位牌を移し、水・茶、生花、夏野菜・果物等を供え、そうめん、若布、カキ垂れ、ほうずきを飾り、盆提灯を提げる。新盆の家では、高燈籠を掲げる。八月十四日「盂蘭《うら》盆」は、一家そろって墓参を行い、当日は「盆礼」としてうどん等を贈答する。八月十五日「生《しょう》盆」は、嫁、婿に来た人は生家に帰り、生きている親に「盆礼」をする。八月十六日「盆送り」には、キュウリまたはナスに盆箸をさしこれを馬のように作り、さらに、盆棚に供えたものを付けて川に流す。嫁の実家帰り等が行われる。

盆中は、神社や学校に櫓を建て村人はもちろん近隣の若衆が集い踊る。盆踊りは、この世に戻ってきた精霊を慰め、地域全体で収穫を喜び、楽しむ行事である。

8 お月見

旧暦の八月十五日の夜（平成二十八年は九月十五日）は、「十五夜」と呼ばれ、その夜の丸い月を「中秋の名月」と言い、お月見をする日である。これは平安時代からの行事とされる。

月見だんごは、「三方」に白く丸い団子を一五個重ね、また、稲穂に見立てたススキを飾る。里芋の葉に、根茎付里芋・里芋、カボチャ、栗、枝豆等の秋の作物を縁側にお供えし農業の神に感謝する。芋名月とも呼ばれる。

ススキ等の秋の草花

団子と野菜等

この夜、家族みんなで「うで豆（ゆで豆）」を食べながらお月見を楽しみ、お供えやごちそう、小豆飯やきな粉をまぶした団子等を食べる。この日は、秋の「山の神講」を行い、講中の人々が当番の家に集まり宴を催す。

縁側のお供え団子を近所の子どもたちがこっそり食べると、「神様が食べて喜んでくれた、願いごとが叶った」と、その家の人たちはとても喜んだ。

この日だけは、だれの畑からでも農作物を取ってよく、畑の持ち主もこれをとがめない。「お月見どろぼう」という風習だった。これは地域社会が長い間大切にしてきた、相互扶助の一例でもある。

9　おわりに

近年はあまり行われなくなってきたものが多い年中行事だが、そのうちの幾つかを紹介した。この年中行事再現活動の実施に当たっては、『大玉村史』の記述に従いながら進め、武田喜市氏及びおはなしボランティアゆめこじ、大玉村歴史文化クラブ、大玉村文化財調査委員会のメンバーの皆様にご支援ご協力をいただいている。ここに明記し、心から感謝したい。

（二〇一六年十二月二十三日）

（参考文献）

（１）西角井正慶編『年中行事辞典』東京堂出版　一九五八
（２）渡辺金一「民俗」『大玉村史』下巻　大玉村　一九七六
（３）鈴木棠三『日本年中行事辞典』角川書店　一九七七

(4)懸田弘訓『伝統民俗芸能』(大玉村の文化財　第2集)大玉村教育委員会　一九八二
(5)岡田芳朗・阿久根末忠編『現代こよみ読み解き事典』柏書房　一九九三
(6)西山松之助他『たべもの日本史総覧』新人物往来社　一九九四
(7)岩井宏實監修『日本の年中行事百科』1〜5　河出書房新社　一九九七
(8)大内美穂「ダンゴさし(十六団子)」『Ｗｅｂ資料館』三春町歴史民俗資料館
(9)日下部善己「めぐる季節に親しみ、豊作と健康を祈る　－ふるさとの年中行事を子どもたちに語る－」(第67回企画展展示解説リーフレット)あだたらふるさとホール(大玉村歴史民俗資料館)二〇一六
(10)大玉村歴史文化クラブ会員をはじめとする大玉村民からの聞き取り調査等

おわりに　－地域社会の歴史的個性－

いしダンくん
（甲冑ダンくん）

人々は、自分が生まれ、育ち、また今生活している土地で、見たり聞いたり、活動したりする中で、自分なりに暮らしのスタイルを形作っていく。そして、その日々が長ければ長いほど、その土地で経験したことが自分の意識や所作となって心と体に浸透していく。それはまた、文字通り身に付いた知識や知恵でもある。

実は、これらの積み重ねこそがその土地の自然・歴史・文化によって培われ、先人たちの不断の営みによって受け継がれた地域の姿、歴史的個性なのである。このことにいち早く気づき（識り）、それを日常生活・伝統行事として利活用し（活かす）、結果的には、その特色・個性を将来に残していく（伝える）人々が、ふるさとの今日を支えてきた。

ここでは、地域の歴史的個性の小さな一例、「石川弾正顕彰会」について、その発足から現在に至る活動経過を以下に紹介して、本書の結びとしたい。

いしダンくん
（直垂ダンくん）

1　石川弾正顕彰会の設立

平成二十四年十一月三十日、「石川弾正顕彰会設立趣意書」を関係者に配布・勧誘し、石川弾正顕彰会を設立した。以下はその趣意書等である。なお、「四　塩松石川氏の主な業績」は、後日、入会申込み書に加えた一節である。

再発見する、活かす、伝える　ふるさとの歴史と誇り

石　川　弾　正　顕　彰　会　設立趣意書

室町時代から江戸時代初期まで、陸奥国安達郡は阿武隈川を境として、東が「塩松」、西が「二本松」と呼ばれていました。

陸奥国塩松郡百目木城主石川氏の祖先は、清和源氏源満仲の二男頼親の孫、石川宗家初代石川冠者有光とされています。室町時代初期までには、石川郡三芦城主石川宗家一三代貞光六男の石川弾正忠光久が、小手森（針道）を領有しており、同中期には、宗家一六代石川満朝三男、石川治部大輔盛光が、塩松（百目木）石川氏初代として百目木等をすでに領有し、当地域開発（開拓）・経営が本格化していました。その拠点として旧百目木城（旧館）が築かれ、やがて大規模な百目木城（本館）の新たな築城によって、その統治体制が整ったと考えられます。

石川摂津守有信及びその子石川弾正光昌が活躍した戦国時代末期には、小浜城主大内備前、三春城主田村清顕、米沢城主伊達政宗、小高城主相馬義胤等近隣の各武将に対処しながら、領民の安全と領地の保全・発展のために尽力しました。その領地は、旭、山木屋、新殿、戸沢、小手森（針道）の各地区に及び、さらに、塩松石川氏は、社寺の造営等にも取り組み、百目木八幡神社の創建、百目木虚空蔵堂の建立、田沢日山の旭神社の屋根葺替え等を行ったとされています。

しかし、天正十六年（一五八八）閏五月十八日、伊達政宗との決戦に敗れて百目木城は落城します。弾正は晩年、百目木にて過ごしますが、文禄元年（一五九二）四月二十五日病没して名目津に葬られたとのことです。なお、その菩提寺は江月山長泉寺です。その後、相馬藩に仕えた塩松石川氏子孫は一時、

百目木氏を名乗ったと伝えられています。

　このように、源頼朝と同様に清和源氏の流れをくむ塩松石川氏は、百目木を始めとする塩松郡東部地域にて高い志のもと地域開発を推進し、後に「塩松領石川分」と呼ばれる、独自の政治・経済・文化圏を確立して、当地域発展の基礎を築きました。

　そこで、この塩松石川氏の当地域における輝かしい業績を顕彰して、広く地域社会で共有するとともに、ふるさとの誇りとして末永く後世に伝えていく活動を通して、地域の発展に寄与することが大切であるとの認識から、石川弾正光昌公没後四二〇年を期して、「石川弾正顕彰会」を創設させていただきました。皆様方のご指導とご支援をよろしくお願いいいたします。

　平成二十四年十一月三十日　　　　　石川弾正顕彰会　設立発起人　日下部善己

記

一　今後の活動予定
○会員・賛助会員募集　○会報発行等の広報
○塩松郡東部地域の史跡や事物等の調査・活用・伝承
○塩松石川氏（石川弾正）顕彰祭の実施　○その他目的達成に必要な活動

二　会員（個人・団体等）を募集します。（今回は、特例として平成二十四・二十五年度の二年分で左記の会費とします）
○会　　員（会の趣旨に賛同し参加する）年会費千円
○賛助会員（会の趣旨に賛同し支援する）年会費五百円（一口）

三　連絡先（略）

〇入会してくださる方、協賛援助してくださる方は、事務局までお知らせください。

四　塩松石川氏の主な業績

①高い志を持って塩松郡東部地域に居住し、その開発（開拓）・経営を行った。

②独自の政治・経済・文化圏「塩松領石川分」を確立し、地域発展の礎を築いた。

③拠点施設として、百目木城そして小手森城等の諸城館を築城・運営した。

④百目木八幡神社創建、同虚空蔵堂建立、田沢日山旭神社屋根葺替えを行い、さらに、江月山長泉寺を菩提寺とした。これらを核とする祭り・行事等は、今日に受け継がれている貴重な伝統文化である。

⑤最後の領主石川弾正光昌も領民と共に生き、生涯を百目木にて過ごした。後に相馬藩に仕えた子孫も、一時「百目木氏」を名乗るなど、心は当地域にあった。

石川弾正顕彰会規約

（目的）

第1条　この会（以下「会」という）は、塩松東部地域発展の基礎を築いた百目木城主石川弾正等の塩松石川氏の業績を顕彰し、広く地域の塩松石川氏関連史跡等の調査、保存、活用を図ると共に、塩松東部地域住民を始めとする二本松市民の誇りとして永く後世に伝え、その発展に寄与することを目的とする。

（名称）

第2条　会の名称は、石川弾正顕彰会という。

（所在）
第3条　会の事務所は、福島県二本松市百目木字町121に置く。
（活動）
第4条　会の目的を達成するため、次の活動を行う。
（1）石川弾正顕彰祭の執行等に関すること
（2）地域の史跡や事物等の調査・活用・伝承等に関すること
（3）広報活動等に関すること
（4）その他、目的達成に必要なこと
（会員及び賛助会員）
第5条　会の目的に賛同した個人及び団体（以下「個人等」という）を会員及び賛助会員とする。
（1）会員は、役員会で承認した個人等とする。
（2）退会申し出の場合は役員会で承認するものとする。但し会費未納入等の場合は役員会において、脱会とすることができる。
（3）会の活動を協賛援助する賛助会員を置くことができる。
（会議）
第6条　会議は、総会及び役員会とし、会長がこれを招集する。
（1）総会は年1回開催する。
（2）役員会は必要に応じて開催する。
（役員等）

第7条　役員は、会長、副会長、事務局長、会計幹事、幹事、監査とし、必要に応じて顧問を置く。
（1）役員は、会長の推薦により総会において選出する。
（2）役員の任期は4年とし、再任を妨げない。
（3）顧問は、会長の指名推薦により総会において推戴する。
（任務）
第8条　役員の任務は次の通りとする。
（1）会長は1名とし、会を代表しその運営を統括する。
（2）副会長は2名とし、会長を助け、会長に事故ある時はこれを代理する。
（3）事務局長は1名とし、会務を総括する。
（4）会計幹事は1名とし、会の経理を担当する。
（5）幹事は若干名とし、会務を担当する。
（6）監査は2名とし、会の経理を監査する。
（7）顧問は、会の運営について会長に助言できる。
（経理）
第9条　会の経費は会費及び賛助会費、寄付金その他をもって充てる。
（1）会費は、年間1、000円とする。
（2）賛助会費は、年間一口500円とする。
（会計年度）
第10条　会計年度は4月1日に始まり、翌年3月31日までとする。

附則1　この規約は、本会を設立した平成24年11月30日から施行する。
附則2　この規約は、平成25年2月24日から改正施行する。

以下は、第1回の総会・例会での講話のレジュメである。

日　時：平成25年2月24日（日）10：30～　場所：二本松市旭公民館
テーマ：「陸奥国塩松郡と百目木城について」　講師：日下部　善己

〈序〉清和源氏のみなもとの時代（貞観の年）と今
1　塩松郡という地名
（1）塩松と呼ばれた時代
（2）塩松地域発展の原動力　－塩松三都（小浜・針道・百目木）物語－
2　開発領主　塩松石川氏の進出
（1）鎌倉時代の関東武士団移住と在地武士団
（2）小手杜（森）そして百目木周辺の開拓
3　「塩松領石川分」の確立　－塩松（百目木）石川氏－
（1）隣国との対峙そして協調　－小なりと雖も一国一城の主－
　①　塩松石橋氏、小浜大内氏、二本松畠山氏
　②　三春田村氏、小高相馬氏、米沢伊達氏
（2）塩松領石川分の村々

4　百目木城の構造（縄張り）とその城下

（1）曲輪（郭）・庭園・堀切・土塁・空堀・水堀・木戸・的場等

（2）侍町、根小屋（居館）、対の城（向館・前館）、そして旧館

〈付〉塩松東・旭地区の歴史（略年表・略）

以上

2　石川弾正顕彰会の主な活動

(1) 会是・スローガン及び活動理念

ふるさと再発見
識る・活かす・伝える　ふるさとの歴史と誇り
石川弾正顕彰会

Think globally, Act locally
[地球規模で物事を考えながら、先ず足もと（地域）から始める]

⑵ 活動経過と計画

日　時	活　動	内　　　容	場　所
平成24年度 11月27日（火）～	石川弾正顕彰会設立趣意書作成	○発起人による会設立趣意書の作成 ○会設立の趣旨説明と賛同者の募集	旧塩松その他
11月30日（金）～	石川弾正顕彰会設立	○発起人による会の設立と事務局の開設 ○会規約作成	二本松市百目木字町121
	会設立趣意書配布	○会員、賛助会員（以下会員等と言う）の募集、入会案内 ○関係機関（学校、団体、行政機関、報道関係等）への案内	二本松市（百目木地区等）、その他
12月27日（木）～	会報刊行『塩松東物語』第１号	○会員等及び関係機関等へ配布 ○内容：会の設立、塩松東再発見、ふるさとの宝物、伝えたい・残したいふるさとの原風景等	—
２月24日（日） 10：00	第１回総会	○規約・役員の承認、会長挨拶、設立経過報告等、平成24・25年度活動計画案・会計収支予算案について	二本松市旭公民館１階第１会議室
会長　渡邉善弘	第１回例会	○講話：「陸奥国塩松郡と百目木城について」 講師：二本松市文化財保護審議会委員　日下部善己 ○懇談：「ふるさとの昔を語ろう」	
平成25年度 ５月18日（土） 10：00	第１回塩松石川氏（石川弾正）顕彰祭	○ふるさとの名曲復活「百目木小唄」他 演奏：大正琴サークルももせ（杉山ミチ代表） ○記念講演会　「戦国期伊達氏と塩松小浜（大内氏）」 講師：二本松市文化財保護審議会副会長　松本誠一氏 ○ゆかりの史跡を訪ねて 「江月山長泉寺」（塩松石川氏菩提寺） 挨拶：齋藤勝正長泉寺護持会総代長 史料解説：日下部善己事務局長	旭公民館 江月山長泉寺
７月14日（日） 10：00	第２回例会	○講演：「広重の「陸奥安達百目木駅八景図」について」 講師：石川弾正顕彰会長　渡邉善弘氏 ○同史料解説：事務局長 ○研修会「百目木地区の商家（屋号）」 コーディネーター：渡邉善弘氏	旭公民館
９月29日（日） 10：00	第３回例会	○研修・懇談会「地域の石造文化財」について	旭公民館
11月10日（日） 10：00	第４回例会	○研修会「塩松石川氏の持ち城」（小手森城、百目木城他）について	旭公民館
２月23日（日） 10：00	第２回総会 第５回例会	○平成24･25年度活動・決算報告、監査報告、平成26年度活動計画・予算案等 ○シンポジウム『塩松東物語2014』 ◇パネラー：杉山ミチ氏、三浦博之氏　斎藤隆博氏、吉田陽一氏 ◇コーディネーター：事務局長	旭公民館

平成26年度 5月18日（日） 9：30	第2回塩松石川氏（石川弾正）顕彰祭	○ふるさとの名曲 「百目木小唄」、復活「百目木青年團の歌」 演奏：大正琴サークルももせ ○発表！本会イメージキャラクター 「いしダンくん（甲冑ダンくん）」 制作者：石本弘氏 ○記念講演会「かいこ様と人々のくらし－日本の近代化を支えた農山村－」 講師：福島市史編纂室　守谷早苗氏 ○ゆかりの史跡を訪ねて 「百目木虚空蔵堂」（伝石川弾正建立） 史料解説：日下部善己事務局長	旭公民館 百目木虚空蔵堂
7月13日（日） 10：00	第6回例会	○研究懇談会と現地調査 「地域の名所・旧跡について」	旭公民館 百目木地区内
11月29日（土） 10：00	第7回例会	○現地調査研修 「百目木城の縄張りについて」 現地解説：事務局長	旭公民館 百目木城跡
3月1日（日） 10：00	第3回総会 第8回例会	○平成26年度活動・決算報告、監査報告、平成27年度活動計画・予算案等 ○ふるさと再発見講演会『塩松東物語2015』 講演：「小手森城の攻防と石川弾正」 講師：元東和町公民館長　高橋正弘氏	旭公民館
平成27年度 5月17日（日） 9：30	第3回塩松石川氏（石川弾正）顕彰祭	○ふるさとの名曲 「百目木小唄」、復活「旭中の歌」 演奏：大正琴サークルももせ ○発表！本会イメージキャラクター 「いしダンくん（直垂ダンくん）」 制作者：石本弘氏 ○記念講演会「石川弾正について」 講師：元郡山市文化財保護審議会長　高橋明氏 ○ゆかりの史跡を訪ねて 「百目木八幡神社」（伝石川弾正創建） 挨拶：大栁正一八幡神社副総代長 史料解説：日下部善己事務局長	旭公民館 百目木八幡神社
7月12日（日） 10：00	第9回例会	○現地調査 「虚空蔵堂境内の石造文化財について」 ＊塩松石川氏後裔、石川昌長氏が初参加	旭公民館 虚空蔵堂境内
11月29日（日） 10：00	第10回例会	○現地調査 「茂原地区の石造文化財について」	旭公民館 茂原地区
3月6日（日） 10：00	第4回総会 第11回例会	○平成27年度活動・決算報告、監査報告、平成28年度活動計画・予算案、役員改選 ○『塩松東物語2016』「あの頃の学校」 基調報告：齋藤實氏	旭公民館
平成28年度 5月22日（日） 9：40 会長　斎藤春男	第4回塩松石川氏（石川弾正）顕彰祭	○ふるさとの名曲 「百目木小唄」「ふるさと」 演奏：大正琴サークルももせ（三浦康子代表）	旭公民館

		○『塩松東物語2016』 記念講演会「石川弾正と私」 講師：石川弾正光昌公後胤 現当主　石川昌長様 ○ゆかりの史跡訪問・墓参 「名目津壇」（伝石川弾正墓所） 史料解説：日下部善己事務局長	名目津地区内
11月19日（土）	第12回例会	○現地調査「小手森城跡」 小雨の中、登城完遂	旭公民館 小手森城跡
３月４日（土） ９：30	第５回総会 第13回例会	○平成28年度活動・決算報告、監査報告、平成29年度活動計画・予算案等 ○『塩松東物語2017』 講演会「百目木虚空蔵梵鐘再響プロジェクトについて」 講師：江月山長泉寺護持会総代長・本会副会長　齋藤勝正氏	旭公民館
平成29年度 ５月21日（日） ９：30	第５回塩松石川氏（石川弾正）顕彰祭	○ふるさとの名曲 「百目木小唄」「ふるさと」 演奏：大正琴サークルももせ ○記念講演会「白河藩主松平定信と『集古十種』－安達地域の史料を含めて－」 講師：福島県立博物館　佐藤洋一氏 ○ゆかりの史跡訪問 新鐘楼堂見学と鐘撞き体験 案内：齋藤勝正長泉寺護持会総代長	旭公民館 百目木虚空蔵堂・鐘楼堂

日　時	計　画	予定内容	場所（予定）
７月～９月	現地調査等個人研修	○百目木城跡現地調査・登城路清掃等 ○個人研修、会報に載せる原稿を執筆	各地
10月下旬	会報第20号	○個人研修報告、会員の寄稿 ○例会案内	
11月25日（土） 10：00	第14回例会	○現地調査「月山館跡」	旭公民館 戸沢地区
平成30年 １月下旬	会報第21号	○例会報告、会員の寄稿 ○第６回総会、第15回例会等案内	
２月17日（土） 13：30	会計監査会	○会計監査	旭公民館
３月３日（土） ９：30	第６回総会 第15回例会	○平成29年度活動・決算報告、平成30年度活動計画・予算案等 ○『塩松東物語2018』講話等	旭公民館

◇必要に応じて役員会を開催する。
◇会員・賛助会員は随時募集する。
◇会報『塩松東物語』は、平成29年９月現在、第１号（平成24年12月27日）～第19号（平成29年６月28日）まで発行している。
◇塩松石川氏（石川弾正）顕彰祭は、二本松市・二本松市教育委員会の後援を受けている。

あとがき

これまで、時の移り変わりに沿いながら、ふるさと福島の歴史と文化について考えてきました。傾城壇古墳、伊達西部条里遺構、木幡山経塚群、阿津賀志山防塁、安達太良山、相応寺、小浜城、百目木城、田沢八館、玉井城、石臼類、会津恵日寺五八世実賀、広重、渡邊半右衛門、城館跡の認知、大凶作と海外出稼ぎ、金物供出と梵鐘再響、年中行事、そして石川弾正顕彰会等です。

これは、各々の地域社会が創り出した、ある時代のある事象の一コマです。それは地域の先人が仕事と暮らしの中から生み出した尊い遺産であり、今日の私たちに残した貴重な経験則の集大成です。この一コマ一コマを緩やかに結び付けながら、その地域の歴史・文化物語を、あたかも四コマ漫画のように描写しようと試みました。そこから、各地の様々な時間的空間的特色が抽出され、その歴史的個性がさらに明らかになるのではないかと期待した次第です。

加えて、この度の地域社会の歴史と文化の考察からも、「おかれている環境に積極的に対応し、それを有効に活用してその特色（歴史的個性等）を活かしてこそ、地域社会の新たな発展がある」ことを再認識しました。本書が今後の地域社会の活性化、新たな文化創造や生涯教育・学習活動等に、何らかの形でお役に立てることがあれば幸いです。

さて、本書の作成につきましては、すでに明記しましたように多くの皆様のご指導ご支援の賜です。特に、郷土史家、地方史研究者、そして関係教育委員会や歴史民俗資料館等の生涯学習・社会教育・文化振興・文化財保護担当の皆様からは、各地域の歴史事象やその特色について数多くのご教示をいただきました。また、大玉村教育委員会、あだたらふるさとホール（大玉村歴史民俗資料館）の皆様にも、様々なご高配をいただきました。

さらに、歴史春秋社の植村圭子、佐藤萌香両女史には、編集に係わる筆者の様々な要望に対して、一つ一つ懇切丁寧に対応していただきました。

このような多くの皆様のご指導とご厚意が本書を完成へと導いてくださったことを想い、改めて心から感謝申し上げます。

平成三十年二月

日下部　善己

写真提供・協力者（敬称略）

仙台市博物館
福島県立図書館
福島県文化財センター白河館
福島市教育委員会
二本松市教育委員会
本宮市教育委員会
大玉村教育委員会
本宮市立歴史民俗資料館
あだたらふるさとホール（大玉村歴史民俗資料館）
安達太良山遍明院相応寺　住職　五十嵐敬司
江月山長泉寺　兼務住職　塚原真禅
江月山長泉寺護寺会　総代長　斎藤勝正
二本松市　渡邉善弘・斎藤春男・八田隆一・吉田陽一
大　玉　村　武田明守・斎藤初治・大内賢一・武田喜市・渡辺敬太郎・鈴木正信・戸田伸夫

初出文献目録

第二章

○「あだちの王　この地に登場　－傾城壇古墳・二子塚古墳の出現と〝おおたま平野〟の人々－」（第六六回企画展リーフレット）　あだたらふるさとホール（大玉村歴史民俗資料館）二〇一六

○「条里遺構に関する若干の覚書　－その考古学的成果－」（共著）一九七九

○「福島県伊達郡西部の条里遺構　－考古学的成果を中心に－」『条里制研究』第三号　条里制研究会（現条里制・古代都市研究会）　一九八七

○「天台別院と木幡山経塚群」『図説二本松・安達の歴史』　郷土出版社　二〇〇一

第三章

○「奥州藤原氏阿津賀志山防塁　－文治五年奥州合戦と二重堀－」『福島の研究』第一巻（地質・考古編）清文堂出版　一九八六

○「阿津賀志山防塁の発掘調査」『国指定史跡阿津賀志山防塁保存管理計画報告書』　国見町教育委員会　一九九四

○「阿津賀志山防塁　－奥州藤原氏の総力を結集した頼朝軍迎撃用の巨大な城柵－」『城郭研究最前線』（別冊歴史読本七一）　新人物往来社　一九九六

第四章

○「城館はどのように認識されてきたのか　－武士・村と城館、陸奥国安達郡の場合－」『論集しのぶ考古』（目黒吉明先生頌寿記念）　論集しのぶ考古刊行会　一九九六

○「四本松城・小浜城・百目木城」『福島県の中世城館跡』　福島県教育委員会　一九八八

○「宮森城」『日本城郭大系』第三巻（宮城・山形・福島）　新人物往来社　一九八一

○「玉井城の位置と構造　－先人の業績紹介を含めて－」『福島考古』第五八号　福島県考古学会　二〇一七

○「城館跡出土の石臼類について　－福島県内城館跡の発掘調査の成果より－」『福島考古』第二二号　福島県考古学会　一九八一

第五章

○「歌川（安藤）廣重と渡邊半右衛門の交流とその背景　－一立斎廣重筆「陸奥安達百目木驛八景圖」の誕生－」『福島史学研究』第六五・六六合併号　福島県史学会　一九九八

○「城館はどのように認識されてきたのか　－武士・村と城館、陸奥国安達郡の場合－」『論集しのぶ考古』（目黒吉明先生頌寿記念）論集しのぶ考古刊行会　一九九六

○「近世の芸術家たちの活躍」『図説二本松・安達の歴史』郷土出版社　二〇〇一

第六章

○「川（水辺）へ行く道　－町屋地割の分析から－」『福大史学』第八〇号（小林清治名誉教授追悼特

集号） 福島大学史学会 二〇〇九
○「百目木虚空蔵堂の釣り鐘と大仏の出征（金物供出）の日」『塩松東物語』第五号 石川弾正顕彰会 二〇一三
○「ゆかりの史跡を訪ねて 百目木虚空蔵堂」『第二回塩松石川氏（石川弾正）顕彰祭要項』 石川弾正顕彰会 二〇一四
○「梵鐘再響プロジェクト」『あだたら』第七号 福島大学人間発達文化学類同窓吾峰会安達支部 二〇一六
○『百目木虚空蔵梵鐘再響記念誌』（編著）江月山長泉寺護持会・百目木虚空蔵梵鐘再響プロジェクト 二〇一七
○「平成遣秘使節 世界遺産マチュピチュへの道 ～波濤を越えた野内与吉のフロンティア精神～」（第六五回企画展リーフレット）あだたらふるさとホール（大玉村歴史民俗資料館） 二〇一六
○「明治の大凶作と海外に夢を託した人々（大玉の歴史あれこれ）」『本宮ロータリークラブ卓話資料於ネーブルシティもとみや「オーブ」 二〇一六
○「めぐる季節に感謝し、豊作と健康を祈る」（第六七回企画展リーフレット）あだたらふるさとホール（大玉村歴史民俗資料館） 二〇一六

著作目録・調査遺跡等

1　著作目録

昭和四十四年（一九六九）
十二月「福島県岩代町田沢出土の縄文晩期土器」『月報』第二巻第五号　福島大学考古学研究会

昭和四十五年（一九七〇）
七月『本宮町上原遺跡概報』（共著）本宮町教育委員会
十一月「縄文時代中期社会の研究に関する若干の覚書（上）」『月報』第三巻第五号　福島大学考古学研究会

昭和四十六年（一九七一）
五月「縄文時代における「中心帯（中心地域）の移動」論の周辺　－丹羽論文・膳棚遺跡報告文への関心事－」『月報』第四巻第二号　福島大学考古学研究会
十月『浦尻貝塚』（福島大学考古学研究会発掘調査報告書第一冊）（編著）福島大学考古学研究会
十一月「伊達郡梁川町南林正寺遺跡について」（共著）『しのぶ考古』第三号　しのぶ考古学会

昭和四十七年（一九七二）
二月「縄文時代の東日本における生産用具の時間的空間的様相　－東北地方南部について－」『福

島考古』第一三号　福島県考古学会
三月「塩沢上原遺跡」（共著）『東北縦貫自動車道埋蔵文化財調査概報』３　福島県教育委員会
五月「縄文時代中期における社会の発展の契機に関する研究　－東北地方南部について－」『福島大学考古学研究会研究紀要』第二冊　福島大学考古学研究会

昭和四十八年（一九七三）
五月「食用としてのトチの実　－堅果類の食用化（その一）－」『ＴＩＭＥ ＡＮＤ ＳＰＡＣＥ』創刊号 Vol.１No.１　福島第四紀研究グループ
九月「木の実の研究　－その限界と克服－」『福島第四紀研究グループ　第一回総会・研究会発表資料』　福島第四紀研究グループ

昭和四十九年（一九七四）
一月「研究グループ活動状況報告」『ＴＩＭＥ ＡＮＤ ＳＰＡＣＥ』Vol.２No.１　福島第四紀研究グループ

昭和五十年（一九七五）
二月「安達郡百目木高稲場遺跡報告」（共著）『福島考古』第一六号　福島県考古学会
三月「地方にこそ夢と光を　－地域の考古学と歴史教育の向上を－」『考古学研究』第二一巻第四号　考古学研究会（岡山）

昭和五十二年（一九七七）

三月　『順礼堂遺跡』（共著）　浪江町教育委員会

昭和五十三年（一九七八）

三月　「夏窪遺跡」『福島県考古学年報』七　福島県考古学会

『五十沢村誌』（共著）　五十沢村誌編纂委員会

「双葉郡葛尾村広谷地発見の環状石斧　－福島県内出土環状石斧の分布－」（共著）『しのぶ考古』第七号　しのぶ考古学会

『夏窪遺跡』（編著）　梁川町教育委員会

『伊達西部条里遺構発掘調査概報』Ⅱ　（編著）　福島県教育委員会

「出土木製遺物の実態調査　－福島県－」『出土木製遺物の実態調査報告書　北海道・東北・関東』　財団法人元興寺仏教民俗資料研究所

『三斗蒔遺跡発掘調査概報』（共著）　平田村教育委員会

十月　「縄文土器と狩猟生活」（共著）『福島県の歴史と風土』（新福島風土記）　創土社

十一月　『ふるさとの考古資料展　－東北新幹線関係遺跡出土品－』（共著）　福島県教育庁文化課

十二月　『塩川町上ノ台遺跡発掘調査概報』（共編著）　福島県教育委員会・塩川町教育委員会

昭和五十四年（一九七九）

二月　「二本木遺跡」（共著）『東北新幹線関係遺跡発掘調査略報』Ⅵ　福島県教育委員会

三月　『伊達西部条里遺構発掘調査概報』Ⅲ（共編著）　福島県教育委員会
「条里遺構に関する若干の覚書　－その考古学的成果－」（共著）（『条里制研究』第三号に一部発表）
「食用としてのドングリ　－堅果類の食用化（その二）－」『福島考古』第二〇号（伊東信雄前会長古希記念号）　福島県考古学会
「上ノ台遺跡」『福島県考古学年報』八　福島県考古学会
「昭和五十三年福島県考古学界の動向　－中通り地方－」『福島県考古学年報』八　福島県考古学会

四月　「伊達西部条里遺構」（六丁目地区）『日本考古学年報』三〇　日本考古学協会
「伊達西部条里遺構」（矢ノ目地区）『日本考古学年報』三〇　日本考古学協会
「伊達西部条里遺構」（藤田・北半田地区）『日本考古学年報』三〇　日本考古学協会
「夏窪遺跡」『日本考古学年報』三〇　日本考古学協会

昭和五十五年（一九八〇）

一月　「福島県内の発掘調査の成果」『文化福島』五十五年一月号　㈶福島県文化センター

三月　「昭和五十四年県考古学界の動向　－中通り地方－」『福島県考古学年報』九　福島県考古学会
「伊達西部条里遺構」『福島県考古学年報』九　福島県考古学会
「小田口A遺跡」『福島県考古学年報』九　福島県考古学会

『伊達西部地区遺跡発掘調査報告』（共編著）福島県教育委員会
『堀込遺跡発掘調査報告書』（共著）安達町教育委員会
「二本木遺跡」（共著）『東北新幹線関係遺跡発掘調査報告』Ⅱ　福島県教育委員会・日本国有鉄道
四月　「伊達西部条里遺構」（石母田地区）『日本考古学年報』三一　日本考古学協会
「伊達西部条里遺構」（谷地地区）『日本考古学年報』三一　日本考古学協会
「伊達西部条里遺構」（東大枝地区）『日本考古学年報』三一　日本考古学協会
「二本木遺跡」『日本考古学年報』三一　日本考古学協会
七月　「昭和五十五年度埋蔵文化財の発掘調査について」『文化福島』一〇－四　㈶福島県文化センター
十月　『小田口Ａ遺跡　－Ⅱ区発掘調査報告－』（共編著）石川町教育委員会
「阿津賀志山二重堀跡について」『昭和五十五年度東北史学会・福島大学史学会合同大会研究発表要旨』　東北史学会・福島大学史学会
十一月　『福島大百科事典』（共著）福島民報社
昭和五十六年（一九八一）
二月　『日本城郭大系』第三巻（宮城・山形・福島）（共著）新人物往来社
『梁川城跡　－二ノ丸土塁発掘調査報告－』（編著）福島県教育委員会
三月　『伊達西部条里遺構Ｖ　－森山条里（Ⅱ区）発掘調査報告－』（編著）福島県教育委員会

「城館跡出土の石臼類について　－福島県内城館跡の発掘調査の成果より－」『福島考古』第二三号　福島県考古学会

『高稲場遺跡　－縄文時代集落跡の発掘調査－』（共編著）岩代町教育委員会

『角川日本地名大辞典』第七巻（福島県）（共著）角川書店

「梁川城跡」（第三次）『福島県考古学年報』一〇　福島県考古学会

「伊達西部条里遺構」（第六次）『福島県考古学年報』一〇　福島県考古学会

「高稲場遺跡」『福島県考古学年報』一〇　福島県考古学会

『関和久遺跡Ⅸ』（共著）福島県教育委員会

昭和五十七年（一九八二）

三月　「県内考古学界の動向　－中通り地方－」（共著）『福島県考古学年報』一一　福島県考古学会

四月　「阿津賀志山二重堀跡」（共著）『日本考古学年報』三二　日本考古学協会

昭和五十八年（一九八三）

五月　「環状石斧」『縄文文化の研究』第七巻（道具と技術）雄山閣出版

昭和六十年（一九八五）

三月　『岩代町史』第二巻（資料編一）（共著）岩代町

昭和六十一年（一九八六）

八月　『博物館だより』創刊号（共著）福島県立博物館

十月　『常設展示解説図録』（共著）福島県立博物館

『福島県立博物館ガイドブック』（共著）福島県立博物館

十二月　「奥州藤原氏阿津賀志山防塁－文治五年奥州合戦と二重堀－」『福島の研究』第一巻（地質・考古編）清文堂出版

「弥生時代の環状石斧に関する覚書」『福島史学研究』第四七・四八合併号（庄司吉之助会長追悼特集号）福島県史学会

昭和六十二年（一九八七）

三月　『岩代町の城館－第Ⅱ編小浜城跡発掘調査報告　第Ⅲ編四本松城跡－』（『岩代町史』別巻）（編著）岩代町

『企画展ふくしまの顔－形象化された心－』（共著）福島県立博物館

八月　「花開く縄文文化」『広報やないづ』第二二三号　柳津町役場

十二月　「福島県伊達郡西部の条里遺構－考古学的成果を中心に－」『条里制研究』第三号　条里制研究会

昭和六十三年（一九八八）

二月　「県立博物館秘蔵の品　紙上公開　五　人面付土器」『福島民報　会津版』九日付け　福島民

報社

三月　『三貫地貝塚』（共著）　福島県立博物館

『福島県の中世城館跡』（共著）　福島県教育委員会

平成一年（一九八九）

三月　『岩代町史』第一巻（通史編）（共著）　岩代町

『小学校における博物館学習指導の手引き』（共著）　福島県立博物館

平成二年（一九九〇）

三月　『小浜城跡　－西京館跡発掘調査報告－』（共編著）　岩代町教育委員会

平成三年（一九九一）

一月　「ふるさとの史跡めぐり　－阿津賀志山防塁（国見町）－」『農友』第八七五号　㈳福島県農友会

「文化財の調査経過」『河西を拓く』　伊達西部地区土地改良区

三月　『蝦夷穴一二号横穴墓調査報告』（共著）　中島村教育委員会

『白沢村史』（資料編）（共著）　白沢村

『深渡戸B横穴群発掘調査報告』（共著）　表郷村教育委員会

『福島県の貝塚　－福島県内貝塚詳細分布調査報告－』（編著）　福島県教育委員会

十一月「社会科の授業に役立つ教育施設　−福島県−」（共著）『現代社会科教育実践講座』第二一巻（総索引・社会科資料）研秀出版（ニチブン）

平成五年（一九九三）

二月『文化財科学関係文献目録（前編）』（共著）日本文化財科学会

十一月『白沢村史』（通史編）（共著）白沢村

平成六年（一九九四）

二月『文化財科学関係文献目録（後編）』（共著）日本文化財科学会

三月『国指定史跡阿津賀志山防塁保存管理計画報告書』（共著）国見町教育委員会

平成七年（一九九五）

三月「相馬開発関連遺跡発掘調査の概要について　−相馬の鉄・塩・水田・集落・土塁の調査成果−」（共著）『相馬地域開発史』福島県・相馬市・新地町・地域振興整備公団

平成八年（一九九六）

二月「城館はどのように認識されてきたのか　−武士・村と城館、陸奥国安達郡の場合−」『論集しのぶ考古』（目黒吉明先生頌寿記念）論集しのぶ考古刊行会

三月『鮫川村史』第二巻（資料編上）（共著）鮫川村史編纂委員会・鮫川村

七月　「一九九四年度の日本考古学界　各地の動向　－福島県－」『日本考古学年報』四七　日本考古学協会

十月　「阿津賀志山防塁　－奥州藤原氏の総力を結集した頼朝軍迎撃用の巨大な城柵－」『城郭研究最前線』（別冊歴史読本七一）　新人物往来社

平成九年（一九九七）

九月　「福島県の埋蔵文化財の保護」『福島考古』第三八号　福島県考古学会

平成十年（一九九八）

二月　『福島県指定史跡　鳥内遺跡』（共著）　石川町教育委員会

三月　「歌川（安藤）廣重と渡邊半右衛門の交流とその背景　－一立斎廣重筆「陸奥安達百目木驛八景圖」の誕生－」『福島史学研究』第六五・六六合併号　福島県史学会

「遺跡の履歴書」『福島考古』第三九号　福島県考古学会

「福島県の埋蔵文化財の保護」『福島考古』第三九号　福島県考古学会

平成十一年（一九九九）

七月　「『月報』一〇〇号に寄せて」『月報』第二四巻　福島大学考古学研究会

平成十二年（二〇〇〇）
二月　『塙町郷土指導資料集　第4学年』（共編）塙町教育委員会
平成十三年（二〇〇一）
二月　『ふるさとの歴史と伝説』（地域の自然と文化に学ぶ）塙町立片貝小学校
三月　『鮫川村史』第一巻（通史・民俗編）（共著）鮫川村史編纂委員会・鮫川村
十一月「達高考古学班の活動に学ぶ」『まゆみ　達高同窓会報』第二五号　福島県立安達高等学校同窓会
十二月『図説二本松・安達の歴史』（共編著）郷土出版社
平成十五年（二〇〇三）
三月　「複式炉以前　－U字型の炉から複式の炉へ－」『福島考古』第四四号　福島県考古学会
十月　「福島県の文化財」（うつくしまの文化財）（共著）『世界の文化遺産と日本の文化財』（財）文化財保護振興財団
平成十六年（二〇〇四）
十一月「福島県におけるデジタル・アーカイブ化の取組について」（福島県立博物館・福島県文化財センター白河館）『教育委員会月報』第六六二号　第一法規

平成十七年（二〇〇五）

十月「感動体験サポーター　遺跡の案内人（ボランティア）」（共著）『文部科学時報』第一五五五号　ぎょうせい

『ふくしまの遺跡』（共著）福島県考古学会

平成十八年（二〇〇六）

夏「福島県の歴史　－ふくしまの中世－」『ふくしまの歴史（福島県HP）』福島県県政広報グループ

平成二十年（二〇〇八）

二月「研究史と共に学ぶ」『寺島文隆さん追悼集』寺島文隆さん追悼集刊行会

平成二十一年（二〇〇九）

十月「川（水辺）へ行く道　－町屋地割の分析から－」『福大史学』第八〇号（小林清治名誉教授追悼特集号）福島大学史学会

平成二十二年（二〇一〇）

十二月『縄文時代の基礎的構造　－東北地方南部の歴史的個性－』（単著　自費出版）

平成二十四年（二〇一二）
十二月　『塩松東物語』（石川弾正顕彰会会報）第一号（編著、以下の号も同じ）石川弾正顕彰会
平成二十五年（二〇一三）
五月　「ゆかりの史跡を訪ねて　江月山長泉寺」『第一回塩松石川氏（石川弾正）顕彰祭要項』　石川弾正顕彰会
十一月　「百目木虚空蔵堂の釣り鐘と大仏の出征（金物供出）の日」『塩松東物語』第五号　石川弾正顕彰会
平成二十六年（二〇一四）
五月　「ゆかりの史跡を訪ねて　百目木虚空蔵堂」『第二回塩松石川氏（石川弾正）顕彰祭要項』　石川弾正顕彰会
八月　「玉井神社・八坂神社の三十六歌仙絵馬」（第五八回企画展リーフレット）（共編著）あだたらふるさとホール（大玉村歴史民俗資料館）
十月　『虚空蔵堂梵鐘・鐘楼堂落慶法要要項』（編著）江月山長泉寺・江月山長泉寺護持会
　「虚空蔵様の鐘」『塩松東物語』第八号　石川弾正顕彰会
十二月　「焼き物から煮物へ　－縄文土器の登場と生活の変化－」（第五九回企画展リーフレット）あだたらふるさとホール（大玉村歴史民俗資料館）

平成二十七年（二〇一五）

三月「温もりが何よりのごちそう　－昔の暖房具と一家団らん－」（第六〇回企画展リーフレット）あだたらふるさとホール（大玉村歴史民俗資料館）

五月「あだたらの里のいぐねと野鳥たち　－故武田章氏の言葉と本棚を訪ねて－」（第六一回企画展リーフレット）あだたらふるさとホール（大玉村歴史民俗資料館）

「ゆかりの史跡を訪ねて　百目木八幡神社」『第三回塩松石川氏（石川弾正）顕彰祭要項』石川弾正顕彰会

八月「稲作農業の始まりと今　－大山下高野遺跡と弥生時代の暮らし－」（第六二回企画展リーフレット）あだたらふるさとホール（大玉村歴史民俗資料館）

一二月「よみがえる玉井城　－ふるさとの記憶　もう一度－」（第六三回企画展リーフレット）あだたらふるさとホール（大玉村歴史民俗資料館）

平成二十八年（二〇一六）

一月「浮世絵師広重と酒屋半右衛門　－『陸奥安達百目木駅八景図』の話－」『福島中央新報』一日、六～八日付け（四回連載）福島中央新報社

二月「梵鐘再響プロジェクト」『あだたら』第七号　福島大学人間発達文化学類同窓吾峰会安達支部

三月「これなあに⁉　ワンダーランドおおたま　－子どもたちから見た大正・昭和－」（第六四回企画展リーフレット）あだたらふるさとホール（大玉村歴史民俗資料館）

五月　「平成遺秘使節　世界遺産マチュピチュへの道　－波濤を越えた野内与吉のフロンティア精神－」（第六五回企画展リーフレット）あだたらふるさとホール（大玉村歴史民俗資料館）
「ゆかりの史跡を訪ねて　名目津壇」『第四回塩松石川氏（石川弾正）顕彰祭要項』　石川弾正顕彰会
七月　「海外出稼ぎ・移住と野内与吉　－世界遺産マチュピチュへの道－」『福島中央新報』二十三・二十四日、二十六～二十九日、三十一日、八月二日付け（八回連載）福島中央新報社
九月　「あだちの王　この地に登場　－傾城壇古墳・二子塚古墳の出現と〝おおたま平野〟の人々－」（第六六回企画展リーフレット）あだたらふるさとホール（大玉村歴史民俗資料館）
十一月　「ふるさとを記録し、知の美田を残す　－三村達道先生の人と地域研究－」（平成二十八年度特別展リーフレット）あだたらふるさとホール（大玉村歴史民俗資料館）
十二月　「めぐる季節に感謝し、豊作と健康を祈る　－ふるさとの年中行事を子どもたちに語る－」（第六七回企画展リーフレット）あだたらふるさとホール（大玉村歴史民俗資料館）

平成二十九年（二〇一七）
一月　「二本松・塩松の戦国期城館のその後」『福島中央新報』一日付け　福島中央新報社
『百目木虚空蔵梵鐘再響記念誌』（編著）江月山長泉寺護持会・百目木虚空蔵梵鐘再響プロジェクト
三月　「ふるさとを記録し、知の美田を残す　－三村達道先生の人と地域研究－」『あだたら』第一五号　あだたらを知る会

「おおたまの歴史の証人たち　－新収蔵資料展－」（第六八回企画展リーフレット）あだたらふるさとホール（大玉村歴史民俗資料館）

「玉井城の位置と構造　－先人の業績紹介を含めて－」『福島考古』第五八号　福島県考古学会

五月　「ふるさとの慶応四年　－戊辰戦争から一五〇年目へ－」（第六九回企画展リーフレット）あだたらふるさとホール（大玉村歴史民俗資料館）

六月　「＠ＢＯＯＫカフェ　プーさんの鼻」『福島民友』三日付け　福島民友新聞社

九月　「トロッコ道を行く　－思い出の「玉ノ井林用軌道」と山で働く人々－」（第七〇回企画展リーフレット）　あだたらふるさとホール（大玉村歴史民俗資料館）

２　調査遺跡等

○二本松市原瀬上原遺跡、宮城県河南町南境貝塚、福島市毘沙門平窯跡、古殿町宮前古墳群、田島町折橋遺跡、鏡石町大池古墳・大山堂跡、郡山市熱海遺跡、本宮町荒井上原遺跡、小高町浦尻貝塚、石川町鳥内遺跡、宮城県蔵王町二屋敷遺跡、国見町山田遺跡、須賀川市小作田遺跡、国見町堰下古墳、二本松市塩沢上原A遺跡、福島市山ノ下遺跡、国見町竹ノ内遺跡、金山町寺岡遺跡・船渡遺跡、西郷村道南遺跡、国見町岩淵遺跡、三島町銭森遺跡、須賀川市原山遺跡、岩代町七瀬遺跡、新地町山海道遺跡、浪江町順礼堂遺跡、須賀川市上人壇廃寺跡

○梁川町夏窪遺跡、国見町伊達西部条里遺構［藤田］、桑折町伊達西部条里遺構［北半田］、国見町矢ノ

目遺跡、郡山市柿内戸遺跡、福島市御山千軒遺跡、天栄村竜ケ塚古墳・国造遺跡、葛尾村広谷地B遺跡、平田村三斗蒔遺跡、原町市泉廃寺跡、桑折町二本木遺跡、国見町伊達西部条里遺構〔石母田〕、桑折町伊達西部条里遺構〔谷地・六丁目〕、塩川町上ノ台遺跡、梁川町伊達西部条里遺構〔東大枝〕、鏡石町陣ケ岡遺跡、磐梯町慧日寺跡、福島市腰之浜廃寺、国見町伊達西部条里遺構〔森山・大木戸・高城・西大枝〕、伊達町伊達西部条里遺構〔伊達崎〕、国見町金谷館跡、石川町小田口A遺跡、国見町二重堀跡〈阿津賀志山防塁〉〔森山・大木戸・西大枝〕・下入ノ内遺跡、安達町堀込遺跡、梁川町梁川城跡二ノ丸土塁、岩代町高稲場遺跡、白河市南堀切遺跡、泉崎村関和久遺跡、岩代町小浜城跡・草履畑遺跡、二本松市郡山台遺跡、岩代町日向遺跡、東和町上台遺跡、二本松市塩沢上原A遺跡、国見町徳江廃寺跡

○田島町上ノ台遺跡、西会津町山本遺跡、会津高田町十五壇遺跡、柳津町石生前遺跡、泉崎村関和久上町遺跡、中島村蝦夷穴十二号横穴墓、表郷村深渡戸B横穴群、国見町沼田古墳、大玉村上ノ台遺跡、岩代町小浜城西京館跡、保原町大鳥城跡、月館町下手渡館跡、岩代町小浜城本丸石垣跡、天栄村明堂遺跡、大玉村三合目遺跡・住吉B遺跡・二子塚古墳・金山古墳

（発掘調査・試掘確認調査・分布調査や遺構測量調査・遺物実測調査等の遺跡。調査〔共同〕担当者、調査員、調査補助員として、あるいは調査支援協力、自主的参加等の遺跡）

3　役職等

○全国都道府県・指定都市文化・文化財行政主管課長協議会副会長、全国民俗芸能保存振興市町村連盟参与、北海道・東北ブロック民俗芸能大会実行委員会委員・事務局長、福島県地域伝統芸術等映像記録

保存実行委員会委員長、福島県博物館連絡協議会事務局庶務、天然記念物駒止湿原保護対策協議会顧問、福島県小学校教育研究会安達地区会会長、東白川地区視聴覚教育研究協議会会長、同郡小学校教育研究会社会科研究部長、岩代町教科指導委員協議会副会長、石川弾正顕彰会設立発起人・事務局長、おおまプチミュージアムの会事務局長、江月山長泉寺護持会総代、百目木虚空蔵梵鐘再響プロジェクト庶務会計、福島県考古学会理事、福島第四紀研究グループ代表、複式炉研究会副会長、岩代郷土歴史研究会幹事等

○重要考古資料選定会議委員、福島県文化財センター白河館運営協議会委員・副会長、福島県文化財センター安達館基本計画検討委員会委員、福島県文化財保護指導委員、史跡阿津賀志山防塁保存管理計画策定委員会専門委員、斎藤清画伯・石生前遺跡［柳津町芸術文化資料室計画］指導委員会委員、三春城跡総合調査委員会委員、二本松市文化財保護審議会委員、大玉村文化財保護審議委員、大玉村歴史文化基本構想等策定委員会委員、福島県中世城館跡調査員、福島県内貝塚詳細分布調査事務担当・中通り調査員、岩代町史編纂委員会委員、白沢村史編纂委員会専門委員、鮫川村史編纂専門委員、二本松市教育委員会指導委員

著者略歴

日下部　善己（くさかべ　ぜんき）

経歴　昭和24年（1949）　福島県安達郡旭村（現二本松市）生
　　　昭和47年（1972）　福島大学教育学部卒業
　　　福島県市町村立学校、福島県教育庁文化課、福島県立博物館勤務の後、東白川郡塙町立片貝小学校長、㈶福島県文化振興事業団遺跡調査課長、福島県教育庁生涯学習領域文化財グループ参事（福島県生活環境部文化領域併任）、二本松市立岳下小学校長
現在　あだたらふるさとホール（大玉村歴史民俗資料館）館長

ふるさと福島の歴史と文化
〜広重筆「陸奥安達百目木驛八景圖」の誕生〜

2018年２月26日初版第１刷発行

著　者　日下部　善　己
発行者　阿　部　隆　一
発行所　歴史春秋出版株式会社
〒965-0842　福島県会津若松市門田町中野
電　話（0242）26-6567
ＦＡＸ（0242）27-8110
http://www.knpgateway.co.jp/knp/rekishun/
e-mail　rekishun@knpgateway.co.jp
印　刷　北日本印刷株式会社